21世纪播音与主持艺术专业核心教材

播音与主持艺术专业『十四五』规划教材

文艺作品演播 /第三版/

罗莉 ◉ 著

WENYI ZUOPIN YANBO DI-SAN BAN

中国传媒大学出版社
·北京·

1	序	
1	前 言	
1	**第一章**	**文艺作品演播概述**
1	第一节	对文艺作品演播的认识
5	第二节	文艺作品演播与播音主持异同
9	**第二章**	**文艺作品演播的准备**
9	第一节	了解背景，接近作品
14	第二节	获准意图，把握目的
17	第三节	掌握风格，融进基调
18	第四节	合理划分，表达清楚
21	第五节	化为人物，外化贴切
25	第六节	扫除障碍，读音正确
27	**第三章**	**文艺作品演播提点**
27	第一节	深度与意境
29	第二节	沉浸式演播
31	第三节	文艺名家提点
32	第四节	文艺表达细腻
34	**第四章**	**散文朗诵——真情实感的心声**
34	第一节	对散文的认识

39	第二节	散文的朗诵
42	第三节	散文朗诵提示
45	第四节	散文朗诵训练

66	**第五章**	**诗歌朗诵——节奏的律动**
66	第一节	对诗歌的认识
67	第二节	古典诗的朗诵
71	第三节	自由诗的朗诵
86	第四节	诗歌朗诵提示
90	第五节	集体朗诵
93	第六节	配乐朗诵
103	第七节	诗歌朗诵训练

114	**第六章**	**寓言、童话表达——夸张的艺术**
114	第一节	对寓言、童话的认识
115	第二节	寓言、童话的表达
120	第三节	寓言、童话表达提示
122	第四节	寓言、童话表达训练

129	**第七章**	**小说演播——一人演一台戏**
129	第一节	对小说的认识
130	第二节	小说的演播
144	第三节	小说演播提示
146	第四节	小说剧的创新
151	第五节	小说演播训练

172	第八章	广播剧演播——想象的艺术
172	第一节	对广播剧的认识
173	第二节	广播剧的"三要素"
185	第三节	广播剧的演播
203	第四节	广播剧演播提示
206	第五节	广播剧演播训练
247	第九章	影视人物配音——创造性模拟
247	第一节	对影视人物配音的认识
252	第二节	影视人物配音工作概貌
260	第三节	影视人物配音创作要素
272	第四节	影视人物配音创作要求
278	第五节	影视人物配音提示
282	第六节	影视人物配音训练
364	《文艺作品演播》三版说明	
365	后　记	

序

罗莉同志的专著《文艺作品演播》，是她在多年从事这门课程教学的基础上，进一步系统化、理论化的成果，内容充实，论述明晰，例证典型，训练得法，表现了作者的丰厚积累和扎实功力。

《文艺作品演播》包括了诗歌、散文、寓言、童话、小说、广播剧和影视配音诸种样式的有声语言表达，有共性要求，又有个性特点。我国的朗诵艺术家、表演艺术家们发表过不少文论，讲体会、谈认识，有些还在播音学不同层次的课堂上讲授过、示范过。罗莉同志在这本书中充分汲取了他们的经验，并融入了自己的见解，加强了针对性，注意了启发式，形成了本书的特色。

文艺作品受到商品化的冲击，有的急功近利，缺乏历史厚重感；有的哗众取宠，远离时代的主旋律；有的俗不可耐，背叛了优秀的民族文化传统；有的狂妄自大，忘记了哺育他的人民大众。当然，仍有一群以炽热的真情讴歌生活的作者，甘于清贫，勤于笔耕，创作出了感人肺腑、催人向上的精品。这批作品才是我们应该广为传播、大力提倡的佳作。

但是，有声语言表达面对世俗化也被自然主义、口语至上的浊流所污染，受到不应有的冷落。诗文朗诵只能作歌舞的陪衬，广播剧几乎被电视剧挤掉，影视剧配音艺术也让一批"棚虫"糟踏得不成样子。在这种文化氛围中，造就了一群"语盲"，鼓吹自己写、自己说才是上品，"念别人写的稿子没本事"。文艺作品演播大都是"念"别人的稿子，鲜有诗人朗诵自己的诗、广播剧作者自己当主角、影视剧作者自己去配音的。演播也是创作，把平面的文字构筑成立体的声音形象，需要高超的表达技巧，而这样的本事，却是很多人不能掌握的。"说这没本事"，不承认这也是艺术创作，那心态大概跟"吃不着葡萄硬说葡萄酸"没有两样。

文艺作品演播的知音还是越来越多，不满足"可接受性"而追求"可欣赏性"的人正在茁壮成长、日趋增多。这是人类精神文明的正当需要和正常状态。从这个角度说，《文艺作品演播》一书，不但培养着一批又一批创作者，而且也在培养着一批又一批欣赏者。

播音学培养出了一届一届的学生，他们从事着广播电视新闻播音、专题解说、节目主持、体育转播以及各类文艺作品演播工作，不少人成了名人。像罗莉同志这样一直从事播音教学工作的人为数也不少。他们能够胜任广播电视第一线的工作，在教学中也同样胜任，并且勤于钻研，默默著述，这是怎样的令人感奋啊！

《文艺作品演播》的问世，为播音理论增添了新的篇章，具有开拓性。我们的教材建设一定会更加科学、更加多样，这是完全可以预期的。

张颂

前　言

《文艺作品演播》课的创建

《文艺作品演播》课是高校播音主持艺术专业的必修课。它的创建是为改变以前本专业教学以新闻性内容为主，表达手段相对单一，学生的感受力与表达能力不足的现状，以适应时代变化和广电事业发展的需要。

以前，播音主持专业的某些人比较排斥文艺领域的内容渗透进来，他们认为这是两种不同属性的工作，当然这有时代的印记。但改革开放后，当他们看到发展中的广播电视一线，产生出节目形态丰富、表演元素参与的各类创新性节目，意识到时代变了，广电事业发展了，这对播音主持艺术专业的教学提出了挑战。我们的教学必须增加新的内容和手段，培养学生素质全面、有较强的表现力，才能适应一线的需要。于是创建《文艺作品演播》课的任务被提出来了，由于笔者参加过各种文艺作品的演播，教学中也有过成功的尝试，于是便接受了这一任务，边教学，边实践，边研究，学习理论，思考问题，经过艰苦的努力，首创的《文艺作品演播》课与其专著诞生了。

《文艺作品演播》课的创建，可以说是一种创新，它打破了以往将播音主持与表演专业完全隔离的壁垒，虽然二者是不同领域，但某些基础是相通的，吸收有益内容为我所用，使我们的专业教学更加完善、有效、势在必行。《文艺作品演播》课的创建初衷，是为了补充、丰富播音主持艺术专业学生的语言表达力和节目表现力，同时，培养和提高学生的观察力、判断力、思维力、理解力、感受力、鉴赏力和表现力，开拓学生的创造力，使之成为"多重复合"人才，也就是既能播音主持新闻类、服务类、文娱类等各种广播电视节目，也具有采编能力，还能胜任各种文艺作品的演播，甚至参加表演创造，真正成为"一专多能"的"复合型"人才。

当前，《文艺作品演播》课的重要性越来越明显，有了这门课的训练，学生的专业能力能得到很大提升,视野更加开阔。学习这门课程,也有助于他们日后事业的多向发展与成功。

《文艺作品演播》课的定位

文艺作品演播与表演相关,但不等同于表演,二者有表达基础的相同与相近。文艺作品演播虽然运用表演元素、表演技术,但并非全息表演,它立足于艺术语言表达。可以说文艺作品演播近似于表演专业的"台词"课,有表演成分参与,但不是表演的全部。我们应当区分"表演"与"表演元素""表演技术"的概念与关系。

《文艺作品演播》课不应将表演专业的训练内容、手段、教材全盘端上,这会影响学生的专业意识,使他们产生认识混乱,也难以达到训练要求,因为两个专业不同,选才也不一样。所以《文艺作品演播》课的教学,应视学生的条件、素质而行,不应选择难度太大的表演专业的教材,毕竟播音主持艺术专业的学生这方面素质、能力有限,也会给授课教师带来较大难度。选择教材适当,可更好地适应学生的理解、感受和表达,否则可能会适得其反。特别是有不少学校开设了播音主持专业,有文艺作品演播课,也有表演专业的教学。所以,本课的教学及考核应定位准确。以上问题值得关注。

值得提及的是,《文艺作品演播》课对授课教师要求比较高,需要既懂播音主持,也懂表演专业,还要有相当的艺术实践,这样方可进行教学示范与对比、有效授课。具体而言,文艺作品演播课的教师,要求专业理论扎实,个人实践丰富,抓学生问题较准,辅导能力较强,政治、艺术素养较高。由于本课程的特殊性,要求选拔专业能力强、素质较全面的教师任课。否则,无法进行有效的专业示范与辅导,不能进行针对性教学,也得不到学生的认可。

文艺作品演播的真谛

文艺作品演播的真谛是什么?最简单的回答就是用"嘴"说出"心",这个心即自己和作者的内心。它包括人的爱恨情仇、甜酸苦辣,理性的思考和感性的喷涌。它需要思想、文化、知识、美感及人性的依托与积淀。文艺作品演播是抒发"自我"的窗口,是表现社会与人生的窗口,是对人性、人情的呼唤,是人对世界、心灵天地的感悟与抒发。当然,这一切都离不开正确的三观和人性的善良。

文艺作品演播,对于表演专业、播音主持艺术专业的初学者而言,其真谛就是对作品要有真正感知与真情体现。作为主考教师，笔者曾多次替考生惋惜，为家长痛心。因为在考场内，看到了不少专业条件还好的考生在朗诵同一篇作品，而且他们的处理似一个模子出来的，甚至在女生表达时，你都就能听出这是男老师的辅导处理（经询问果真如此）。这就严重抹杀了考生的天性，也让没有经验的教师以此断送了这些考生的求学之路。对此，笔者曾在考场上几次打断这种没有灵魂和参考价值的表达，让考生表达自己喜欢或触动最深的内容（因感觉这是块专业材料，只是现场没发挥出来，弃之可惜）。多少次笔者自己和在场的考官都惊叹不已，这考生简直就像换了一个人！刚才还似呆滞、无感的人，一下子就变成了一个有思维、有情感的鲜活少年！分析之，固然有考生对考场的紧张与陌生感之因，但他们初始表现的有形无神、无心、无感才是要害，要知道对于艺术语言表达而言，不喜欢、不懂、无心、无感便什么都没有！因其是启动和调动人的思维与情感的动力源。

还有，考生的这种表现，也是因为他们不了解艺考的主要目的，只在被动地完成艺考辅导的规定动作，剥离了作为人最重要的东西——灵魂。

同理，优秀的文艺作品演播，是需要表达者的先天条件与后天努力的结合。一个人的先天优势无人替代，后天努力与勤奋更是无人能替代的，家人、教师都无能为力，只有自己才能成为自己的上帝。热爱文艺作品演播，感悟作品，产生共识、共情，才能产生真正的表达动力与活力，形成优秀的文艺作品演播。

文艺作品演播通常分为两种：一种是因自己喜欢所选的演播作品，另一种是被指定演播的作品（这种情况居多），后者就更需要演播者了解并尽力靠近作品，那么"备稿准备"就是最重要的核心工作。众所周知，同一个作品，不同的人会有不同的理解广度、深度及角度，这就更需要表达者与作者的认识、经历与心灵靠拢，才能正确、准确地体现之。此外，不同年龄、经历与人品的人对同一作品也会有不同的理解、感受及反应，这是不可避免的。人生有不同阶段，不同年龄的人会有不同阶段的人生重点与思考。社会有各种变迁，每个历史阶段都会有不同的历史特征，我们不可能都用自己目前所处的一切，去看待以往的一切或用本国角度去看待国外的人与事。当然，人有共性，社会、自然也有自身的发展规律，因此，文化整体的积淀，人性个体的独特，都是我们进行文艺作品演播所要表现的内容，不进行广义、具体的准备与分析难以达到。这就要求我们用专业眼光去洞悉作品，完全走进它，使自己的表达走向准确、完美与成熟。

好的文艺作品，不是仅有对社会的介绍、生活的表现、景致的描绘和独特、鲜活人物的刻画，更有思考的深入与思想的启迪。如作家史铁生的散文《我与地坛》，它不仅描绘了历史古园的风貌、春夏四季的生机，展现了各色人物的生存影像，更由外到内细腻地表现了母亲的平凡与伟大，以及作者对生存与生命的深刻思考，那充满哲理的言语，更挽救了多少迷茫之人：

上帝在交给我们这件事实的时候，已经顺便保证了它的结果，所以死是一件不必急于求成的事,死是一个必然会降临的节日。

假如世界上没有了苦难,世界还能够存在么?要是没有愚钝,机智还有什么光荣呢?要是没了丑陋,漂亮又怎么维系自己的幸运?要是没有了恶劣和卑下,善良与高尚又将如何界定自己又如何成为美德呢?要是没有了残疾,健全会否因其司空见惯而变得腻烦和乏味呢?

所有的人都一味健康、漂亮、聪慧、高尚,结果会怎样呢?怕是人间的剧目就全要收场了,一个失去差别的世界将是一条死水,是一块没有感觉没有肥力的沙漠。

看来差别永远是要有的。看来就只好接受苦难——人类的全部剧目需要它,存在的本身需要它。看来上帝又一次对了。

于是就有一个最令人绝望的结论等在这里:由谁去充任那些苦难的角色?又有谁去体现这世间的幸福,骄傲和快乐?只好听凭偶然,是没有道理好讲的。

就命运而言,休论公道。

但是太阳,他每时每刻都是夕阳也都是旭日。当他熄灭着走下山去收尽苍凉残照之际,正是他在另一面燃烧着爬上山巅布散烈烈朝辉之时。

我想若是当今社会上的许多不如意者,能早日与残疾作家史铁生相会,一起去这样思考人生,也许就不会患上"忧郁症",更不会舍去宝贵的生命了。善良、豁达、有识、共情,当是我们文艺作品演播要传达给受众的有用之物吧。

在文艺作品演播中所呈现的"风格"不是追求出来的。它是人的思想、文化、人品、特点的集合与外化。

文艺作品演播对语言表达基本功的要求非常高。其实各行各业的专业力能走向高端,都是依靠坚实的基本功。那种"快餐文化"必然短命,也必须摒弃,因为它所带来的必然是肤浅与无能。

好的文艺作品演播,必然出自一个三观正确、人品高尚、学识丰厚、热爱专业、不懈努力的表达者。

让我们在文艺作品演播多彩的天地中,成为专业的有心人,将所有珍贵的热爱之情倾尽其中。用自己真诚、高贵的呼唤,唤起人性的善良与高尚,启迪人的思想与智慧,歌颂正义,鞭挞丑恶,爱恋真情,鄙视唯我。走进人的心灵,治愈人的迷茫与无知。当然,这首先要点亮我们自己。请记住:文艺作品演播不是对文字符号的空洞出声,不是言不由衷的表达。它是一种心灵与心灵的对话,是一种自然的流淌,是热烈与激情的宣泄,是心灵与心灵的交融。

简言之,文艺作品演播的真谛就是:用心、用识、用情地说出自己与作者的心声。

笔者

2023 年 7 月 7 日

第一章 文艺作品演播概述

第一节 对文艺作品演播的认识

一、文艺作品演播的概念

文艺作品演播,指利用艺术语言表达手段,将文艺作品的文字语言变为有声语言,艺术地体现或再现出来,通过广播电视传播达于受众的创造活动。这里指散文、诗歌、寓言、童话、小说、广播剧的朗诵、演播以及影视剧中的人物配音,简称"影视配音"。

文艺作品演播的范围仅限于文艺作品,不包括播音主持领域中文艺节目的串联和介绍、电视纪录片解说以及舞台和影视表演。

从表演角度而言,文艺作品演播只相当于表演专业的台词课。文艺作品演播虽只体现在语言方面,但表演、形体等相关表现要素也都需参与创作,将其对表达者身心的影响注入到语言中并予以体现,形成整体感觉。所以,文艺作品演播应当具备表演所需的所有素质,才能保证演播的成功。

二、文艺作品演播的特征

(一)形象感更强

形象是文学艺术创作的依托,是其表现的特殊手段。一般而言,在文艺作品中,人物是组成形象的主体。但形象不仅指人物,也包含景物;不仅指视觉形象,也包含听觉形象等。文艺作品从创作到体现都离不开形象,文艺作品演播从看作品到表达创造,也都离不开形象的存在,因此,形象对于文艺作品演播具有特殊意义。

形象感不仅是指演播者在语言表达创作过程中,自己头脑中有形象的存在与活动,还指通过演播者的表达,能使受众产生相同或相近的形象感,这才是文艺作品演播形象感的完整内涵。

文艺作品是通过塑造各种艺术形象,激发相应的情感来打动人、启发人和教育人的,形象思维是其创作的主要手段,文艺作品的演播就应体现出具体、生动的形象,发挥其作用。欲想体现出具体、生动的形象来,演播者的脑海中就必须有它们的存在和活动,用来支撑其表达。文艺作品演播正是因为有了想象、联想等心理活动的参与,唤起了具体、生动的形象,才能不断地刺激演播者产生相应的情感,使其表达发自内心,言之有物,言之有形,言之有情,言之有意。

比如已故著名演员金乃千曾谈到他朗诵话剧《屈原》中一段独白的体会:"我在朗诵《雷电颂》时,在开口之前,首先唤起自己的想象,在眼前出现东皇太一庙的情景:奇形怪状的神像、狂风吹动的蜘蛛网、殿壁残孔中透出的夜空、时隐时现的沉雷,……从这些想象的环境中,引起我对当时楚国社会状况的联想。在朗诵过程中,我还不断地通过内心视象看到自然界的巨大变化,感受到风的怒吼、雷的轰鸣、闪电的眩耀,我恨不能冲出庙宇,砸断镣铐,投入大自然的怀抱。于是我急切地、热烈地一口气说出:'我要和着你(雷)的声音和你一同跳到那没有边际没有限制的自由里去!'这时,一声霹雳(想象中的)在天边炸响,我猛一回头,看见闪电像火球一样地拖着尾巴涌向大地,我兴奋地说:'电!你这宇宙中最犀利的剑哪!……你这宇宙中的剑,也正是我心中的剑。你劈吧,劈吧,劈吧!把这比铁还牢固的黑暗,劈开,劈开,劈开!'这三个劈开一声比一声强烈,和霹雳声混在一起,成为我心中的三声霹雳。随着这些想象中的环境变化,我觉得自己似乎也能够像屈原那样呼风唤雨、那样与大自然融为一体,构成一曲和大自然同化的交响诗。"

我们试想,如果没有具体真切的画面、场景,没有闪电、雷声的视觉、听觉形象,没有屈原这个人物形象在朗诵者脑海的出现,朗诵者怎能感情饱满地去歌颂、去呐喊、去抒发呢?同样,受众也不可能领略到屈原,这个伟大的爱国主义者在特定环境中的内在情怀以及他的人物形象。由此可见,在文艺作品演播中,应当始终有特定、具体的各种形象相随,一旦形象的链条中断了,我们的表达就会受阻,出现脱魂、失境、情浅、声白等现象。

为什么说文艺作品演播的形象感更强,播音主持不也要求形象感吗?是的,播音主持也要求形象感,但由于工作性质和创作依据不尽相同,所以,一般播音主持中的形象感往往不及文艺作品演播这样具体,要求这样高。有时,仅表现为一种趋向感、有大致形象即可,不需要形象的具体化,如新闻、评论等一般性播音主持。而文艺作品演播,失去具体的形象便无法开口表达,因为演播者所表达的内容都是具体形象和特定环境的,没有具体的形象感觉便不能准确、生动、细腻地表达。所以,形象感更强是文艺作品演播的特征之一。

(二) 情感性更强

某位著名朗诵大师曾向学生发问:"世界上什么力量最大?"他自己的解释是:"情感的力量最大。"乍一听,不免有些耸人听闻。但进一步体察深味,便不得不承认这一事实。是的,世界上有什么力量能够征服人心呢?世界上有什么力量可以不让一个人去爱去恨?为了此情,有多少人不惜以自己最宝贵的生命去表现自己的爱与恨,情,是人无法抑制的心理感受。中国古人言,"情者文之经",情感是艺术的最强生命,何况文艺作品所表现的大都是爱与恨、生与死、情感与人生的命题。如果说,形象感是文艺作品演播的基础与依托,那么,情感性则是其灵魂,是文艺作品演播的特征之二。

文艺作品以形象表现观点,以情感为媒介去打动人。作者大都无情不发、无感不发、不悟不发。例如中篇小说《高山下的花环》,便是作者深入一线,面对新一代最可爱的人,被他们感人至深的事迹所触动,燃烧起创作激情的产物。如果作品中"小北京"(雷军长之子,战时从北京军区调往云南前线)这位深钻军事理论,想当将军的优秀士兵,不是因我国"文革"动乱期间制造的炮弹哑炮致死,引起人们对他牺牲的深深遗憾之情,也不会引发人们对"十年动乱"更深刻、更具体的认识。如果作品中"小北京"不是雷军长之子,而"雷军长"又没有战前甩帽痛斥"走后门"的举动和激情,人们也许不会具体感到,我们还有如此可敬的老一辈革命者,中国是有希望的。正因为有了人们对"雷军长"这一形象的敬爱之情,才显现出塑造这一形象的意义所在。而人们在接受这一观点时,却是在不知不觉之中和极强的情感催动下进行的,其效果远非正面宣传说教可及。由此可见,情感促成人们对文艺形象、作品内容和观点的感知。同时,情感也是演播文艺作品的核心要素。在演播中,只有情感始终存在并不断燃烧,引起演播者创作宣泄的冲动与激情,方可演播到位。当然,这也是建立在对作品与人物的正确理解、准确把握的前提之下。

文艺作品的演播,情感大多处于激情状态,情感浓烈、饱满,唯此方可更好地体现文字语言的内蕴和作者的创作初衷,使之感染人、打动人、启迪人。这点,不同于其他表达,如介绍什么知识,就不必情感太强烈,一般亲切、自然、讲清楚即可达到目的。而文艺作品演播,由于工作性质、创作依据、创作特征的原因,不能不极为看重情感的作用,它不重以理服人,而关注以情感人,情感输入是这项工作的重要手段,因而,情感性不强的表达是不能胜任此工作的。

诚然,情感性强不只表现为激情这一种表达样式,在内涵丰富的情感中,也不乏别种样式,如细腻深情的或明朗欢快的多种多样,这在艺术语言表达中是显而易见的。但就情感的重要性和表现的丰富性而言,文艺作品演播却独占鳌头。所以,情感性更强是文艺作品演播的特征之二。

(三) 具有生动性

文艺作品演播与生动性分不开。因为文艺作品是以具体的形象和浓烈、丰富的情感去打动人、引导人的。因此,要想充分地表现这些形象与情感就需要生动的形式来发挥作用。生动,就是逼真、形象、活灵活现,就是艺术性更强,技巧性更高,表现形式更丰富,对比反差更强烈。在文艺作品演播中,无论是讲一件事、介绍一个人、描情、状物,抑或是表现一个人物,不生动便缺乏吸引力。

生动性也具有模仿力与创造力,它的基础是更贴近所表现的内容与形式。演播一个角色,就要把握并呈现其全貌与个性、身份与人物关系、内心世界与外部特征等,要符合那个角色的年龄、性格、气质、文化修养、职业特点,甚至语言习惯等特征。朗诵诗歌、散文、寓言、童话、小说等文学作品,更应绘声绘色,体现出作者与形象的主体心态及外部特征。有时甚至可以夸张的手法来达到生动表达的目的。这也是文艺作品演播与一般性表达的不同之处。一般性表达,以上方面仅为参考条件,而文艺作品演播则为创作的必要条件。

比如,演播童话故事《聪明的小兔子》中小兔子给狮子出主意时的一段话:"……我去把大象领来,等他走近你的身边,你就跳起来一口咬死他!"这话出自小巧、可爱的小动物口中,所以,在演播时为了生动,声音要化妆,有相应的语言造型,用声应靠前、咬字小、语言利落、起伏较大,这便可使人感到此话是出自灵活、小巧的小白兔之口,使人从听觉形象转化为视觉形象。待说到"等他走近你的身边"这句话时,要说得有种"收"的感觉,使人感到是在说"悄悄话";说到后一句"你就跳起来一口咬死他!"中的"跳"字时,有种语势异峰突起和爆发感;说到"咬"字时,有种口部狠咬的动作感,字音短促、有力,这样的表达就形象、逼真、生动,给人很强的形象感和动作感,易于吸引人。

当然,我们所说的"生动",不仅指语言表达中声音形式的"音势"幅度大,节奏多变,还指应有与表达内容相适应的"语言造型"和"语言动势"(如走、跑、躺、坐、跳、打、望、搂、吃等不同动作、状态中的说话感觉),也指要体现不同人物、不同情状、变化多端的心理、生理感。总之,生动,应是形神兼备,虽表现在形,却以神为支撑。因此,具有生动性是文艺作品演播的特征之三。

(四)独具装饰性

所谓"装饰性",在这里指"无语言表情声音",即人的哭笑声、不同情状的气息声、咳嗽等种种由心理与生理所致形成的具有一定意义和情感色彩的声音。

"无语言表情声音"具有一定的独立性,若与语言相伴,可更形象、更生动地表现人物的特定情态,它在文艺作品演播中独有而又重要,没有它们的参与,想演播好文艺作品是不可想象的。

比如小说《家》中梅表姐与瑞珏的一段对话:"瑞珏说:'梅表妹,你一定有心事,为什么不对我说真话?你难道不相信我是真心跟你好?我是真心想给你帮忙?'瑞珏的声音里充满了同情。梅却迸出了一句:'大表嫂,你不能给我帮忙。'于是掉开头又伏在枕头上低声抽泣起来。"又如,小说《高山下的花环》中,当连长梁三喜在战斗中为保护战士而牺牲时,小说写道:"……'连长!连长!'战士们围过来,哭喊着,'连一长!'段雨国扑到梁三喜身上嚎啕起来,'连长!怪我……都怪我呀……'"以上这两段中,前者,演播者如果没有伴着哭音说出梅的话,就不可能生动地揭示出梅表姐那压抑、悲痛的心情并强烈地感染受众,从而为她的命运鸣不平。后者,如果演播者不是带着哭声喊出段雨国的话,也就不能淋漓尽致地表现出段雨国对连长为救自己而牺牲的悲痛心情与悔恨之意。

在广播剧演播或影视配音中,"无语言表情声音"更具自身作用。比如,在广播剧的演播中,虽不用语言(大多是不适合),但根据不同的规定情境,演播者只要发出不匀的气息声或急促的喘息声,听众便会根据自己的生活经验从中得知剧中人或是正身体极度疲乏地爬行前进,或是正在跑步,或是此人伤病不轻。如果演播者的嘴里发出"嘿!嘿!嘿!"的声音,再配以沙袋的捶击声,人们就不难了解:这是正练习拳击呢。在影视配音中,如果片中的人物正在边哭边说或是边笑边说,我们也不得不以相同的哭、笑感觉及声音贴上去,以接近、贴合所配人物。甚至在朗诵一篇作品或演播一个角色时,演播者只要发出一声含有意味的声音,人们也能从中体会到演播者或角色此时的内心状态。

凡此种种都表明,"无语言表情声音"在文艺作品演播中独具魅力,它具有很强的表情性和一定的表意性,恰当地运用它,会为我们的演播增色不少,甚至可说是不可或缺的。因此,"无语言表情声音"即"装饰性"是文艺作品演播的特征之四。

总之,文艺作品演播,既具有自身的独特属性,也有话筒前一般语言表达所遵循的基本规律。

第二节 文艺作品演播与播音主持异同

文艺作品演播与播音主持大都依据文稿进行表达创造(影视人物配音还要参考原片,主持节目有时依据提纲或腹稿进行创作),但在具体实施中,存在多种不同。

一、任务与作用

(一)任务

文艺作品演播属于文艺性工作,播音主持主要属于新闻宣传工作,二者之间存在原则界限。文艺作品演播与播音主持虽同属艺术语言范畴,但有广狭之分,他们的创作任务也不尽相同,有各自领域的创作原则与方法、手段。文艺作品演播的任务是借丰富的语言表达技巧,以形象为媒介从情感上打动人、感染人,注重以情感人,从而间接启迪人。而播音主持的任务,大多是以直接、正面的宣传来引导人、教育人,重在理性,追求时效性和宣传、指导作用。

(二)作用

文艺作品演播与播音主持二者的创作属性和创作任务虽不尽相同,但创作目的却是相同的,都是要以一定的倾向去引导、教育人,实现对人们世界观、价值观的引领、指导作用。只是二者的表现方式存在直接与潜在之分。

二、分析与理解

(一) 划分层次

文艺作品的层次划分,形式多于播音主持稿件,因文艺作品体裁多样。如诗歌是以"行"的形式出现的,广播剧与影视人物配音的剧本又是以"人物对话""人物独白"的"台词"形式出现的,但它们都以内容紧密为层次划分的基础。

(二) 把握主题

文艺作品的主题,往往不易一目了然。因为文艺作品的主题大多蕴含在作品的内容、情节之中或潜藏在对人物的塑造里,不如播音主持稿件显而易见。因而,在分析、理解文艺作品时,应当细致考察,反复思考,精心提炼。

(三) 掌握背景

文艺作品的背景,一般要比播音主持的稿件复杂。播音主持大多只有"写作背景"与"播出背景",通常二者基本一致,因为播音主持工作比较注重时效性。而文艺作品演播,演播者需要掌握与作品有关的几个背景,才能准确理解、把握作品及人物。

(四) 形成基调

文艺作品演播的基调比播音主持复杂,除有"全篇基调"外,还有作品中的"人物基调"。而人物基调,有时会随作品内容、情节的发展和人物的成长而发生变化。因而,既要把握作品的"全篇基调",也要把握作品的"人物基调",这才是文艺作品演播基调把握的全部。

三、手段与形式

(一) 对象与交流

对象与身份是客观存在的,而对象感与身份感则是主观感觉。交流是存在于对象与身份两极,构成交流圈,从而形成交流感。目前文艺作品演播和播音主持中都存在"直接交流"与"想象交流"两种形态。但文艺作品演播中的对象感、身份感及交流方式,要比播音主持复杂得多,它多以"本我"为主,对象、身份多变,形成不同的人物关系、交流方式,不稳定。而播音主持多有稳定的身份及对象,交流方式也相对单一、稳定。

(二) 内心视象

就"内心视象"而言,文艺作品演播强于并丰富于播音主持。通常播音主持不需要内心视象太具体,而文艺作品演播在整个节目的理解、感受与演播过程中都离不开具体形象,它是艺术语言表达的绝对支撑。

(三) 表现形式

文艺作品演播的表现形式,可以夸张、扮演,语言表达通常对比较强烈、表达处理细腻,特别是可运用"无语言表情声音",它是丰富语言表现力和感染力的有力手段,有了它可以极大增强演播与播出效果。而播音主持则不能运用这些方式和手段来表现。原因在于,二者的工作性质不同,创作方式不同,所担负的任务不同,发挥的作用也不同。

(四) 表达节奏

节奏,在文艺作品演播中有着至关重要的作用,它是情感变化的晴雨表和温度计。在文艺作品演播中,作品情节的发展,场上气氛的变换,人物情感的变化,都要通过有形、多变、较强的语言节奏反映出来。而在播音主持中,由于稿件内容、形式及工作性质原因,表达节奏往往不如文艺作品演播那样变化多、幅度大。

(五) 气息运用

播音主持中气息不能外露,不能独立显现,反而要控制好,不致产生话筒"杂音"的误解。而文艺作品演播尤其是人物演播与配音中,气息的有意显露恰是表现人物内心、思维过程及形体状态最有力的外化手段。

(六) 话筒运用

播音主持与文艺作品演播对话筒的使用情况也不一样。前者以传播信息、服务受众、准确、清楚为主,通常话筒距离基本不变。后者的表达复杂、要有艺术表现力,话筒距离就需要多变,以表现出时空感、人物的心理、生理状态等。如表达人的内心活动需离话筒近一些,用声虚一些。表现人在远处或生气时的语言则需离话筒远一些或侧对,甚至背对话筒、声音大些。这些处理,可使我们的语言形成一种声面,具有距离感、情状感,形成"立体感"。从这个角度讲,对话筒的运用也是文艺作品演播创造的一部分。

四、学习文艺作品演播的意义

(一) 丰富表达技能

从文艺作品演播与播音主持异同的简单分析中,不难看出,文艺作品演播要比播音主持复杂,表达技巧更丰富,表现形式更多样,更难把握。学习文艺作品演播,可以接触、学习表演元素、表演技巧,对于从事播音主持工作的人来讲,能丰富表达技能,增强形象思维能力,有助于提高自己的语言表达能力和表现力,更加适应发展中的播音主持节目形式的多样化和生动性。总之,学习文艺作品演播,能对播音主持工作有很大促进。

（二）实现一专多能

播音主持，既是新闻宣传工作，也是艺术语言表达工作，因而，立足本职、扩大自己的创作领域，在干好本职工作的同时，适当参加一些文艺作品演播工作，可拓宽视野、增强表现力，成为艺术语言创作的多面手。如现在有不少播音主持艺术专业出身的从业者，经常参加影视人物配音、广播剧演播、小说演播，他们完全能独当一面，不输演员，不少成功者广为人知（更有一些佼佼者日后成为专业演员，活跃在荧屏上，很有影响力）。现在，有的电台新闻部的主播们也打破壁垒，自己编创、导演广播剧，集体演播，如将介绍先进榜样的稿件内容，改编成广播剧播出，很有吸引力，传播效应大增。这样受众每天不但能听到新闻主播们报道新闻、主持节目，还能听到他们演播的广播剧、影视人物配音及朗诵各种文学作品，主播们的工作范围扩大了，专业能力也得到极大认可。诚然，播音主持工作与文艺作品演播的任务、语体、表达方式有诸多差别，但可以补充、促进，实现一专多能的需要。

第二章
文艺作品演播的准备

记得某位著名演播家曾问一个学生,知不知道他家里有几口人？爱人长什么样？那个学生回答说:您爱人一定是大眼睛、双眼皮……这位演播家立刻严肃指出:你胡说,你去过我们家吗？你见过我爱人吗？学生回答没有。他又说,没见过你就说,那是没依据的,你没去过我家不了解情况,就没权讲。我们说,这与文艺作品演播的道理是一样的,不了解所要表达的作品,就无权去表达作品。这位演播家太高明了,他一语道破了文艺作品演播前的准备与表达的关系及重要性。没有这个基础性工作,不分析、理解、就难以真正了解自己将要演播的作品,获得准确、深入的体验,也就难以达到理解、感受、表达的高层次。

第一节 了解背景,接近作品

对文艺作品的理解比较复杂,尤其是对其背景的掌握更是如此,它是理解与把握文艺作品的基础,是了解作者的创作意图及作品内容、人物形象的重要条件。文艺作品演播需要了解、掌握的背景是多方面的。

一、作品的内容背景

文艺作品的内容背景,指文艺作品中"人物活动、事件发生发展的时间、地点和条件,如自然的、历史的、社会的。"[1]比如,军旅作家徐怀中的中篇小说《西线轶事》的内容背景,是1979年中国边境自卫反击战期间参战的中国军人。而著名作家巴金的长篇小说《家》的内容背景,却是"五四运动"后旧中国内地一个封建大家庭里各色男女的人生。二者的时代、地域、人物、环境等各不相同。

---

[1] 辞海·文学分册[M].上海:上海辞书出版社,1979:14.

参考作品的内容背景，有助于演播者理解作品内容，走进作品环境，接近作品人物，更好地把握演播基调与风格。

二、作品的人物背景

作品的人物背景，指作品中所表现的人物风貌、经历、特点等的来龙去脉。

比如，《西线轶事》是部军事题材的小说，书中给人印象极深的人物，是已经牺牲在战场上的烈士"刘毛妹"。作者不是让自己的笔触一味地表现这场战争，而主要是写以"刘毛妹"为代表的、在这场战争中锻炼成长的年轻人，揭示出他们丰富的精神世界，并透过他们身上的时代烙印，反思那令人难忘的十年浩劫岁月，进而审视现实和未来。

以往尤其是"文革"中，表现英雄人物，多是一些豪言壮语和英雄事迹的堆砌，而《西线轶事》中"刘毛妹"这一人物，是有着时代烙印的新一代军人形象，使人耳目一新，被认为是前所未有的新的艺术形象。

刘毛妹这一人物，是在十年动乱中成长起来的青年，身为军干的父亲的惨死、家庭的不幸、心灵的创伤，不可避免地使他苦闷、迷惘、偏激、冷漠，对当时的社会怀有某种不满，甚至对入党问题也有自己的消极看法。他是插队后入伍的，所以在他身上表现出了一个人所固有的普通而真实的本色。然而，严酷的现实锤炼出他逐渐清醒的意识和思考，在他冷漠的外壳里隐藏着炽烈的热情与正义感。因此，在为祖国而战中，他爆发出不同平日的光彩：冒着弹雨给部队总机班的战士当人梯；挺身而出接替牺牲的排长指挥战斗；在身上和嘴部都负重伤的情况下，他依然忍痛向上级报告连队的方位。他英勇牺牲后，人们发现他身上"大大小小挂花四十四处，这个数字，正好是烈士的年龄乘以二"。刘毛妹就是这样一位立体的、具有性格本色、平凡而伟大的人物，他普通而又独特，他留给我们的不是单一的启示，而是多方位的思考。

实践证明，当我们对所演播的人物进行了细致深入的探究，便会更加了解和喜爱他们，进入到他们的心中，产生一种亲切、熟悉感，自己的演播自然会言之有物、言之有意、言之有形，言之有情。

参考作品的人物背景，有助于了解人物整体，形成准确的"人物基调"。

三、作品的写作背景

作品的写作背景，是指作品写作的时代背景（如自然、历史和社会环境）。比如，石祥的诗《周总理办公室的灯光》，是在"四人帮"刚被打倒时所创作的。作品极大地抒发了全国人民对敬爱的周总理的怀念之情、热爱之情。同时，也反映了人民对"四人帮"一伙迫害老一辈无产阶级革命家的愤慨之情。

《墓地里只有一个她》这首小诗出自电视剧《大校的女儿》，剧中一位年轻的女护士"彭澄"与战友们一起乘车正前行在西藏高原上。路上车子突然猛烈晃动，差点出了车祸，大家一阵惊吓,继而议论着刚才如果她们"光荣"了,便也会留在路边所看到的只埋葬着一名女兵的墓地里(其他都是男兵)。到了部队驻地,这位爱好写作的女军人,还沉浸在刚才所经历的一切中,她不由产生了创作这首小诗的灵感,从而写下了这首朴实无华而又情感真挚的小诗:

《墓地里只有一个她》

墓地里只有一个她,
你跟谁说话?
墓地里只有一个她,
你不寂寞吗?

墓地里因为有了她,
冰峰都变得温柔。
墓地里因为有了她,
白雪也悄悄融化。

你给单调涂上了一抹粉红,
你给秋冬带来了活泼的春夏。
你是群雄中的一匹母鹿,
你是葱绿里的一簇鲜花。
你是我心中永远的偶像啊,
永远明亮的眼睛,
永远飞扬的短发。

假如祖国需要,
我也会来到这里,
春夏秋冬日日夜夜与你作伴,
一起说着我们年轻女兵的悄悄话。

了解了作品的写作背景,会使我们置身于作品的环境中,沉浸在表达的氛围里,更加理解作者的创作意图与自己的表达任务,有助于把握作品的内涵与创作目的。

四、创作的心理背景

作者创作的心理背景,指作者创作一个文艺作品时的心态。比如,诗歌《小草在歌唱》的作者雷抒雁,他在创作这首诗歌时的心态是赞颂、悼念、声讨与自惭交织在一起的,是在一股激情的冲击之下。从他的诗句和此诗结尾的注释中,我们可以感到他的创作心态。他在诗中写道:

……我恨我自己,
竟睡得那样死,
像喝过魔鬼的迷魂汤,
让辚辚囚车,
碾过我僵死的心脏!

我是军人,
却不能挺身而出,
像黄继光,
用胸脯筑起一道铜墙!
而让这罪恶的子弹,
射穿祖国的希望,
打进人民的胸膛!

我惭愧我自己,
我是共产党员,
却不如小草,让她的血流进脉管,
日里夜里,不停歌唱……

在诗的结尾处,作者注上:"1979年6月7日,夜不能眠,6月8日急就于曙光中。"
又如,徐志摩的诗:

《难得》

难得,夜这般清静,
难得炉火这般的温,
更是难得,无言的相对,
一双寂寞的灵魂!
也不必筹营,也不必评论,
更没有虚骄、猜忌和嫌憎,
只静静的坐对着一炉火,
只静静的默数远巷的更。

> 喝一口白水,朋友,
> 滋润你的干裂的口唇;
> 你添上几块煤,朋友,
> 一炉的红焰感念你的殷勤。
> 在冰冷的冬夜,朋友,
> 人们方始珍重难得的炉薪;
> 在这冰冷的世界,
> 方始凝结了少数同情的心!

友情,真正的友情,是各个时代人们所热忱追求的。诗歌中表现了这种感念与追求。

《难得》出自诗集《志摩的诗》。1922年徐志摩从英国留学归来,当时中国正处于"五四"运动的落潮期,军阀混战且围剿"新文化",他本人也为了追求真正的爱情与前妻离了婚,闹得父子不和睦、世人不谅解的地步。他所追求的自由、平等、博爱的社会理想和爱的自由、美的人生都不能实现且尝到了世态炎凉,因此,有一点真正的友情,都会给他很大慰藉和至深感触。作者正是在这种心态氛围中创作了这首小诗。我们了解了作者的心理背景,难道还会对这扑面而来的诗中友情无动于衷吗?

由此可见,在文艺作品演播中,对于作者创作心理的了解也至关重要。因为每位作者的创作,往往都反映出自己人生不同阶段的不同处境与心境,所创作的作品也就具有其特性。了解作者创作的心理背景,能够直接提供给我们作者创作情感的源流,帮助我们准确理解作品并调动起我们演播的相应情感。

五、作品的播出背景

文艺作品演播的播出背景,指作品播出在什么时代、什么氛围中。演播的时代、氛围不同,作品演播有时就要做些调整。一般而言,作品的内容背景、写作背景和播出背景相一致时,参考播出背景可以增强演播的时代感、针对性,发挥其应有的作用。

比如,《白色方糖》是笔者在中央人民广播电台文学节目中播出的一篇散文,内容表现了几个普通人之间互相关爱的小故事,他们帮助对方不求回报,只是下意识地做了自己觉得应该做的事情。

这篇散文的播出是在改革开放初期,经济大发展,但社会上出现了有些人金钱至上,缺少爱心的可悲现状。笔者接到这篇散文的播出任务,认为应当关注这个问题,引导人们尤其是青年人,懂得什么是高品位,什么是做人的原则,提倡人应有的爱心、博爱之美德。这篇散文正涉及了这方面问题,于是笔者将这种认识融入到自己的表达中。散文播出后,编辑部收到了一些听众来信,肯定了作品的播出。笔者认为,这不是自己表达得多好,而是这个作品的内容、这种提倡是当时社会上所需,适应了时代要求。

又如,《周总理办公室的灯光》这首诗创作于"文化大革命"刚结束时,当时朗诵这首诗,播出背景主要是怀念敬爱的周总理及声讨"四人帮"。而今天我们再来朗诵这首诗,它的播出背景既是歌颂周恩来总理一心为民,不辞劳苦,更是鞭挞那些搞腐败,忘记革命的初衷,不把人民的冷暖放在心上的腐败干部。与之相应,朗诵的内涵与基调就要有所调整。

关注作品的播出背景,可以使我们的表达更有针对性,适应受众的接受,产生良好的传播效果。

在文艺作品演播中,有的几方面背景都要兼顾,有的则只兼顾其中主要的背景即可,这要根据作品的具体内容、形式、作用而定。如裴多菲的《我愿意是急流》这首爱情诗,内容众所周知。只要抓住作者创作的心理背景就可以了,因为爱情的颂歌是每个时代、每个民族都久唱不衰的。而朗诵雷抒雁的《小草在歌唱》一诗,则要兼顾作品的内容背景、人物背景、写作背景、创作的心理背景,体现出背景的几个方面。因为,你不了解张志新是何许人也,不了解作者为什么要赞颂她而又自愧不如,为什么要现在朗诵这首诗,氛围如何,你就不可能全方位把握作品本身,准确表达。

在广播剧演播和影视人物配音中,一般不用兼顾播出背景,因为你只是剧中、片中的一个人物、一个元素,你只要掌握了自己的行为目的、人物关系,符合剧情需要和基调、风格即可完成任务。当然,多了解其他几方面的背景,可以更好地把握人物。而小说演播,却往往需要兼顾全部背景,因为演播者既要叙述内容、情节、时代、地域等,又要表现各种人物,只有对背景进行全方位参照,才能更好地完成演播任务。

综上所述,在文艺作品演播中,我们为什么要兼顾这么多方面的背景,答案很明了,就是为了相互补充、参照,准确领会作者的创作意图,明确我们的演播目的和创作任务,利于我们对文艺作品的理解、把握和表达。对于作品的背景,我们可以从与作品有关的介绍、文集或作者的生平、创作等有关材料中去寻找。

第二节 获准意图,把握目的

所谓意图,应理解为作者的创作立意与创作目的。文艺作品的创作立意大多潜藏在作品的内容、情节与人物塑造里,这就需要我们参照各种背景,了解作者的创作态度,反复阅读,体味作品,找出作者的立意和所要达到的目的。把握了作者的创作意图,便可使我们的表达有主旨、有目的、准确并有重点。

寻找作品立意,可从作品的内容、情节、人物、语言态度等方面去找。比如散文《橘园颂歌》,作者用深情的叙述、描绘和议论为我们展现了十七名水兵的英雄事迹,抒发了对他们的崇敬之情,从而歌颂了他们伟大的爱国主义和英雄主义精神。这就是作品的立意所在,目的是唤起人们永远记住他们,怀念他们,以他们为榜样。这在今天尤为重要。

而有些文艺作品的创作意图不易把握,需要进行一番探究,方可准确提取。比如,大家都很熟悉的舒婷的诗《致橡树》,从文字表面看,这是一首出自女性之口的炽热的爱情诗,爱得真,爱得深。但是我们深入作品整体意识,细究作者的创作意图,反复体味此诗,便会感觉到作者的真正意图是表现新时期女性人格价值观念的觉醒,作品表现了知识女性的自觉、自强,女性意识的觉醒。例如,"诗中表现的'木棉'与'橡树'并肩而立,'站在一起'的意象,表现了作者对爱情的深刻理解。'根',紧握在地下。'叶',相触在云里。这表现了心灵的相通和精神的相依。'你有你的铜枝铁干','我有我红硕的花朵,像沉重的叹息,又像英勇的火炬。'这是人格的相映,又是命运的'分担'和'共享',它反映了作者对平等、相通、并进的理想爱情的追求。"①

获准创作意图很重要,它是文艺作品演播的灵魂。如果理解了《致橡树》一诗的创作意图,我们朗诵起来就绝不会软绵绵、轻柔柔的,而会透出一种理性的力度给表达以支撑,而不同于一般爱情诗的表达。

实际上,获准创作意图应有两个层次的把握。一是表层,即表层文意,单个意向(如内容、情节、诗句内涵)。二是深层,即内涵主旨,整体意向。文艺作品很注重意境的营造,如果缺乏对作者创作意图深层次的把握和体味,在演播中也无法体现其意境,因为意境毕竟是整体、深层的产物。比如,诗人王怀让的政治抒情诗《人民万岁》:

《人民万岁》

你从韶山水田的黄色的阡陌上走来,
你从安源煤矿的黑色的巷道里走来,
你从湘乡的那棵垂挂过许多苦难的老槲树下走来,
你从长沙的那口映照出许多血泪的清水塘畔走来,
你走来,径直走上天安门城楼,
向着创造历史的人民用深沉的湖南口音高呼:
人民万岁!

你从能够望到民族志气的上海望志路走来,
你从可以看穿世纪烟雨的南湖烟雨楼走来,
你从八百里井冈的很有特色的中国的秋收里走来,
你从二万里长征的很有气魄的中国的长跑中走来,
你走来,大步走上天安门城楼,
向着改造历史的人民用洪亮的湖南口音高呼:
人民万岁!

你从万里雪飘的北国风光走来,

---

① 章亚昕,耿建华.中国现代朦胧诗赏析[M].广州:花城出版社,1988:132-133.

你从顿失滔滔的大河上下走来，
你从《史记》里的秦皇汉武的赫赫武功中走来，
你从《资治通鉴》中的唐宗宋祖的熠熠文采中走来，
你走来，很现实地走上天安门城楼，
向着扭转乾坤的人民用可以穿透乾坤的湖南口音高呼：
人民万岁！

你从照耀人民智慧的《西江月》辉中很抒情地走来，
你从奔腾人民力量的《满江红》浪里很激情地走来，
你从《送瘟神》的浮想联翩的兴奋的韵脚中走来，
你从《到韶山》夜不能寐的振奋的平仄里走来，
你走来，很浪漫地走上天安门城楼，
向着叱咤风云的人民用能够驾驭风云的湖南口音高呼：
人民万岁！

你走上天安门城楼是为了高呼人民万岁，
人民才用自己的身躯把天安门托得如此峨峨巍巍；
你走上天安门城楼是为了高呼人民万岁，
人民才用自己的血汗把天安门染得这样如描如绘。

——这，就是你留给我们的真理，
呼人民万岁的人，
他活着的时候，
人民才会向着他高呼万岁！

你走上天安门城楼是为了高呼人民万岁，
把握历史的人民才让你在史册中永放光辉；
你走上天安门城楼是为了高呼人民万岁，
主宰世界的人民才让你在世界上万古永垂。

——这，就是你留给我们的哲学，
呼人民万岁的人，
他死了，他的思想，
却可以万岁！万万岁！
人民万岁！

初看此诗内容,感觉是为纪念毛泽东100周年诞辰而写的歌颂之作,但结合此诗的创作背景,细细品味,不难理解其深意,诗人要告诉我们的是:人民是历史的主宰,"水能载舟,亦能覆舟",热爱人民的领袖才会受到人民的拥戴。那些忘记初衷、无视人民、搞腐败的所谓领导,必然会遭到人民的唾弃,被拉下历史舞台!所以,此诗主旨深蕴,针对性强,是一首充满正义与号角的警世之作,"不忘初心,牢记使命"当是此诗的创作意图。

清楚了本诗的主旨与重点,朗诵自然会产生明确的处理意向:表达重点在诗的后三分之一。因此,前三分之二的朗诵不能太扬,应以铺叙为主;后三分之一却要情意加强,音势扬起,节奏高亢,凸显重点。

第三节 掌握风格,融进基调

风格,是作者在创作中所表现出来的艺术特色和艺术个性,毫无疑问,它来源于作者的创作思想、艺术追求。当然,风格不仅取决于作者的创作个性,而且要受到时代精神、社会风尚、民族传统等外界因素的影响。掌握风格、融进基调是文艺作品演播的重要一环,也是体现演播者创作思想、艺术功力的所在。文艺作品,大多有其独特的味道和韵致,它可以引起受众不同的美感,表现为不同风格。风格,制约着作者的创作,它往往体现于作者在处理题材、表现主题、选取体裁、塑造形象、运用手法和语言等方面。不同的作者进行创作,他们会根据自身创作风格的倾向及艺术功力创作出不同的作品。

在文艺作品演播中,需要把握三个风格:作者风格、作品风格、演播风格。

作者风格:它集中体现了作者的创作特点、创作倾向。它可以体现在作者的一系列作品当中,也可以体现在他的某一作品中,风格对于作者有某种恒定性。

作品风格:它仅指一篇作品的风格。掌握作品风格,一般除了着眼于作品本身,还应参考作者的其他作品,寻到其创作风格,益于我们的表达。诚然,有时作者根据创作需要,在一篇作品中可能会表现为不同于以往的创作风格。因而,在文艺作品演播中,应以作品风格为主。

演播风格:它指由演播者自身素质和表达优势所形成的表达特点。在文艺作品演播中,通常,演播风格要受制于作品风格,二者要有机结合。

简言之,在文艺作品演播中,对风格的驾驭与处理,应参考以上三个方面,但以"作品风格"为主。同时,应当了解风格只有融进表达语言的基调中方为人知。在文艺作品演播中,风格与基调有机融合才能得到较好显现,有时,风格的不同,也会影响到演播基调的形成,但不能将二者混为一谈。如发现问题,应具体分析,适当调整。

作品的风格不同,会形成不同的表达处理。如诗人王怀让的诗歌《我骄傲,我是中国人》《中国人,不跪的人》《人民万岁》等,都是大气的、充满爱国情,表现为歌颂性风格,因而朗诵他的作品,多充满激情,语势上扬,节奏高亢。而徐志摩的诗《难得》,此诗的创作风格,决定我们的朗诵应是内在、凝重的沉郁风格。还有一些作品,同一内容可有一定的风格选择,可因朗诵者的个性与表达优势给予不同的风格处理。如年轻的军旅诗人李晓桦的获奖诗歌《我希望你以军人的身份再生》,这首诗的"朗诵风格"可以处理成冷峻、蔑视、傲然的;也可处理成激情洋溢却不失蔑视的。其实,从诗作本身出发,这两种处理都无可厚非,只要理解准确,可有不同风格,可带有一些朗诵者的个性特征。当然,参考作者的年龄、气质、创作风格等来贴近处理更是必要的。具体到这首诗的处理,第二种处理方式,更接近作者年轻、阳刚之气、潇洒风度的特点。因此,成熟的朗诵者应当具备表达各种不同风格作品的能力,这需要深刻的领悟力及较强的表达功力。

我们知道,语言表达的基调是指思想感情的色彩及语言表达的色彩。基调呈现表达整体,是表达的基石,文艺作品演播的风格融进表达基调中方可被人感知。因而,语言表达的基调中,不仅有语言色彩,还有语言风格。

此外,文艺作品演播由于其创作特点,导致它不仅有作品的"全篇基调",还有不同人物的"人物基调"。这在演播的准备阶段,也要分析到位。

第四节　合理划分,表达清楚

文艺作品的层次划分,由于体裁形式多样,也呈现出多种形式。如散文、小说是散文体,诗歌是诗行体,以"行"的形式出现,形成"诗行"与"诗节",而广播剧演播和影视人物配音,则是对话体,以人物"对话"和"独白"的形式出现,每段戏的台词不分段落。但无论作品种类如何,体裁形式如何,都应以语意抱团、内容相对独立为划分层次的原则,它体现了演播者对作品内容、情节、人物心理发展变化过程的把握。比如郑敏的诗:

《第二个童年与海》

每个童年都像月光,
为大海涂上神秘的光影。
心在沉醉中随着波涛荡漾,
沙滩变得如此洁白宁静。
然而童年是短暂的,
只有当成熟使你找到
第二个童年,
海洋才无论有多大的风浪,
却总是迷住你的心。

这是女诗人郑敏所写的一首抒情哲理诗,它表现了经历十年浩劫后,人们对美好理想的继续追求。

这首诗仅有九行,但也不是一诵到底,不分层次。根据诗意,前四行可分为一层,表现了作者将"理想"比喻为美好的"童年";后五行可分为第二层,体现了作者对人生理想不懈追求的感悟。因此,这首诗在朗诵时,就应在"然而"处转换,在此之前做较长停顿,以体现作者的思维与情感过程。否则,一气朗诵下来,便体现不出作者的运思深意。在诗歌的层次划分中,不应受"诗节"的限制,应从诗意出发,形成作品逻辑和情感脉络的层次。又如:

广播剧《红丝带》(片段)

秋实,男,36岁
雪妮,女,32岁

(开门声)

秋实:对不起,我今天来晚了。

雪妮:你的脸色怎么这么不好,没睡好觉?

秋实:是吗?可能,这是你让我帮你打的画框,继续画你那"蓝色的梦"吧……下个星期天,我不来了。

雪妮:为什么?

秋实:咱们都不是小孩子了,理智很重要。我是一个小学教员,命中注定要当一辈子"孩子王",可你是个画家——

雪妮:不,我算什么画家,只是个画插图的美术编辑,你说这些干什么?

秋实:没什么,我真后悔。那天我不该跑到山上去,更不该遇到你!我给孩子们藏下了礼物,自己却找到了一颗苦果——我走了,对不起,这么长时间一直麻烦你,再见!

雪妮:不,别走(哭泣)你别走——你别走。

秋实:你别哭,好了,早知道发脾气能使你露出自己的真情,我该早点发脾气,一年以前就该发。告诉我,你干嘛这么苦着自己?是不是你以前爱过的人比我好?

雪妮:别胡说!你知道得清清楚楚,你是我一生中的第一个,也是最后一个,再也不会有了,不会有了。

秋实:那你为什么要这样?

雪妮:我怕!我怕得厉害。

秋实:你怕什么呀!是什么把你吓成这样?

雪妮:红丝带——

秋实:红丝带?见鬼!你脑子里怎么尽是这些古怪的玩意儿!

雪妮:我——我是独身主义者。

秋实：独——（开心地笑了）我也是个独身主义者，不过现在两个独身主义加在一起，不正好吗，负负得正！

雪妮：我脾气古怪。

秋实：我能改变你！

雪妮：我身体不好。

秋实：我可以照顾你。

雪妮：那——你会跟我离婚吗？

秋实：（笑得更开心）哪个男人谈恋爱是为了离婚？

雪妮：结婚前都很好，日后抛弃妻子的有的是！

秋实：你很清楚我不是那种人，要不然我也不会等到三十六！

雪妮：那你答应我，我们不要孩子。

秋实：为什么？

雪妮：孩子是无辜的，万一咱们……小时候我都尝够了，我不能让一个小生命再去尝我尝过的那些。

秋实：（喃喃地）明白了，……苦苦缠住你的是这个。我真想诅咒他们。诅咒那些不顾孩子们的父母！雪妮，放心吧，你会重新得到一个完整的家，我们也会有孩子，她的童年绝不会像她可怜的妈妈那样！

这个广播剧表现了一个从小经历父母离婚苦痛的女性不相信爱情的现实。雪妮小时无意中闯进了父亲与继母结婚的现场，让她记忆深刻的还有继母头上扎着的红丝带与母亲悲哀的泪水。

这段戏表现了雪妮和秋实这一对恋人，交往很好，年龄也不小了，但男方一提到两人结婚的事，女方就回避，于是男方"秋实"想出了一个试探女方"雪妮"真实想法的计策。这段戏从秋实进门到二人情感交融，双方经历了一系列心理交锋及情感变化：秋实是欲擒故纵、步步紧逼，最终取得了胜利；而雪妮是意想不到、步步退守，最终不得不"束手就擒"。就此，形成了这段戏的几个层次：

从开头秋实说："对不起，我今天来晚了。"到雪妮说"……再也不会有了，不会有了。"为第一层，可概括为"试探"。

从秋实问"那你为什么要这样？"到雪妮说"我不能让一个小生命再去尝我尝过的那些。"为第二层，可概括为"原因"。

从秋实说"明白了，"到这段戏的结束为第三层，可概括为"交融"。可以理解为秋实通过"试探"了解了雪妮的心结，而雪妮也从中更加了解了"秋实"的为人，所以才有了二人最后的交融。

试想，如果我们不是这样按情节发展、人物心理、情感变化为线索去合理划分层次，只一味每人一句地走台词，这样，既反映不出其中的情节发展，也表现不清人物心理、情感变化的脉络，最终只能是混沌一片。没有合理的划分，演播者心里便没底，便没有演播的停顿、转换、递进等关系的处理，演播者表达不清楚，听众自然也就听不清楚。

综上所述，演播者在演播前，应对所播作品有总体把握和细致揣摩的过程，不但要了解作品背景，获准作者意图，掌握作品风格和人物基调，更要按照作品的体裁特征划清层次，找到表达的落脚点，更好地体现其内蕴。

第五节　化为人物，外化贴切

化为人物，是文艺作品演播中的重要一环，它与播音主持的表达差别较大。

人物，一般意义上的认识是只限于作品着意塑造表现的人物，他们或是广播剧、影视剧中的一个角色，或是小说中的一个人物。但笔者认为，在文艺作品演播中，人物的概念外延应当扩大。理由在于，文艺作品中的人物，除去集中塑造表现的以外，那些"叙述者"，他们或是小说的讲述者，或是广播剧的解说者，或是影视剧的旁白者，有时他们所占比例还很大，无论他们是以"第一人称"还是以"第三人称"出现，他们也都是一个个具体的人物，是作者根据作品需要设计出来的。他们可以是作者本人，也可以是作者虚构的人物，因此，也应在文艺作品演播把握的"人物"范畴之列，也应具有特性、具体性，也应具有人物的内涵与外形，在演播时，不能笼而统之地做一般性处理，抹杀其个性，若这样，势必影响作者创作的整体效应，体现不出作者这种创作处理的独具匠心。为此，演播者在演播前的准备中，也应对作品中的"这种人物"进行了解、剖析与外化设计，也应对他们进行全方位的把握和体现。唯此，方可避免一般化、概念化的无主体感处理。也只有这样全面、细致地对作品中的所有人物进行了分析、理解的准备，方可称把握了人物，为人物的外化打下了基础。

要想把握和演播好作品中的人物，首先，应当给他们做"人物小传"，对他们的来龙去脉等一切根据文本进行想象、联想，做完整、细致的了解与把握。这可从人物自己的言行中、作品内容的介绍中或通过他人之口间接提供的线索中来获得，以把握具体人物，对其内心与外貌、历史与现状、思想感情与人物关系等各方面都了如指掌，才能很好地、恰如其分地表现他们。此外，还可从演播者自身的现实生活、个人经历和所见所闻中，找出一些相关的内容来补充和丰富自己对人物的理解和把握。

人物，是文艺作品演播的重要内容。文艺作品中的人物大多以第一人称"我"的面目出现。他们都应当也必须有其特定的身份和身份感、思想和情感，有着自己的年龄、经历、性格、外貌、文化、职业、兴趣爱好、审美情趣和语言习惯等。对这些因素的了解和把握直接影响到演播的贴切与否，是否准确、对味。比如，同是爱情上失意的几个女性形象：《毕业歌》中的"刘燕燕"、《杜十娘》中的"杜十娘"、《法尼娜·法尼尼》中的"法尼娜·法尼尼"以及《雷雨》中的"繁漪"，她们所处的时代、地域、境遇及本人的年龄、气质、对待爱情的态度等却迥然不同，在演播中必有较大区别。"刘燕燕"是个二十出头，即将大学毕业的女学生，她家境良好,清高浅薄;"杜十娘"是中国古代的烟花女子,但她又与一般妓女有所不同,少一分堕落与虚荣,多一分痴情与追求;"法尼娜·法尼尼"则是19世纪意大利的一位痴情、高傲的贵族女子,她不像一般纯情女子往往以自己的牺牲去实践自己的爱,而是以毁灭对方的事业来达到自己占有对方的目的,足见其性格特质;"繁漪"又是旧中国20世纪30年代具有新思想的女性,但生活在封建、虚伪的社会中,现实与理想的矛盾构成了她悲剧的命运,雷与火一样的性格又给她平添了几分悲剧色彩。毫无疑问,演播这几种不同的女性,在用声、语言味道和气质等方面都不相似,甚或相去甚远。

同是表现军旅剧中的"兵王",《士兵突击》中的"许三多"("王宝强"饰演)与《特战荣耀》中的"燕破岳"("杨洋"饰演)也存在诸多不同。虽然他们都是最优秀的特种兵,也有独特性,但就一个人、一个军人而言,又存在着很大差异:

"燕破岳"出身于城市里的军人家庭,由于父亲身为特种兵打击贩毒集团,被敌人报复,贩毒分子将他抓走关进了地窖,要将他卖掉。他从父亲身上看到了军人的能力,自己也不服输,于是奋力爬出了那黑暗的地窖,不停地奔跑,脱离了危险。父亲完成任务回家后,为了让儿子今后能够自我保护,就对他进行了严格的军事训练,所以一入伍他在新兵连的各种军事基础都很好,表现出个人优越性及要做最强的兵的特质。他的军事素质高,人很聪明,又肯学习,但以前的经历让他喜欢独闯勇进,不懂得战友的意义。当他进入了特种兵"猎豹"后,这一点被大队长排斥,用心"整治"他。经过诸多磨炼、战友为救自己的牺牲、父亲的教诲与自己的反思,最后,燕破岳真正认识到了自己的不足,成长为一名有勇有谋、素质优秀的特警。

相比之下,"许三多"出身于农村的贫困家庭,在家是三个男孩里的老三,没有地位,被父亲叫"龟儿子",他热爱学习,但文化不高的父亲叫他去参军,目的是将来可以离开农村,成为吃公家饭的人,也算出息了。"许三多"在新兵连就什么都不行、不被看好,因而他的自信心很弱,但踏实、肯干、刻苦训练、想法不多,在好班长的鼓励和用心培养下,他成长为一名"兵王",进而通过竞争进入了特种兵"老A"的行列,继续前行。

"许三多"与"燕破岳"这两个人物的出身不同,经历不同,形象更是有别:"燕破岳"高大挺拔,相貌俊朗;"许三多"身材矮小,相貌略丑。有了以上介绍,我们再来表达这同是军中骄子"特警""兵王"的人物语言,是否就有了明确的内心视象与气质把握。

文艺作品演播(表演),若要真正化为一个人物,一个不同于"本我"的较为复杂、有活力的人物确有很大难度。除去知道其所处的时代、社会背景外,更要了解人物的全貌、职业特点、生活氛围,尤其要掌握人物的人生经历、人物关系、独特性、细节等全方位信息。唯此,才能创造出、贴合上一个个真实、鲜活、有深度的艺术形象,更好地表现他们。

电视剧《你是我的荣耀》为不少观众所喜爱,剧情大致是这样的:航天设计师"于途"与演艺女明星"乔晶晶"是高中同学,多年后乔晶晶"用计"请到老同学帮助自己完成游戏代言人的竞技活动。二人重逢后,经历了一系列事业与情感的波折,最终幸福地走到了一起,这两个独特的人物,呈现出一种事业情、人性美,给予我们诸多思考与认识。

剧中人物"于途"形象清俊,从小聪明,学习拔尖,是女孩子们喜欢的"学神",但他不近女生,有着自己的人生理想,他想从事航天事业。但报考大学时,家里不同意他学习航天,他只能进入了清华大学的金融专业。但他在本科时就发奋学习,成天泡在图书馆里,攻下了金融与航天两个专业的课程。之后,又考取了地处上海的"中国宇航技术研究院"的硕博连读,毕业后留在了航天研究院工作,专门研究深空探测方向。由于他知识广博、专业深厚,在遇到各种问题时,他都能领先一步,思考到位,予以解决,成为专业精英。剧中的另一人物"乔晶晶",她的形象较好,但高中时学习中游,她爱慕于途,高中时曾主动表白,希望做对方的女朋友,教自己数学。但于途说,自己暂时不想交女朋友,以后想找一个能和自己一起努力的人。由此我们看到于途这个人很正,可能他受某种影响认为:凡形象好的女生大都比较浮躁,不肯用功学习,跟自己不是一路人。但当十年后再度相见,于途才了解到乔晶晶与一般的女明星还不太一样,她毕业于211重点大学,人比较聪明,有自己的思考与努力,她高中时的目标就是想考上清华和于途上同一所大学。

  二人重逢后,由于世俗的束缚,当乔晶晶再次向于途表白时,这位理科直男却说:"晶晶,你属于耀眼的世界,而我,属于另一个世界,我们不合适。"因为这时于途已经决定听从事业的召唤继续投身航天事业,因此,无论是经济上、时间上都无法做到"陪伴"女明星了。从于途下定决心,不为自家经济状况考虑,不去高薪的"投行"了,我们也看到了航天人的整体精神。于途的师哥放弃了美国的高薪工作,回到祖国投身航天事业,带他一起科研。但辛苦的工作使其病倒,他跟于途交心时说:"我没劝过你留下吧,因为我根本不相信你会走,我觉得咱俩是一种人。"然而,由于当时社会的走偏,科学家不如演艺明星的经济与地位是显而易见的!他们的刻苦攻读、辛勤钻研、放弃高薪,为国家做出那么大的贡献,却让自己在经济面前产生某种自卑!好在乔晶晶这个女明星有着自己的人格思考,当她看到了于途一类人的学习与工作精神后,她也向自己的经纪人发问:我值那么多钱吗?(指一部剧的佣金)虽然于途的回绝伤了她的心,她也冷落了于途一段时间,但当他们真正相知相恋后,每当于途遇到工作上的问题不开心时,她都能给予对方正能量的开导与劝慰,于途也是如此。此外,于途不会对乔晶晶因职业需要而饮食挑剔、服装花销和在外工作时间较长等加以指责,而是体谅、关怀。正因为他们相互理解对方的职业与人品,都在努力着,因此,他们的内心是在同一频道上,是"心灵伴侣",才使他们的感情完美,令人羡慕。

  在对剧中人物了解的基础上,还应关注人物的独特性及细节表现,才能更好地化为特定人物,予以体现。如此剧中有个情节,于途开车带乔晶晶去和同事们吃饭、见面,当同事打来电话告诉他为了给他省钱,想从有最低消费限制的包间转移到大堂里聚餐时,他回答:"还是去包间吧,我女朋友有点娇气"(其实是怕乔晶晶被拍、外传有影响)。可之后,乔晶晶一会儿说于途开车太快了她头晕,一会又说车开得太慢了,这时于途以肢体语言示好后说:"不娇气了",乔晶晶笑了。如不深知二人的关系与特点,就可能会以为乔晶晶"太作"了,而于途却很能知道对方的心理如何。其实,于途并不是一般意义上的理科男、书呆子、不解风情之人,与乔晶晶在一起后,更激发出他身上潜在的活力、风趣与幽默,这也有二人的相互影响。例如,乔晶晶跟于途和好后还不想马上告诉家人,也征得了于途的同意。但当她去找正在自家楼下扫雪的于途时,不巧被于妈妈看到了,她便临场发挥,说他们好了很长时间,但于途不肯带她来见家人,她只得自己找上门来。结果于途遭到妈妈的埋怨。谁知当于途去乔晶晶家接她回上海时,本来约好只说是老同学,可于途竟也演出了乔晶晶所做的一幕,导致乔晶晶也被妈妈在电话中责备一番。于途却说:"真巧,我妈也这么说的。"他还不无得意地说:"我确定,是乔小姐你先动的手"。剧中像这种两人斗智的戏还有几处。可以说,此剧既表现了于途这个人物为事业忘我投入、为情感内心挣扎的一面,也充分体现出他那柔情、活力、风趣的人性另一面,是一个独特的"学神""理工男"。

毫无疑问,于途这个人物的剧设很成功,呈现出其事业、理想、情感全方位,是一个立体形象,有较强的社会影响。剧中表现他教乔晶晶打游戏,不是他沉浸于此,只是剧中男女主人公再度相遇的线索。当时,于途正想为家人而放弃"星辰大海"(本科毕业,他曾舍弃好几个有优厚待遇的录取)为此他的导师让他先补两年从没休过的假,好好想想,还是想挽留他,针对工作的去留选择,他内心苦闷,休假中才被同学拉来打游戏的。正巧遇到了乔晶晶为了应对自己代言游戏而要竞技需尽快提高水平,她在网上看到于途游戏打得这么好,就谎称自己家买的空气加湿器(于途单位与人合作生产的)坏了,修不好,"骗来了"于途的帮助,进而摊牌拜师"于老师"。在于途的帮助和参与下,她迎来了游戏竞技的大胜,代言续约。剧中我们看到不少于途怎样帮助乔晶晶的过程:分析存在的问题、观摩职业选手的比赛、总结对方各自的特点、安排应对策略,最后还模拟对方与乔晶晶对练,这哪里是在打游戏,分明是在揭示"学霸"的思维力、判断力和应对能力。有了这些能力,于途玩游戏时间不长,就能找到门路打得很好。这就是"学霸"效应,无论做什么都细心研究、上手快。对此,乔晶晶对于途钦佩不已,她从对方那里学到很多东西。

电视剧中"于途"的扮演者是演员"杨洋",原是军艺舞蹈专业的高才生,他演过与自己比较接近的角色,但"于途"这个人物离他有点远,其经历、职业、思维、形体、说话、走路等都有不小距离。尤其在剧尾,于途已经38岁了戴副眼镜,成为航天领域最年轻的总设计师,还放飞了自己主创研发的探测器,这一人物的表现就要离军人、舞蹈更远了。体现这个人物具有一定难度。但在化身人物方面"本我"与"角色"又不可能完全隔开,然"杨洋"与"于途"虽有年龄、职业、经历、思维、情感等各方面的差异,却也有某些相同之处,那就是真诚与人品。记得杨洋在更年轻时,参加了一档所谓的综艺节目,一次为了节目效果,教官在有4人参加的情况下,只给了3个防毒面罩让执行任务时轮流戴,以体现互助精神。当时有一个人说他很能憋气不用戴。但当杨洋看到毒气袭来时他很难受,就毅然摘下自己的防毒面罩给了他,但之后他却没有得到别人的帮助,如果不是教官及时将杨洋抢救出来,当时真的很危险!杨洋有军人的忠诚与真诚,更有善良的人品与人格,他被同行称赞有着超越同龄人的"懂事"。在节目组里,看到别人拿不动东西,他就立马上前去帮忙。杨洋的"本我"与人物"于途"何其相似,他们都多为别人着想。剧中,于途之所以当时没接受"乔晶晶"的再次表白,那是他怕自己没钱、没时间不能给予对方想要的生活;就连他与乔晶晶的再次相见,也是为了帮助对方解决困难被"骗"来的。所以,在演播者(演员)的创作中"本我"与"人物"之间,总有不同程度的某种联系,但应判断、把握其渗透的程度如何。

诚然,文艺作品演播(表演)不能以自己"本我"的理解与表达方式去表现人物的"第二自我"。化身于人物,应当从他(她)的视点、角度出发,去思、去想、去感、去做、去表达。要知道,剧的情节、内容,主要是由人物活动来体现的,人物则是由细节来展现的,化身人物是演播(表演)成功的重要保障。因而,在文艺作品演播中,演播小说、广播剧或为影视人物配音,必须把握人物的全貌、特点、行为及细节,才能完美体现出"这一个"人物的真实、鲜活与独特。

此外,在化为人物时,不能只看自己的台词或内容,必须要看作品的全部,才能了解作品与人物的整体与背景,更好地表现其局部。

笔者认为,从表演角度讲,化为人物可以看作是"真"与"假"、"有意识"与"下意识"的结合。具体而言:作品中的情节、人物经历等,都是演员或演播者在分析、准备作品时就已知的,却要通过自身的表演或演播给出未知的感觉并展现其过程,这不是"真"与"假"的结合吗?将"本我"的表演或演播的"有意识"把控,给出人物"第二自我"的"下意识"真实感觉的体现,这难道不是"有意识"与"下意识"的结合吗?

切记,表演与演播不能只给出人物行为的结果,必须要给出其过程,才是对的。

第六节 扫除障碍,读音正确

文艺作品演播,除了分析、理解、感受和设计表达之外,还有一项工作不容忽视,这就是扫除作品中的术语、概念等障碍,读准字音。

通常,对某个字音的读法拿不准,作为一名读者自己阅读作品时尚无大碍,而作为一名演播者若拿不准字音又不正确地说出去,便事关重大不能容忍。因为这会严重影响表达的正确性,有时还会形成误导,从而影响演播的准确与整体效果。试想,演播一位气质高雅、学识丰厚的学者,却不时冒出白字,岂不贻笑大方?也会使这个人物形象大打折扣。此外,演播者表达中的字音不准,必定影响到听众对其艺术水平的认可。有时,正是这些细节会使我们的工作大为逊色。所以,这个问题不容忽视。

弄清搞懂文艺作品中的术语、概念、有关知识更不容忽视,因为它往往关系到我们对作品内容的理解与表达处理。从表面上看,这似乎属于对作品理解、把握的表层内容,实际不然,有时对这些内容的正确把握,正是通向对作品深层理解的大门。

试举《我希望你以军人的身份再生——致额尔金勋爵》一诗为例,如果我们不知道诗中的"额尔金勋爵"是谁,"僧格林沁"又是何许人也,在表达上也许就会产生理解的偏差,而形成不恰当的语气色彩。而当我们了解到"额尔金勋爵"是1860年进攻中国的英军首领,是他在大肆抢劫了圆明园之后,又下令烧毁了我国用150年时间,集"北雄南秀"于一园,占地350公顷,历经康熙、雍正、乾隆等六朝的仙境园林。从而感悟到诗中的"额尔金勋爵"不是仅指这个具体的人,而是所有帝国主义列强的象征。如我们了解到"僧格林沁"是面对1860年外国列强进攻时,不得不放弃抵抗从塘沽溃逃的清军首领,这个清朝武将面对入侵者他并非不战，而是当时只有冷兵器，战而不能，他的失败，是整个中华民族的耻辱与不幸。了解到这些，对"僧格林沁"这一人物的情感色彩，就不应是鄙视的，而是无奈的。由此理解此诗作者——当代中国军人的内心世界，形成此诗的宏大意象。另外，此诗中还有一句"要么，我拾起你扔下的白手套"，这里的"白手套"是什么意思？原来这是古代欧洲上流社会里，男士"接受"决斗的表示。凡此种种，文艺作品中古今中外的内容都有，作为一名演播者必须知识广博、认真对待"一度创作"，方能胜任自己的"二度创作"演播任务。

　　具体而言，演播文艺作品，遇到拿不准的字音或不甚了解的术语、概念、人名、地名等，首先应当查字典、查找有关资料或向内行请教，将其弄明白，千万不要自作聪明、想当然、凭感觉去猜测，那样非但不准往往还会闹出笑话，也是对工作不负责任的态度。

第三章
文艺作品演播提点

在文艺作品演播中,面对各种文艺作品,对其处理既有共性,也有个性。但就好的文艺作品演播而言,必定涉及:深度与意境、沉浸式演播、表达细腻等要点,需要学习与关注。

第一节　深度与意境

文艺作品演播者,首先要有明确的专业认知与意识,懂得演播表达的基础、特点、判断与标准,而不是单纯追求语言表达技巧,那只是技术性、工具性的东西。要知道什么是艺术语言表达处理的真谛与根基,好的文艺作品演播是有深度与意境的。

什么是演播深度?在此而言,是指文艺作品演播具有背景感、整体感、目的性的准确、深度认知,能够洞悉、超越作品的表层之意。有了这一认知与体验,才能有表达的深度,而不是局限于文字的表层之意及作品表面的情景交融。所有的文艺作品演播,高品位受众所需的都不是作品表层之意,而是其下面所蕴含的真正意义与深度。蕴含性、深刻性、感染性是文艺对人深度影响的根基,也是文艺创作与表达的特性所在。

究其实质,文艺作品演播就是表达者在"代作者而言"。所以不了解代谁而言,他的经历、背景、思想、情感、特点、处境以及他为什么要写这个作品,他究竟想要表达什么,那么演播将无从入手。只有了解掌握了这些具体内容,才会对作者有种接近感、亲近感。对作品有了理解、感受与体验,再去考虑用什么方式、手段、技巧来体现它,才能有效。如若没有这一探究过程,拿到作品就急于背诵、演播,就不可能真正把握作品,准确体现作品的内涵与深度。

由此联想到,笔者大学刚毕业时到中央人民广播电台文艺部朗诵了女作家宗璞的一篇散文《紫藤萝瀑布》,当时编辑听完后说了一句:表达得很细腻,但缺乏整体感。应该说女编辑的话非常到位。这个"整体感"就是作品的"写作背景"、作者的"心理背景"等,也是作品的真正内涵与立意所在,它表现在"整体感"上,是理解作品深度的表现。《紫藤萝瀑布》这个作品中有对小小的紫藤萝花欢快盛开的描写,有作者与紫藤萝花十几年的分别(十年浩劫时,花架被拆,说是花与生活腐化有关),而今又见到这清丽的小花意识到:"花和人都会遇到各种各样的不幸,但是生命的长河是无止境的。"我们了解到,作家写这篇散文时,因家人患病,心情是不好的。社会生活也一样有冷暖变迁,但自然与社会的"生命之河"不会停止。这是人生的命题,也是哲学的命题,在这样广而深的感知之下,我们对作品的表达就不会陷入到对紫藤萝花欢笑逗趣、活灵活现的描写之中,而是体现一种整体的思悟感怀。这样的表达才准确、有深度。

什么是演播意境？意境,一般而言,指文艺作品中的客观景物与主观情思相融的艺术境界。"意境"有"物境",有"情境",有些专家认为"意境"就是"情景交融"或"情理""形神"的统一,即情与景会,意与象通。中国传媒大学教授蒲震元先生认为:"情景交融不只产生意境,也产生作品的情节、人物、结构、语言乃至一些抽象的艺术符号,而这并不是意境。""其实情景交融中的'情'是十分复杂的,它可以与'景'交融成作品中的特定形象,又可以超越特定形象,去暗示作者没有明言的丰富的间接形象。如《诗经·硕鼠》中的大老鼠,柳宗元笔下的笼鹰与黔之驴,陆游和毛泽东笔下性格不同的梅花,陈毅《题西山红叶》等咏物诗中的特定形象,虽然也是情景交融的产物,但它们只是一种象征性的形象。作家用它们来暗示丰富的言外之旨和象外之象。很明显,这时的意境,虽然和作品中特定的形象密切相关(生于形象,包括形象),但它是可以大于特定形象的。""鉴赏者正是在这种具体的艺术情趣、艺术气氛和特定形象触发的丰富的艺术联想中,一步步地具体认识到作品所反映的社会生活面貌和本质,并窥见作者的用心。"[①]

文学作品的创作需要有意境,文艺作品的演播也需要有意境,这个意境,首先来源于你所要表达的作品,需要你能找到；其次是经过自己的分析、理解和感受,产生相应的演播意境,有清晰的理性和浓郁的感性,再运用艺术语言的处理方式、手段,将其给予作品的接受者,使其进入你所营造的演播意境中,获得与你相同或相近的感知。没有意境的文艺作品演播难为佳品,因为它不可能把人带入应有的氛围中,体味更深的东西。

很多演播者都知道,在文艺作品演播中,一定要让自己沉浸在作品应有的意境氛围中,否则,感觉进不去,表达就是空的、白的,更无感染力可言。所以有意境和表现出意境是十分重要的。演播深度与意境有相依性。

例如散文《桔园颂歌》的开头："风很大,云很低,也许要落雨了。"这表层看是说当时的自然天象,难道作品不是在营造一种怀念烈士的意境吗？

又如,散文《塔下清荷》中"北海劫后开放的第一个仲夏……再访塔下之荷。"这篇散文的作者是位中年女性,她十分喜爱荷花,但这篇散文究竟要表现什么？应该说,不只是女性对荷花这种花卉的偏爱,这是表层之意,而应是经历了十年浩劫北海重新开放,她又可以来到这被关闭已久的人民公园来赏花了,她对荷花生出了更深的感悟与喜爱之情,因为这荷花是人品高洁的精神写照。这篇散文实质上透出了作者以及同时代的许多人,对人、对社会、对先进意识的诸多思考与深刻感悟。当然,这一切文中都没有明写,但结合当时的社会背

[①] 蒲震元.中国艺术意境论[M].北京:北京大学出版社出版,1999:8-18.

景，中国人民刚从那场浩劫中走出来，摆脱那种无法无天、人格低下、让人唾弃的一切，今天这荷花、荷叶、荷池所呈现出的盛景与人们对改革开放、振兴中华的渴望、兴奋的心情，是多么契合啊！如果深知这一点，读者就会马上意会到文中不多的这样的词句："它不正象征着我们经历劫难后的神州大地将会更加秀色夺人、俊逸多姿么！"可以说正是这语少意深之笔，构成了此作品的深层内涵与意境。

由此想到，散文《大河永远奔流》的作者，正是因为他也经历了那场不堪回首的浩劫岁月，亲眼所见、亲身所历了种种悲剧、闹剧，所以"文革"之后，他决心离开当时自己身居的专业高位，走出国门看世界，寻找人性、人的尊严、人的理想。当然，他知道这将会遇到什么？因此，他借景抒情写出了《大河永远奔流》这个作品。如果不是与他同一时代的人，恐怕难以真正理解他的心声，或只能理解到作品的表层之意。而深度理解则是：作品中作者是以自然界中的"大河"之景，来抒发自己的追求之情。他抒的难道没有自己对那场浩劫的反思、认识及要像"大河"一样不畏艰难险阻，也不放弃奔向"汪洋大海"的理想、勇气和对人类进步的追求之心、之情吗？看不到这深层的认识与创作背景，我们怎么能接近作者的思想、情感与心声呢？如果满眼所见就只是大词、口号和空洞的崇高，心无所动，言无所寓，又怎么能代作者而言，抒作品之情呢？作品的深刻与意境更无从谈起。因而，有深度、有意境，是文艺作品演播的高境界。

第二节　沉浸式演播

文艺作品演播离不开意境。好的演播者应让作品的每段叙述、每个诗句、每句台词都出自某种意境之中，沉浸式表达应是其常态。演播者若能找到并呈现某种意境，便是高水平的演播。有意境和沉浸式表达，是文艺作品演播的最佳状态。

比如，著名演播者、毕业于中国传媒大学播音主持艺术学院的李立宏，他的创作多样，也都很成功。他以自己的创作体会，向我们展示了什么是文艺作品演播的有意境和沉浸式演播。

李立宏："举个例子。多年前在华盛顿的一场演出，我为当地华人朗诵老舍先生的《想北平》。当时，舞台上只有一支话筒和一束追光，我站在光圈里，看不到台下的人，但知道他们能看见我。我忽然有了一个想法，向前迈了半步，停留在光圈的边缘，使观众不再能看清灯光下的我，以期观众更聚精会神地聆听。在黑暗中，我'诉说'着北平。观众席是静默的，可我却听到了'声音'，那是来自他们的回应，仿佛他们也看到了北平——老舍的北平。那种感觉难以形容，它就像某种分子，弥漫在整个现场，让空气也染上了北平的味道。这不是某个感官的知觉，它是一种感知的意境，就像是语词的奔流，又或是情愫的触发，但在本质上，是'在场'的意识交融。

简单来说,就是要让作品和自己发生关系。我要去了解作者,理解他的精神世界、他的微妙情感、他的最初欲念,然后在脑海中,重新构建出一个世界。那些过往的生活境遇,对未来的遐想与寄望。古人说'言生于象''象生于意',单纯'言'的表演,远不及对'意'与'象'的演绎。"

"另一次朗诵演出,我用了大量的时间,沉浸于一部作品中。那是清明节期间,我在北京的民族宫剧院参加《纪念碑》朗诵会,作品是瞿秋白《多余的话》节选。看到文字之初,我很震惊。因为作品所表达的,是瞿秋白的自我剖析,真诚、坦荡、毫无掩饰。他仿佛还在那里,停留在那最后的时刻。他所谓'多余的'文字,颠覆了我以往对他的所有认知。

我开始翻查资料,包括他的笔记、敌人对他行刑前的记录,等等。我看到了他的疾病、弱点、压力、逃避,还有他的勇气、渴望。他有着很强烈的文人气质,但是面对死亡时,他淡然又那么超脱。

在演出之前,我的脑海中不断重复着一个画面。那是行刑前,瞿秋白一个人抽着烟,盘腿坐在公园里,一副镇定、从容、轻松的样子。死亡,对他是一种解脱,这似乎合情理,但是我更渴望窥视他的内心、触摸他的灵魂,以期在心中还原出最真实的他。我反复地看着文字,一遍、两遍,不知多少遍,我被深深触动了。来自身体和精神的双重压力长期积郁,使他不堪承受,这样的'去死'是他求之不得的。但他并不是'一死了之',他以自己的真诚与坦荡回报组织、同志、爱人对他的信任。这样的勇气令人折服!我有极其强烈的欲望,想让所有在场的人,都能和我一起看到,他告别这个世界前的最后的样子。

临近落幕,朗诵与交响乐同时结束,一切归于宁静。我知道这一刻,瞿秋白的内心是宁静的,我也是宁静的,我也渴望所有人都能看到那份宁静,那才是真实的他。演出过后,一位学生告诉我,看见我挥手作别时,他几乎脱口喊出:'别走、你别走……'我相信,这是人与人、心与心的沟通。它是有情感、有意味、无形却有感的交流。只有真实的'情',才能让表演者和受众,抛弃琐碎杂念,挣脱理性的桎梏,以初生般纯粹的意识,彼此沉浸在虚与实的想象中。'情绪''情感''情韵',共同构成了'情'。'情韵'是'情'对躯体有限性的挣脱,它从一个人的内心出发,直抵另一些人内心深处。"

从以上的文艺作品演播创作谈中,我们是否看到了什么是正确、完整、高品质、有效益的文艺作品演播过程?这之中有演播前的如何准备:了解作品与人物,接近作品,吃透人物,把握其背景、内心、情感及特点。有演播时如何营造表达意境:利用表达交流方式、灯光、话筒、音乐等,让自己沉浸于应有的意境之中,运用表达技巧,实现预期效果,体现艺术美感。

当然,文艺作品演播除去在舞台上呈现作品外,更多的是在录音间、话筒前进行语言表达创造,也应遵循同一创作途径。

我们看到,任何艺术大家的成功,都不是轻而易举的,这其中包含了多方面的基础、素养及精心钻研。作为一名初学者,应当多看这些成功者的创作经验与体会,使自己补上实践不足之课,多方积累、积极训练,才能及早踏上文艺作品演播的成熟之路。

第三节　文艺名家提点

学习文艺作品演播,经常能听到张家声、齐世龙等一些艺术大家的专业见解,能听到一些精准而又实用的专业提点,这些"名家名言",无疑会给文艺作品演播的初学者们以营养。

*话筒是你的嘴的放大,是听众的耳朵。
*老师像镜子,反照学生。教师给学生钥匙、知识、技能。
*老师和导演就是镜子,它能照出你的长处与短处。
*学生应将无知、错误都丢在学校、教室(出去才会完美)。
*语言表达应让人清楚、爱听、有感染力、身临其境。
*只要说话,就要有征服力——"请你相信我!"
*打开话筒、摄像机,应把最标准、最美好的东西给人。
*停顿是情绪的高潮。不会停顿,就不是艺术家。
*表演语言"三要素":说什么(内容)、为什么说(目的)、怎么说(方法)。
*表达作品:理解、体验、处理。
*表达似面对面地向朋友介绍内容,把作品消化了,作者不存在了,只有我。
*教师是给学生提示什么是对的、有度的。
*人不能太超前,也不能欠(否则不被理解,没有共识)。
*因为人的能力不够,才用技巧,有了能力,就不需要技巧了。技巧在不会时管用,一旦会了,就要遗忘。到一定时候,人就不再谈技巧了,这不是狂,而是真的感觉自在。
*人的感觉比技巧更重要。
*游戏必须好玩,艺术必须好看。
*人有想法,还得有办法。
*演员四大要素:信念、想象力、理解力、激情。
*魅力要有外射力。
*物质的刺激是造强声,艺术的刺激是触动心灵。
*光靠毅力持久不了,只有兴趣才能持久。
*顿悟是一种思维方式,是人的本能。(需要激发)
*审美的三个层次:清晰性、真挚性、独特性。
*人生感觉不准确,艺术感觉就准确不了。
*人生是不断摸索,积累人生经验。
*观察生活,有的人能发现,有的人发现不了。
*最高的审美是哲学的领悟。

*成功,是吸引关注,造成好感,展现才能。
*电影是透过看得见、听得见的东西让你感到看不见、听不见的东西。
*唯一不掺假的是肢体动作。(心理系统)
*表演到一定程度,就是在表演人格、智慧。

第四节 文艺表达细腻

"把握特点"。文艺作品有不同的内容与表现形式,要想演播好就要遵循"分析、理解、感受、表达"的艺术语言创造规律,还要知道作品的写作特点与演播特点。因而,把握规律与特点,是文艺作品演播的重要基础,对表达有很强的制约作用。

"判断准确"。这是文艺作品演播的条件,判断准确作品的类别、立意、特点、风格等,才能决定以什么技巧来体现它。若演播者对作品的判断不准,好声音、好技巧都无用,有时还可能帮倒忙。

"内外相合"。这是文艺作品演播的前提,演播表达是一个内外相合、魂形相依的外化工作,任何理解、感受都要依靠精准的外化呈现出来,否则,再好的理解、体验都无法表现。特别是:言者感觉有多深,表达就有多深,不可能有一分感觉表达出两分来,那多出来的一分,就是虚假与无感。

"语体正确"。文艺作品演播最需要"了解语体""把握语体"。因为文艺作品种类、样态较多,必须判断准确,才能表达准确。不少初学者,分不清诗歌朗诵与散文朗诵的区别、散文朗诵与小说演播的区别,有的甚至将散文与新闻专题的表达混为一谈。这些都与没有准确判断表达的种类、语体有关。因而,在文艺作品演播中,必须清楚认识、准确表达语体。可以说,文本的属性及表达任务是区分语体的要件。

"注重变化"。文艺作品演播不同于一般播音,更需要变化,哪怕是同一基调、内容的表达,也应根据需要表现出不同的层级与变化,这也是文艺性表达的共同特点。如著名歌唱家殷秀梅讲过她在处理歌曲《妈妈教我一支歌》时,在曲调相同的情况下,将第二段的演唱做了加快处理"我教儿女一首歌……",这样更有一种激情推进感,也不显得平。文艺作品演播同理。

以上是文艺作品演播的基础与前提。文艺作品演播与一般的语言表达的区别是"表达细腻"。

从某种角度讲,文艺作品演播最有特点的是"表达细腻"。艺术语言表达除了有语意、情感、美感这三个要素的融合外,还要表达处理细腻,才能完美外化。通常,文艺作品演播的语言色彩,很多时候不是单一的,是由主色调和其他情感色彩融合而成,构成了表达的丰富与精准。因而,表达细腻,才能体现表达内容的完满与准确。表达细腻,还体现在表现人物的思维、情感、行为的过程中。

有时为了体现语言的内涵、意味或情韵,会将某一字音或词语硬起、柔起、高起、低起、快起、慢起或让尾音长点、短点等。这一处理,各种文艺作品演播里都有。文艺作品演播要想打动人、感染人,首先要表达得清楚、准确、深刻;其次要用心而言、动情表达;最后要将死的文字,变成活的形象,表达生动、细腻。

例如,在"海空卫士"王伟妻子的回忆《王伟,等你回家》中,有这样的内容,就需要细腻表达:

1."……他当然不知道,那个时候的女生喜欢男孩子会特意表现出矜持与自尊,反而被我这种态度给'吓'住了。他那时甚至不敢抬眼正视我。我有些'于心不忍',才在一次上历史课时,悄悄捅了捅他:'嗨,帮我挡着一下老师,我要做数学作业。'让我没有想到的是,王伟竟挺起腰板一动不动地坐了整整一节课。也许,爱上他就在这一瞬间。"

在这段内容中的"爱"字,就需要"柔起""展开",而"瞬"字应"快起",这种处理不是简单的重音问题,而是渗透了说话主体的情感,还有内在逻辑。

2."……但是当王伟戴上大红花,被敲锣打鼓地送往车站时,我却没有出现在送行的人群里。在那个还相对封闭的年代,我怕部队上的人说王伟早恋影响他的前程,我只好悄悄躲在一旁,看着他离去。我看到,在亲戚和同学们簇拥下的王伟,眼睛不时地在人群中寻找着什么,他可能是希望见到我吧。"

这里"我"字的表达,应有种女性的猜测与期盼感,可能还有点羞涩感,因而语言需处理成"柔"而"收"的感觉,浸透主体的思维、情感,而不是只体现出一个方块字的意思。

要知道,在文艺作品演播中"嘴"和"心"是最近的,联系最紧密!从某种角度讲,有什么样的心动,必有什么样的外化,这是骗不了人的。因此,学习播音主持艺术专业,最好不要开始就播新闻性内容,应当从文艺性内容起步,使表达者真正找到什么是自己真实的感受与体验,还要了解文本内容、语言表达与内心的关系,之后,再去播新闻性内容更好。因为新闻性内容一般比较笼统,概念较多,离个人的生活、情感有一定距离,不太容易把握。如就一个事件而言,"新闻消息"播报的多为"结果";而文艺作品演播却需要表现其"过程",内容细致,感性较强、变化多而丰富,表达细腻,好似表演中的"微表情",不但让人懂,更让人意会、心动,感到艺术的魅力。如此,才能有效进入受众的内心。当然,新闻性稿件与文艺作品文本的一度创作是不同的,工作属性及任务也不同,表达者必须准确把握。

值得提及的是,文艺作品演播的细腻及其体现,要建立在艺术语言表达基本功的"用气发声"和"内外部技巧"基础之上才能够实现,否则会有心无力,表现为:明明自己的判断准确,也知道该如何处理,就是不能很好地表现出来。如果表达者从事文艺工作的条件尚可,文化水平也不低,最主要的原因就是基本功不过关。试想,表达的气息不支,怎么能托得住、拉得开表达所需多变的字、词和语句呢?试想,表达的口腔控制不好,怎么能让咬字的长、圆、竖、扁及表达的收、放处理等成为自如、有控的呢?应当说,文艺作品演播的表达处理要比一般性、新闻性内容的表达处理细腻、多变,方式、手段丰富得多。对语言表达基本功的要求也就更高,没有坚实的语言表达基本功,难以胜任。

第四章
散文朗诵——真情实感的心声

散文,看似平淡,却蕴含着知识、哲理、深挚的情感和人生体味。散文朗诵看似容易,实则有一定难度,它要在不显山不露水之中,让人听出其内涵与意味,表达者若没有对散文的一定认识及表达功力,难以达到。

第一节　对散文的认识

散文是文艺作品演播中,最接近播音主持的,因文本也是散文体,内容基本真实,表达方式也是以叙述为主,但二者终究存在差异。我们有必要对其从写作到表达做较为全面的了解与探讨。

一、散文的概念

散文的概念有广义与狭义之分:广义的散文一般指除韵文以外的文章和文学作品。狭义的散文是指与诗歌、小说、戏剧文学并列的一类文学体裁。

还有一种分法,是将四大文体之一的散文又区分成报告文学、传记文学、杂文、散文等,这个散文,才被认为是散文真正的狭义概念。

二、散文的种类

散文的种类,按其内容、形式的不同,总体上可分为三大类:记叙性散文、抒情性散文、议论性散文。

(一)记叙性散文

主要是记人、叙事,表现方式重在叙述与描写。

记叙性散文又可分为两种：

一是叙事，即以某个事件为线索，所叙事件可大可小，可一件或几件，可相对完整，或片段组接、进行特定场景的描写，寄情于事。二是记人，以写人为主，但不追求完整与全面，通过写人记事，对其生活细节或人物特征予以片段性表现，寄情写意、寄情于人。这类叙事写人的散文，揭示事件意义、体现人物风貌。

(二) 抒情性散文

主要是咏物、写景、抒情，强调抒发作者的主观感受。表现方式除了叙述、描写外，重在抒情。抒情性散文一般是明写景物，暗写人情，以抒发作者的情感为主，表现作者的生活感受、人生启示、理想追求。运用托物言志、借景抒情、直抒胸臆、象征性与蕴含性的表现方式与手段。

(三) 议论性散文

也有称其为"说理文"，它侧重说明事理、发表议论、表明观点和态度。议论性散文往往借助某种形象说理，将议论、抒情和描写相结合，但它不同于一般文章的议论。这类散文更似杂文，表现方式主要是议论，但也有抒情意味，具有文艺性。

三、散文的特征

(一) 以小见大

散文的篇幅有短有长，它往往通过某些生活片段、社会局部或细小、平凡的事与物、人与情(不一定有完整的故事情节和人物形象)来表现作者的思想感情、人生体验等，通过凡人小事，间接揭示其社会意义。比如：

《父亲的汇款单》
——谨以此文献给我亲爱的父亲
作者　蒙　山

大学四年读完了。四年下来，我保留了父亲给我的全部信件，也保留了父亲寄给我的全部汇款单上那张小小的纸片。

那张小纸片是汇款人留言用的，每次父亲把款汇来，我都要写上收款的日期以及金额，把它精心保存起来。四年来，那小小纸片随着岁月的流逝，一张、两张……渐渐地变厚起来，最终成了一小打。汇款的数额也是与日俱增，由最初的每月二十元、三十元，直到毕业前的五十元。

四年前，我成了一名大学生，一个山区穷县五名考入北京读大学中的一名。在接到录取通知书的那些日子,我常常彻夜难眠,因为幸福。

我忘不了,父亲当时喜悦的神态,父亲从电话中得知我考取大学的消息,便兴冲冲地从三十里外的乡下(那是他工作的地点),赶回在县城的家,晚饭他比平时多喝了两杯。

我忘不了,在县城汽车站和家人分别的情景。父亲最终还是不放心,他挤上车,把我送到距县城三百里远的火车站,他是想送我上火车啊!在候车室里,父亲第一次像母亲那样叮嘱起和他一般身高的儿子,我看着父亲,不停地点着头,默不作声。

火车是半夜一点多钟路过的,上了火车还没找到座位,火车便徐徐开动了。父亲在站台上往前走了几步,向在车厢里的我挥手告别,他微笑着,却不说一句话。此刻,看着即将离别的父亲,我的眼眶里涌满了泪水,怕别人看见,便强忍着不让它流下来。父亲变得模糊了,但不仅仅是因为站台上那昏黄的灯光。我把半个身子探出车窗外,向着渐渐远离的父亲招手,不停地招手,直到看不见……我知道,年近花甲的父亲得在车站熬一夜了。

那个夜晚,我第一次感受到了父亲那掩藏在心底里的深沉的不用言语表达的爱。

此后,在大学读书期间,每个月的下旬,我总是能收到父亲寄来的一封信,信中除了告诉我家中的近况,叮嘱我好好学习以外,还告诉他在千里之外的儿子,钱已经汇出来了,信中说:收到他的信后给他回封信,好让他放心。没过两天,学校收发室的小黑板上就会出现我的名字,我知道,父亲的汇款已经到了。

拿着汇款单,看着上面遒劲有力的字迹,我仿佛又看见了父亲那张棱角分明、皱纹渐增的脸,那渐白的双鬓,也深深体会到了父亲那深藏在目光之中的期待。每当我想到全家五口人每月就靠父亲一百一十元的工资生活的时候,看着汇款单上三十元的金额,手中的汇款单和我的心情一样,感到无比的沉重……

日复一日,年复一年,父亲的汇款单伴随着我走完了大学四年的生活道路。

现在,我毕业了,已不再依靠父亲了。但我不会忘记,我是依靠父亲的汇款和国家的助学金,读完四年大学的。

这是一篇情感真挚,运用白描手法书写的记叙性散文,也是作者的亲历。我们从作品中,看到了一位朴实的父亲形象,也感觉到作者的心路历程,触摸到他对父亲感情的升华和深切的人生体验。散文风格质朴(具有朱自清的散文《背影》的意味),内涵丰富,能深深地打动人,并给人以启示。这篇散文以作者保留自己上大学期间父亲寄给他的全部汇款单上的那张小小的留言纸片这一生活小事入手,表现了人类自然而伟大的骨肉亲情。

(二)形散神聚

在散文诸特征中,"形散神聚"是其重要特征。散文经常写出互不相关的几个生活片段或社会场景,表面看来显得零散,仔细探究,却能理出其潜在联系,析出其神韵,而作者的"情"与"识"便是这一神韵的基础。比如:

《白色方糖》

作者 马 莉

在那淡淡的苦味的杯盏中,他是否获得了一丝儿甜意和温暖……

周末在广九大酒店"卡拉OK"厅里听歌,看到一个20岁的女孩走上台去唱。也许心理准备得不够充分,旋律响起后,她才唱了开头一句:"雨潇潇……"

这个女孩跟不上旋律,非常尴尬,正不知所措,再也唱不下去了。有一个大胆的男孩,从座位上站起,快步走到台上,拿起另一支麦克风,站在女孩的身旁,待乐曲重又过渡到开头的时候,跟女孩齐声唱:"雨潇潇,恩爱断姻缘……"。唱了这开头的一句后,他放下麦克风,大方地回到自己的坐席上。那个女孩在他的"启动"下,有了信心,拉开了嗓子,大声唱到完。

当时我的心不觉涌出了一种感动。

那一年冬天,我独自走在广州的街上,经过公园前的马路,我正想着心事,忽然听到一声响亮的"喂!"接着被一个小伙子拉了一把。一辆红色"的士"飞快地从我面前擦身而过,我被吓了一大跳,当我定下神来想说声"谢谢你"的时候,那小伙子早已跨上自行车无影无踪了。

后来独自逛街过马路,我总会想起这位面影都未曾记着的陌路人。

从前有一个不快活的老头儿,他常来看我。他的老伴几年前过世了,唯一的女儿也嫁到了美国,他不习惯那边的日子,不愿意去住。他说:"我已是快入土的人了,还企盼什么呢?"

这位孤独的老头儿没有任何企望,非常节俭,不喝酒也不抽烟,但喜欢喝咖啡。当我把一块白色方糖投入他的杯盏中,用一只小汤匙不断地搅动的时候,他竟感动得流出眼泪来。

偶然一个小小的动作,却触发了他的伤感,真是"可怜天下父母心"呵!

以后每每他来看我,我都细心地为他煮咖啡,并且把一块白色方糖放进他的杯中,为他慢慢、慢慢地搅动。我不知道,在这个世界上,在这淡淡的苦味的杯盏中,他是否能获得一点儿甜意和安慰,一丝儿温暖?

爱,有许多种。人类的血缘之爱是天赋的。陌路人的爱没有血缘性,体现了人对同类的关心,和人类这样一个大家族的亲密和温暖。这就是一种博爱,一种比血缘亲情更深刻的东西,他有一种无形的凝聚力,把人类团结在一起。

世上每一个人都需要爱,需要温情,需要帮助。

别人给予我爱,我当把这爱,也给予别人。

这篇散文,作者写了表面上互不相关的几件生活小事与场景,却告诉了我们:人,需要博爱,也需要给予这样一个大问题。同时,还告诉我们什么才是高贵的人品。这是全篇的主旨与深意,也是作者的认识与情感体验所在。

(三) 真事真情

散文所表现的,基本是真事真情,这一点从近年来的创作中更可得到共识。散文不同于小说,它虽也有情节、人物、环境,但不是虚构的,一般都是真实存在的。因而,个体感悟、真事真情是散文的另一特征。(对散文的"真事"特征若有不同看法,可以商榷,笔者暂不涉及此内容。)

任何文学现象都与其所处的社会、时代息息相关,散文也不例外。比如,当下单纯记述与描绘旅游风光的游记散文就很少见,原因是现在通过电视纪录片、专题介绍等形式大量报道这方面内容,人们可以通过诸多渠道得到相关信息。此外,改革开放后人民的生活水平普遍提高,可以自己到国内外各处胜地去旅游,这已成为今天中国较为普遍的休闲活动,人们对这方面的了解比之前大大增多。

同样,一些当代女作家的散文集比较畅销,这源于她们大都在书中描写了自己生活的真实处境,倾诉了自己的内心世界,抒发了自己的真情实感,在社会变迁的大背景下,她们所表达的一切,都具有现实性与真实性,因此很容易引起读者的共鸣。

由于散文写作是文学创作的初入门槛,难度不是很高,有一定文化水平的人都能涉足,以致不少演员、主持人等也都涉足其中。如台湾著名女演员林青霞在她息影之后,就出版了《窗里窗外——林青霞的戏梦人生》,记述了她对事业、家人、朋友的态度以及自己的人生感悟。最值得我们注意的是林青霞说,在文学写作方面给她启发最大的是大陆学界泰斗季羡林。有一次好友向她推荐了季羡林写的一篇描述人与猫的散文《老猫》,令她茅塞顿开,她说:"我于是受到启发,原来写文章不一定要用多少华丽的辞藻和高深的语言,只要把作者的真性情生动表达出来就好。"前著名主持人倪萍,一次去中国传媒大学播音主持艺术学院上课,有同学请教她是怎样学会主持的?她的回答是跟自己的姥姥学的。接着她生动地讲述了姥姥的生活趣事及为人处世,总结出这些对她主持的启迪与帮助。不久,倪萍的散文集《姥姥语录》就问世了。

当然,散文所记录、抒发的不只是个体的生活、感悟,更有对时代、社会的观察与思考。我们知道,没有思想的引领、真情的流露,就没有启迪人、打动人的作品。因此,无论是记叙性、抒情性、议论性散文,真实的内容与真情实感是人们所喜欢的,正如现在很多人喜欢"纪实性作品""传记文学"胜过虚构类的小说,因为他们可以从中学习、效仿。因此,真事真情也是当今散文创作发展的一个重要特征。

(四)形式多样

散文的内容丰富,题材广泛,无论是重大、微小的题材,还是自然界、人类社会中的各个领域、各个方面都可以作为散文的表现对象。可以说,散文的表现对象是无所不包,无所不在。

散文的表现形式也自由、多样:或叙述一件事、描写一处景、介绍一种物、表现一个人;或抒发自己的一种情致、心境;或阐发自己的一个观点、认识。散文根据所表现的内容、题材不同,可以有人物或无人物,可以有情节或无情节,可以相对完整或不完整,可以引经据典、文辞优美或白描、直叙,文笔质朴。

例如,巴金的散文《我的心》是以个人议论、倾诉的方式,直抒胸臆地表述了人的理想与现实的冲突、内心的争斗与煎熬,体现出一种高贵的人生态度。闻捷的散文《桔园颂歌》以海军大尉的人物视角、优美的文笔、抒情的方式,记述了后人对共和国先烈们深挚的赞颂与缅怀之情。贾平凹的散文《丑石》以白描手法,记叙了家人与丑石的故事、一段生活场景,从而表现出作者所崇尚的那种伟大却安于寂寞的生存哲理。赵鑫珊的散文《我与〈少女的祈祷〉》是以一首钢琴曲为线索,记录了作者的人生轨迹、心灵追求,反映了时代脉搏,同时也给予了我们与之相关的知识。张正直的散文《狼心、良心》用朴实、自然的手笔记录了一段人与狼的相逢、惊险与温情共存的特殊人生经历,义狼回报,让我们懂得了人与动物的关系,原来"狼"也有良心,从而感知:人类应与动物共同享受大自然的恩赐,和谐相处于地球,尊重自然法则。

(五)具有文采

有人说,神采的美也罢,哲理的美也罢,散文最拿手的还是写景抒情。写景,景要写得栩栩如生;抒情,情要抒得真实感人。这是散文的魅力所在。散文的表达也要体现出这点。

散文的语言也比较精致、优美、具有文采,富于音乐性和形象感。这一点,有的散文很接近诗,读起来朗朗上口,尤其是一些抒情性散文,常有对偶、排比等整齐句式出现,文辞优美、音韵和谐、朗朗上口。如散文《秋色赋》《塔下清荷》《桔园颂歌》《依依惜别的深情》中的某些句子及经典片段(引文见后)。

第二节 散文的朗诵

一、获准神韵

凡具有一定意义的社会生活与自然现象,都是散文所表现的内容、题材与对象。表面看来,散文创作取材广泛、行文自由、笔触灵活,观之人、情、事、物似信手拈来、随心所欲、即兴而发,实则却魂潜其中、有意为之。可以说,每一篇散文都不同程度地围绕着某个具体立意,都有一个神。因而,我们在朗诵一篇散文之前,首先应当理清其线索,把握其神韵,将此注入自己的朗诵之中,使受众从你的表达中不知不觉地受到感染与启发,领悟到一些有意义的内容和人生哲理,甚或只是与作品产生一种微妙的情感共鸣。比如,散文《我与〈少女的祈祷〉》的作者是著名艺术哲学家赵鑫珊,他从对一首钢琴曲的喜爱出发,展开追寻的触角,使我们了解到这首曲子的作者、她的短暂人生,这首曲子对于散文作者人生的意义以及他的"深深感受"与"刻骨体验"的心理背景。这篇散文,具有知识性、情感性、真实性,使我们读后,有了对作者深深的了解和心灵的共鸣,不止于此,还让我们充分领略了艺术作为精神生活对于复杂、平凡人生的引领与支撑;对艺术的欣赏与哲学的思考,会让我们的人生步入更高境界。

值得提及的是，对散文的理解，我们不要一味地认为，凡作品的立意都应当高，要与重大的社会意义挂上钩，因而，任意去拔高作品的立意。要知道，这于真正理解、把握一篇散文的主旨是有害的，因为无法抓住其具体立意。何况，散文的内容又不乏凡人小事。

我们应当看到，文艺作品与一般的宣传稿、政治文章不同，它往往表现人的生活、人的视野、人的情感及人生态度等，并不排除个体差异，即便是重大政治、社会意义的立意，也蕴含在作品所表现的人的生活和精神世界中。在具体创作中，作品所取素材的人、事、景、物的原貌不易改变，但选取何种素材，则作者可以主动，它能形成线索，析出立意。所以，散文的线索是很重要的。虽然这种立意有时并不很高，但终究是作者在不同的人生体味中获得的有益内容。它可以通过作品使别人了解自己，也可让自己的感悟与体味对他人有所启迪，达到很好的人际沟通与情感交流，这是作者的创作初衷。

散文神韵的获得与对作品内容线索的把握分不开。如《塔下清荷》是以作者对荷花的钟爱之情为线索的，文中描写了作者青少年时在家乡荷花旁读书的"爱荷"，工作到北京后经常来北海白塔下的"伴荷"，"文革"后北海重新开放的"寻荷"，其立意就是"赞荷"，散文表现了作者对人生、世情的体悟与对理想的执着。一篇作品有时只从文字表层看，不触及作品的内在联系，便理不清线索，也抓不准神韵，从而影响表达的准确深刻。结合此文的写作背景与创作的心理背景，这种对荷花的钟爱与赞赏当有更深的寓意。

清楚了散文的线索，了解了散文的立意，便获得了散文的神韵。散文神韵的体现，有的是"卒章点志"，集中显现在作品结尾的一两句话中，成为"点睛之笔、点题之句"，有的则存在于作品的某一处，也有的在作品中并没有揭示立意的明显句子，而是将其融于所表现的人、情、事、物中，由读者自己去体悟品味。比如散文《我与〈少女的祈祷〉》中就难找到凝练的点睛之笔、点题之句；而散文《白色方糖》就在作品结尾处出现了这样的点睛之笔、点题之句："世上每一个人都需要爱，需要温情，需要帮助。别人给予我爱，我当把这爱，也给予别人。"

总之，我们在表达一篇散文之前，应对以上涉及的各个方面都做到心中有数。

二、表达细腻

散文的表达，从总体上讲应内在、真切、自然、细腻。散文的创作特征，决定其语言形式既不像诗歌那样变化多端、节奏鲜明；也不像寓言、童话那样有所夸张；更不像戏剧语言那样性格化。原因很简单，散文大都表现的是真人真事、真情实感。散文表现的大多是作者从生活中撷取的有意义、有意味、触发他们感悟的内容和素材，他们将此抒发出来，应让人感到不是为教育别人，也无意渲染什么，只是自己内心真情实感的自然流露。散文是作者强烈地感觉到自己的存在，迫切地想倾诉自己的内心，宣泄自己真实多样情绪的产物，他想与别人对话和交流，表达自己对人世和宇宙的各种感受与体验。根据创作，散文多采用第一人称来表现，所以，表达的大都是第一人称"我"的心态与情感，一切都是自己的所见、所闻、所悟、所感，将这一切娓娓道来，只能用内在、真切、自然的声音和语调，情深意挚地表达，方使人听来真切、自然、舒服。

散文虽在表现事物总体上并不完整,但在被选取的素材局部表现上却往往较细致,作品的神韵往往就蕴涵其中。因而,我们在散文的朗诵处理中,应当注意表达细腻的要点。散文表达细腻的要求,完全与文艺作品的创作特性相适应,更贴合散文的创作个性。这包括两个方面:一是感觉上的细腻,二是语言处理中的细腻。感觉上的细腻,指各种感官与情感的细微体验,对作品中的形象、情景与人的心境都感觉细致入微,才能表达得具体、细腻。如对散文《白色方糖》中所表现的三个"人与人之间关爱"的场景、人的心理与体味;对散文《父亲的汇款单》中,父亲的兴奋表现,尤其是父亲"夜站送行"的情景所体会到的一切,都能感觉到。对散文《塔下清荷》中,"荷花""荷叶"的不同形态、颜色、气味的感知与表现等,表达中都要具象、细腻,这样才能吸引人、打动人,从而使受众对作品有更细更深的感受。只有感觉与表达的内外结合,才能使散文表达细腻得以实现。

当然,表达细腻,光有具体、细致的感觉还不够,这只是基础,还必须体现在语言用声上。一般,散文表达的用声不宜太强、太高、太实,语速不宜太快,因为它是来自作者心底的声音。所以散文表达有时像与人交谈,有时又似自己独语。因而,相比一般播音而言,散文的表达以语缓气舒为主,语言舒展,声音轻柔,气息绵长,用声松弛。这种表达,可使内心抒发、景物描绘、事件叙述表现得从容、自然。当然,遇到个别情感激越的地方,根据需要也应加大语言声音、气息和口腔控制的力度,增强语言表现力。然而,依据散文的创作特征,用声不强、气息松弛、语言轻柔、语速较慢的状态,才是散文表达的基本状态。

三、点染得体

散文作品中,有时内容有了一定进展,人的情感积蓄到一定程度时,会出现某种"点睛之句",它是水到渠成的产物。在体现这种"点睛之句"时,不能仅靠用力突显来达到体现作品立意的目的,即以过于提高声音、加大力度、放慢语速的强调方式来体现,那样,只会适得其反,不但不能很好地体现作品的立意和神韵,反而会给人空中楼阁、无源之水,强人接受之感。你本想用这些强刺激手段给受者深刻印象,却不但达不到目的,反而使人听来不舒服、反感、生厌。当然,也不能毫不经意地将"点睛之句"平淡带过,这样体现不出其应有作用。

通常,散文的"点睛之笔"多为情感浓烈处、认识升华处,因而,表达上也会情深意切,语言处理上也会有所加强。具体表达应依语流态势而行,语势可以扬起,也可落下;用声可以提高,也可加强;语速可以放慢,咬字可以较紧,但都不可过分,不可落差太大,一定要与前后的主体感觉有机融合,因势而为,方适当得体。当然,也不应忽视对全篇其他内容的表达与铺垫作用。

具体做法,在散文朗诵细腻表达处理时,心中积累下应有的感觉,以及由此而生的认识、态度、情感,自然而然、顺势而下地将其带入到"点睛之句"的表达中,语言用声不必过于悬殊,重在内心感觉到位,形成相应外化的有力支撑,这样的表达使人听来有机、自然、顺畅,又

具有一定内蕴和深度。反之,如在句子表面硬拔声音和力度,势必显得生硬、浅白,既破坏了整体和谐,也不利于体现作品重点。

第三节 散文朗诵提示

一、表达语言轻柔化

散文表达轻柔化,是相对广播电视播音主持(尤其是新闻性播音)而言的。有些从事播音主持工作的人播不好散文,原因之一是分不清播音主持与文艺演播工作二者的工作性质、任务、身份和作用的不同,在用声方面相对较高、较强,音量较大。播音主持是宣传工作,而散文朗诵是文艺性工作,作品多以第一者身份"我"的面目出现,这个"我",又大多是作者本人,这样的行文角度,给人亲切、自然、真实之感。由于二者的工作性质、工作任务、身份角度的不同,在表达上必有所不同,因此,不能将散文朗诵与播音主持一样处理。

如前所述,散文的写作角度、写作方法决定了其表达特征,散文的表达不应是强烈多变、大起大伏的语言样式,而应是地泉涌出、小溪流淌、好友谈心、自感自悟。具体用声和表达应为:声低、语轻、内在、真挚,表达轻柔,语言舒展,音量不大,语缓气舒。不应声高、语快、声硬、气紧,因为这样的表达容易让人感到不是发自人心底的声音和感觉,而是在有意宣传、教育人,缺乏真实感与自然感,与作品内容、表现方法、表达角度也不合。当然,轻柔化并不等于虚声虚气、嗲声嗲气、捏嗓挤喉,也不是一味地轻柔,可依表达内容的需要相对变化,但幅度不能过大。

总之,散文朗诵,既不同于广播电视播音,又区别于其他种类文艺作品的表达。

二、人物语言写意化

散文,根据不同内容需要,有时也会出现人物,那么,人物语言如何表达才适当得体呢?通常,散文中出现的人物语言,都是展现内容重点所需。因而,散文中出现的人物语言,不应模仿、扮演,应当写意化,即显现人物的精神风貌,适当兼顾其性别、年龄及人物关系。不宜刻意追求声似、形似,以免陷入小说、广播剧、影视剧中完全性格化的人物语言中去。当然,散文的文本中也没有提供这种人物语言的充分条件。

散文不同于小说,人物语言量多、集中、较全面;散文也不同于广播剧、影视剧,以人物语言、人物行为来表现剧情内容。散文中的人物语言多为点睛性,一般人物语言很少,即便是记叙人物的散文中,也多以叙述人物行为、人物经历的语言为多。散文的创作特点决定其表达特点。所以,散文中出现的人物语言只能求其神,写意化。

值得提及的是,散文朗诵中的人物语言写意化,并不是说与叙述语言无区别。而是指在具体表达中,也可适当运用声音的高与低、明与暗、咬字的长与圆、松与紧,语速的快与慢,语气的多样等手段来区分叙述语言的表达,让人听得出是某个人物在说话,处理方式应有"度"的把握,求神大于形。

三、文辞美、音声美

散文朗诵,应当体现出文辞美、音声美,这是因为散文创作本身具有这一特点。散文创作的基础在于文字功力,凭借文字本身的光泽充分表现出语言的魅力。如句式整齐的对偶句,层层推进的排比句,情感挚深的抒情句,历历在目的描绘句,这些在表达中都要充分体现出来。

如散文《秋色赋》中的"对偶句":

秋天,比春天更富有灿烂绚丽的色彩。
秋天,比春天更富有欣欣向荣的景象。

在播对偶句时,应注意语节的整齐、对偶的感觉,不能播散。
如散文《依依惜别的深情》中的"排比句":

呵,亲爱的可敬的朝鲜人民!在纷飞的战火中,你是那样刚强!敌人把你的城镇变成了废墟,你没有哭;敌人把你的家园烧成了灰,你没有哭;敌人把你绑在大树上,烧你、烤你,你没有哭,你真是一把拉不断的硬弓,一座烧不毁的金刚!

在播排比句时,应注意句式整齐,内容递进,情绪推进,音声和谐,朗朗上口,有较强的节奏感。
如散文《塔下清荷》中对荷花、荷叶的"描绘句":

看,那一枝枝亭亭玉立、仪态万方的荷花,一扫羞涩,展露丰姿,忘情地开放了。她们有的傲然探出碧海,舒展着粉白镶红的花瓣,一任蜜蜂穿行在金黄色的花心间,显示自己超群出众的美丽;有的与绿叶齐眉,含情浅笑,展红傲绿,争奇斗艳;有的含苞待放,躲在茂密的翠盖丛中,怯怯地睨视着游人。而那如盖、如伞、如毯、如裙的荷叶,或仰首,或低眉,或俯身,或傲立,簇簇满池,组成一泓碧海,守护着娇花。

在表达描绘的内容时,应以语调、音长、音色等声音材料做画笔,细致地描绘,展现语词景色中的色、形、质、味等特征,同时体现文辞的音声美。具体在这一段中,出现了几组并列句,作者用生动、优美的文辞为我们描绘出池中那多姿多彩的荷花与荷叶,我们可用语调、音长、音色等因素来细腻展现。但注意:不能说"荷花"与说"荷叶"一个样,因其质地不同;不能说荷叶的"扬首""低眉"与"俯身""傲立"一个语调,因其形态不同;不能说"走着、想着"与说"凭栏远眺"一个样,因其动、静不同;不能说荷花的"展红傲绿"与"含苞待放"一样,因其生长程度、形态不同;也不能说荷叶的"如盖""如伞""如毯""如裙"一个语调,因其展开的程度、形态也各不相同。

散文语言的叙述、抒情、描绘、议论不能用一个语调、一种音长、一种音色、一样力度来表达,要边感觉边说,融入各种感官印象。"感觉拖着语言走",就是指表达之前,要先有内心感觉,再出语言声音。使景、情、识交融渗透,让听者在欣赏景的同时,品出味,达到认识上的升华。

如散文《桔园颂歌》中的"抒情句":

我们穿过结满青色果实的桔林,走到桔园后边陡峭的石林下,那并排着有17座坟墓,坟上都新培了黄土,碑前的花束还很鲜艳。老人说,有一群远海归来的渔民,昨天刚刚来过。我和海军大尉脱下帽子,默默地低下头来。我的心情异乎寻常,我用心里的声音和他们谈心,安息吧,亲爱的同志,你们睡在这儿是不会感到寂寞的,你们抬起头,就可以看见祖国的山、祖国的海、飞驰的风帆、辛勤的渔民以及他们海洋般沸腾的生活。你们睡在这里,是不会感到孤单的,常常有海上归来的渔民、船夫、水兵、假期中的孩子们来看你们。今天我虽然没有献上常绿的松枝、鲜红的花束,却带来了我满腔的激情和崇敬之意。

在表达抒情的内容时,应依景而发,依情而发,情浓意切,坦露心声。散文表达抒情性语言,从声音形式上讲,多节奏舒缓,气长字连,声调完满,重点夸张,语调柔和,音色或柔或刚。当然,抒情有多种,质朴的语言文辞与表达形式,也能抒情。此外,抒情性语言能押韵的要押韵,兼顾句子的整齐与错落有致感。有人说,好的散文表达,应当像朗诵一首散文诗,这正是就散文创作也同样具有诗的意境与音声美而言的。

散文的文辞美、音声美,是作者在创作时费了一番苦心的,既要表意、表情,又要文辞美、音声美。因此,我们在表达时,也要很好地将其体现出来。

值得提及的是,由于散文的体裁形式是散文体,所以有时这些整齐句式及音声美需要朗诵者凭借个体经验与艺术感觉自己梳理出来。

四、语言形式多样化

散文朗诵,需要运用叙述、抒情、议论、描绘几种语言样式共同发挥作用。不能只用"叙述"一种语言样式,这是因为作者在写作时,就运用了不同的几种语言样式。

叙述,应清楚、生动、有情,不能干巴巴、欠感觉。语言要舒展、自然,不能句子抖不开,也不能语速偏快。

议论,应依形象而发,缘事而发,带情而议,不宜声高语硬,站位很高。

抒情,应内在、真挚、有感而发,不矫揉造作、嗲声嗲气和无内容地拖腔拉调。当然,抒情有不同方式,有内在深挚的,也有激越酣畅的。

描绘,应具体细致,注意形象生动,依不同对象、不同情感、不同需要而有所变化。切忌一种腔调地描绘各种人、物、景、情。

散文的创作,几乎每篇都少不了以上几种语言样式,只是在不同内容、种类、风格的散文中,这几种语言样式的使用情况不尽相同,在处理每篇散文时都应合理使用、有机结合。不可一篇散文只用叙述一种语言样式表达,也不可不分种类、内容都用一种抒情味来表达。应在表达中,该叙则叙、该议则议、当抒则抒、当描则描。不要追求一种所谓的"散文味"。

好的散文朗诵,应当是对一篇作品的基调、风格、语体和语言样式的正确选择、有机融合,让自己沉浸于所表达的内容与情感之中,有情与识的渗透,感性与理性的交融,思维的运动,还有文辞美、音声美的显现。

第四节　散文朗诵训练

《王伟,等你回家》(节选)

——4月1日,你若记得81192,他便不悔

《同学情》

高中时的王伟,多才多艺,灵气十足。而我是班里的文娱委员,坐在他后排,我们俩的接触自然比较多。第一次对他有感觉是有一天王伟忽然转过身来向我借橡皮,他大眼睛里透出一分惊喜:"嗳,你的文具盒和我的一模一样!"我笑了笑说"是吗?"除了文具盒外,我与他还有许多相近的地方,比如兴趣和理想。那时起,我有些朦朦胧胧地喜欢这位坐在前排的男生了。不过,发现这一点后,我对他反而开始疏远。他当然不知道,那个时候的女生喜欢一个男生会特意表现出矜持与自尊,他被我这种态度给"吓"住了。他那时甚至不敢抬眼正视我。我有些"于心不忍",才在一次上历史课时,悄悄捅了捅他:"嗨,帮我挡着一下老师,我要做数学作业。"

让我没有想到的是,王伟竟挺起腰板一动不动地坐了整整一节课。也许,爱上他就在这一瞬间。

高三的下学期,王伟转学(转去理科好的中学,因为他想当飞行员)。我知道,毕业后大家就要各奔东西,也许就再也见不到他了。我只想给他告个别,说声再见,但我没有那个胆量,腼腆的王伟也没有。

让我没有想到的是,王伟买了两张电影票,在我回家必经的那条小巷里等我。

至今,我还清楚地记得当时的情景:那天天上下起了小雨,我撑着一把红雨伞,远远地发

现了雨雾中的他,我说:"你…是在等我?"

"不、不是,我只是路过这里。"他显得十分紧张。后来王伟告诉我,他在最后一刻失去了勇气……

1986年,我们高中毕业前夕,空军飞行学院在湖州招收飞行学员(是战斗机飞行员,全部由空军培训,培训结束后再分配到海军)。这时我给他写了一封信,信中说:"是一名真正的男子汉,你就去蓝天翱翔吧!"

那时湖州市区有近千名应征者,王伟脱颖而出,通过了严格的体检和文化课考试。但是当王伟戴上大红花,被敲锣打鼓地送往车站时,我却没有出现在送行的人群里。在那个还相对封闭的年代,我怕部队上的人说王伟早恋影响他的前程,我只好悄悄躲在一旁,看着他离去。

我看到,在亲戚和同学们簇拥下的王伟,眼睛不时地在人群中寻找着什么,他可能是希望见到我吧……

王伟后来说,他是带着惆怅到了北国军营的,但是军营严格的训练让他也无暇细想。直到临近春节的前几天,学校才决定,他们这一批新学员放假可以回家过春节。

但是王伟回到湖州与同学聚会,却没有打听到我的下落。我们的重逢更像是命运的安排……

大年三十的夜晚,我在商场上夜班,爆竹声响起的时候从商场出来,觉得有人一直在后面跟着我。我将自行车骑得飞快,却突然听到有一个很熟悉的声音叫了我的名字。

怎么会是王伟!极度的紧张在刹那间化为极度的惊喜!

他说,自己心情不好,骑车上街想买包烟,买烟的时候看到五交化商场门口的我的身影,觉得眼熟却无法确认,于是就在商场门口苦等,他说这次再也不能留下遗憾了!

我把王伟带到了我们家的老房子。我们各自诉说着离别后那种朦朦胧胧的思念之情,在满城喜庆的爆竹声中,我与王伟人生第一次初吻,也从此开始了我们之间刻骨铭心的生死恋情……

王伟说:"我的人生第一是飞行,第二是我们之间的爱情,它们对我来讲,就像飞机的两翼缺一不可。我一定要飞出来,否则决不回来见你!"

《绝交信》

1989年元旦,我接到了王伟一封厚厚的来信。他在信中告诉我:他又找了一个女朋友,是一名大学生,除了长得没有我漂亮外,处处比我强。在信的末尾,王伟还画了一座坟墓,墓碑上写着"王伟之墓",旁边注着一行小字:"这辈子再也不跟你好,你死了这条心吧!"

我实在受不了这沉重的打击,又不愿让父母察觉我的绝望,就以复习考试为由,离家出走,住到了亲戚家,并且心碎地含泪给王伟写了最后一封信,真诚地祝他幸福。

不久,我又接到王伟一封挂号信,他请求我原谅,并打来长途电话要给我解释。处在伤痛中的我没有理他。

我不知道,此时的王伟也处于极度痛苦当中。他在日记里记载下了当时的心情:

那天,住在亲戚家临着一条小河的阁楼上复习功课的我想打开窗户透透气,当我拉开窗帘时,简直不敢相信自己的眼睛:远在天边的王伟竟然就站在河对岸,正直直地望着河这边的窗户!

此时的我真是惊呆了,他怎么回来了?我百感交集,委屈的泪水湿了眼眶:"王伟啊,既然我对你那么重要,值得你千里迢迢地回来找我,当初为什么要写那样的信伤害我?"我硬着心肠赶紧把窗帘拉上。

第二天,当我再次拉开窗帘时,又看见了站在河对岸一脸憔悴的王伟,我满腹的怨气化为深深的叹息。

王伟带着我的家人来见我,郑重地交给我一封信,深情地说:"看完这封信后我再解释,要是再不相信我,我马上就走!"

我慢慢地打开了那封信,这是一封与王伟朝夕相处的5名战友的联名信,这封长达9页的信向我道出了王伟"负心"的真正原因:

原来,王伟的部队在进行跳伞训练时出了一次事故,一名学员牺牲了,这使王伟对飞行员这项职业的危险性有了更加直接和现实的认识。他热爱飞行事业,但又怕将来自己有个万一给自己心爱的人带来痛苦。他想,长痛不如短痛,那就把痛苦留给自己吧,但又怕我们之间的感情太深,双方都下不了这个决心,于是就在信中编造了一个根本就不存在的"女大学生"。就是在这样一种矛盾的心情下,王伟从北国的军营发出了那封"绝情"信。

王伟的战友还在信中对我讲道:当那封"绝情"信发出后,王伟的内心非常痛苦,夜里躺在床上常常一个人默默地流泪,他非常期望能得到他最心爱的人的原谅。信的末尾是5名战友的签名,而且,在签的名字上还分别按上了五个鲜红的手印儿!

看着这5个手印,我被深深地震撼了:他们分明是想用5颗年轻的心来证明王伟对爱情的忠诚!其实,他们更证明了王伟作为一名中国军人对事业的追求和对祖国的忠诚!

后来,当王伟消失在南中国海后,我才越来越深地感受到:当年20岁的王伟因跳伞而引发的那个看似"荒唐"的举动,其实包含着对我多么深沉的爱啊!

《相恋》

三年热恋,百封通信,未见一面。

王伟在部队就要放单飞了,预定放单飞的那一天正好是我的生日,王伟以自己的刻苦努力,进了第一批放单飞的名单。他在给我的信中写道:"琴琴,我一定要成功,给你的生日和我们的爱情送上第一份礼物……"他的确成功了!成了同期学员中第一批放单飞、所在中队第一个飞上蓝天的佼佼者。1991年7月,经过5年飞行学院紧张而又严格的训练,王伟终于完成了自己的学业,成为一名歼击机飞行员,并获得军事学学士学位。他被分配到海军航空兵,被授予海军中尉军衔。

王伟来信:"琴琴,我成功了,在你的陪伴下,跑完了我人生第一个关键的比赛。胜利属于我,同样也属于你!"

后来，王伟来信写道："我现在回不了湖州，我想你是能够理解我的。如果你生气了，那么千万原谅我——我知道你不会的，因为你爱我，你理解我，你说过你要当一名合格的军人妻子。"

他还说："想你是时时刻刻的，此生唯有飞行和你左右我。你能给我最大的幸福和快乐，飞行也能。我爱飞行事业，同样爱你。感情上，爱你胜过爱飞行，而理智上要我爱飞行比爱你更甚——这就是我目前（也许是一生）的主要矛盾，以及它们的辩证关系。"

王伟在他休息日的时候给我写过一支歌，他用自己学外语的录音机录下来寄给我。歌词大概是："窗外下着纷飞的小雨，灯下是无尽的思念，面对你那甜甜的笑脸，话到嘴边又难诉说。天涯的尽头是你期盼的等候，苦盼的人儿他何时归否？总会有一天，我会回到你身边，拥抱心爱的人儿永不分开……"

我收到磁带后，也寄给他一首《百合花》的诗，许诺要像一朵百合花一样，默默地等待，静静地为他开放，并在信封中按照王伟的要求放进了自己的一缕青丝。

1992年夏天，经过7年的漫长等待，王伟用一条自己亲手做的用子弹头当项坠的项链为聘礼，把我娶为他的新娘。结婚的时候，王伟刚毕业我们都没有钱，他家里也没有钱给他，所以他怕我跟着他受委屈。但是我不在乎，我要告诉王伟的是，虽然我们目前年轻还没有钱，只要我们能在一起享有爱情，这比什么都重要。

没有仪式，没有宾客，没有拖地的婚纱，更没有金银首饰，他庄重地把自己亲手做的子弹头项链挂在我的脖子上，我对他讲："明月清风不要钱，要的就是你这颗心……"

于是不会写诗的王伟为我们的新婚写了他一生中写的唯一的一首诗。

1993年4月，我告别了山清水秀的江南小城和生我养我的父母，放弃了很好的工作，跟着自己的丈夫随军到了被称为"天涯海角"的海南岛某野战机场。看到生活用品都不缺。王伟的战友告诉我，那是王伟利用休息日搭团里的便车，蹲在大车厢中，顶着海南的烈日，一趟又一趟地从县城采购回来的！听完这话，我的泪水"唰"地掉下来了。当时，部队里的条件非常艰苦，经常停电停水，水里还有许多小虫，我随军后还一时没找到工作，全靠王伟的工资，生活比较清苦，但我却觉得非常幸福，因为，我终于可以与心爱的人日夜相伴了。

向往蓝天的王伟是一个浪漫的人，我们的家中墙上挂着的是他亲手画的油画，桌上摆的是他制作的插花，窗台上放的是他栽培的盆景。

一次，王伟画了一幅中国海军航空兵驾驶着未来的新型战机从战舰上起飞的油画挂在了家中的墙上，并对前来家中做客的团政委说："画上那名飞行员就是我自己！"

当我们的孩子出生时，王伟把儿子轻轻地搂在怀里，激动得大声喊道："我有儿子了！"然后，他对躺在床上一脸疲惫的我来了一个轻轻的吻说："谢谢你，辛苦了老婆。"

王伟太喜欢儿子了，每次我们散步，他都把儿子放在肩膀上，高高地坐着，儿子是他的骄傲。记得有次我过生日，他从陵水特地去海口给我买生日礼物，可他买回来的却是一辆儿童自行车，这辆车花完了他带去海口买礼物的钱，剩下两元钱给我买了一朵玫瑰花，他安慰我说：我永远是他可爱的玫瑰花。

《离别》

2001年的3月31日,是个星期六的晚上,王伟刚飞行完就回家,告诉我明天还要战备值班,不能在家休息了,马上又要去外场。因为当时部队有规定:第二天有值班任务的,头天晚上不能在家过夜。

我们又一次相拥告别,只要是王伟飞行离开家之前,我们都要紧紧相拥,这是我们之间的小秘密,也是多年来的习惯。

那天,我清楚地记得,他说我现在衣服都是汗水,我说我就喜欢你的味道。那天,我们抱得特别紧,我的呼吸都喘不过气来,最后我们相互吻别……当时没有想到,这一吻竟成永别,刻骨铭心……我怎么也不愿相信,经过7年漫长的等待,我与王伟美满幸福的生活才刚刚开始,他怎么可以不辞而别,一夜之间就离我而去,而且永远不会回来了……

我清楚地记得,王伟曾在信中告诉我:"我们是初恋,这是我们人生唯一的一次恋爱。初恋就像夜空中的月亮,太美丽、太纯洁。我们应该在70岁的时候还在一起看电视、听音乐,使我们的初恋延续终身。"

4月10日是王伟33岁的生日,但我没有来得及也无法给自己的丈夫过生日,就离开了海南。

阿伟啊,记得你曾对我说:你是天上的风筝,飞得再高再远,线还在我手中攥着,只要我不松手,不管飞到哪里,你都会回到我的身边,可我没松手、真的没松手啊,你怎么就飞走了呢?

如今你已经飞得好远好远,我用眼睛已经无法看到你的身影,我只能用心灵和你对话,用心灵伴你同行……

王伟平时回到家,如果看不到我就到处找,直到找到我为止。王伟牺牲半年后,他的战友郑成(我们两家是邻居)的家属张瑞琴打电话到北京,说晚上她做梦,王伟回家找我了,家里没有人,他就着急问她我去哪里了,她说去北京了。

回想王伟离开我的日子,不知道是怎么过来的,王伟在的时候一直把我捧在手心里,我们除了没有足够的金钱,其他什么都不缺。王伟走了以后我才真正知道失去他等于失去了整个世界。

但愿他还活着。当我们相见时,我会把《守望南海——离开王伟的日子》这本书送给他;当他读到这本书的时候,知道我一直在等他,等他回到我们的家……

背景介绍

本文的讲述者为王伟之妻、海军上校阮国琴。"老海军"(平叔)征得阮国琴女士的同意,在4月1日这个王伟牺牲的日子里发文祭奠,以纪念我们的英雄王伟!"如果一个民族漠视自己的英雄,那么这个民族是不可能有希望的。"

据各种资料报道,2001年4月1日凌晨,一架美国EP-3大型侦察机从日本冲绳的空军基地起飞,飞往我国海南岛方向。这种飞机专门负责侦察和搜集情报,EP-3上装备着当时最为先进的侦察设备,它搭载的航电系统是美国的最新型号,在当时,整个美国也只有十几架这样的侦察机。美国对于我国沿海地区的监视和侦察活动是非常频繁的,从2000年开始,每周大约有四五次这样的侦察。它的任务就是监听中国南海舰队的通信频道,同时将电波特征复制在后方的美军基地里。

2001年4月1日上午8时36分,美军的EP-3侦察机抵达我国南海上空,我海军航空兵某部一级飞行员王伟和他的战友接到命令,立即起飞执行任务,负责跟踪拦截驱赶美机。王伟警告对方并做出手势示意美机离开。以往美机就此便会离开了,但今天美机走后又马上返回,据悉这一次它的任务除了常规的信息搜集外,还想要趁机监视我国的几艘舰艇和陆地部队。另一原因可能是美机人员对当时我国战机的落后嘲讽与挑衅,他们知道,根据当时的中美军事力量对比及我国局势,我军不会攻击他们的。所以在我方战斗机发出驱逐信号后,美军侦察机一反常态,没有像之前那样"识趣"地离开,反而无视警告,继续向内陆方向飞行。面对美军的挑衅,王伟驾驶"歼8"战机,不断靠近美军侦察机,想要用这种方式迫使美军离开。谁知美军飞行员凭借机身体量及性能优势,突然转变方向,与王伟的"歼8"发生碰撞,悲剧就此发生。

王伟的战机尾翼被绞成了碎片,瞬间就冒起了浓烟,生死关头,王伟仍在尽力保全飞机。但飞机已经全部失控,后方传来指令命王伟返航。此时王伟知道自己已经陷入九死一生的境地,他冷静地回复道:"81192收到,我已无法返航,你们继续前进!"今天,当我们听到王伟牺牲前,留给国人的这最后话语时,惊叹他的冷静,敬佩他的崇高。作为海军飞行员,在这千钧一发之际,王伟心里想的依然是捍卫祖国的领空。王伟牺牲后他被中央军委授予"海空卫士"荣誉称号和一级英模奖章,并被海军党委批准为革命烈士。

当时,美军的EP-3侦察机与王伟的战机相撞后,也受到了一定损伤,无法飞回位于冲绳的美军基地,迫降在海南陵水军用机场。据说当我国专家登上美机看到了美军还没来得及销毁的数据等军事机密时,不觉泪流满面,他们痛心地说:"是王伟用生命换来了这些难得的机密!"原来,之前美机经常来我领空侦察,由于技术方面的原因我们未能及时发现,据说海军首长为此非常震怒。现在终于知道了原因。今天,中国的电子侦察机发展与美国的差距越来越小,在绝对实力面前美国终于收起了它的傲慢。

王伟烈士是一个人格高尚、多才多艺的年轻军人,他热爱文艺,兴趣广泛,会弹吉他、会写歌、爱画画,还给妻子做过裙子。王伟学习刻苦,军事技术过硬,他的笔记,经常被打印出来装订成册,这是战友们学习的宝贵资料。王伟能熟练地驾驶三种新型战机,在15年的飞行生涯中,他安全飞行1152小时,起飞2000余架次,在同龄飞行员中,王伟战斗起飞的次数最多,也是执行重大任务最多的一个。王伟志存高远,他将自己的青春挥洒在了祖国的蓝天白云之间。

王伟牺牲时,他的妻子阮国琴当时因悲伤过度住进了海军总医院,他的儿子年仅6岁。之后,在组织的关怀下阮国琴被特招入伍,继承了丈夫的遗志,穿上了军装,继续为祖国服务。据悉,因为爱得太深,阮国琴至今没有改嫁,她说:"不会有人像王伟那样爱我了。"阮国琴打开封存多年的箱子,里面整齐地摆放着她和王伟的近2000封信。《解放军报》刊文:祖国的南海,有她对王伟最深沉的爱。如今,王伟的儿子已经长大,从海军工程学院毕业后加入了海军,由于身体原因,未能像父亲一样当上飞行员,但他继承了父亲的遗志。

愿我们的学子,看过王伟妻子对烈士的回忆后,更加具体地了解烈士本人及他那短暂而伟大的一生,成为他的后继者。今天,我们不仅要学习专业技能,更要学习王伟烈士的精神境界。

朗诵提示

1. 此文是一篇记叙性散文,讲述了作者与烈士交往的平凡小事与细节,却呈现出种种有意义的亮点,内容真实,文笔朴素,感情深厚。它让我们与烈士离得更近了。

2. 此文表达,是第一人称主体感,内容叙述应娓娓道来,有一种回忆中的感觉与过去的时空感,更要有情不自禁的真情流露。还要表现出内容的大小层次、重点、转换等处理要点。

3. 此文表达,应用声适中,语速不宜太快,沉浸式表达,一定要有相应的心理感觉和形象感,感觉要细腻入微,给表达有力支撑。

4. 此文表达,要梳理好文中的叙述、抒情、描写、议论的内容及语言样态,把握准语体。不同的语言样态,要处理得既有个性,又有机融入表达的整体之中。

《山果》

作者　黄兴蓉

我常抱怨日子过得不称心。我知道这么想没有什么可指责之处,人朝高处走,水往低处流嘛。但是怎么算过得好?应该和谁比?我不能说不模糊。前些日子我出了一趟远门,对这个问题好像有了一点感悟。

我从北京出发到云南元谋县,进入川滇边界,车窗外目之所及都是荒山野岭。火车在沙窝站只停两分钟,窗外一群约十二三岁破衣烂衫的男孩和女孩,都背着背篓拼命朝车上挤,身上那巨大的背篓妨碍着他们。

我所在的车厢里挤上来一个女孩,很瘦,背篓里是满满一篓核桃。她好不容易地把背篓放下来,然后满巴掌擦着脸上的汗水,把散乱的头发抹到后面,露出俊俏的脸蛋儿,却带着菜色。半袖的土布小褂前后都是补丁,破裤子裤脚一长一短,也满是补丁,显然是山里的一个穷苦女娃。

车上人很多,女孩不好意思挤着我,一只手扶住椅背,努力支开自己的身子。我想让她坐下,但三个人的座位再挤上一个人是不可能的,我便使劲让让身子,想让她站得舒服些,帮她拉了拉背篓,以免影响人们过路。她向我表露着感激的笑容,打开背篓的盖,一把一把抓起核桃朝我的口袋里装,我使劲拒绝,可是没用,她很执拗。

慢慢地小姑娘对我已不太拘束了。从她那很难懂的话里我终于听明白,小姑娘十四了,家离刚才的沙窝站还有几十里,家里的核桃树收了很多核桃,但汽车进不了山,要卖就得背到很远的地方,现在妈妈病着,要钱治病,爸爸才叫她出来卖核桃。她是半夜起身,一直走到天黑才赶到这里的,在一个山洞里住了一夜,天不亮就背起篓子走,才赶上了这趟车。卖完核桃赶回来还要走一天一夜才能回到家。

"出这么远门你不害怕吗?"我问。

"我有伴儿,一上车都挤散了,下车就见到了。"她很有信心地说。

"走出这么远卖一筐核桃能赚多少钱?"

"刨除来回车票钱,能剩下十五六块吧。"小姑娘微微一笑,显然这个数字给她以鼓舞。

"还不够路上吃顿饭的呢!"我身边一位乘客插话说。

小姑娘马上说:"我们带的有干粮。"

那位乘客真有点多话,"你带的什么干粮?"

"我已经吃过一次了,还有一包在核桃底下,爸爸要我卖完核桃再吃那些。"

"你带的什么干粮?"那位乘客追问。

"红薯面饼子。"

周围的旅客闻之一时凄然。

就在这时,车厢广播要晚点半小时,火车停在了半道中间。我赶忙利用这个机会,对车厢里的旅客说:"这个女孩带来的山核桃挺好吃的,希望大家都能买一点。"

有人问:"多少钱一斤?"

女孩说:"阿妈告诉我,十个核桃卖两角五分钱,不能再少了。"

我跟着说:"真够便宜的,我们那里卖八块钱一斤呢。"

旅客纷纷来买了,我帮着小姑娘数着核桃,她收钱。那种核桃是薄皮核桃,把两个攥在手里一挤就破了,生着吃也很香。一会儿,那一篓核桃就卖去了多半篓。那女孩儿仔细地把收到的零碎钱打理好,一脸的欣喜。

很快到了站,姑娘要下车了,我帮她把背篓背在肩上。然后取出一套红豆色的衣裤,放进她的背篓。对她说:"这是我买来要送我侄女的衣服,送你一套,回家穿。"她高兴地侧身看那身衣服,笑容中对我表示着谢意。此时一直在旁边玩扑克的四个农民工也急忙站起来,一人捏着五十元钱,远远伸着手把钱塞给小姑娘:"小妹妹,我们因为实在带不了,没法买你的核桃,这点钱拿回去给你妈妈买点药。"姑娘哭了,她很着急自己不会表达心里的感谢,脸憋得通红。

小姑娘在拥挤中下车了,却没有走,转回来站到高高的车窗跟前对那几位给她钱的农民工大声喊着:"大爷!大爷们!"感激的泪水纷挂在小脸上,不知道说什么好。那几位农民工都很年轻,大爷这称呼显然是不合适的。她又走到我的车窗前喊:"阿婆啊,你送我的衣服我先不穿,我要留着嫁人时穿,阿婆……"声音是哽咽的。"阿婆,我叫山果,山——果——"……

灿烂阳光下的这个车站很快移出了我们的视线。我心里久久回荡着这名字:山果!眼里也有泪水流出来。车上一阵混乱之后又平静了,车窗外那一簇簇漫山遍野的野百合,静静地从灌木丛中探出素白的倩影倏尔而过,连同那个小小的沙窝站,那个瘦弱的面容姣好的山果姑娘,那些衣衫不整的农民工,那份心灵深处的慈爱消隐在莽莽群山中……

背景介绍

这是篇记叙性散文,是国内某位市委书记极力推荐的,他说:"昨晚在群里看到《山果》一文,我看了两遍还是难以忘怀释手,真是感动人,太值得一读,中国还有太贫穷真善良的人!善良得叫人落泪无言。"笔者也是阅读此文几度落泪。好在今天消除农村贫困一事,已是众所周知的了。

朗诵提示

1. 这篇散文记述了一件凡人小事,却撼动人心!它向我们展现了人性、人的生存环境,给予我们太深的感悟。也许正是这无数个"山果"的故事,使我们的党和国家极为重视摆脱农村贫困之事,将其形成一个政策。如今,"脱贫致富"已成为不争的事实,这体现出中国共产党的奋斗初衷,就是要让广大人民群众过上好日子!因为只有这样,人民才会拥护你。

2. 朗诵这篇散文,要朴实、自然、真挚、情浓声控,抒发自己的所见所感。

3. 朗诵这篇散文,要细致、平缓、平中有变,小有层次。要有浓浓的深情与激情。

4. 文中的人物语言不少,要有设计、有区别,以神似为主,具有一定的语言声音造型。

《留在异国他乡的志愿军老兵》

作者　魏淑文

我在朝鲜留学的时候,常和同学们一起四处走走逛逛。我们住的地方是一个不大又不太发达的城市,较少现代气息,不过,最令人羡慕的就是那里的大学比比皆是。

我们常去的地方就是农贸市场了,那里用高价能买回新鲜的水果。虽然,农贸市场离我们的住处不算近,得有六七里路。通常,我们都是利用周末结伴去。

有一天,从农贸市场回来,在路上,我们看到一位修鞋师傅,忙用生硬的朝语问价"钉两个皮后跟,'而吗'(多少钱)?"

修鞋师傅望着我们,和善地说:"总共留花僧?"即中国留学生的意思。

我们顿时兴奋起来,忙说:"耶耶(对)!"

修鞋师傅把其他客人打发走,让我们坐在小板凳上,开始为我们修鞋。我们在心里嘀咕:问了半天价,也没告诉我们。真不知道要多少钱。

工夫不大,几双皮鞋全部修好了。我们问:"一共多少钱?"

"不要钱。"修鞋师傅用纯正的中国话字正腔圆地回答。我们傻了,等到醒悟过来连忙问:"大叔,您会说中国话?"

修鞋大叔笑眯眯地点点头。

"太棒了!以后,我们有地方说话了。"见到这位会说中国话的朝鲜大叔,我们高兴得不知该说什么好。

给钱的时候,大叔说什么也不要。他说:"不要中国人的钱,我愿意为中国人免费修鞋。"

我们说:"您不要钱,生活怎么办?"

"家里生活挺好,没问题。"

从此,我们在远离家乡的地方,认识了一位修鞋大叔,他给我们的生活带来了神秘与快乐的色彩。只要有空,我们去他那里,看他修鞋是一大享受,锋利的修鞋刀拿在手上,三下五除二,就把该去掉的皮子去掉,要多薄就有多薄,要多厚就有多厚。长长的锉子看起来笨笨的,握在手上,他就能做出精细的活儿。只是可怜那双大手,无论春夏秋冬,都要暴露在外,皮肤十分粗糙,手背上的三道青筋凸现,所有指甲的四边都被黑色镶嵌,外端指甲尤甚,那黑色已经渗透到肌肤之中。

　　说来也怪,只要当地人在场,无论我们怎么用中国话与他交谈,他都像没听见一样,一如既往地用朝语和我们交流。当只剩我们几个留学生的时候,他就用中国话与我们交谈。

　　他详细地问中国的情况,北京的变化,问我们对改革的看法。我们一边回答,一边也询问他的情况。

　　双方非常珍惜这种交流,每次都觉得时间过得太快……

　　我们几次提出想与他合影,均以他摇头告终,他不仅不同意和我们一起照相留影,也从不邀请我们去他家做客。

　　4月5日,我们全体留学生到志愿军烈士纪念墓扫墓,这里葬着108名将士的忠骨。我们把事先做好的白花别在胸前,站好队,向烈士们三鞠躬,表达我们的哀思。然后,围着巨大的坟冢,把我们从北京带来的二锅头酒,洒向每一个角落。

　　我们想到,烈士牺牲的时候,大多数都是二十几岁的年轻人,他们把自己年轻的生命,献给了朝鲜人民。同时,把自己的躯体也留在了异国他乡的土地上。此时此刻,一股酸楚从心底涌来,我们哽咽地说:"亲爱的同志们,今天,我们专门看你们来了,你们好好歇息吧!"

　　整个墓地,一片呼唤亲人的凄惨哭声。

　　只有此时,我才真正从书本中走出来,懂得抗美援朝的沉重感,使命感。我才真正理解战争的残酷,战士们的献身。

　　自从扫墓回来以后,大家都沉默了许多。

　　几天后,我们又坐在了修鞋大叔的小板凳上,聊起了志愿军,聊起了我们扫墓时流下的泪水,聊起了志愿军战俘,他使劲睁开被岁月磨砺得已经变小的眼睛,专注地望着我们,听我们叙述。我发现他的眼睛装满了泪水,他背过身去,用手背擦去了已流淌下来的泪水。

　　这时候,我突然问他:"大叔,你是记问棍吗?"即志愿军的意思。我们几位都盯着他看。他没有说"是"也没有说"不是",只是用眼神与我们交流着……像翻译密码一样,我们读懂了那眼神,他就是我们的志愿军,他就是我们的骨肉同胞啊!我们似乎看到了一颗鲜活跳动的心,一名远离祖国多年的志愿军的心和我们亲爱的祖国紧密相连,贴得如此之近,和我们的心紧紧连在一起。

　　我们完成了预期的学习任务,就要回国了。大家凑在一起商量怎样与修鞋大叔告别,商量来商量去也没有个好办法。我们深知这次告别也可能是我们之间永远的别离。他可能早已更名换姓,然而永远改变不了的是那颗中国心。最后大家的意见是把个人手中的朝币全部集中起来留给他,虽然管不了什么用,但留下的是我们对他的眷恋与关心。有的同学提出:"他还像过去不要怎么办?"大家一致回答:"扔下钱,我们就跑。"

第二天下午,我们一行10人来到了修鞋大叔的身旁,由班长说明我们是专程与他告别的,希望他以后多保重,别太劳累了!天气太冷或天气太热的时候,就不要出来了,别冻坏自己,别热坏自己,岁数一天比一天大了,要知道照顾好自己……

修鞋大叔满含深情地望着我们每一个人,他露出了坦诚、难舍、忧郁、想对我们诉说一切又不愿意诉说的缠绵的目光,那目光跨越了风风雨雨几十年。

岁月是无情的,它不仅在我们的脸上刻下标记,而且它将冲走以往的记忆中的许许多多的东西,可是我想,只要还活着,我就不会忘记在朝鲜度过的那些难忘的日子,更不会忘记修鞋大叔那离别前坦诚、难舍、忧郁,想说又不能说的缠绵的目光。

朗诵提示

这篇散文出自女作家魏淑文的《上善若水》散文集,作品记述了一段中国留学生在朝鲜留学的经历,介绍了一位前志愿军老兵与他们交往的情景。文中那一个个充满温情与悬念的场景,给人留下太多的不解与感触。这里可能情况复杂,不了解与之相关的背景很难理解。然而,我们毕竟知道了那人就是我们的志愿军,他有着深深的乡情。

1. 朗诵此文,要探究作品所涉及的时代背景,了解其前后的一切,这对理解作品中的人物有很大帮助。

2. 朗诵此文,基调应深情、悬疑的。注意把握本文的大小层次、感觉、思维及表达处理的变化。

3. 朗诵此文,确定叙述者的身份、性别、年龄等,把握好人物的语言、声音、说话方式、人物关系等。

4. 朗诵此文,应抓住其内容特点,若隐若现、悬疑感、顿悟感等情绪变化,以语言声音外化出来,使人感知。

《我与〈少女的祈祷〉》(节选)

作者 赵鑫珊

人的一生某些重大情感性事件往往是同一首曲子组结在一起的。

三十年来,只要《少女的祈祷》这首钢琴曲一响,我的内界顿时就会被她的灵魂自白拔高、点燃、照亮。音乐形象祈祷中的少女,恰如在蓝天底下五月的原野上采摘一朵紫罗兰的少女:微风拂其衣裙,比在正常现实生活泥潭中挣扎的不祈祷的女人要温柔许多、纯洁许多、高贵许多,更接近我心中一叶理想风帆的追求。

这是一段超柏拉图式的精神胶着和亲合,当然也是宗教感情的洗礼和潜移默化。在我五十岁的生命史上,这段"隐私"断断续续穿越了整整30个春去秋来的椭圆轨道。即便是现在,我这颗饱经事变的心依旧会被她一声合掌祈祷,那天使般的时而娴静、时而激昂的咏唱,为之紧缩、颤抖、心碎。我敢说,一切纯洁的爱恋在本质上都是紧缩的、颤抖的、心碎的。因为它神圣,含有一种敬畏和崇拜的成分。女人崇拜男人的力度和硬度,男人则在女人们的温存和柔情面前跪拜。

说给你听你也不信,我的"恋她情结"所胶着的女子,我的力比多心理能量所释放的对象,竟是用旋律语言在钢琴黑白相间的键上所创造出来的一个绝对摸不着的音乐形象:一位正在作晨祷或晚祷的波兰少女!的确,谁又能否认幻想中的爱不如真实的爱更为持久,更为猛烈,更为之动情。谁又能否认牛顿力学中的 F, m, a 比物质世界中的力、质量和加速度要逊色呢。

我有位同事她是通过两地书认识她丈夫的。她非常爱读他的情书,因为这些情书给了她许多梦样的缠绕和想象力的分享。"情书中的他比实际中的他有魅力得多。"婚后她如是说。我理解她这句话的深意,因为艺术形象必定高于现实形象。《少女的祈祷》便是一个引导男人和女人上进的艺术形象。我想起有位农夫好心地问一位风景画家:"先生,这大片森林都在您的庄园里,您为什么还要在画布上画一株枯萎了的老橡树呢?"

我第一次听到《少女的祈祷》这首世界著名的钢琴小品是在1958年暑假。当时要听到这首曲子可不像今天这样容易,因为没有收录机,电子音响设备远不如现在这么普及。像往年假期那样,因为我是拿助学金的穷学生,没有路费回南方探亲,只好孤单单地继续留在北大校园里。也许,当一个人在物质生活处在贫困的时候,他的精神幻想生活就会空前显示其活力。1957年"反右"后,极不正常的政治生活所造成的压抑和一位女学生对我的拒绝这两件事加在一起,更激化了我的幻想气质。当时恐怕没有一个女人会爱上我的,因为我的年纪比她们都小,事后很久我才知道:女人决不爱比自己嫩、比自己没有主见的男性。

我之所以要在这里交代这么几句,因为这是我对《少女的祈祷》深深感受和刻骨体验的心理背景。不把自身的内外经历注入到某部艺术作品欣赏中去是从来没有过的事。艺术的功能和价值本在弥补现实生活中的缺陷和遗憾,现实生活中没有女子爱我,我就偷偷跑到文学艺术作品中去发疯似的爱苔丝,爱霍桑笔下《红字》里面的女主角海丝特,这是爱的目标位移,从现实到梦。对于我,所有这些"永恒的女性"都是一所陶冶性灵的大学,都是速效兴奋剂。有了这兴奋剂,这求生的大诱因和大鼓舞,世界和人生获得了不易折断的支撑,才有了不易摧毁的根基。这理由,正如有位女作家所说:"人生不能没有恋。"

一天晚上,我路过未名湖畔生物系供试验用养狗房附近的钢琴室,突然从一片茂林修竹中飘来一阵由虔诚、热烈的和弦所组成的引子,随后在高音区便奏出了一个银白色的、非常柔婉的音响形象。其韵明亮、清和,其声如祷、炽热。在流畅如歌的咏唱中,多天真烂漫的美质,颇有"托身已得所"的决意和归宿感。我被这段明朗的抒情诉述深深吸引了。就其美学意境来说,它和舒伯特《圣母颂》、门德尔松《春之歌》和贝多芬《致爱丽丝》同属于热血沸腾的浪漫派。临近结尾部分,我蹑手蹑脚地步进琴房,发觉弹奏者是中文系的刘季林,《儿童钢琴曲集》的作者。"哦,这是什么曲子?"她指了指乐谱上的几个英文字。"哦,《少女的祈祷》!难怪,旋律太扣标题了!""这是一支无言的歌,心在唱,魂在咏叹。"她说。在标题的下方,印有作曲家的姓名:特克拉·巴达尔泽芙斯卡。从该姓氏来看,很可能属斯拉夫民族,估计是波兰人,女的。

这都是我当时的猜测。我因为十分喜欢这首曲子,所以很想知道作者的生平和身世,我曾问过好几个行家,他们都是一问摇头三不知。我查阅过英国、德国和美国的大百科全书,也毫无结果。也许在这些主编们的眼中,只有巴赫、莫扎特、贝多芬、肖邦和舒曼才有资格在权威性的百科全书中占有显赫的地盘。至于《少女的祈祷》及其作者则是不能登堂入室的。不是吗,在世界各地一切规格较高的大型音乐会的曲目中,我从来就没有看过《少女的祈祷》同贝多芬的钢琴奏鸣曲或肖邦的夜曲并列在一起演奏。我知道《少女的祈祷》只是小品,然而,却是伟大而辉煌的小品!法国都德的《最后一课》不也是一篇伟大的、震撼人心的小品吗?

几乎没有一本西方音乐史的专著提到过巴达尔泽芙斯卡的名字。对此,我愤慨了,我觉得这不公平!自那以后,岁月匆匆,整整30年过去了。这些年不管何时何地,只要我一听到《少女的祈祷》,我就会轻轻地呼叫一声:哦,巴达尔泽芙斯卡!一个多么陌生、名不见经传、默默无闻的不朽作曲家!不朽,是因为《少女的祈祷》还活着,还在千百万人的心灵深处回响。我想起了中国一句俗语:室雅何须大,花香不在多。我还想起肖邦致彼托卡的一封信中这样说:"巴赫像一位天文学家,他借助于暗码发现了最奇特的星星;贝多芬则用他的精神力量拥抱了宇宙;我爬不上这么高,我早就打定了主意,把人的心和魂作为我的宇宙。"是的,各有各的成就,谁也不能挤掉谁。在一次盛大的酒席上,有烤鸭,有全鸡,但也必须有一小盘花生米或海蜇皮。巴达尔泽芙斯卡的唯一成就便是用音响在钢琴上塑造了一个正在热烈祈祷的少女形象,她或许就是作曲家的自画像,就像《简·爱》是女作家本人。

此次我撰写这篇回首往事的东西,只好特意为巴达尔泽芙斯卡的生平跑了一个下午的上海图书馆。老天不负有心人。在昭和四十一年出版的《日文标准音乐辞典》和1967年联邦德国出版的二十卷本《布鲁克豪斯大百科全书》等四种工具书中,我终于喜出望外地查到了巴达尔泽芙斯卡的身世,尽管仅有寥寥数语:波兰女作曲家兼钢琴家。1838年生于华沙,1861年死于同地,只活了23个春秋。《少女的祈祷》系她18岁所作,1856和1859年分别在华沙和巴黎出版。20世纪该曲风靡于世界各地,经久不衰。此外她还写过34首"沙龙钢琴曲",却被人遗忘。哦,是她18岁的少作!我肃然起敬了。也许,天妒她的才华,上帝过早地把她唤回了天国。有用的人早走了,留下了一件永久的有用;没有用的人赖着不走,从头到脚是一堆蠢。她的履历就像她的生命一样简洁,她的身世宛如她的绝唱,那么清澈、透明,在19世纪灾难深重的波兰夜空久久地缭绕、回荡。

对于我,有关她的生平这点信息也就够了,30年的小谜解开了。今天,我趁此机会把这一风木寒烟空断魂的信息转告给喜欢这首曲子的万千听众,也算是我对作曲家的最好悼念,而且还是我对她这唯一一首传世之作的感激之情!我想起中国一句古诗:"其人虽已殁,千载有余情。"

30年来《少女的祈祷》如秋风朗月之夜,宇宙澄清,上下天光,竹影摇动,多少次洒播在我的焦灼心田;多少次安慰了我漂泊羁旅的灵魂。尤其在我的青年时代,在"少年维特烦恼"的苦闷时期,它给了我感情的皈依,幻想的寄托,爱欲的升华。艺术世界的定义,正是爱欲受压抑后的升华。

我想起了护士的起源。1870年普法战争法国伤员甚多,男看护短缺,伤兵情绪极烦躁。

后来破例招聘了一批女护士,结果伤兵情绪立刻稳定,伤口愈合得又快又好。《少女的祈祷》于我,就有平息灵魂的骚乱,包扎好内心伤口的功能。在过去的岁月,我的"内伤"实在太多了。

《少女的祈祷》其实是18岁的巴达尔泽芙斯卡的祈祷。祈祷,永远是同诗的超越和哲理的沉思联系在一起的;祈祷,是你通过诗的情绪在同上帝交谈;沉思,则是你面对生之不易,死之可惜,潜心对人生真谛的探索。祈祷中的少女都是天使,都很美,因为她的头上有一圈圣光弥漫。试问:一个正在作诗的超越的少女哪有不美的道理?

1984年我去教堂体验生活。我好奇地问一个青年为什么来做礼拜?他说是为了找女朋友。我愕然了,当他解释说有宗教信仰的女子心地都是美的。我频频点头,深表赞同。

这许多年令我遗憾的是我始终没有坐在钢琴旁把《少女的祈祷》全部弹下来。说来我的钢琴水平也非常可怜,连《拜尔教程》都没有结业。究其原因,当然是政治运动接连不断的后果。所以我同《少女的祈祷》的关系始终是隔着一层大众化的欣赏关系。

1973年深秋,我向我的羊群告假10天,回北京料理私事。一天雨夜,我路过西郊,突然听到从远处一个淡绿色的窗口低诵《少女的祈祷》,我便情不自禁地收住了脚步,我久久地站在一棵加拿大白杨树下,我冥想了许多。在那个年代,听到有人弹奏这首曲子是多么的珍贵。《少女的祈祷》转化成了我的祈祷,我的脸被水淋透,既有雨水也有泪水,那是一颗正处困穷之乡的心在和泪而歌,如雁唳秋云。我祈祷有个理解我的温柔女子对我说:"我答应跟你去偏远山村,你放羊,我喂鸡,相依为命,欣然欢悦。"

许多年我常有一种周期性的忧郁症缠身,忧郁一来,少则一天,多则一个星期,人完全处在瘫痪状态。我永远也不会忘记,我最后一次忧郁症便是《少女的祈祷》将它驱散了结的。1978年春,那时我刚步入不惑之年。一天,我去探望朋友,他的妻子弹得一手好钢琴。深夜归来,我在日记中写道:"今天晚上听胡太太弹奏《少女的祈祷》,我建议关了电灯,点着了一支蜡烛。那气氛,使我十分动情,我的心纯极了、虔诚极了,坏我被驱赶走了,好我占了绝对优势。倘若我每天能听到这首曲子,每天同唐诗、贝多芬、普朗克物理、哲学世界在一起,我在人生道上就再也不会发生愚蠢的迷惘了,我会永远朝气蓬勃,发奋忘忧。《少女的祈祷》的艺术魅力在于它传播了某种不能言传的东西,帮助我们回到了自我,缓解了酷烈的命运,使我们暂时摆脱了惶惶然失去所在的烦忧状态,使人生在世得着了灵的烛照,魂的澄明。"

最近几年收录机普及,使我经常能同巴达尔泽芙斯卡在一起作祈祷。不论我在何时何地,在咖啡厅或走过某家商店,只要同她相遇,我马上就会抛开周遭的一切,独自低徊,进入角色,体验宗教热忱中的宁静,汲饮这股清凉的甘泉,借以呼吸一下圣洁的空气,摆脱掉现代人所受到的来自各方面的压力。我始终认为宗教的力量在于热忱中的宁静,《少女的祈祷》就给了我这力量,尤其是当我苦闷、彷徨或陷于犹豫状态的时候,我的心会因祈祷的和弦而紧缩,幸福得不住滴血。是的,心滴血是种很深的幸福。

我觉得我的心理结构还年轻,年轻的标志之一,是我依旧像过去那样为《少女的祈祷》或祈祷中的少女而战栗,同波兰这位金发碧眼、短命天才的巴达尔泽芙斯卡不期而遇,心依旧会怦怦跳。也许,当我一旦对这首表现人类性灵的杰作变得无动于衷、水波不兴,我就的确老了,心老才是真老。我给老年下一个定义:对春风秋雨、万家灯火、自然规律的庄严和崇高、音乐的优美和壮丽、爱情的痛苦和欢乐,不再为之激动、颤栗和牵肠挂肚,对于我这就叫死亡,死亡就是丧失了生命原先的意义和价值。

愿《少女的祈祷》永远伴随我生命的四季!

(**说明:**此文是根据电台文学节目的录音摘抄而成,有编辑的修改)

朗诵提示

1. 这是艺术哲学家赵鑫珊创作的一篇散文,此文内涵丰富:有哲学的思考,有艺术的追索,有人生的经历,有作家的深刻感怀。
2. 这篇散文,有很多知识在其中,体现了散文具有"知识性"的特点。
3. 表达这篇散文,要主体定位,口吻统一,年龄感不宜太年轻,表达平缓、有变化。
4. 表达中应体现出叙述、描写、议论的功能,不能只用叙述一种语言样式来表达。
5. 表达这篇散文,要有沉浸感、思悟感、现场感、形象感和逻辑感。

《塔下清荷》(节选)

作者 吴宗蕙

……

北海劫后开放的第一个仲夏,我曾多少次迎着朝晖,披着暮色,从西郊赶来,漫步在堆云积翠桥上,徘徊于池畔幽径,流连忘返,不忍离去,像是不愿告辞久别重逢的故人。这种眷眷之情,直到今天,不仅毫无减色,反而更为浓烈了。

今夏,在一个雨后初晴的早晨,空气清新潮润,我踏着曙色去寻求旧梦,再访塔下之荷。

六时许进园。园内游人寥寥可数,静极了。我缓缓走近池边,一股淡淡的香气轻轻袭来,沁人心脾。俯视池内,只见娇花朵朵,翠叶飘飘,宛如稀疏的晨星洒落在微波轻飐的湖面上,比之当年的荷池,别有一番令人心旷神怡的景象。看,那一枝枝亭亭玉立、仪态万方的荷花,一扫羞涩,展露风姿,忘情地开放了。她们有的傲然探出碧海,舒展着粉白镶红的花瓣,一任蜜蜂穿行在金黄色的花芯间,显示自己超群出众的美丽;有的与绿叶齐眉,含情浅笑,展红傲绿,争奇斗艳;有的尚含苞待放,躲在茂密的翠盖丛中,怯怯地睨视着游人,而那如盖、如伞、如毯、如裙的荷叶,或仰首、或低眉、或俯身、或傲立,簇簇满池,组成一泓碧海,守护着娇花。那一片片清爽、鲜嫩的叶面上,残留着雨水冲刷的痕迹,滚动着晶莹的水珠,她是如此雅致、清丽、洁净,又如此超尘脱俗!它不正象征着我们经历劫难后的神州大地将会更加秀色夺人、俊逸多姿么?!

我沿着池畔的绿棚缓步而行,沉湎于云烟一般的遐想里。

走着,想着,不知不觉,我转到堆云积翠桥北荷池西侧的一角。

突然,我的眼睛一亮,原来在满池粉荷之中,竟藏着这么一座玉色的宫殿。这里,在翠叶簇拥中,娉娉婷婷伸出一枝枝如棉似雪的白荷,它们鄙视污泥,鄙弃华贵,以朴素的姿容,显示出自身的高洁。我静静地站立在绿棚旁,眼前浮现出种种幻觉,思绪飘忽得很远、很远。想起国难当头时大义凛然、拍案而起的闻一多;缅怀着一腔爱国忧民之情徘徊于月下荷塘的朱自清……这朵朵白荷,不正是他们高洁情怀和不屈精神的写照吗?!

朝阳微露,彩霞渐隐,游人逐渐增多了。

我恋恋不舍地离开这荷池的一角,踱到桥南,凭栏北眺,这时,薄雾全消,远处那皎洁的白塔被如洗的碧空映衬得更加壮丽,塔身环绕着那郁郁苍松,隙间露出斑斑红墙和金色的亭顶;近处是依依垂柳,满池翡翠,绰绰群花;西侧则是洁白玲珑的玉石长桥和微波浩渺的水面。它们构成了一幅层次分明、色彩斑斓的水彩画,清晰、明朗、秀美,又朝气勃勃。这幅画,给我们的生活增添了多少明丽的色彩和浓郁的诗意!

啊,秀丽的北海,那绵绵密密的相依、相映、相扶的塔下之荷,你载着我不尽的情思,记录着我生命的旅程,你是我的诗,我的梦,我的憧憬!

朗诵提示

这是一篇以"荷"为感怀对象和全文线索的抒情性散文,它通过作者与"荷"的聚与散,使我们窥到作者的人生轨迹和心路历程并折射出国家命运。散文以抒情为主,通过作者对"荷"的赏与爱,从中展示出作者的人生追求。作品以"赏景"为材料,实则"言志"。这篇散文文辞优美,意境高雅,有情、有意、有形。

1. 这篇散文的写作背景和作者创作心理背景是一致的,而播出背景则可根据时代不同而有所不同。如在"文革"刚结束时播这篇散文,更侧重于控诉"四人帮",赞"荷"的风貌依旧,实则喻"人"的精神不变这一要旨。如现在播这篇散文,则可以根据时代特点,侧重体现学习荷的"高洁精神"这一主旨。

2. 这篇散文的表达身份感,应当是一名成熟的知识女性。从作品提供的内容线索与作者的行文笔触中可体会到这点。

3. 这篇散文的基调应为深切感怀的;风格是典雅、恬淡的。表达似与好友谈心,情感内在。

《宇航员之死》(节选)

1967年4月23日,前苏联著名宇航员弗拉基米尔·科马洛夫一个人驾驶着"联盟一号"宇宙飞船,完成任务之后,正在胜利返航途中。

就在此时此刻,全苏联的电视观众,包括科马洛夫的家人、同事都在电视机前激动、紧张地收看宇宙飞船的返航实况。当飞船返回大气层后,需要打开降落伞以减慢飞船速度。科马洛夫在操作时突然发现怎么也打不开降落伞。

地面指挥中心采取了一切可能的救助措施帮助排除故障,但都没有成功。经请示上级,同意将实况向公民们公布。

电视台最著名的播音员以沉重的语调宣布:"'联盟一号'飞船由于无法排除故障,不能减速,将于两小时后在着陆基地附近坠毁,我们将目睹宇宙英雄科马洛夫遇难。"

科马洛夫的亲人被请到指挥台,指挥中心的首长通知科马洛夫与亲人通话。"科马洛夫同志,看见你的亲人了吗?请和他们讲话。"科马洛夫控制着自己的激动:"首长,属于我的时间不多了,我先把这次飞行探险情况向您报告……"

首长哽咽着说:"谢谢你,录音已经准备好了,请讲吧。"科马洛夫开始了急促而有序的讲述,因关系到国家机密,指挥中心暂时关闭了电视直播传递。

生命在一分一秒中消逝,科马洛夫目光泰然,态度从容,他整整汇报了几分钟。汇报完后,国家领导人接过话筒宣布:"我代表最高苏维埃向你致以崇高的敬礼,你是苏联的英雄,人民的好儿子……"

当问科马洛夫有什么要求时,科马洛夫眼含热泪:"谢谢,谢谢最高苏维埃授予我这个光荣称号,我是一名宇航员,为祖国的宇航事业献身,我无怨无悔!"

领导人把话筒递给科马洛夫的老母亲,母亲老泪纵横,心如刀绞,泣不成声。科马洛夫笑着说:"妈妈,您的图像我在这里看得清清楚楚,每一根白发,每一条皱纹。您能看清我吗?"

"能,看得很清,你不愧是妈妈的好儿子,你放心吧,妈妈一切都好。"老太太难忍悲痛,将话筒递给科马洛夫的妻子。

科马洛夫给妻子送来一个调皮而又深情的飞吻。妻子拿着话筒只说了一句话:"亲爱的,我好想你!"就泪如雨下,再也说不出话来。

科马洛夫脱下宇航服,拿出一支金笔对妻子说:"这支金笔随我飞入太空,是我珍贵的东西,我用宇航服把它包好,待会儿的大爆炸,不会对它造成损伤的。请把它转赠给你未来的丈夫,我会在天堂里祝你们幸福。"

科马洛夫12岁的女儿接过话筒,泣不成声,科马洛夫微笑着说:"女儿,你要坚强,不要哭。""我不哭,爸爸,你是苏联的英雄,我是你的女儿,我一定会坚强地生活!"

刚毅的科马洛夫禁不住落泪了,他叮嘱孩子记住这个日子,以后每年的这个日子到坟前献一朵花,向爸爸汇报学习情况。

……

时间只剩最后几分钟了,科马洛夫毅然地和女儿挥挥手,面向全国电视观众:"同胞们,请允许我在这茫茫太空中与你们告别……再见了!"

永别的时刻到了——轰隆一声巨响,整个苏联一片肃静,人们纷纷走向街头,向着飞船坠毁的方向默默地哀悼。

(选自小学语文课文《悲壮的两小时》)

背景介绍

这个作品来自《读者》1995年第2期,原标题为《宇航员之死》。小学语文教材的编撰者在将其编入教材的时候,对文章作了删节并改动了标题。

2011年3月25日《青年参考》上的一篇文章(作者:章鲁生,原题:《"这次飞行我不可能活着回来了!":官僚政治将苏联宇航员推上"死亡之旅"》)揭露,其实这次飞行之前,已发现了诸多问题,但面对当时苏美对太空的争夺,没能阻止这一悲剧的发生。当飞船绕地球飞行到第二圈时,科马洛夫向地面报告说:飞船左边的太阳能电池帆板没有打开,无线电短波发射机没有工作,飞船处于不规则运行中。"联盟一号"飞船在绕地球飞行第17圈时他接到命令,放弃原定的与"联盟二号"飞船对接、交换宇航员后飞向月球的任务,返回地球。

1967年4月24日凌晨6时24分,带着火光的"联盟一号"坠毁于乌拉尔地区奥尔斯克以东65公里处,发出猛烈的爆炸声。科马洛夫当场身亡。

科马洛夫的死几乎是可以预见的。遇难后的科马洛夫只剩下一点足骨,身体的其他部分化为灰烬。苏联官方给他以国葬的待遇,骨灰存放在克里姆林宫城墙下。

1971年8月2日,"阿波罗"15号飞船登月时,美国宇航员带去了一块刻有已故苏、美宇航员姓名的铭牌,安放在月球上,其中就有科马洛夫的名字。

朗诵提示

1. 应把握主题思想,无论这个事件的背景究竟如何,这位苏联宇航员都是值得人们尊敬的英雄。毫无疑问,这篇作品的朗诵基调应当是深情赞颂的。

2. 叙述语言的表达,应大气、层次清晰、带有激情。

3. 人物语言的表达重在写意、传神,不要太表演。

《狼心、良心》(节选)

作者　张正直

弟弟曾在新疆当过兵,杏子将熟的季节,我和弟弟踏上了去新疆的列车。到达库车时多数杏子尚未全熟,弟弟要到原部队访战友,于是,我们便租了一辆越野吉普车,向250多公里外部队营房驶去。在离部队还有几十公里远的地方,吉普车突然抛锚,我和弟弟只好抄近路步行去部队。大约走了10公里时,天色暗了下来,一钩残月挂上天边。由于离天山很近,雄伟的雪峰将这里映照得白茫茫的。当我们经过一片沙枣林时,忽听林丛中有个异样的声音。

……

这时,从狼群里走出了一只白狼。这只狼身材高大,浑身雪白,前额上有一个灰色的倒三角,一对铜铃般的绿眼睛闪烁着凶残的光芒,一条半米长的尾巴高傲地摇来晃去,四周的草木被打得"叭、叭"作响。我的心一惊,经常在书中读到的"狼王"今天真的出现了。狼群见到狼王后,纷纷退到它的身边,仿佛像一群士兵簇拥着它们的元帅一样。我和弟弟自然成了它们唾手可得的猎物,它们想让狼王展现它的捕食绝技,然后分享我们的血肉。

……

狼王高傲地走到离我们十米左右的地方,一双幽绿色的眼睛半眯着,轻蔑地望着我和弟弟。接着,快速后退了两米多。然后,竖起了身上的毛,前腿趴下,身体弯成了一条弧形,一双眼睛死死地盯着我俩,那对长长的白牙露在外面,闪着冰冷的寒光,做出来起跳捕食的形状。狼群站在狼王的身后,嗷嗷嚎叫,以示助威。狼王和我俩相持了大约三分钟,突然长嚎一声,仿佛像一道白色的闪电,突地腾空而起,身子在空中划了一道长长的弧线。几乎同时,我和弟弟都闭上了眼睛,腰刀掉在了地上,因为我俩清楚,在狼王和二十余只狼面前任何反抗都是徒劳的。

就在这千钧一发之际,奇迹出现了,狼王突然停止了攻击,而是落在了我俩面前一米远的地方,怔怔地望着我俩,先前还高耸的狼毛慢慢地倒下了。继而,狼王慢慢地走到弟弟身边,先像孩子似的啼哭了几声,然后,立起身子,温顺地舔着弟弟的手。一双绿莹莹的眼睛也变得温顺起来,在雪光的映照下泛着泪光。

忽然,狼王跑回狼群,仰天长嚎了几声,刚才还凶神恶煞的群狼顿时变得像一只只温顺的家犬,四下走散了,很快消失在茫茫的戈壁滩上。那只刚才欲复仇的母狼也叼着受伤的小狼缓缓地走进了远处的沙枣林。狼王又再次来到弟弟身边,惊魂未定的弟弟似乎猛地醒过来,他冲着狼王喊道:"雪龙,原来是你呀!"狼王听到弟弟的喊声,马上像懂事的孩子一样将长长的尾巴夹在腿间,乖乖地趴在地上。我被刚才惊险、离奇、戏剧性的一幕惊呆了!如果不是亲眼所见,我甚至怀疑这是小说里的荒诞故事。

原来,眼前的狼王是弟弟曾经救过的一只小狼。那时弟弟在这里当兵,到农贸市场买菜,看到一个铁笼子里一只雪白的小公狼,腿已被铁铗夹伤。弟弟见此情景,便以170元的价格买下了这只狼崽。弟弟偷偷将小狼藏在部队废弃的猪圈里,又到卫生室要来了药棉、消毒粉、纱布等药品为小狼包扎好。从此,弟弟总想方设法弄来一些肉喂它,小白狼很快恢复了健康。这时,弟弟为它取名为"雪龙"。4个月后,弟弟将"雪龙"在戈壁滩上放生,想不到今天,在这场生死遭遇中又和它意外相逢。

听了弟弟的简短叙述,劫后余生的我猛地抱紧了弟弟,兄弟二人紧紧相拥,泪如雨下,深深地体会着生命的珍贵。狼王围着我和弟弟转了几圈后,突然仰天长嚎了一声,便两步一停、三步一回头地慢慢地向戈壁深处走去。

望着狼王渐渐远去的身影,我猛然想起了"狼心狗肺"这个成语,释义是比喻心肠狠毒或忘恩负义的人。很显然,这是人类对狼的偏见,其实狼更懂得知恩图报。

背景介绍

这是一篇记叙性散文,是一个关于人与狼的故事。作者在开头写了这样一段话:"1995年,我和弟弟到新疆库车去贩白杏,遭遇了一场人狼之间的恶战,最终在一只义狼的帮助下,狼口逃生。十多年过去了,我仍对那次遭遇心有余悸,对那只义狼感念有加……"已闭目等死的哥俩,因弟弟救过狼王,被狼王认出后它竟让众狼离开,自己在依依不舍中离去,没有伤害他们。这是一个人与动物、人与大自然的问题,抑或是世间的因果报应、善行规劝?可能都有,也可能只是一个真实的故事,而它的确带给人们许多思考。

朗诵提示

1. 不必人为拔高作品的思想性与目的性,应进入作品的规定情境,真实地感受作品。
2. 关注、明确朗诵的层级性、节奏的变化与对比,应真想、真看、真感觉。
3. 朗诵语言是自述性的,用声应小而实,表达要有虚实、快慢等节奏的变化。

《青山不老，英雄永在》

"也许我告别将不再回来,你是否理解？你是否明白？

也许我倒下将不再起来,你是否还要永久地期待？

如果是这样,你不要悲哀,共和国的旗帜上有我们血染的风采。"

《血染的风采》这首传唱大江南北的歌曲背后,是一段让人刻骨铭心的记忆。1979年2月17日,边境自卫反击战打响。

当时,改革开放的春风正吹拂着中国大地,中国经济开始蓬勃发展,很多人下海经商做起了自己的小生意,有的人在恢复高考中坐进了大学教室。生活刚有甜头的时候,边境燃起烽火,在一些人无法理解的情况下,一群热血青年毅然拿起钢枪走向了战场。

离别的月台上,父母的牵挂、女友的泪水,顷刻之间都向战士的心头涌去,所有的解释都显得苍白,哽咽许久只能说出一句："请你们理解。"老母亲默默地流着眼泪,用力拉着儿子的衣袖不舍得离开,她能理解儿子的那份家国情怀,也能理解他为何非要踏上这条没有归途的旅程……

硝烟弥漫的战场上,战士们几乎每天都在与死神打交道,动辄直面漫山遍野的地雷、钢钎,静则栖息于充满霉菌汗酸味的猫耳洞。战士们大都只有十八九岁,他们喝着雨水,啃着压缩饼干,忍受着伤口腐烂的疼痛,在极其艰苦的环境里用单薄的身躯捍卫着边境领土。

前方战火起伏,后方每一个人的心也被牵动着。每每前方的"家书"传来,后方兄弟姐妹们寄去感恩与关怀的同时,社会上也有部分人士表示不能理解战士们为何要去受这份战火之苦:放着好日子不过,偏要去猫耳洞里喝雨水、啃饼干,没有功名、没有高薪,甚至都不能活着回来。在一些所谓的"精明人"看来,这不是"傻"吗？

听到那些不解和嘲笑,感受着关心者带来的温暖,年轻的战士们蜷缩在猫耳洞中,远望着家乡,有一个声音始终在他们心底呼喊着："理解万岁！"

当年,面对百万大裁军,进退走留让后方许多人纠结不已,然而前线的将士们却在血与火的岁月里心无旁骛。如果连生死都可以不顾,还有什么值得计较的呢？

有人说："这群少年那时候大都没有成家,但他们立了大业,他们用一个人的鲜血,换来了亿万人的安宁！"

青山险,边境远,几十年过去了,当年为国挥洒热血的青年们渐渐老去,然而他们的精神从未在和平年代里消逝。

想起那群19岁的少年们接到一级战备命令后把请战书与遗书放在一起,风萧萧兮易水寒,壮士一去兮不复返。

想起那些蹲在窄小潮湿的"猫耳洞"里的士兵们,满身伤疤,仍然刻下"一人吃苦万人乐,一家不圆万家圆"这样的对联。

他们用青春的鲜血和生命捍卫了国家领土完整和民族尊严,而今天的我们又岂能把他们遗忘？！

……

几十年前的今天,2月17日,他们,踏上战场,一些人再也没有回来。

今天,让我们一起用这些老照片,祭奠那段峥嵘岁月、热血青春。

朗诵提示

1. 这是选自中国青年网的一篇议论文。它是一篇思想性和针对性很强的议论文,发挥着主流媒体的引导作用,非常具有议论性散文的特点:由景而发,依情而发,缘事而发。

2. 朗诵此文,要有思维相伴,随着文中所述内容,脑中有形,心中有情。在正确意识下,再度回忆那段往事,对比今天祖国的强大及那些不尽如人意的现实,才能真正掀起内心的波澜与情感,我们的议论就不会空洞、苍白,而有针对性。

3. 朗诵此文,基调不能沉,而是深情、凝重与高亢的融合。议论的语言中,要饱含深意、情感和思辨,具有语言声音的内在力度与深情。此议论,应言之有物、言之有意、言之有理、言之有情,能真正打动人,唤起人们的记忆与反思。

提示:《白色方糖》《父亲的汇款单》也可用于散文朗诵的训练。

第五章
诗歌朗诵——节奏的律动

诗歌朗诵,在文艺作品演播中占有重要而独特的地位。重要,在于它的情感和表达大多变化幅度大,具有丰富的技巧性,这对于学习文艺作品演播,无疑是非常重要的;独特,在于它的体裁形式、创作特征和表达特点。

第一节 对诗歌的认识

一、诗歌的概念

诗歌,是一种具有韵律、句子分行排列、词语高度精练、能创造主客观和谐统一意境的独特的文学体裁。

二、诗歌的种类

按有无完整的故事情节划分,诗歌可分为"叙事诗"和"抒情诗"。
叙事诗有相对完整的故事情节和人物形象。而抒情诗则是通过直接抒发诗人的思想感情来反映社会生活,没有相对完整的故事情节和人物形象。
按有无格律划分,诗歌大致分为"古典诗"与"自由诗"。
古典诗的形式大多有一定规格,音律有一定规律,可以有变化,但需按一定的规律变化。
自由诗是诗体的一种,又称"新诗",相对旧体诗而言。它比较自由、灵活,没有严格、固定的限制和约束。它的语言不讲究格律,诗的段数、行数、字数也没有固定,但有节奏,有的诗押大致的韵。

三、诗歌的特征

(一)集括性

"诗歌不像小说和戏剧那样,对作品中所反映的社会生活做全面、细致和具体的描写,而是通过最富有特殊意义的生活片段或个体感悟,来抒发诗人的思想感情。"①因此,诗歌对社会生活的反映是高度集中和概括的。

(二)跳跃性

诗歌反映社会生活高度集中和概括,又因篇幅有限,分行排列,因而语言必然是精炼的,甚至每个字都要反复推敲,使之表现思想感情和描绘形象能够最充分、最经济。集中、概括的内容与精炼化的语言,以及创作运思的快速转换,就构成了诗歌跳跃性的特征。诗人通过强烈的情感与丰富的想象将其独特的感受创造为艺术形象和艺术境界,浓缩在诗里面。

(三)音乐性

诗歌语言还具有音乐性,诗歌的音乐性表现在它的节奏和韵律上。古诗具有韵律,新诗情感变化较多,朗诵起伏较大,构成一定的节奏,有节奏、有韵律,音调和谐、动听,就构成诗歌音乐性的内涵,形成一种律动,可唤起受众的相应情绪与美感。

第二节 古典诗的朗诵

中国古典诗的体式多样,有四言诗、五言诗、七言诗、乐府诗、格律诗等。大致分为古体诗与近体诗两大类。这主要是从诗歌声律角度来区分的,而不是以时代来区分的。

古体诗:不讲究平仄,不要求对仗,押韵较自由,每句诗的句数、句式,没有严格规定。唐朝将这样的诗歌统称为"古体诗",又称"古诗"或"古风"。它包括四言诗、五言古诗、七言古诗、杂言体诗、楚辞体诗、乐府诗、歌行体诗等。

近体诗:是唐代形成的一种"格律体诗",它在句数、句式、平仄、对仗、押韵等方面,都有严格的规定,符合规定的就是"格律诗",反之则是"古体诗"。

一、格律诗的说明

格律诗的"格"是格式,"律"是声律,声律包括平仄和押韵。格律诗对其字数、句数、平

---

① 吴立昌,蒋国忠,黄霖,陆宗铎等.文艺小百科[M].上海:学林出版社,1982:54.

仄、押韵和对仗都有严格的要求。格律诗的格律严密，要求诗句字数整齐划一，根据诗的字数和句数的不同，又可分为两种，即律诗和绝句。

律诗：主要有五言、七言之分。如五言律诗，每首为八句，每句五个字，共四十个字。超过八句（有说十句以上）的律诗称"排律"，也叫"长律"，它的句数不限，但必须是双数，有长达一二百句的。

绝句：又叫"截句"，是截取律诗的一半之意。绝句也分五言、七言。如五言绝句，每首四句，每句五个字，共二十个字。七言绝句，每首四句，每句七个字，共二十八个字。但绝句的平仄、对仗没有律诗那么严格。

平仄：是根据古代汉语的声调来确定的。律诗的平仄格式是固定的，形成几种格式。"平"，在古代汉语中指"平声"，在现代汉语中则指"阴平"和"阳平"。"仄"在古代汉语中指"上声""去声"和"入声"。而在现代汉语中指"上声"和"去声"。诗歌的平仄交错，可使声调多样化，使人听之和谐悦耳、音韵铿锵。

对仗：就是在一联的出句和对句中（每两句相配称为"一联"，一联的前一句叫作"出句"，后一句叫作"对句"），把同类性质的词依次并列起来，如名词对名词、动词对动词、副词对副词等（绝句不讲究对仗，用不用对仗都可以），对仗的种类有很多种。

押韵：指把同韵母的字放在同一位置上（一般都放在"对句"的句尾处），押韵是律诗不可缺少的条件之一，也是一般诗歌所应具备的共同特点。

总之，格律诗讲究平仄，注重对仗，注意押韵，有自己的音声美和形式美。

二、划好语节

朗诵古诗之前，应参照诗句的具体语义划分语节。这里所说的语节，类似于音乐中的节拍。诗的节拍感较强就体现在语节上，而语节的存在正是诗的重要标志。不同的诗有不同的语节划分，划好语节是朗诵诗的第一步。

音节是古典诗歌声律结构的基本单位，通常是两字为一节（两字节）。这种自然声律来自《诗经》，以"四字形式"为主导，诗形特点是两音节一拍。如《诗经·小雅·采薇》：

昔我—往矣，杨柳—依依。
今我—来思，雨雪—霏霏。

这种四言诗体现了句式整齐匀称，朗朗上口的音乐美。但由于四言诗节奏过于简单，朗诵显得呆板，汉朝后四言诗逐渐没落，五言、七言诗成为主流的形式。

下面我们来看中国古典诗中的五言和七言绝句、律诗的语节划分情况。

中国古诗一般都有句数，每句都有一定的"顿"（音步）并有规律可循。

五言诗：每句两顿，每顿两个字或一个字，主要是第三个字或第五个字可以一个字成为一顿。如李白的《静夜思》：

床前——明——月光，
疑是——地上——霜。
举头——望——明月，
低头——思——故乡。

王维的《鸟鸣涧》，诗中写的是山中春夜的独特景色和幽静的境界。
这首诗，根据诗中字与词所起的作用，语节和顿数可划分如下：

人闲——桂花——落，
夜静——春山——空。
月出——惊——山鸟，
时鸣——春涧——中。

王维是写"山水诗"的高手，他的山水诗多给人以情景交融、浑然一体的美感。

朗诵时，应恬淡、舒缓，语速慢一些，有种品味感，用语言声音勾画出诗人脑海中的春夜静幽图。

七言诗：比五言诗增加一顿，为每句三顿，主要是第五个字或第七个字可以一个字成为一顿。

如李白的《早发白帝城》，这首诗每句为七个字，按一般规律可以分为四个语节、三个顿。具体处理划分如下：

朝辞——白帝——彩云——间，
千里——江陵——一日——还。
两岸——猿声——啼——不住，
轻舟——已过——万重——山。

据说这首诗是李白晚年在因事被流放夜郎的途中遇赦时所作。这首诗道出了诗人遇赦后在归途中愉快、急切的心情，文笔轻快，读来使人身临其境，有种开朗豪放之感，勇往直前之形象。朗诵此诗，可体现较强的节律感和吟诵感，但不应死板，不可词语生硬拆分，要让语词有关联，诗意有逻辑，内容完整，意境全出。

值得提及的是，启功先生在《诗文声律论稿》中指出：句中各词，无论如何分合，句末三字必须与上边四字分开，要自为"三字脚"。这三字可以是"二一"式，也可以是"一二"式，甚至可以是"一一一"式。如：

白云千载空—悠悠（一二式）
昔人已乘黄鹤—去　（二一式）
烟波江上使—人—愁（一一一式）

三、押住韵脚

在诗句末尾韵母相同的字称为"韵脚"。马雅可夫斯基曾说:"没有韵脚,诗就会散架子。韵脚使你回到上一行去,叫你记住它,使得形成一个意思的各行诗维持在一块儿。"在中国古典诗中,押韵更是极为重要的。韵是诗歌语言具有音乐性的重要条件。押韵可使诗歌具有优美、和谐的声音形式,伴随诗人抒发内心的情思,也可使听者更好地欣赏诗。韵脚的呼应还可以形成一定的语言节奏。因此,在朗诵古诗时,一定要重视韵脚,押住韵脚,予以显现,不可"藏韵""跑韵"。"显韵"的方法,即将韵脚的音韵读得夸张一些,给以凸显。如孟浩然的《春晓》:

春眠不觉晓,——晓(xiao)
处处闻啼鸟。——鸟(niao)
夜来风雨声,——声(sheng)
花落知多少。——少(shao)

此诗是"遥条辙"的韵,一韵到底。仅第三句末尾的字音"脱韵",这是古典诗创作所允许的。在朗诵时,为了凸显其韵脚,使之"显韵",就可将"晓""鸟""少"三个字的"上声"音调读得完满,"韵母"拉开,用气托住,使此字的声音时值明显长于句中其他的字音。如此处理,便可达到夸张、凸显的效果。此诗"韵脚"的定位呼应,又可形成其朗诵节奏,读来有种回环之美。

四、音韵夸张

由于古典诗的每个字或词都含有相当的容量,诗人炼字很精,因此,在朗诵时,音韵都应发得完满甚至夸张,以体现其内蕴与情致,表现一种诗境。尤其在"诗眼"和"韵脚"处,更应夸张些。如"春风又绿江南岸"中的"绿"字是个诗眼,就可用这种夸张的方式来体现。

简言之,古典诗的朗诵语流不可太快,唯此,方可细细品味欣赏其妙趣、情趣、理趣与谐趣,听者也有个体味的过程,引起共鸣。反之,语流过快,朗诵者的体味过程、抒发态势和听者的接收、消化过程,都会受到阻碍,于诗歌的朗诵、欣赏都不利。

五、规中求变

古典诗的朗诵很多都要合辙押韵并有一定节律。但若朗诵起来快慢高低四平八稳一个劲,便难以抒发诗人的激情或细腻的情致。因此,我们在朗诵时,可根据诗的意境与情感运动,在不破坏语节、顿数和显韵的前提下,注意调整语流速度与声音抑扬,使之发生变化,改变朗诵节奏呆板的状况,更好地抒发诗意与诗情。

如朗诵杜甫的诗《春望》,为了较生动、准确地表现出诗圣杜甫在战乱年代的苍凉心境,可做如下处理:

国破山河在,城春草木深。(中速、压抑)
感时花溅泪,恨别鸟惊心。
烽火连三月,家书抵万金。(稍快、稍扬)
白头搔更短,浑欲不胜簪。(更抑、更慢)

以上处理,可表现诗人内心细腻的变化、情感的动荡。前四句,用下行语势,压抑感觉,体现诗人视野所至荒凉的客观外界与其主体的苍凉心境;中间两句,用上行语势、加快语速,以凸现诗人盼接家书的急切之情;最后两句,仍回到下行语势,并伴以滞重的感觉和更慢的语速,以揭示诗人面对现实沮丧、沉郁的情状。若不如此处理,仅以相同语速、固定语势来朗诵,则很难充分、贴切地体现此诗的内涵与情感。当然,每个朗诵者也可有自己的独特感受与处理。

值得提及的是,古典诗的朗诵在我们了解其创作规律之后,不能以此为框,只注意遵循其形式要求,朗诵死板。不能存在一种糊涂认识,以为朗诵古典诗大都有现成固定的格式和调子,朗诵者对此无能为力,由此以一种模式朗诵古典诗,形式大于内容。当然,这种处理变化不能超出其规律范围。应在了解诗歌创作背景和理解、感受诗歌内涵的基础上,运用语言表达内外部技巧,利用音高、音强、音长、音色、语气、节奏等创作材料与技巧,发挥语言表达"二度创造"的主动性对诗歌进行处理。这样的朗诵才是好的古典诗朗诵,也是现在朗诵古典诗所需要的。

总之,要朗诵好古典诗,就需要对中国古典诗词的创作规律和艺术表现有所了解,并具有较高的文化水平和艺术素养,方可较好地理解它、驾驭它、表现它。

第三节 自由诗的朗诵

一、自由诗的说明

自由诗(也称"新诗")与古典诗歌相对而言,一般不拘泥于格式和韵律。自由诗,就其表现形式而言,完全打破了古典诗在诗体上的种种限制。它的字数、句数、行数根据诗的内容和抒情的需要而长短不一,参差错落,表现出句无定字、篇无定句的特点,但也有相应的句式整齐等要求。它主要的句式结构为四行一节,行无定字。也有的是两行一节,或三行、五行、六行一节,甚或有时根据表现内容与情感的需要,各种行数交叉使用,如王怀让的诗《我骄傲,我是中国人》等。还有的诗根本不分节,一气呵成。"这种富于变化的句式和结构更适于表现现代人丰富复杂的思想感情以及当今快速变化的社会生活。"但无论怎样变化,都要有诗的形式。林默涵同志曾经指出:"……诗的形式是根据民族语言的特点、社会生活的变化和诗歌创作的发展而形成、演变和创新的,但它具有相对的稳定性。没有诗的形式,也就没有诗,而变成别的艺术品种了。"①

自由诗,就其表现内容和创作手法,大体可分为叙事诗、抒情诗、哲理诗、朦胧诗和爱情诗几类。

抒情诗与叙事诗的内涵前边已提及。哲理诗是包含有哲理意味的诗,其中既有典型的哲理诗,也有带哲理意味的抒情诗。朦胧诗实际上是指一些运用象征、隐喻等手法创作的新诗。爱情诗顾名思义,主要是表现爱情内容的诗。

二、深入心灵,激起诗情

从一般意义上讲,要表达好一篇作品,首先要理解它、热爱它,才能产生真情实感并激发起自己表达作品的强烈愿望和激情。朗诵诗更是如此。

(一) 情源与情流

从创作的角度讲,诗是抒情艺术,不是再现艺术。因而,无论是叙事、抒情、状物、喻理等都带有诗人强烈的主观感受、浓郁的主观色彩及鲜明个性。一首好诗绝对不会是无病呻吟,它是诗人感悟、情动最深的外化物,注入了诗人创作的引源及思维、情感之流。因而,我们要朗诵好一首诗,首先要进入"作者"的心灵,弄清诗人创作的冲动点,理清其创作的"情源"与"情流"。所谓"情源"是指作者由什么引起的创作冲动。如艾青的政治抒情诗《光的赞歌》,据说是诗人在擦台灯时不小心被电了一下,他感到了电的威力,由此引起他创作这首诗的冲动。所谓"情流"是指诗人的创作思路、情感的流向途径。是它连缀起诗的一个个意象及诗的思维运动,抓住了它便可理清诗人的思脉,通过对诗相关背景的了解,搞清诗中所指,便可对此诗有初步了解,再融入自己的认识与体验,就可对此诗产生一种接近感与喜爱之情。取得诗人的创作因子(情源与情流),将其深植于自己的心灵,形成同构、共识,就能生发出自己的真情实感和朗诵激情。最终,通过自己真挚、准确、充满激情的朗诵便可进入受者的心灵,与其产生共鸣。在这里,诗本身作为交流媒介沟通着作者、朗诵者与受者三个心灵。

(二) 了解诗歌创作特点

对于诗歌的理解往往要难于散文、小说、戏剧等其他体裁的文艺作品,原因在于诗歌创作的特征及思维方式。诗歌是极富想象的艺术,而想象具有感知、情感、理解三要素。诗歌创作尤其是一些新诗的创作,"想象基于感知而又改造感知,移情使感知变形,理解化感知为

---

① 谢文利,曹长青.诗的技巧[M].北京:中国青年出版社,1984:296.

象征。诗的形象思维和小说、戏剧不同,就在于诗人循着想象的逻辑而不是感知的逻辑来进行构思。因此,诗的世界和日常的世界往往很不一样。唯其'不一样',它才有诗的特别味道"。① 除了诗歌创作中的"改造""变形""象征"以外,诗歌创作的精练性、跳跃性又会使诗人完整的思维分割成一个个凝结点,显现在文字上,构成诗的意象和情思。注入在诗句中并非序列清晰,充其量仅是一颗颗未经串起的珠玉,这条连接它们的线,便是诗人的思路。诗歌创作的运思尤其是其形象思维特征决定"它透明而含凝,引导读者透过感觉而去体验情思……它不是直说,而是暗示"。② 诗的形象思维"可以无视日常感觉的持续连贯性,以跳跃来'撕裂'感觉。究其原因,诗歌不以传达感知为目的,而以抒发情思为使命。不拘泥于感觉,诗的构思也就比较跳脱空灵"。③ 诗思不易掌握,诗义更难把握。诗歌创作的独特手段,如象征、暗示、比喻,尤其比喻的"相关性"与"多义性"往往使读者陷入迷宫。如若对诗人生平、创作心态及创作背景等诸方面有所了解,无疑是获得了一把打开迷宫大门的钥匙。

(三)进入作者心灵

如前所述,要朗诵好一首诗,必先透彻地理解它,把握它,关键在于进入作者的心灵。这可从两个途径入手:一是从作品本身探寻,二是从与作者、作品有关的材料中获得(如作者的生平经历、创作思想、创作背景、创作风格等有关方面)。具体讲,可从与之有关的介绍、评论文章或作者的文集里获得线索。有条件者,还可直接求教于作者本人。

例如,著名诗人艾青的名诗《大堰河,我的保姆》,有不少人凭自己的想当然,误以为诗中所写的"大堰河",是指诗人家乡的一条河流,由此而认定此诗所表现的是诗人对这条养育过自己的母亲河的热爱之情。而当某位著名朗诵者就此向诗人本人求教后才得知,原来此诗根本不是歌颂一条河,而实实在在是歌颂一个人,是诗人童年时代一名叫"大堰河"的保姆,一位普通的劳动妇女(由于当时本地妇女没有自己的名字,就将其村名当作自己的名字)。此诗,是诗人在一所监狱里,站在窗前看到雪而想起自己童年时的保姆,由此引发创作冲动,形成了这首诗的"情源",随回忆又注成了这首诗的"情流"。如若朗诵者不对此诗认真探究,搞清它究竟是写人还是写景的,情感对象便不准确,便会使自己的抒情陷入某种盲目,甚或,形成错误阐释。弄清诗中所指,方可循着诗句准确进入诗人的心灵。然进入作者心灵,不意味着朗诵者会自动具有与作者的共识共情,这需要有一个思考、交融的过程。

以当代军旅诗人晓桦的力作《我希望你以军人的身份再生》为例,初读这首诗,我们会感到全诗洋溢着男子汉的阳刚之气和强烈的军人意识。诗文引导我们产生一幅幅相关的画面:是大火吞噬着美丽的园林;是圆明园残败的景象;是大刀、马队与洋枪、洋炮;是骄横的侵略者与倒下的勇士;是新一代中国年轻军人宣战的形象……这些画面使我们了解到诗中所表现的内容和情感。但这还只是初步印象,由于此诗时空感跨度较大,诗的意向极强,诗的构思较独特,它是面对额尔金勋爵这个侵略者头领而宣战。因此,要掀动起朗诵者表达的真

---

① 章亚昕,耿建华. 中国现代朦胧诗赏析[M]. 广州:花城出版社,1988:82.
②③ 章亚昕,耿建华. 中国现代朦胧诗赏析[M]. 广州:花城出版社,1988:58.

情实感与激情,不对诗作有更深入地理解与把握,不深入作者的心灵并融于自己的心灵是难以达到的。为此,我们找到了作者的诗集《白鸽子、蓝星星》,欲更多地了解作者其人,以便更接近他的诗作。正是在此诗集的序言中,同是军旅诗人的他的战友为我们介绍了作者全貌:"他是一个一米八几具有骑士风度的年轻军人。他从七八岁就穿着改小的军装从军队大院跨进了兵营,又跨进军队大院的,他穿军装比穿任何其他服装都更合身,他对军队有着儿子般的依恋之情……"了解了作者,我们便会从他的诗中看出他有着极强的军人意识和国家观念。军人与国家是分不开的,战争与军人也是不可分的。作者本人也曾就他的这首诗阐述过自己的观点:"军人这个职业实际上是很矛盾的,一方面他反对战争,另一方面却只有在战争中才能显现军人的价值,因而从这个意义上讲,军人又只有和战争相联系在一起。"他写这首诗,不只是向额尔金勋爵这一个侵略者宣战,而是向所有的历史上侵略过中国的侵略者宣战。了解了诗人的风貌,进入到诗人的心灵,再反复阅读此诗,加以体味,便可以一个当代年轻军人的思维与情感将全诗的一个个意象与画面、形象串起,吃透并感到:那是一名当代军人面对被侵略者焚毁的圆明园的残败景象生发的愤恨之情与对自己祖国昨天的无奈之情,那是一名当代军人在以自己的勇气和实力向祖国的敌人宣战,他要向世人证明:"从我们这一代起,中国将不再给任何国度的军人提供创造荣誉、建立功勋的机会!"以显示中国当代军人的风貌、实力与价值。这便是全诗的意境与情思,它构成了此诗的"情源"与"情流"。在此作者所表现的心态,不是当代军人的好战,而实在是要洗刷昔日耻辱的热望,诗人所表现的宣战方式不是作者个人英雄主义的膨胀,而实在是诗人气质特征的显现。

(四)进入朗诵者心灵

有人说:"作为一种艺术形式的朗诵,却不只是表达,它同时意味着对作品进行解释。仅仅是表达,仅仅是没有曲解,那还不够,他必须给听众更多的东西,是他们用眼睛阅读文字时所得不到的东西,使听众跟随着朗诵者,更快地、更直接地进入作者所提供的情境与意境,作者敞开的内心世界。这就是说,朗诵者不能只是把文字搬到口头,把无声语言化为有声的语言,而且需要对作品的艺术内容有自己的体验,自己的理解。"①这段话较明了地点出了朗诵的要旨,即朗诵者是作品的解释者,而唯有从自己的心中升腾起与作品相同的真情实感与激情,才能将其化为自己的心声,更好地代作者而言。

了解了作者、理解了作品,深入作者的心灵,抓住了诗魂与诗貌,并不意味着朗诵者就能发自内心产生朗诵的真情实感与激情。因为作者的所思、所感要变为朗诵者自己的情思是有段距离、有个过程的。要使作品深入自己的心灵,激起朗诵的欲望和应有的情感,不能不是朗诵者主动与其渗透交融的结果。唯有朗诵者内心十分清楚,情感积蓄十分丰富,才能准确表达,进入受者的心灵。

这可以从两方面着眼:一是从理性上找共鸣,二是从感性上抓刺激。比如,针对《我希望你以军人的身份再生》这首诗,我们可以这样思考:作者是军人我不是,作者有强烈的军人意

---

① 陈爱仪,雷抒雁. 朗诵艺术谈[M]. 北京:中国青年出版社,1986:4.

识我没有。但在国家观念、民族意识和责任感方面我们有着共同的认识。我们可随诗句在自己的脑海中展现出相应形象。如电影《火烧圆明园》的影像：那恢宏、秀美、中西合璧的美丽园林，那被外国侵略者大肆抢劫之后又毁于一旦的揪心场面，这感官的刺激自然形成理性的冲击，这是民族的耻辱，这是对侵略者的恨，这更激起我们强烈的国家观念与责任感。我们的这些所思、所感就可与作者诗中所表现的情感融于一体，引起朗诵的强烈欲望与真情实感。毫无疑问，这种表达势必会引起受者的同感与共鸣。

这也说明，朗诵的理解、感受与表达全过程，始终是感性与理性交融、逻辑思维与形象思维的交合，你中有我，我中有你，绝不是某一种因素单独发挥作用。在诗歌的创作与朗诵中，正是二者的交合作用才打通了诗作、朗诵和接受三者的认识，产生共情，它使我们的朗诵既有理性的诱导，又不失感性的鲜活。诚然，朗诵是从感性入手，进而启动理性的闸门，从感性入手理解、把握诗，又以感性为基础体现和表现诗。当然，这其中不能没有理性的渗透与引导，抽掉它，便无灵魂可言，因而，朗诵应追求感性与理性的双重作用。

具体讲，诗是最具情感的艺术，注重以情动人。因而我们在朗诵准备阶段，不要先从理性入手，追究此诗的主题、目的、立意何在，这样通常很难进入诗情或诗境中去，而应先从感性入手，借用诗句文字的诱发媒介作用，渗入自己的想象、联想内容，揣摩、体味诗中的情与义。毫无疑问，对一首诗的掌握要经历一个复杂的过程，在这个过程中，形象、画面云集且丰富、活跃，情感与之相伴而行，产生一定趋向，由感性刺激形成理性认识，再回到感性上来，便能感之愈深，情之愈热、愈真，进而掀起朗诵、宣泄的激情。唯有这种创作激情，才是朗诵的灵魂。当然，激情不是凭空而来，它是由诸因素和不同阶段构成的：形象画面的生发、活动、刺激，主体的想象、联想、体味、渗合，理性从朦胧到清晰，感性与理性的交合等。对于诗歌朗诵而言，无真情，便无创作的冲动，更无表达的动力与支撑。

不言而喻，诗歌朗诵的基础和真谛在于朗诵主体与诗作的高度契合。不可想象，朗诵者的认识、观点与诗作不同，还会情真意切、激情满怀地表现之。也不可想象，朗诵者对诗作如隔雾看花，自己都不甚理解却能很好地阐释之，更不可想象，朗诵者对诗情无深刻的体味和共鸣，却能动心入情地表现之，引起受者的共情与共鸣。

三、思脉清晰，形象依托

诗歌分析、理解、朗诵的思路中，有单线的逻辑思维与复合的形象思维。思脉的清晰贯通和形象的依托支撑，是朗诵最重要的。

（一）诗的意象

众所周知，诗歌的创作离不开意象，意象要求物我情景交融，要象外有意。《美学辞典》中对意象的解释为："指主观情意和外在物象的结合。"明代王世贞认为："诗的意象要外足于象，而内足于意"，要意象"衡当"。这都说明，意象是诗歌创作的核心。诗的语言是由无数意象连缀而成的，破译了一个个意象便寻得一条正确的理解之途。例如诗人顾城的一首力作《一代人》，全诗仅两句：

> 黑夜给了我黑色的眼睛，
> 我要用他寻找光明。

"这首诗准确地表达了一代人的感情历程，闪射着强烈的时代色彩。'黑夜给了我黑色的眼睛'，'黑夜'象征动乱年代，'黑色的眼睛'是既指实，又指虚。我们'龙的传人'是黄皮肤、黑眼、黑头发，这是实指。黑色又有阴暗、低沉、哀伤的情绪色彩，这又有虚指的意义存在。'文革'十年，在一代人心中，尤其是年轻一代人心中，投下了沉重的阴影，留下了累累创伤，造成阴郁、苦闷和哀伤。有人说这一代是沉沦的一代、迷惘的一代，确实有一定的道理。……尽管黑夜给青年一代带来了灾难，使他们沉沦和迷惘，但就是在最黑暗的时候，他们仍未失掉对光明的向往。他们不但是沉沦和迷惘的一代，更是奋起的一代，觉醒的一代，诗人的这种认识概括闪动着辩证思维的光彩。……短短两句诗，概括出一代人的心路历程，表达出对黑暗政治的否定，对光明的向往与追求。"①

在这里，诗人以"黑夜""黑色的眼睛""光明"的意象联缀了全诗，并显现意象的"张力"和"哲理"。这说明，"诗是意象的连环，一环扣一环的意象，组成诗的脉络，诗意必须在意象的联结中得到表现。……它的扣，就在于意象的同义性。"②情感离开意象难以成形，所以，诗人常常将自己的思与情定位于具体意象中，将所要表达的情思、体验意象化。

耿建华的分析使我们对这首小诗有了准确、深刻的理解，同时，也使我们看到意象在诗歌创作中的价值与核心作用。他说："顾城的这首诗只有两句，但却在当代诗歌史上具有相当重的分量，以其高度的历史概括性和辩证思维的哲理之光而具有很高的美学价值和强烈的艺术力量。"

可以说，意象是诗的语言，它不同于一般陈述性语言，句法结构缺乏清楚的语言关系和明晰的语义，易造成语义上的模糊，而正是这语义上的模糊又反过来将一个个意象凸显出来，使意象与意象之间微妙的关系造成一种丰富多样的体验。意象的相关性、多义性造成语义的模糊与不确定性。意象的叠加整体又形成一种表现意味与特质。它们可不受理性逻辑的框约却表现出生动丰富并趋向一致的体验。这正符合诗的表现特质：不在于客观的再现而重在主观的表现，着意于情绪、体验的外化。因此，诗歌的意象跳跃、语义模糊与整体的无序性是理解、驾驭一首诗的难处所在。

(二)思脉清晰

在诗歌中，意象的变形与张力、意象的寄托性、含蓄性和哲理性，加之诗的精练性构成诗的跳跃感、模糊性，往往给朗诵者带来理解与表达的困难。要解决这个难题，主要一点是抓住诗人的创作思脉(感性与理性)，在自己的心理视野中，织就一幅清晰的经纬图。在这幅图

---

①② 章亚昕,耿建华.中国现代朦胧诗赏析[M]广州:花城出版社,1988:24.

中,既有感性的材料——形象画面,又有理性的线条——逻辑序列;既有纵向诗的意象联结与延伸,也有横向诗的形象、画面的拓展。但织就成形这幅图并不容易,朗诵时更需要有这样一幅图存在于心。诗除了其独特的体裁形式外,最显著的莫过于其对内容的表现方式。"诗是某种复杂的感情、含义和心境在语言文字所造成的具体形象中的投射。"[①]诗是人心灵物态化的反映和个体内心世界的折射。诗人往往欲通过诗将自己生动的人生体验传达给别人以引起他人"情感上的共鸣和经验的交流"。[②]

朗诵者在分析、理解、朗诵时,思维活跃、思脉清晰,方可将表面上缺乏联系、跳跃性的诗句有机地融合于诗的整体中,若有停顿就不是空白,而是思维延续或转换的一环。它的情绪色彩变化大,却是在理性、感性双重作用下有足够的内心支撑。尤其是一些哲理诗、朦胧诗,更需要这种思脉的清晰与贯通,才能阐释明确,心有所指,语有所现。思脉是全诗意象群的联结,但却不是表面化的,是从一系列意象中析出它们之间的关系、意义和目的,体现的是朗诵者对诗作整体深刻的理解与体味。可以说,思脉是创作、理解、表达诗作的思维潜流。目的是其流向的聚集点。思脉所联结的不只是意象的本体,更多的是它所代表、隐喻的那些实体。究其实质,诗的文字、意象就是引出实义的媒介。

具体操作,我们首先要结合诗义,在了解掌握与其相关的全部背景下先破译诗中的每一个意象,得悉其所指与内涵。其次我们要用自己的体验去融合、联结一个个具体意象,使之产生合理的联系,形成思脉。不能因为诗的意象跳跃、语义模糊,我们的心理也是朦胧一片,跟着诗句亦步亦趋,要知道无清晰的心理意向,便不会有清楚的朗诵表达。如在《一代人》这首诗中,"黑夜"与"黑色的眼睛"这两个意象,表面上,从理性的角度出发本无直接联系,但在与诗有关的大背景下、人的内心视野中,二者却可形成一定的联系,因有其共性。然而,此诗的价值在于最后一个意象"光明"的显现。囿其黑暗却不为其囿,不失对真理、正义、理想的追求,这才是十年动乱中这一代人的主流。思脉的趋向至关重要,它有顺流、逆流或迂回之流,抓住了它,便可统领不同的意象,托现诗的主旨。

(三)形象依托

诗歌的分析、理解和表达,只有思脉并不可行,还要有形象画面的依托。因在分析、理解、朗诵中,思脉是骨骼,画面是血肉,只有血肉没有骨骼会失去支撑,只有骨骼缺少血肉难以成形,二者缺一不可。凡有经验的朗诵者还知道这样一个事实:只有诗文本体生成的形象画面往往不足以启动理解、表达的感觉,朗诵者必须要借助想象联想生成更多与之相关的形象画面,才能充分地启动、支撑自己的感觉。由此形成激情涌动的宣泄、轻柔细腻的抒发、感悟深挚的倾诉、睿智幽默的嘲讽。可以说在诗歌朗诵的分析、理解、表达过程中,朗诵者的脑海中一刻也不能没有形象画面,它是诗歌朗诵的有效依托。思维的积极运动,可使形象画面活跃生成。

仍以《一代人》这首诗为例。当朗诵到"黑夜"这个词时,朗诵者的脑海中不会是其喻体

[①][②] 滕守尧.审美心理描述[M].北京:中国社会科学出版社,1985:260.

或表层含义"黑天夜晚"的画面,这毫无意义。而应是"文革"动乱中无数可悲现象的典型画面。如电影《小街》中的女主角"渝"被疯狂的红卫兵剪了头发,男主角"敏"又被疯狂的红卫兵强行戴上女人的假发辫毒打,直至眼睛出血失明。这是"文革"那个动乱年代没有法制、没有人性的典型写照!与此同时,朗诵者的内心视象还可能看到无数风华正茂的青少年不能读书,小小年纪却不得不登上火车,去边疆,去农村充当一名多余的劳动力。当朗诵到"光明"一词时,我们的脑海中也不会出现的是物理性的一片光亮,而是一系列青年人奋斗的情景,如农村小油灯下的苦读,监狱中不屈的面庞,等等。凡是"文革"中走出的一代人,凡是插过队当过"知青"的人,他们看到"黑夜""光明"这两个词时,大多会迅速而准确地体会之。而不具有直接经历的人也应有相应的形象积累。反之,若朗诵者脑海中没有这些相应的形象画面,怎能掀起主体理解、表达诗作的动力、激情及鲜活的即时感呢?

诗具有"多感性"。"所谓'多感性',就是指诗的语言本身含蕴着形状、声音、色彩、温度、味道等特质,能同时刺激人的几种感觉器官,从而使心灵发生震颤,情感产生共鸣。"[1]因此,人们在阅读或朗诵一首诗时,不仅仅是内心视象,其他生理感官也在不同程度地发挥着作用并产生"通感",从而使诗对人形成全方位感染。比如,"黑夜"可以带来冷、硬的触觉感,暗的视觉感等,最终集合成一种暗淡、阴冷的心境。

诚然,诗的意象破译、思脉的形成,是对诗的深层把握,它制约着形象画面的出现、序列、复合与拓展。有了形象画面的依托和多种感觉,朗诵时才会感觉具体、有支撑,表达才能准确、生动、可感。

值得提及的是,朗诵的准备阶段与表达阶段,脑海中的形象画面情况不尽相同。前者丰富,后者精练、典型。原因是,在分析、理解的准备阶段,朗诵者可在诗文的引发下,展开想象、联想,多出现与之相关的画面内容,破译难懂的意象,析出最准确的诗义,这时,脑海中的形象画面自然多而丰富。而在表达时,朗诵者对诗的整体及具体诗义已成竹在胸,便可剔除那些与诗意不够紧密的形象画面,让少而精的典型画面发挥作用,有力地支撑朗诵者的感觉。

简言之,诗歌的创作特质必然带来朗诵表达对思脉生成与形象依托的高度依赖与重视。

四、运用技巧,表现诗情

在诗歌的朗诵中,对技巧的要求非常高,技巧的运用也非常丰富。

(一)节奏是朗诵的生命

有人说节奏是"运动过程的有序化的律动"。[2] 有人说节奏是诗的生命,节奏也是朗诵的生命。生命即活力。活的生物才有运动与变化,因此,要想朗诵好一首诗,必须为其

---

[1] 谢文利,曹长青.诗的技巧[M].北京:中国青年出版社,1984:275.
[2] 崔文华.有声语言艺术美学[M].北京:东方出版社,1989:60.

注入生命,使之具有活力,有起伏、有变化。诗歌最忌平,创作如此,朗诵也如此。诗朗诵依仗着节奏这一最有力的表达手段来显其诗形与诗神,故节奏在诗朗诵中有着绝对核心作用。

一般来说,语言表达中,节奏是表达者内心情思运动变化所生发的。但在诗歌朗诵中,节奏却具有二重性:一是"诗体形式"所固有的;二是由"诗文内容"所引起的朗诵者内心情思的律动而生成的。前者是说,诗歌大致都有一定的语节、诗行与诗节(诗歌中,"语节"的单位最小,其次是"诗行","诗节"的单位最大,它是由几个诗行形成的段落,相当于文章的一个自然段)。尤其是格律诗,它们的语节基本相同,语节中的字数也相同或相似,韵脚押韵,顿数相同、节拍一致,这便形成了诗的"外部节奏"。但是细究起来,这种节奏充其量仅是一首诗的固定节拍,它与诗的内容、朗诵者的情思律动并不直接挂钩,所以我们可以称这种节奏为"诗形节奏"。它是诗歌这种文体所特有的,如《春晓》《早发白帝城》等古诗。

自由诗虽然诗形不严,但也需把握基本的诗形,形成朗诵的节奏,否则,便无诗味了。因而诗形特征是形成诗味的重要因素。比如,《我骄傲,我是中国人》(节选):

1. 在无数\蓝色的、\棕色的\眼睛中,
   我有着\宝石般\黑色的\眼睛,
   我骄傲,我是\中国人。

2. 在无数\白色的、\黑色的\皮肤之中,
   我有着\大地般\黄色的\皮肤,
   我骄傲,我是\中国人。

3. 我骄傲,我是\中国人。
   黄土高原\是我\挺起的\胸脯,
   黄河流水\是我\沸腾的\血液,
   长城\是我\扬起的\手臂,
   泰山\是我\站立的\脚跟。

4. 我骄傲,我是\中国人。
   我的祖先\最早\走出\森林,
   我的祖先\最早\开始\耕耘,
   我是\指南针和印刷术的\后裔,
   我是\圆周率和地动仪的\子孙。

5. 在我们的\民族中,
   不光有\史册里万古不朽的\
   孔夫子\、司马迁\、孙中山,\
   还有\文学史上永远活着的\

花木兰\、林黛玉\、孙悟空\。

……

从以上的诗体中,我们是否也看到了大致的规整?比如,每行的字数略有不同,每一诗节中的诗行也不尽相同,细究每行中的语节及语节中的字数也不相同,但却都在"我骄傲,我是中国人"的词语"定位呼应"中体现出一种回环、一种有序化的律动,由此形成了此诗的基本节奏(虽然此诗的后半部将"我骄傲,我是中国人"改为"我是中国人"打头,也不失其"定位呼应"的效果)。此外,诗体内其他相同或相似的语词和句式(如排比句等)的存在,也为诗的语言节拍形成奠定了一个基础。例如:

我的祖先\最早\走出森林,
我的祖先\最早\开始耕耘,

如上所述,这种"诗形节奏"通常是固有的,它不需朗诵者创造,只需寻到、把握即可。然而,诗歌朗诵的节奏不止于此,尤其是自由诗,特别要注意表现通过诗文内容所引起的朗诵者情思运动、变化而生成的"诗情节奏"。也就是说,所谓"诗的节奏"是由"诗形节奏"与"诗情节奏"二者结合而成。这样,既可显其形,又可表其情。因而,朗诵者在处理一首诗时,应当兼顾这两个节奏,将其有机、完美地融合在一起。

在大多数情况下,自由诗的朗诵处理"诗形节奏"会不同程度地服从于"诗情节奏",更多时候是二者的有机结合。当然,诗歌的朗诵在节奏之外,还有许多细小的处理,以及其他技巧的参与,要由朗诵者自己去体味、设计与处理。比如,《我骄傲,我是中国人》的第3诗节处理:

1 我骄傲,我是\中-国-人。
2 黄土高原\是我挺起的\胸脯,
3 黄河流水\是我沸腾的\血液,
4 长城\是我扬起的\手臂,
⌒5 泰山\是我\站立的\脚-跟。

这里的处理,前4个诗句都是中速、相同语节,第5个诗句变加快语速,并将开头的"泰山"二字紧连入第4诗行尾。这样处理变化,目的是为打破之前的句式一致,表达较平,以适应朗诵者自豪激越的内心情感。之后第5诗行的结尾,再用较慢的语速来处理。暂打破"诗形节奏",是为了更好地体现朗诵的"诗情节奏"。

节奏是针对表达整体而言的,在语言表达中,节奏一般分为:轻快型、舒缓型、高亢型、凝重型、紧张型、低沉型,它们可以表现不同的内容与情绪。我们应当明了:说节奏变化,实际上是指"节奏型"的变化或不同节奏型句子的渗透,并非抹杀一首诗的"主节奏"(主节奏是与作品全篇的基调相对应、相联系的)。通常,把握了一篇作品,就会形成正确的表达节奏。节奏既然是就全篇而言,因而,朗诵前,对诗的节奏应有所设计,处理依据自然是诗的内容、形式及朗诵者内心情感的运动变化。

语言节奏的内涵,具有"对比性"与"多变性"。它的材料是声音的高与低、强与弱、快与慢、明与暗等一对对矛盾,这是节奏的物理属性,运用它们,便可有力地显露诗的内质与朗诵者的心理面貌。在自由诗的朗诵中,特别要注重诗的节奏中各因素的对比、变化,这样才能更有效地体现诗的内涵与特征。比如:

《我希望你以军人的身份再生》
——致额尔金勋爵
晓　桦

1　我佩服你
　　——额尔金勋爵,
　　你敢于发布这样的命令,
　　把古老东方的京都,
　　投进熊熊大火,
　　在每片飞灰上写下你的姓氏,
　　扬遍全世界每处角落。
　　在每寸焦土里埋下你的名字,
　　和野草岁岁生长。

＊(用"凝重型"节奏,表现面对断壁残垣的沉郁情感)

2　我不佩服你
　　——额尔金勋爵,
　　你根本没有敌手,
　　没有敌手却建立功勋的英雄,
　　比拼杀中倒下的战败者还耻辱。
　　焚烧一座没有抵抗的园林,
　　践踏一片不会说话的土地,
　　那是小孩子的手都能胜任的,
　　何用军人的膂力。

＊(用"高亢型"+"凝重型"节奏,表现不齿侵略者)

3　但你毕竟以你的壮举,
　　给你的后裔们留下,
　　足以在餐桌上大嚼永远的威名。

给你民族发黄的编年史,

订上火光闪闪的骄傲的一页。

*(用"凝重型"节奏,表现在无奈事实面前的压抑之感)

4　我好恨,

恨我没早生一个世纪,

使我能与你对视着站立在

阴森幽暗的古堡,

晨光微露的旷野。

*(用"凝重型"+"紧张型"节奏,表现诗人强烈的军人意识和英雄主义气概)

5　要么,我拾起你扔下的白手套,

要么,你接住我甩过去的剑,

要么,你我各乘一匹战马,

远离遮天的帅旗,

离开如云的战阵,

决胜负于城下。

*(用紧张型节奏,层层推进,一气呵成,与第4诗节形成层级与对比)

6　我更希望,

你以军人的身份再生。

当然,我决不会用原子武器,

对你那单发的火枪,

像你用重炮摧毁冷兵器。

我希望你是

装备精良训练有素的军人,

你会满意的,

你的对手不再是勇猛而愚钝的

僧格林沁。

*(用"凝重型"+"高亢型"节奏,从容不迫、一字一句表现诗人冷峻、潇洒的感觉,体现宣战者的坦荡、自信和胜利在握的镇定之感)

7　在此,

我谨向世界提醒一句:

从我们这一代起,

中国将不再给任何国度的军人,

提供创造荣誉建立功勋的机会!

＊(用"高亢型"+"紧张型"节奏,气势磅礴,表现出新一代中国军人的精神风貌和强烈的民族意识)

当然,此诗的"主节奏"是"凝重型",但渗透进其他节奏型,不仅可以造成主节奏的回环往复,更能体现诗的内在律动与朗诵者的情感变化。

诗歌朗诵不同于一般播音,不少初学者或播音员、主持人,习惯四平八稳地朗诵,导致他们的朗诵与播一般文章感觉差不多,这只能叫"播诗",而不是"朗诵诗",他们没有也不会利用节奏的特质来外化自己的理解与感受,宣泄自己的内心与情绪,这就缺少对受众的感染力,也不符合朗诵的语体。为此,抓住节奏的对比、变化是克服朗诵"节奏平"的根本。当然,也要杜绝为了变化而变化的无目的的乱变,否则,这样的朗诵听起来很热闹,却不得要领,于诗歌朗诵不利,这是不顾内容单纯表现技巧的不可取做法。认识明确后,朗诵者还应在气息运用、声音弹性、筋肉(呼吸肌与咬字肌)控制等诸方面加以锻炼,以适应诗朗诵节奏对比变化幅度大的特点,增强自己的表现力与感染力。否则,将心有余而力不足。

(二) 其他技巧在朗诵中的运用

语言表达外部技巧除了节奏以外,还有语气、停连与重音。

1. 语气:语气是语言表达内外部技术中的核心技术,是表达中神与形的结合体,它最集中地体现着朗诵者对所表达内容的理解与体味。由于诗歌所具有的跳跃性、精练性、含蓄性、多义性、模糊性等特点,使得语气在此具有极强的指向和阐释作用。当诗句的语义不连贯和不确定时,更需要朗诵者以语气使其明确定位,产生相互间的有机联系,让人听之明了。

比如,《我希望你以军人的身份再生》第1诗节:开头一句"我佩服你"中的"佩服"一词,毫无疑问是"反义"。为了准确表达,一方面可将"佩"字拉开一拍半,只留给"服"字半拍,因其词性主次不同;另一方面,为了体现其反义,朗诵时还应在"佩"字上形成带有嘲讽意味的弯曲语气来表达,否则指向不够明确。若因语言功力所限,表达不准,有时会让人产生误会。

让我们来看看《我希望你以军人的身份再生》这首诗的其他"语气"运用:

第2诗节("质问"的基本语气):
焚烧一座没有抵抗的园林,
践踏一片不会说话的土地,
那是小孩子的手都能胜任的,
何用军人的膂力。

第3诗节("无奈"与"愤懑"的基本语气):
但你毕竟以你的壮举,
给你的后裔们留下,
足以在餐桌上大嚼永远的威名。

给你民族发黄的编年史，
订上火光闪闪的骄傲的一页。

第5诗节（"潇洒"的基本语气）：
要么，我拾起你扔下的白手套，
要么，你接住我甩过去的剑，

第7诗节（"宣誓"的基本语气）：
在此，
我谨向世界提醒一句：

又如郑敏的《第二个童年与海》，这是一首抒情哲理诗，作者在其中凝结了漫长的人生体验，诗中是用"海"和"童年"来展现的，以此来启发、体味人生，争取获得第二个童年。但若有人一看此诗充满了大海、月光、沙滩这些浪漫的词语和优美的氛围，便以一种甜美、柔和、稚嫩的"基本语气"来朗诵，就与作者的创作初衷相去甚远了。这首诗应以成熟的阐释性的基本语气来朗诵，才更符合诗作的立意。当然，对此诗的处理可有层次：前半部，可渗透些理想美感的色彩，后半部是重点，从"然而"之后，便只能以成熟的阐释性语气来表达，它也是此诗的价值所在。

诗歌中尤其是新诗，更需用准确、明了的语气来阐释诗意。时常有这种情况，光看诗还不懂，但一听朗诵，便使本有些恍惚、拿不准的地方变得清晰了，这不能不说是语气阐释的作用。在具跳跃性、多义性等特点的诗歌中，朗诵的语气还有体现诗句"逻辑"的重要作用。

例如，《我希望你以军人的身份再生》一诗的第2诗节：

我不佩服你（为什么？）
——额尔金勋爵，
焚烧一座没有抵抗的园林，（因为你无能）
践踏一片不会说话的土地，
那是小孩子的手都能胜任的，
何用军人的膂力。

在这里加着重号的文字，存在着一种因果关系的"逻辑"。朗诵应在"潜在语"的作用下，以自问自答之感，朗诵出它们的逻辑关系，加之嘲讽的语气，这才能给诗作最完满的阐释，受众也能更好地体会其内涵。对于一段诗的处理是这样，对于全诗的处理更是如此。

朗诵者必须了解，不能诗作的语句跳跃，内容模糊，朗诵表达时就将诗句单摆、平铺，缺乏联系。要知道受众要求的不是文字的无声变有声，而是要将文字语言的内涵给予准确、清晰的有声阐释。这当然要补充、换化为朗诵者的"二度创造"。从这个意义上讲，对朗诵的诗作不是朗诵者自己明白即可,更重要的是要通过一定的内外部技术,使其最佳化体现。所以,没有"逻辑力"的朗诵是不合格的朗诵。

2. 停连:停连是朗诵中强调重点、形成联系、增强艺术表现力的有力手段。为了体现停顿在朗诵中的作用,经常使用的方法是在层层推进的语流中突然停下并超出一般停顿的时值,再放慢语速说出后面的内容。

比如,《我希望你以军人的身份再生》一诗中的最后两行,为了表现中国年轻一代军人的豪迈气度,可以加速推进语流,直到"功勋的"三个字说出后突然一停,然后再稳劲地、一字一字地说出"机-会"两字,以此更好地表现朗诵者内心的激情与自信,也可使此诗的结尾变得更加稳实。具体处理如下:

中国将不再给任何国度的军人⌒
⌒提供创造荣誉建立功勋的\机-会!

此种处理在这首诗中还有几处,如第2诗节中,为了表现对侵略者的愤恨与蔑视之情,从"没有敌手却建树功勋的英雄"开始,便可加快语速,一气呵成,为了突出"军人"二字,直到"何用"二字后才突然中止,待"军人"二字凸现充分后,再稳劲地说出后面的字。同样道理,在此诗第5诗节中也可如此处理。为了表现宣战者的气势,前句也可逐渐加快语速,一气呵成,直到"决胜负"几个字说出后突然中止,再一字一字地说出后面的字,以表现宣战者成竹在胸的自信。按照一般表达规律,该停的地方不停而紧连,也是诗歌朗诵中常用的一种"造势"手段。再如,朗诵艺术家瞿弦和介绍他对《小草在歌唱》一诗最后一节中的处理:

母亲啊,你的女儿回来了,⌒
⌒她是水,钢刀砍不伤;⌒
⌒孩子啊,你的妈妈回来了,⌒
⌒她是光,黑暗难遮挡;⌒
⌒去拥抱她吧,⌒

⌒她是\大-地-的-女-儿。

在此可以看到,前面的诗句是一气呵成相连在一起的,在"她是"后面突停,然后再深情地说出"大地的女儿"。此处的停顿,可有力地凸显"大地"这一重点。这里的感情停顿可以引起人们的关注,也点出了此诗的主题思想。

另外,在《第二个童年与海》一诗中,"然而"这一转折词的后面如不做较长的停顿,那这首诗的哲理性、深刻性便难以充分体现。当然,以上几例的停顿与连接处理,在一般文章的表达中按逻辑分析有的是不允许的,但在诗歌朗诵中,从艺术表现的情感和感染力角度出发,却是可行的。这无疑会使朗诵表达多了一分震撼力与感染力。

3. 重音:重音在诗朗诵的处理中也有独到表现。比如《我希望你以军人的身份再生》一诗中,第2诗节的开头一句"我不佩服你"的"不"字是重音,在此做异峰突起的"提高""加重"处理,可体现诗人对侵略者的指责痛恨之意。这种处理也不同于一般文章的重音表达,因为一般文章的表达,突出重音多用拉长字音音程的方式,即使用"提高"和"加重"的方法,也不会对比幅度太大,以免破坏播讲的平稳性。而诗歌朗诵则不同,有时为了突出其重点和产生较强的震撼力与感染力,朗诵者就要在语速、音强、音高上尽力加强对比、渲染,给受众造成感官上强有力的刺激,以触及心灵,产生效果。

此外,第7诗节中的"我们"应是强调性重音,它表现了诗人的自信与激情。表达时使用"提高"加"拉长"的方式来处理,可显得潇洒、"醒耳"。

总之,诗歌独特的体裁形式和创作特征,必然带来朗诵表达技巧运用的独到表现。

第四节 诗歌朗诵提示

一、身份定位是朗诵的条件

面对一首首不同的诗,朗诵者应当以什么样的身份感去表达?这是许多初学者的困惑,也是朗诵处理的前提条件。没有适当的身份把握,便无技巧与声音的合理运用,它将影响到朗诵表达的整体。所以,朗诵者在朗诵前,首先应身份定位。

身份定位,可决定用什么样的身份感和口吻来表现诗的内容。一般而言,诗朗诵应当用朗诵者本人的身份感来表现。原因在于,朗诵与表演不同,表演是将自己变为剧中的某一具体人物,因而,除了性格、气质、外貌、形体要适应那个人物以外,他的语言也需符合所扮演人物的所有特点,甚至说话习惯、音色也有严格要求。(如扮演周总理)不允许以演员本人的东西去代替人物的一切。

而朗诵则不同,朗诵者大多以自己的面目出现,以自己的身份感在说话。他不必将诗中的语言"人物化",也不必将自己变为作者原型。虽然朗诵者有作者"代言人"的成分,但其代作者而言的主要是思想、认识和情感这些内质,而不是他的口气、声音和语言外形。应该看到,朗诵者一旦将诗作理解、吃透又融入了自己的体验,某种程度就变为自己的认知体验与审美追求了,他只是将作品作为自己朗诵创作的一个基础,一种情思,取其灵魂、骨架,施以血肉、筋脉,给予其传播的生命。此时朗诵者所表现的一切都是本体生发的心声。如《风流歌》,是朗诵者自己对"风流"一词的所思、所感;《小草在歌唱》,是朗诵者自己对张志新烈士的敬佩与歌颂;《一代人》又是朗诵者自己对"文革"中走出的一代人的看法。实际上,这就是将作品融化深入到自己心灵的表现。因此,除去化妆的影视、话剧中特定人物的独白朗诵以外,一般的朗诵,朗诵者都应以本人的身份出现来朗诵。即便是伟人诗词或革命烈士诗抄等内容也应如此。不可拿腔作调地去模仿伟人的腔调或作者本人的声音,那样势必影响朗诵的效果。试想,一个二十几岁的青年硬要去寻找六七十岁的老作者的口气和声音来朗诵表达,能有好效果吗?无论是声音、外形还是气质都不会适应,结果,只会是魂、形不合,求形舍本。即使是《我希望你以军人的身份再生》这首充满阳刚之气的诗,如现在是一个女青年来朗诵它,也应将其变为自己的心声来表达,这样不但可以表现出巾帼英雄的气魄,也同样能抒发出中国年轻一代军人的军人意识与国家观念,同样达到诗作的预期效果。有些诗不分性别、不论年龄,它表现的是一类人共有的心境与观念,这时,朗诵者更可将诗作看成是自己内心的一份独特"发言稿"。

诗是最具个性的,因此朗诵者对诗的选择也应有所侧重,尽量找与自己贴近的诗来朗诵(被分配朗诵的诗,也会依据气质、年龄、性别等条件来有所侧重定人朗诵),这样,朗诵的效果会更理想,本人也能得心应手。

总之,身份定位,可以更好地体现诗歌言为心声,直抒胸臆的特点,也可避免产生替别人说话的心动不真、情动不深之感。还可保持朗诵中的身份感统一。

二、朗诵作品的选择

这里指朗诵者在选择朗诵作品时(尤其是舞台朗诵),应尽量符合自身的性别、年龄、身份、气质、声音及外形条件,使其能与所选诗歌的内容、情感、表现形式相合或相近。

这样,朗诵者一出台或一出声便能得到认可。因为,朗诵必定是以主体抒发为主,若不顾自身条件,只凭个人的爱好随意选择作品,本身条件又相差较大,必然不会得到受众和专家的认可,会失掉第一印象分。同时,对自己的理解、感受、表达处理也不利。笔者之见,朗诵必须关注本人与作品的适合度,这也是朗诵获得成功的要件之一。

三、朗诵诗类的区分

诗歌朗诵若想成功,除去有准确、深入的理解和感受,相应的激情及丰富的表达技能外,对作品类别的把握也不容忽视,不同类别的诗应有不同的表现形式。

政治抒情诗:一般在表达上充满激情,声音饱满,在音高、音强、音长方面都比较丰富,节奏起伏较大,多用层层推进的表达方式来宣泄内心的激情。

叙事诗:有情节内容,应朗诵得自然、真挚,既有诗的基本节拍,也有讲述的自然感,节奏随内容、情节的变化而变化。

爱情诗:表达可声音柔美,情感细腻,音量不大,声音不宜过高、过强,以利于表现诗作的内在情致。

朦胧诗、哲理诗:朗诵多用声稳实,节奏对比幅度一般不大、语速较缓,以引发人们跟着朗诵思考、体悟诗义内涵。

四、朗诵不模仿他人

朗诵切忌模仿他人,这里指的是模仿曾因朗诵此诗而成功的人或在朗诵方面已有一定名气的名家。原因在于,别人的表达处理是他本人的文化、气质、修养、思想、情感、理解、体味等诸方面的集中体现,他的声音是他那个主体所具有的。你若与其相合也罢,若不是,只是一味将人家的表达形式拿来套用,或模仿他人的声音,也可能表面听来有那么一点意思,但细究起来却缺少内质,有形无魂,这种朗诵称不上成功,也不可能成功。若是从人家的外化处理、技巧运用中,反推其内心感悟,指引自己思考、感悟、体味的途径,再启动自己的内心去表达是可行的,因这是学习与借鉴。其实,任何技艺都需要有个模仿、学习的过程,闻其好,方欲学,学而用之,化为自己的技能。但那种单纯模仿朗诵形式的做法是不可取的。

五、朗诵不上调,要自然

所谓"上调"是指朗诵时不动心,用与表达内容不相合的固定调子及拖声拖调,有人以为这才是"朗诵调",能与散文朗诵等相区别。这是一种错误认识。

由于诗歌具有节律、音韵方面的特点,因而有些人朗诵起来爱上调,几乎形成一种模式,使人听了反感。总体而言,自由诗的朗诵虽然也要注意节拍和音韵的显现,但在心理上应当有种说话的感觉,要自然、不上调。

朗诵中,如果不注意诗的内容,只关注于音韵、节拍是很容易上调的。如果不但注意音韵、节拍又加强朗诵思维、说话的感觉,便会给人以思考、感悟的真实感。否则,不动心地用朗诵调,会给人空泛、不入情的感觉。尤其是句式相同,语词相差无几的回环句在朗诵中更容易上调。比如,《我骄傲,我是中国人》一诗中,它的每一句"我骄傲,我是中国人"和"我是中国人"的回环句,都不应是不动心、以雷同的感觉顺口说出,而应与上下诗句的内容、感觉紧密相连,用有逻辑、具体可指的阐释性语气说出,这样就不会有上调的感觉了。另外,自由诗的朗诵与古典诗词的吟诵也是有区别的。

六、朗诵注意"啊"的处理

诗朗诵中,还有一个特点,就是感叹词"啊"用得比较多。因为诗歌是最抒情的语言艺术,同时又最具个性,因而,诗人往往用"啊"来抒发自己内心的浓郁情致,但如果朗诵者体会不到或表达功力欠缺,都不能恰如其分地处理好"啊"的内涵,只会以一种形式来表达,势必减弱其表现力。因此,我们在朗诵中如遇上"啊"这个感叹词,不要草草处置,要结合上下诗句揣摩它的内涵,并且用一定的表达技巧将每个"啊"都处理得各有其貌,让人一听便知其意,感觉与诗的内容融为一体,既有机,又有味。并有极强的表现力。当然,表达功力不够者,要努力提高自己的能力,方能得心应手。

比如,《风流歌》第一诗节中有这样两句:

遐想时,我变成一只彩蝶:
"啊,风流莫非指在春光里嬉游?"
朦胧中,我化为一只蜜蜂:
"啊,风流好似是在花丛中奔走。"

这中间就有两个"啊"字,细分析这几句诗,是在探究"风流"的真谛,因而,根据诗的内容,第一个"啊"可以处理成探究的语气,所以"啊"音的语调曲折向上;第二个"啊"似明白了什么,于是这个"啊"的语调可曲折向下,这里都有一个悟的感觉。若这里将两个"啊"都处理成一种模式或能力所限只会表现一种模式,这都不行。可以说有多少个"啊"便有多少种不同的含义与表达形式。

七、朗诵感觉要具体

诗歌创作,有精练、跳跃、意象化的特点,这对理解、表达都有难度。加强自我体验和具体感觉,可以帮助朗诵者迅速、真实地进入朗诵氛围并准确表达。若朗诵的感觉空泛、朦胧、不具体,不能有效地引发朗诵者具体、真实的感觉,就难于引发其真情与激情。同时,也不利于将受众带入应有的诗境,准确理解诗意。朗诵感觉具体,表现为朗诵者对每首诗的时空、环境、人物、心态、本体与喻体的特质等都心中有底,方可清晰、有效地表达。

感觉具体,应当探究细致到:是在夏季还是冬天;是在白天还是在夜晚;是在海边还是在山中;是在战争年代还是在和平环境;是在热恋中还是在失恋时;是心情欢悦兴奋时还是悲观沮丧时;是象征刚毅的性质还是柔软的性质,等等,因为这些不同感觉,会导致朗诵处理的很大不同,会给朗诵者提供选用不同表达手段与技巧的主客观依据。比如,白天往往给人的感觉是热闹、喧嚣的,而夜晚则给人以宁静、沉寂的感觉,因此在用声的音量大小及朗诵感觉上就不相同。再如,鲜花的象征给人以柔美之感,当然也要用柔美的音色和情感来表现,而雄狮的象征则给人以勇猛之感,因而宜用坚实的音色和刚毅的感觉来表现。凡此种种,都说明在诗朗诵中感觉具体的重要作用。

当然,感觉中的这些具体因素与性质有的不在诗体中显现,而是朗诵者在分析、理解、朗诵一首诗时,凭借生活经验与艺术体验自己体味出来的。在这一过程中,人的视觉、听觉、触觉、运动觉等各种感官感觉、朗诵者头脑中形象的出现与活动始终伴随着朗诵者,有了这些具体的感觉支撑,才有朗诵的感觉具体。

第五节　集体朗诵

诗歌朗诵,除去个人朗诵以外,还有双人、集体朗诵。目的有以下三点:
1. 使诗歌朗诵处理更丰富。
2. 使诗歌朗诵更有气势。
3. 使诗歌朗诵更具表现力。

一、集体朗诵的分配

集体朗诵,可分为双人、多人两种形式(集体朗诵,可有个人领诵、多人领诵)。究竟一首诗歌是一人、双人朗诵好,还是多人集体朗诵好,首先要看诗歌的内容与写法,它们是选择朗诵形式的基础。但也不排除有时同一首诗既可以个人朗诵,也可以集体朗诵,这要依具体情况而定。

例如,《我希望你以军人的身份再生》这首诗就不适合集体朗诵,因为这首诗创作的角度是个体军人;《四月的黄昏》适合双人朗诵,而且是男女二人,因为它表现的是一对恋人的内心世界;而《光的赞歌》从表面看无特殊人称要求,然而,诗的内容气势宏大,语言节奏感强,因此,很适合集体朗诵,以体现诗作的内涵与气势。

那么,一首集体朗诵的诗应当如何分配朗诵词呢?原则如下:

(一) 看朗诵者的个人条件

1. 按朗诵者的声音条件。
2. 按朗诵者的气质特点。
3. 按朗诵者的感受能力。
4. 按朗诵者的表达技能。
5. 按朗诵者的舞台形象。

(二) 看诗作的内容与形式

1. 看诗句内容、节奏力度适合何种性别朗诵。
2. 看诗句内容的重要程度决定是领诵,还是合诵。
3. 看朗诵参加的人数多少,相对平衡朗诵词。
4. 兼顾诗意、主次、变化的多重处理。

我们以叙事性作品《知青纪事》为例,来看一下朗诵词分配的具体情况。
《知青纪事》是中国传媒大学播音主持艺术学院94级的同学根据原作改编的朗诵材料,

在老师的帮助下,又将其修改为男女生的"双人对诵"形式(以第一人称出现)。这个朗诵内容表现了男主人公"秋石"和女主人公"冬阳"这两位昔日的同窗与恋人,在"文革"扼杀人性的年代不得不分手,今又重逢的人生轨迹与心路历程,内涵丰富,情感深挚,令人动容。

作品内容共分四个部分:美好相识、动乱岁月、兵团分手、别样相见。

作品是男女生对诵形式,为让更多同学参与,可组成4对男女生进行"双人对诵"。

第一段(美好相识)

初中时的"秋石"与"冬阳"在冰场相遇,在学校里,冬阳听到秋石助人为乐的事迹、看到他在篮球场的活力、了解到他的人品,二人生出朦胧的情愫。这段朗诵可选择声音较年轻、性格较活泼的一对男女生来朗诵,因为这段内容表现的是男女主人公在中学时代的生活,正值青春年华,又美好相识,生活中充满幸福和活力,呈现出亮色。

第二段(动乱岁月)

"文革"开始,因"冬阳"的父母是知识分子,都曾留学苏联,所以遭到迫害。当时"秋石"因出身好当了造反派的头儿,但他暗中保护着"冬阳"。以后上山下乡开始,他们都报了名,但"秋石"被批准去黑龙江生产建设兵团,而"冬阳"却被拒,后来去了别的地方插队。在车站他们痛苦分别。这段朗诵,可选择感受较好、情感细腻、有表现力的一对男女生朗诵,因为这段表现的是"文革"年代,二人经历了动乱的苦难和上山下乡的痛别,但也有二人相互接近的温情,生活中充满了以暗淡为主的多种色彩。

第三段(兵团分手)

兵团时期"秋石"与"冬阳"继续保持联系,他们利用书信辗转传递消息、小心艰难地交流。但这种交流如被发现便会严重影响"秋石"的入党、进步,为此,领导已经与他谈话了。于是这种"做贼"似的交流使"秋石"终于忍受不住了,他给"冬阳"写去了绝交信。当这唯一的希望也破灭了时"冬阳"病倒了,她又因不小心将工具掉进了农机被批斗。这段朗诵,可选择内涵较深、表达成熟的一对男女生来朗诵,因为这段要表现的是男女主人公分隔两地,遭受当时环境的压力,承受着心灵的煎熬,生活与心灵被扭曲,最后二人分了手,呈现的是浓浓的黑色。

第四段(别样相见)

这段表现的是男女主人公后来都各自成家,却并不如意,知青大返城后,他们与自己的另一半或离异,或似陌路人。虽然返城后"秋石"在自己的努力下事业有成,但内心深处却潜藏着那段抹不去的记忆,生活中充满杂乱的色彩。这段朗诵,可选择声音成熟、性格稳重、形象也较成熟的一对男女生来朗诵。因为主人公的年龄、阅历需要这样的感觉。

以上的朗诵分配,可以表现男女主人公人生不同阶段的生理、心理特点,有益于朗诵处理的丰富性和表现力。朗诵的开头有一段领诵说出的引子,结尾有全体朗诵者每人一句共同说出的心声,加在头尾,更有一种节目的整体感。

(开头)

朋友们,在我们父辈的一次聚会上,我们听到了这样一个真实的故事,那三十多年前"北大荒"的一幕幕往事浮现在眼前。对于我们来说,这发生在"冬阳"与"秋石"之间的故事未免过于残酷,但它毕竟是实实在在地发生过,在无数知青们之间发生过。

(结尾)

(四段男)朋友们:我们的故事到这里似乎该结束了,但火热的生活带给我们的新生活却正在进行;

(四段女)其实,历史每一天都在结束,每一天也都在开始;

(一段女)青春、爱情、理想永远是美好的,值得珍惜;

(一段男)昨天属于历史,而明天则属于我们;

(二段女)但愿今后的每一天都是平静而崭新的;

(三段女)希望我们从长辈的经历中汲取多一点坚韧与思索;

(三段男)希望后来的人们不要忘记,在共和国的历史上曾经有一群为祖国奉献青春的人们,他们就是:

(合)中国知青!

二、集体朗诵的配合

集体朗诵,除去划分朗诵词、选择朗诵者之外,还有朗诵配合的问题,那么,配合的条件是什么呢?

1. 以朗诵内容意思相对完整为前提。
2. 以朗诵内容的互补、叠加为基础。
3. 以朗诵情绪的推进、转换为目的。

比如《光的赞歌》,这是著名作家艾青的一首充满革命激情的力作,诗中饱含着哲理与激情,使人读来心潮起伏、热血沸腾。加之,诗作很有诗味,诗句朗朗上口、很有气势,很适合集体朗诵(此诗的朗诵分配及处理,见"配乐朗诵"一节)。由于这首诗力度较强,因此,男生集体朗诵较好,音色比较统一,能显示音乐美、力量美。许多艺术实践表明,一个作品仅内容好还不够,还要有好的表现形式及外化方式,才能得到完美体现。

总之,集体朗诵的成功,有赖于朗诵词分配合理,朗诵者选择合适,朗诵处理丰富适当,既有诗意的完整,也有诗情的充分,还有朗诵处理的艺术性。此外,集体朗诵具有的音乐美与震撼力,这是个人朗诵所无法比拟的。

第六节　配乐朗诵

将一首诗配上相应的音乐朗诵,可烘托诗的表达,让诗情、诗境得到展现,既能给人以美的享受,又能帮助人们很快进入诗的意境,使得朗诵更具吸引力,更有艺术性,这就是配乐朗诵的魅力所在。(能配乐朗诵的不只是诗歌,散文、小说等也在其中)。

一、配乐朗诵的要旨

配乐朗诵离不开对音乐的选择与配合。若音乐选择不适、长短不当、朗诵与配乐不和谐,都不能取得良好效果。那么,配乐的功能是什么?如何选择配乐?朗诵怎么与配乐融合?这些都是我们下面要探讨的内容。大体而言:

1. 配乐的功能:在朗诵中配乐,能充分发挥音乐"表情性"强的作用,使其发挥引入诗境、表现诗情、烘托气氛、发展诗意的作用。

2. 配乐的选择:配乐的风格、情绪、节奏甚至配器都应与朗诵的内容、意境、情感相适应。

3. 朗诵的融合:配乐朗诵,要能合上配乐的情绪,能合上配乐的段落、音量等,使之自然和谐。为此,朗诵要有与配乐的调节能力。

具体而言,要想做好配乐朗诵,第一,要有良好的音乐素养,懂得音乐的性质,平时多听音乐,有配乐积累;第二,了解音乐的风格、情绪、节奏、配器等知识;第三,应具有剪接编辑配乐的能力。绝大多数配乐都是从现有音乐中剪裁而来,真正为一首诗专门作曲的极少;第四,朗诵能从音高、音强、音长、音色等多方面与配乐契合,成为一个有机的整体,具有较强表现力,并给人以美感。

比如著名朗诵艺术家张家声老师,就曾为自己的多部朗诵作品设计了优秀的配乐,朗诵与配乐完美结合,为他的朗诵增色不少,带来了最佳效应。例如,他为一首怀念苏联卫国战争期间牺牲的烈士而写的抒情小诗,配上了充满俄罗斯风情、舒缓忧伤的哼唱音乐,很快将人们带入那特定的环境,使人仿佛看到战后开满野花、掩埋烈士的那片土地。诗的内容与朗诵情感伴随着特有的配乐深深触动了我们,使我们意识到不能忘记那过去的岁月,不能忘记长眠于此的烈士们。这种效果离不开音乐的功能。又如,张家声老师朗诵的《人民万岁》,这首诗的配乐与其朗诵完美契合。凡是看过、听过这首诗朗诵的人,都不会忘记张家声老师对诗作准确的理解、高超的朗诵及与配乐的完美结合。这首诗的配乐在朗诵中起到衬托、抒情、渲染等作用。配乐的起、停、强、弱等艺术设计非常完美、精确。

《人民万岁》这首诗,是诗人王怀让在毛泽东一百周年诞辰之际而作。结合时代背景,有人认为这首诗就是对毛泽东的纪念与歌颂。也有人却看出,这首诗实际上是歌颂人民之作。我们可以从诗的后半部内容更加清楚地看出这点,它在力图表明:人民可以载舟,亦可覆舟,革命干部要永远牢记,今天的江山是人民帮助打下的,要永远为人民着想,为人民服务。理解不同,会有不同的朗诵处理。

《人民万岁》这首诗的配乐处理非常成功:诗的前半部,是对毛泽东革命历程的回顾,音乐是叙事性的、中速,配乐声中朗诵进入;诗的后半部,是力陈人民高呼万岁的真正内涵,朗诵在激越的音乐声中诵出;诗的结尾部分,当朗诵到"呼人民万岁的人"时,配乐突然停止,待朗诵轻声、缓慢地诵出"他死了,他的思想,却可以万岁!万万岁!"时,音乐又骤然响起,此时,朗诵者激情地拉开、送出最后一句:"人民万岁!"音乐随之发挥到结束。这一配乐与朗诵配合得和谐、完美。这是朗诵者自己成功的设计,它增强了这首诗的艺术表现力。

又如,男女对诵的《四月的黄昏》这首诗,这是一首朦胧诗,也可以看作是爱情诗。诗中表现了一对青年男女的恋情由朦胧到明晰的过程。诗作内容虽然朦胧,却足以使我们体会到女主人公受伤的初恋和对真爱的渴望。朗诵处理情感深挚,节奏舒缓,基调沉凝与激情并存。这首诗男女对诵,使之更富有表现力与感染力,随内容推进,有时可以处理成接诵、叠句形式。

这首诗的配乐:前半部,可用理查德·克莱德曼的钢琴曲《爱的协奏曲》,诗情与配乐的节奏、感觉基本一致。清丽、安静的钢琴曲,不会干扰、湮没娓娓道来的朗诵语言;这首诗的后半部接近尾声,诗作表现出两个年轻人内心的激动情感,朗诵情绪也随之扬起,此刻再用《爱的协奏曲》配乐,便显得不合情绪、节奏了,于是,改用了另一首与朗诵情绪相适应的,节奏稍快、力度稍强的配乐,让音乐与朗诵相互融合,共同营造出诗的意境。

二、配乐朗诵的配合

配乐朗诵,不是"诗配乐",而是"乐配诗",但朗诵与配乐二者有较强的依存性。

1. 配乐朗诵,应以朗诵的节奏为主,配乐为辅。当然,朗诵中也不能只管朗诵,不顾配乐,应当兼顾配乐,有机融合,追求最佳效果。

2. 配乐朗诵,不能在音乐声中(尤其激情朗诵中)只用强声、大喊来显现自己的激情。应在音乐声中较好地体现出朗诵处理的层次与对比,体现朗诵的艺术性。

3. 集体配乐朗诵中的朗诵,不应不关注别人的朗诵内容与处理,只追求自己的声音效果。应当明确自己在朗诵整体中居什么位置、起什么作用,根据朗诵内容该低声沉下处理时,绝不能高声大喊,应注意朗诵处理的层次与对比,体现和谐性、整体感与表现力。

4. 在配乐朗诵中,注意把握朗诵本体的节奏,绝不能让不适当的配乐节拍拖平了朗诵的本体节奏。配乐朗诵,最忌讳朗诵跟着现成音乐的节奏不紧不慢地拖着走,它会为了合上音乐节拍而弱化朗诵自身节奏,削弱朗诵的表现力与感染力。

5. 配乐朗诵,一定要熟悉配乐的所有乐段、朗诵与之配合的位置和方式,以调节朗诵与音乐的配合。

6. 配乐朗诵,自己要懂配乐、会配乐。在配乐转换时应弱接。某些不同情绪、节奏的配乐转换,可在朗诵声中过渡,这样不显生硬。

此外,选择配乐的配器也很重要。一般而言,古典诗词的配乐多以民族乐器演奏的民乐曲为多,古色古香,古韵缭绕,容易把人带入遥远的时空,产生相合意境;抒情性小诗的配乐,不宜用大乐队演奏的音乐,因为诗的表现内容是人内心细腻的情感,朗诵语言多轻声细语,音乐声太大容易淹没朗诵语言,不合意境。选择配乐,还要看音乐的时代、地域是否与所朗诵的诗作吻合,即(古、今、中、外的音乐)看其与自己朗诵的诗的时空感是否相合。

在配乐中,有时同一首乐曲,根据需要可以为不同的诗歌配乐,只要是风格、情绪、节奏等吻合。如交响诗《雪里梅园》的音乐,它不仅可以为《光的赞歌》一诗配乐,还可以为《周总理办公室的灯光》一诗配乐,情绪、节奏、风格也很吻合,效果同样很好。而吕其明创作的管弦乐《红旗颂》更不知为多少政治抒情诗做过配乐。

另外,有时一首乐曲由于几个乐段的情绪、节奏不同,可以拆开来为不同内容、情绪的作品配乐。如散文《依依惜别的深情》(片段)的朗诵,就可用《红旗颂》乐曲的抒情性乐段配乐,以适应朗诵内容的深情抒发;而《光的赞歌》片段的后半部则可用《红旗颂》乐曲的主旋律歌颂性乐段配乐,更能体现激越的诗情抒发。选对一首配乐,不仅能为朗诵增色不少,还能极大地调动起朗诵者本人的表达情绪。例如:

《光的赞歌》可用《雪里梅园》《红旗颂》配乐(抒情+激越)。

《我骄傲我是中国人》可用《长江之歌》配乐(明朗的)。

《黄河在我心中流过》可用《黄河颂》配乐(舒缓的)。

《爱》可用《宁静的湖泊》配乐(外国诗、外国音乐)(抒情的)。

《一剪梅》李清照词,可用《清明上河图》配乐(古诗词、民乐,时代相合)。

三、配乐朗诵提示

1. 应选择性配乐:不是所有的诗朗诵都适合配乐,一首诗是否配乐,要看诗的内容、形式而定。例如,一般哲理诗便不适宜配乐,因为其朗诵需要揭示诗的深刻内涵,给出理解、消化的时间。

2. 配乐不必填满全诗:有的人将整首诗都填满了配乐,这是因为尚不明白配乐与朗诵的关系。配乐是辅助朗诵表达的,应有"主次感"并"时有时无",与朗诵有机配合。

3. 配乐节奏不应单一:有的人为诗朗诵配乐,只选择一首乐曲,节奏单一,这样缺乏变化。一般音乐的某一乐段节奏相对稳定,对朗诵的节奏有种制约,不能细致对应变化着的朗诵情绪与节奏。

4. 配乐要适合朗诵内容:有的配乐与朗诵的内容、风格、情绪、节奏不相符,导致所用配乐不能将人带入特定的意境、起不到烘托情绪的作用,反而呈现"两张皮"的游离、脱节感。为此,应当储备足够的音乐资料,认真筛选适宜的配乐资料。

5. 配乐音量应适当:有的配乐音量过大或过小,与朗诵的声音不合比例。配乐声音太大,会干扰朗诵语言的有效传达;配乐声音太小,起不到烘托朗诵气氛、强化情感的作用。因此,应掌握好配乐与朗诵声音的大小比例,不致影响朗诵的整体完美。

6. 配乐长短应相合：有的朗诵配乐剪裁不当，过长或过短。配乐过长，会形成朗诵语言"拖""等"音乐的局面；配乐过短，会使朗诵表达不充分或赶音乐的情形，这些现象都让配乐占据了主要地位。因此，应懂得文艺编辑，较好地把握朗诵与配乐的关系，使二者有机相合。

7. 把控变化配乐音量：有的配乐缺乏音量大小的调控，表现为配乐音量始终如一，影响对朗诵的衬托作用。通常，应在朗诵高潮或诗的结尾处加大配乐音量，以烘托诗情、渲染气氛；而当朗诵情感内在、声轻语细的内容时，则应适时调小配乐音量，以达到动态、有机的配合效果。从某种意义上讲，配乐音量的大小，也具有表现力。

8. 朗诵应会适应配乐：有的朗诵者缺乏配乐朗诵技巧，表现为不会在朗诵中兼听音乐并与之吻合。因此，朗诵者应当具有合理微调朗诵节奏的技能。在二者发生少许错位时，能适当调整语言的快慢、强弱、刚柔等元素，不使其错位，背离创作预设。

总之，配乐朗诵中的朗诵，不同于单独朗诵，配乐朗诵中的配乐，也不是简单的背景音乐，它与朗诵一样都具有表情、表意以及补充、生发的作用。在配乐朗诵中，配乐与朗诵不应是简单的主从关系，有的甚或是平分秋色。只有这样认识，才会加强对配乐的重视、积累、选择与编辑剪辑工作，最终形成配乐朗诵精品。如若配乐朗诵中的音乐选择、使用不当，有时不但不会为朗诵增色，反而产生反作用。

四、配乐朗诵解析

我们来看《光的赞歌》(节选)的朗诵提示及其与音乐的配合。如前所述，《光的赞歌》是诗人艾青创作的一首政治抒情诗，它表现了诗人对革命事业始终如一的热情，充满理性的思考和永不衰退的激情。

《光的赞歌》第一诗节：表现诗人对光的理性阐述与情感抒发，从全诗角度看情绪相对平缓，后面力度逐渐加强，发展成激情。于是我们从记忆中搜寻出与其情绪、节奏相应的乐曲为这段内容配乐。交响诗《雪里梅园》中的抒情乐段，节奏舒缓、情感深挚，与我们朗诵的内容十分相符，很适合此段配乐。

《光的赞歌》第二诗节：是控诉"文革"非常时期，因而不必配乐，可更好地体现朗诵语言的内涵，只让语言本身尽情抒发诗意，以沉凝的情感、逐渐扬起的情绪，显现朗诵表达的自身魅力。一首诗不必从头到尾都配乐，有"停歇"与"转换"音乐的处理，可在没有配乐的空白之后，融入另一段配乐。

《光的赞歌》第三诗节：表现了诗人对人生哲理的阐述，又与前面的内容、情感回环相衬，因而配乐也可再度使用前面《雪里梅园》中的抒情乐段，既符合诗情与朗诵心理，又从配乐上造成一种回环，体现了诗歌创作和诗朗诵的回环美。

《光的赞歌》第四诗节：以光为寓意，歌颂中国人民争取自由和解放的斗争及对未来的激荡豪情。朗诵逐步推进，节奏从紧张型变为高亢型，在第三节的结尾处，根据诗情就巧妙融进新的配乐——管弦乐《红旗颂》，与其主旋律相伴升腾起朗诵激情，尽情抒发诗的内涵、诗的情感、诗的意境。全诗结尾处让恢宏的配乐在朗诵结束之后再发展一段结束，更能体现配

乐对朗诵"相助"的重要作用。下面,我们来看《光的赞歌》这首集体配乐朗诵的简单提示:

《光的赞歌》(节选)
作者 艾 青

(一)

(《雪里梅园》音乐主旋律抒情乐句弱出一小节,将人带入意境)

男一:每个人的一生,(朗诵带有哲理的阐述感)
　　　不论聪明还是愚蠢,
　　　不论幸福还是不幸,
　　　只要他一离开母体,
　　　就睁着眼睛追求光明。

男二:世界要是没有光,
　　　等于人没有眼睛,
　　　航海的没有罗盘,
　　　打枪的没有准星,
　　　不知道路边有毒蛇,
　　　不知道前面有陷阱。

男三:世界要是没有光,
　　　也就没有扬花飞絮的春天,
　　　也就没有百花争艳的夏天,
　　　也就没有金果满园的秋天,
　　　也就没有大雪纷飞的冬天。

男一:世界要是没有光,(领起感)
男四:看不见奔腾不息的江河,(朗诵下面几句逐一加快)
男五:看不见连绵千里的森林,
男六:看不见容易激动的大海,
男七:看不见像老人似的雪山,
男一:要是我们什么也看不见,
男合:我们对世界还有什么留恋。(朗诵放慢)
男六:只是因为有了光,(音乐、朗诵展开)
　　　我们的大千世界,
　　　才显得绚丽多彩,
　　　人间也显得可爱。

男七：光给我们以智慧，
　　　光给我们以想象，
　　　光给我们以热情，
　　　创造出不朽的形象。

男三：那些殿堂多么雄伟，（朗诵阐述）
　　　里面更是金碧辉煌。
　　　那些感人肺腑的诗篇，
　　　谁读了能不热泪盈眶。

男五：那些最高明的雕刻家，
　　　使冰冷的大理石有了体温。
　　　那些最出色的画家，
　　　描出色授魂与的眼睛。

男四：比风更轻的舞蹈，（朗诵放轻抒发）
　　　珍珠般圆润的歌声，
　　　火的热情、水晶的坚贞，
　　　艺术离开光就没有生命。

男一：山野的篝火是美的，（下面朗诵逐一加快、叠加情绪）
男六：港湾的灯塔是美的，
男七：夏夜的繁星是美的，
男一：庆祝胜利的火焰是美的，
男合：一切的美都和光在一起。（音乐、朗诵同时展开）

（二）

男二：但是有人害怕光，（揭露性）（音乐减弱、停止）
　　　有人对光满怀仇恨，
　　　因为光所发出的针芒，
　　　刺痛了他们自私的眼睛。

男五：历史上的所有暴君，
　　　各个朝代的奸臣，
　　　一切贪婪无厌的人，
　　　为了偷窃财富、垄断财富，
　　　千方百计想把光监禁，
　　　因为光能使人觉醒。

男四：凡是压迫人的人，
　　　都希望别人无能，
　　　无能到了不敢吭声，
　　　让他们把自己当作神明。

男七：凡是剥削人的人，
　　　都希望别人愚蠢，
　　　愚蠢到了不会计算，
　　　一加一等于几也闹不清。

男六：他们要的是奴隶，
　　　是会说话的工具，
　　　他们只要驯服的牲口，
　　　他们害怕有意志的人。

男一：他们想把火扑灭，
　　　在无边的黑暗里，
　　　在岩石所砌的城堡里，
　　　永远维持血腥的统治。
　　　他们占有权力的宝座，
　　　一手是勋章、一手是皮鞭，
　　　一边是金钱、一边是锁链，
　　　进行着可耻的政治交易，
　　　完了就举行妖魔的舞会，
　　　和血淋淋的人肉的欢宴。

男三：回顾人类的历史，
　　　曾经有多少年代，
　　　沉浸在苦难的深渊。
　　　黑暗凝固得像花岗岩，（朗诵情绪渐起）
　　　然而人间也有多少勇士，
　　　用头颅去撞开地狱的铁门！

男四：光荣（男合）属于奋不顾身的人。（朗诵收一些，有悟的感觉）

男四：光荣（男合）属于前赴后继的人！

男一：暴风雨中的雷声特别响，（朗诵逐一扬起、加快，叠加情绪）
男五：乌云深处的闪电特别亮，

男二：只有通过漫长的黑暗，

男合：才能喷涌出火红的太阳！（音乐、朗诵全都展开）

（三）

（《雪里梅园》抒情性音乐进入，声音稍大于开头配乐。乐稍出，朗诵出）

男六：每一个人都是一个生命，（朗诵带有哲理阐述感）

　　　人是银河星云中的一粒微尘。

男七：每一粒微尘都有自己的能量，

　　　无数微尘汇集成一片光明。

男六：每一个人既是独立的，

　　　而又互相照耀，

男七：在互相照耀中不停地运转，

　　　和地球一同在太空中运转。

男一：我们在运转中燃烧，（《雪里梅园》描写革命历程的乐段，有力度、有情感）

男合：我们的生命就是燃烧。

男一：}我们在自己的时代，

男二：}应该像节日的焰火，

男三：}

男四：}带着欢呼射向高空，（朗诵激情迸发）

男五：}然后迸出璀璨的光。

男六：}

男二：即使我们是一支蜡烛，（朗诵深情抒发）

　　　也应该"蜡炬成灰泪始干"。

男五：即使我们只是一根火柴，

　　　也要在关键时刻有一次闪耀。

男四：即使我们死后尸骨都腐烂了，

　　　也要变成磷火在荒野中燃烧。

男六：即使生命像露水一样短暂，

　　　即使是恒河岸边的一粒细沙。

　　　也能反映出比本身更大的光。

男七：作为一个微不足道的人，

　　　天文学数字中的一粒微尘，

　　　我也曾经用嘶哑的喉咙歌唱，

　　　在不自由的岁月里，我歌唱自由。

　　　我是被压迫的民族，我歌唱解放。

男三：在这个茫茫的世界上，(朗诵收些)
　　　为被凌辱的人们歌唱，
　　　为受欺压的人们歌唱，
　　　我歌唱抗争，歌唱革命。
　　　在黑夜把希望寄托给黎明，
　　　在胜利的欢呼中歌唱太阳。

男五：我是大火中的一点火星，
　　　趁生命之火没有熄灭，
　　　我投入火的队伍、光的队伍，
　　　把"一"和"无数"融合在一起，
　　　为真理而斗争。
　　　和在斗争中前进的人民一同前进，
　　　我永远歌颂光明！

男一：⎫
男二：⎬光明是属于人民的，(下面朗诵加快，由收到放)
男三：⎭

男四：⎫
男五：⎪未来是属于人民的，(配乐转接《红旗颂》描写战斗历程的乐段)
男六：⎬
男七：⎭

男合：任何财富都是人民的。
男一：和光在一起前进，
男四：和光在一起胜利，
男合：胜利是属于人民的，
　　　和人民在一起所向无敌！(配乐结束一个乐段)

（四）

(配乐变为《红旗颂》中的进行曲乐段，再入朗诵，配乐与朗诵需严格对位)
男一：我们的祖先是光荣的，(朗诵抒发性)
　　　他们为我们开辟了道路，
　　　沿途留下了深深的足迹，
　　　每个足迹里都有血迹。

男二：现在我们正开始新的长征，(以下朗诵凝重，不能扬起)
　　　这个长征不只是二万五千里的路程，

男三：我们要逾越的也不只是十万大山，

男七：我们要攀登的也不只是千里岷山，

男五：我们要夺取的也不只是金沙江、大渡河，

男四：我们要抢渡的是更多更险的渡口。（下面朗诵渐慢、凝重有力）

男六：我们在攀登中将要遇到，

男合：更大的风雪、更多的冰山……

男四：但是光在召唤我们前进，（音乐转成抒发性）

　　　光在鼓舞我们、激励我们，

　　　光给我们送来了新时代的黎明，

　　　我们的人民从四面八方高歌猛进！（音乐推出《红旗颂》歌颂性主旋律、展开）

男二：让信心和勇敢伴随着我们，（朗诵抒发、展开）

　　　武装我们的是最美好的理想，

　　　我们是和最先进的阶级在一起，

　　　我们的心胸燃烧着希望，

　　　我们前进的道路铺满阳光！

男一：让我们的每个日子，

　　　都像飞轮似的旋转起来，

　　　让我们的生命发出最大的能量，

　　　让我们像从地核里释放出来似的，

　　　极大地撑开光的翅膀，

　　　在无限广阔的宇宙中飞翔。

男六：⎰让我们以最高的速度飞翔吧，（朗诵加速）

男七：⎱

男一：⎰让我们以大无畏的精神飞翔吧，

男三：⎱

男二：⎰让我们从今天出发飞向明天，

男五：⎱

男合：让我们把每个日子都当作新的起点。

男四：或许有一天，总有一天，（朗诵先收后放）

　　　我们这个古老的民族，

　　　我们最勇敢的阶级，

　　　将接受光的邀请，（音乐高潮扬起）

男一：⎰去叩开千万重紧闭的大门，

男二：}
男三：}
男四：}访问我们所有的芳邻。
男五：}
男六：}
男七：}

男一：}让我们从地球出发，
男四：}
男合：飞向太阳！……（音乐发展、结束）

第七节　诗歌朗诵训练

《81192，请返航！》

2001年的4月1日，
场站的天空格外晴朗，
可战斗警报却突然作响，
你动作紧张操作流畅，
打开仪表，自检正常，
战备起航。
刹那间，
你携战鹰冲上云霄，
这片蔚蓝的天空，
是你最爱的地方。

那辽阔的南海,
是你守护的方向。
可谁会知道,临行前向祖国最后的一瞥
竟会是永远的凝望。
发现目标,抵近拦截,
一次次克服着气流的颠簸,
最近不过三米,
你愤怒地摘下氧气罩,
做出"立刻离开"的手势。
然而美机的大幅度转向,
却没有来得及避让,
如果跳伞再快一点就不会离开。
可在最后时刻你仍然坚持拯救你的战鹰,
"81192收到,
我已无法返航,
你们继续前进!"
这19个字是你对祖国最后的承诺,
是你用生命托起了中国的崛起。
海空卫士王伟,
14个昼夜,
近10万军民不间断搜索,
依然没能找到你,
你的生命被永远定格在了33岁,
是你用生命捍卫了国家的尊严。
81192
你巡航了二十多年,
请返航吧。
如今
辽宁舰早已服役,
国产航母也成功下水,
如今的天空歼20已展翅翱翔,
飞鲨也会为你守卫边疆。
"一腔热血勤珍重,洒去犹能化碧涛",
你的不朽壮举或许无法"拷贝",
但你的牺牲却会被永远尊崇,
你的精神也会被永远传承。

你放心，
如今有更多的81192为你巡航，
新时代的战士，
用雄伟的身躯铸成一座座钢铁长城。
以我青春，
奋力前行，
共同护卫这泱泱大国，
愿这盛世如你所愿！

（说明：此诗在"军创社"2019年4月1日发表。原作的"十八年前"改为"2001年"）

背景介绍

海空卫士王伟是真正大写的人。1991年6月王伟从飞行学院毕业后，面临着人生最重要的抉择。当时，亲友们都劝他，选择在上海、杭州工作，这样离家更近一些，他的家乡是浙江秀丽的小城湖州，王伟又是独子，但他的解释是："美好的生活人人向往，但总要有人做出牺牲。对我来说，祖国的需要，永远是第一选择！"王伟几乎是没有任何犹豫地选择了更远的天涯海角，他连家都没回，便直接去报到了。王伟的入党申请书首次公开，上面写道："我希望加入党组织，绝不是为了'捞点政治资本'，也不是为了升官发财，我只想以一个党员的身份严格要求自己，为党和人民的利益贡献自己的一切甚至生命。"王伟是这样说的，更是这样做的！

值得欣慰的是，二十多年过去了，国人没有忘记王伟烈士，王伟的墓前总是摆满了鲜花和航母模型，还有"歼20""歼15"等各种新型战机模型。能在我军自己的航母上启航，这是王伟生前的愿望。如今我国已经拥有了自己的航母，辽宁舰、山东舰等都在呼唤："甲板已经清空，空域清空，81192请你返航。"这是英雄王伟留在人民心里的最好证明。人民海军如你所愿！王伟虽然牺牲多年，但他的精神却永远留存。我们看到在王伟的墓前，经常留有写给烈士的信。其中有一封让不少网友感动泪目的信，这是上海交通大学的一名学子写的，落款是："您跨越二十年的战友"。信中诉说了他在王伟精神的感召下，从大学入伍，正好服役在王伟生前的部队，退伍后又回到大学学习。他在退伍时特地来到杭州烈士陵园看望王伟，向他以军礼致敬并在墓前留下了表达有志后者的肺腑之言的这封信。这位学子表示："20年过去了，我就想让王伟烈士看看现在我军的发展势头，现在年轻人的精气神，告慰烈士英灵。"（2002年3月27日，王伟烈士墓在杭州安贤园落成，家属将他生前的遗物放入墓中，其中有一套他曾经当区队长时穿过的旧军装）

朗诵提示

1. 这是一首歌颂"海空卫士"王伟的诗。王伟烈士虽然离开我们已经二十多年了，但每年的4月1日网上仍有不少纪念他的视频和诗歌。这首诗的作者是军校的学员们，王伟永远活在他们和全国人民的心中。

2. 这首诗虽然不长，但它告诉了我们烈士牺牲前的最后时刻，以及国人对烈士的告慰之情。朗诵这首诗,要根据诗作内容分出几个层次,相应变化。可在诗歌每个层次前,注上标题,提示表达。

3. 这首诗的节奏是"紧张型"、"凝重型"和"高亢型"相结合。语言内涵丰富。朗诵基调应为深情怀念,激情赞颂。

4. 朗诵这首诗,一定要充满热情和激情,才能充分表达出作者和朗诵者的共同心声。

《这就是军人的全部》

作者　佚　名

朋友,你并没有看到我的全部,
当你看到我挺拔的军装,那么引人注目,
你没有看到,我穿上迷彩,
训练场上的一身泥土。

朋友,你并没有看见我的全部,
当你看到我走在人海中,挺起不屈的头颅,
你没有看到,我在想家的时候低着头哭。

或许,你看到了我团聚的幸福,
但你没看到我早已精密地计算出
一个长夜能容纳多少孤独。

或许,你看到了我喝酒的速度,
但你没看到我的豪爽,
是因为承载了太多的说不出的痛苦。

或许,你看到了军人也对身体很在乎,
但你没看到我训练时流出的鲜血,
救灾时折断的肋骨。

或许,你看到了军人也攒钱买房住,
但你没看到,
我早已在心里为自己建好了烈士墓!

朋友,你没有看到我的全部,
如果你看到了我拉着女孩的手逛街,
就说我太轻浮,
那是因为,你没看到我之前撕碎的,
一封封分手的情书。

如果你看到了我们一群人在街上笑,
就说我们过得太幸福,
那是因为,你没看到我们在一起生死与共,
吃过多少苦。

甚至,你看到了一个军人说话有点粗鲁,
这并不一定是低俗,
因为你没看到他训练时的如狼似虎,
即使面对假设的敌人,
也爆发出忠诚的愤怒!

甚至,你看到了一个军人穿着有点老土,
这并不代表庸俗,
因为你没看到他在泥泞中匍匐,
即使泥泞灌进嘴里,
那也是咱军人的舒服!

朋友,你没有看到我的全部,
你没看到,我还有多少兄弟,
正在边防的雪山上,
走着你走都不敢走的路。

你没看到,我还有多少战友,
正在荒凉的戈壁上,
吃着你想都不敢想的苦。
他们的生活,永远在你的视线之外,
那是你一生都看不见的高度。

朋友,你没有看到我的全部
任何一个侧面,
都不足以让你妄下(评)论。
我不是传说中的那座高山,
但我也不是一粒微渺的尘土,
我只是一棵普通的树,
能送你一片绿荫,我就很知足。
当我把这些话说出,
该甜的依然甜,该苦的依然苦,
没有赢,也没有输。

其实,一切依然如故,
当然,你看不到,
正因为这就是军人的路,
但我必须要说,朋友,
你没有看到我的全部……

朗诵提示

1. 这首诗是中国军人的心灵写照,也是他们军旅生活的真正反映,更是他们军人品质的高贵倾诉。在这首诗的开头有这样一句提示:"当兵的战友看了别哭……因为只有军人懂得里面……包含的全部。"

2. 这首诗很接地气,也打动人心,更令人思考。透过诗作,我们很好地了解了军人的世界,更难得的是这首诗的内容真实,情感朴实,很能引起朗诵者和受众的共情与共识,让我们不由地发自内心向军人致敬!

3. 朗诵这首诗,要内心真诚,情感真挚,有理解的火焰,朗诵的欲望。朗诵节奏以"舒缓型"为主,也有凝重在其中。因为这首诗,凝聚着军人感性和理性的心声,淡淡地倾诉,蕴含深刻,触动人心。

4. 朗诵这首诗,要言之有物、言之有意、言之有情、言之有形。在舒缓、深挚的朗诵中,要让人们听出诗中的场景与形象、诗中情感的流淌。听出诗中的真,诗中的情,诗中的意,只有几方面都兼顾,方能全方位展现诗情。

《永生的和平鸽》

作者 刘擎 王嫣

女:无数次,
　　在天空和大地之间的一棵棵橄榄树旁,
　　我伸开手掌放飞一对年轻的洁白的鸽子。

男:无数次,
　　在太阳被地平线颤抖地举起又颤抖地沉落的一个个早晨和黄昏,
　　我向着遥远的南方,唱一支深情的无词的歌。

女:就在亚热带丛林中那片不知名的小草上,
　　他最后一次站起身,向祖国致敬。
　　红色的生命之泉奔涌着,再也没有停歇。
　　于是,那天的晚霞很红很红。

男:就这样他在那片小草上,

献出最后一次脉搏,最后一次呼吸,
献出二十二岁的年龄。
就这样他在青春里永恒,

女:于是,他的生命永远年轻。

男:他是个普通的人,
普通极了,
是我们儿时的伙伴,

女:我们青年时代的朋友。

男:他并不曾编织过关于英雄和元帅的光荣梦想,
甚至并不特别喜欢那些打仗的故事。

女:他迷恋着他的鸽子,
他的洁白美丽的鸽子。
每一次当白鸽从他肩头起飞的时候,
总会听到他对着蓝天吹响那嘹亮的无比洒脱的哨音。

男:可是,有一天他说他要去参军,
他要去南方的前线。

女:于是,在一个雾气蒙蒙的早晨,
他打好背包和我们告别。

男:他说,南方有一对白鸽子死了,
因此总有人要走上前线。

女:他说,他是爱鸽子的,
所以他要上前线。

男:他说,你们生活吧!奋斗吧!幸福吧!相爱吧!

女:他说,你们要幸福,要相爱。

男:他说,洒尽鲜血是为了开放出阳光和爱情,
开放出大片大片和平的天空,

女:是为了让所有的白鸽永远不死自由地飞翔。

男:这时候,你哭了,你的脸上挂着泪珠。

女:我哭了,我的脸上挂着泪珠,

男:他说,你还是一个小丫头,一个傻乎乎的小丫头。

女:他说,我还是一个小丫头,一个傻乎乎的小丫头。

男:他微笑着,吹响一声长长的口哨,

女：一声口哨，一声无比优美的口哨。

男：然后，眼睛和眼睛互相凝望着，

女：凝望了许久，却什么也没说。

男：最后，他拿出那对雪白雪白的鸽子，
　　放到我们手上，

女：转过身，踏上那条弯弯曲曲的小道。

合：从此，他再也没有回来，
　　永远也不会回来了……

男：那一天，

女：那一天，

合：我看见晚霞很红很红，

男：那一天他在青春里永恒，

女：他的生命永远年轻！

叠：鸽子飞翔着，飞翔着，
　　牵出长长的弧线，
　　牵出长长的没有尽头的怀念。

男：我的歌回旋着，它是低低地、低低地。
　　可我总相信，在那遥远的亚热带丛林中，
　　会有一片小草听到这歌声，

合：和我们一起怀念。

合：于是，当我们无数次面对湛蓝湛蓝的天空和血红血红的霞光，

女：总觉得有一个掩藏的故事还不曾诉说，
　　还不曾诉说。

男：总觉得有一阵嘹亮的鸽哨在久久地回荡。

女：无数次，我们伸开手掌
　　放飞一对年轻的洁白的鸽子。

男：无数次，
　　我们向着遥远的南方，

合：唱一支深情的无词的歌。

朗诵提示

1.这是一首感人的诗。在隐隐的诗情中，透出了一个爱的故事，歌颂了一个普通、

年轻的士兵,他给我们留下了短暂而又充满活力的人生。而他却躺在了离我们并不遥远的那场边境之战的红土地上。他的鸽子和鸽哨却会永远提醒着我们不会也不该忘记他们。

2. 此诗写法含蓄,意味深长,是一首朦胧诗。诗情朴实、真挚而又细腻。对诗的表达应既有层次,也有场景与心灵。

3. 此诗的节奏以"舒缓型"为主,但有层级的变化。基调是深情的。

4. 朗诵此诗,首先要注意男女对诵的有机和谐,其次要注意头与尾的呼应处理。

朗诵切忌平淡,要有较强的情感支撑。

《爱》

作者 〔爱尔兰〕罗伊·克里夫特

我爱你,不光因为你的样子,
还因为,和你在一起时,我的样子。

我爱你,不光因为你为我而做的事,
还因为,为了你,我能做成的事。

我爱你,因为你能唤出,我最真的部分,
我爱你,因为你穿越我心灵的旷野,
如同阳光穿透水晶般容易。

我的傻气、我的弱点,在你的目光里几乎不存在,
而我心里最美丽的地方,却被你的光芒照得通亮。

别人都不曾费心走那么远,别人都觉得寻找太麻烦,
所以没人发现我的美丽,所以没人到过这里。

我爱你,因为你将我的生活化腐朽为神奇。
因为有你,我的生命,不再是平凡的旅店,
而成为了恢宏的庙宇。
我日复一日的工作里,不再充满抱怨,而是美妙的旋律。

我爱你,
因为你比信念更能使我的生活变得无比美好,
因为你比命运更能使我的生活变得充满欢乐。

而你在做出这一切的一切,不费一丝力气,
一句言辞,一个暗示,

你做出这一切的一切,只是因为你就是你,
毕竟
这也许就是朋友的含义。

朗诵提示

1. 这是一首独特的爱情诗。这首诗的作者罗伊·克里夫特是一个谜团重重的人,这位爱尔兰诗人没有在文献中留下丝毫痕迹。有人说,这个人根本就不存在,但我们会在诗歌中认识她,那才是真正的作者。此诗表达的是作者对爱的独到见解,诗中用很多个"我爱你"为我们道出了爱的真谛。诗歌的魅力就在于它总能用普通、凝练的语言击中人的心,同时映射到个人的生活和情感中。这首诗中的每个字都流露出等到"真爱"的作者的欣喜与感激。

2. 此诗虽不长,却呈现了一种朴实、透彻的见解。要想朗诵好这首诗,必须真正体会到此诗的真谛与难得,这样才会产生心灵的共振与激情。

3. 朗诵此诗的节奏是"舒缓型"与"高亢型"相融。基调是热情、深情的。诗歌和朗诵的情感一气呵成,因为这就是诗人的见解与体味,感觉饱满,有激情。

4. 本诗适合配乐,因为音乐最具"表情性",朗诵与音乐的旋律相融合,能营造出诗情的流淌与迸发,产生强烈的抒发感与艺术美感。

《未选择的路》

作者 〔美国〕罗伯特·弗罗斯特

黄色的树林里分出两条路,
可惜我不能同时去涉足,
我在那路口久久伫立,
我向着一条路极目望去,
直到它消失在丛林深处。

但我选了另外一条路,
它荒草萋萋,十分幽静,
显得更诱人,更美丽;
虽然在这条小路上,
很少留下旅人的足迹。

那天清晨落叶满地,
两条路都未经脚印污染。
啊,留下一条路等改日再见!
但我知道路径延绵无尽头,
恐怕我难以再回返。

也许多少年后在某个地方,
我将轻声叹息将往事回顾。

一片树林里分出两条路——
而我选择了人迹更少的一条,
从此决定了我一生的道路。

朗诵提示

1. 这是一首外国哲理诗,这首诗表现了人生哲理。人的一生通常会有多种选择,人的三观决定了人的选择,而它也构成了人的不同人生。

2. 朗诵此诗,应当具有思维、逻辑、语气阐释。因而内心一定要有支撑与主体感。

3. 朗诵此诗,语言平缓是"舒缓型"节奏,语速较慢,这样便于听者的消化与思索。但也要有相应的变化,朗诵不能太平。

提示:《我希望你以军人的身份再生》《光的赞歌》《人民万岁》《第二个童年与海》几个作品,都可作为训练的材料。

第六章
寓言、童话表达——夸张的艺术

　　寓言、童话的创作与表达有其独特性。它是以比喻、拟人等手法和夸张的表现方式来讲明一个道理或表现一个立意。怎样能够恰如其分而又鲜明、生动地表现其形象、内涵、寓意和立意,既不哗众取宠,也不平淡无味,本章重点探讨这方面的问题。

第一节　对寓言、童话的认识

一、寓言、童话的概念

　　"寓言,是文学作品的一种体裁,是带有劝喻、讽喻的故事。结构大多简短,主人公可以是人,也可以是生物或无生物,主题都是借此喻彼、借古喻今、借远喻近、借小喻大,寓深刻的道理于简单的故事之中。"①
　　"童话,是儿童文学的一种。它是通过丰富的想象、幻想和夸张来塑造形象、反映生活,对儿童进行思想教育。一般故事情节神奇曲折,生动浅显,对自然物往往做拟人化的描写,能适应儿童的接受能力。"②有人将寓言、童话归为一类。

二、寓言、童话的种类

寓言可分为"劝喻"与"讽喻"两种。
童话可分为"短篇"与"中、长篇"两种。

三、寓言、童话的特征

1. 寓言、童话的篇章一般比较短小(有些童话篇章较长)。写作文字通俗,表现生动。
2. 寓言、童话的创作,通常运用拟人、夸张、比喻、影射和象征等手法。

---

①② 辞海·文学分册[M].上海:上海辞书出版社,1979:15.

第二节　寓言、童话的表达

一、把握寓意与立意

把准作品的寓意与立意、理解其创作目的,是表达好寓言、童话的基础。一般而言,了解到作品塑造的形象意义及故事情节后,再与我们现实生活中的人和事相对应产生联想,就基本能够知道作者通过作品究竟想告诉我们一些什么道理,也就能抓住作品的寓意和立意了。

比如,读了作品,我们便可知寓言《猴吃西瓜》是批评教条主义和人云亦云的人;《一头学问渊博的猪》的寓意,是嘲讽那些愚昧无知而又自作聪明的人。看过作品,我们也不难得知童话《聪明的小兔子》是想表现机智勇敢、以弱胜强、正义战胜邪恶的立意;《猫和老鼠做朋友》是抨击那些背信弃义的人,并嘲讽了交友不慎的蠢人。实际上,找到寓意和立意在寓言、童话的分析理解中并不太难,重要的是要抓准,切勿模棱两可、模糊不清,或超越具体寓意和立意,任意拔高。

一般来讲,寓言、童话的寓意和立意多自内容情节、角色形象中透露出来,由读者自己去领会。但有的寓言却在作品的开头、结尾或中间插进"议论",它们言少意重、富于哲理、揭示寓意。

比如寓言《乌鸦和狐狸》的开头一段话:"世人不知受过多少次劝告,说阿谀是卑鄙和有害的,但一切都是徒劳,阿谀的人总是能够钻到空子的。"这,便是在开篇伊始点明了作品的寓意:"爱听恭维话的难免上当。"作品随后用乌鸦与狐狸的角色行为,形象化地展示了这个寓言的内容与情节:狡猾的狐狸为了得到乌鸦嘴里的奶酪而甜言蜜语、言过其实地赞美乌鸦多么美、嗓音想必似天使般婉转等,极力鼓动乌鸦开口唱歌。乌鸦被恭维得飘飘然了,竟真想显露一下自己的才华,谁知刚一开口,嘴上的奶酪便掉下来了,狡猾的狐狸带上奶酪就跑了。

又如,寓言《木偶探海》的结尾有这样一段话:"怎么能和一个对一切事情都浮在水面的人说得清楚呢?他以为自己什么都知道了,可是他却不明白,要想真正知道,就得钻进去,只浮在表面上是不行的。"这也揭示了作品的寓意:人做事切忌浮在表面,深入实际才能也全面、准确地认识问题。

由此可见,"议论"在寓言中有着举足轻重的作用,在处理这种起"揭寓"作用的议论时,表达方法和内心状态不同于表现"角色形象"。原因在于,"揭寓"的议论是理性的点指,它是以逻辑和理性的方式去启示人、引导人的。而"角色形象"则是以具体、生动的感性力量来展示寓意,启迪人、教育人的。因此,对它们的表达处理当然不同。表达揭寓作用的议论时,根据作品,有的可幽默诙谐,有的可严肃、语重心长。表达处于"篇首"的议论,可启示性更强;表达处于"篇尾"的议论,应当结论性更强。

总之,表达起揭寓作用的议论,不应一带而过,语言不可轻飘,应当稳实、从容,以显示这种议论的重要性。表达时还要注意与其他内容的区别与转换,不可按一种方式处理。否则,会导致议论无力。

在表达没有议论的作品时,应力求展现寓言、童话创作的特点,充分展现"角色形象"的寓意性。语言表达要具体、清楚、鲜明、生动,成为作品"揭寓性"有力的形象化展示。表现"角色形象"时,不能只追求表现其外部特征、生理特点以获得喜剧效果,应当心中始终不失表现本质特征、目的的追求,给人以较强的感性渗透与理性启示,最终完美地体现作品要旨。

表达寓言、童话的"叙述语言"时,不能板着面孔客观讲述,或以教育者的说教感来表达,否则,会干巴巴、不近人情、无感染力、无情趣可言,失去启迪人、教育人的预期效果。

二、丰富合理的想象

寓言、童话大都通过作品中塑造的"角色形象"的具体行为来表现所要说明的问题,因此,对其的想象就非常重要。想象的视野里,不仅要有作品中出现的动物、植物等"生物"或油饼、板凳等"无生物"的外形,更要想象和感受出这些"角色形象"的具体行为、心理、情感、神态、相互间关系以及语言声音形式等特点,同时,还应想象和感受出作品的时间、地点、环境等相关因素。看得见、感觉得到这一切,是表达好作品的基础。只有想象具体、合理,方可表达准确、生动。

寓言、童话的表达,还需将作品中所塑造的各种"角色形象"(动物、植物等)"人格化""性格化"。笔者曾向中央电视台《动物世界》的解说者赵忠祥讨教过为什么《动物世界》解说得这么好?赵忠祥说,他将动物哪怕是小虫、小鱼之类的小生物也都当人看待,冠以人的心理、人的行为和人的关系等,将它们"人格化"了。这样,就会深入到它们心中,理解它们并关心它们的命运,解说便具有情感性了。这说明,将各种形象"人格化"的重要性和实际意义。

将作品中着力塑造的各种"角色形象""性格化"也是十分重要的,因为,它寓含着不同形象的塑造意义,所以我们在分析、把握这些"角色形象"的时候,除了要将其"人格化"外,还要将其"性格化",使每一"角色形象"性格定位、各具其貌。这也需要我们根据人类社会的情况参照对应,产生丰富、合理的想象,才能做到。

比如,《猴吃西瓜》这篇寓言,我们就可把作品中所涉及的各种猴,进行"人格化""性格化"定位。根据作品中的描写,我们可把"猴王"想象成外强中干、官僚气十足的领导;把"短尾巴猴"想象为简单、教条的形式主义者;把"小毛猴"想象为天真、率直的小青年;把"老猴"想象为迂腐、倚老卖老的老学究;而将那些随声附和的"小猴"想象为缺乏主见、知识不多的人云亦云者。有了这些具体、鲜明的形象区别,再将其与自己所见的人类社会进行对应,表达时,就不会感到是在表现猴的语言,一味去模仿了。而是会觉得这是在表现人类社会中的一个个不同人物的语言。心有所依,语有所形,这样的表达势必清楚、得体、鲜明、生动,听者乐于接受。

又如《猫和老鼠做朋友》这个童话,以往猫的形象多是可爱的,而老鼠的形象多为可憎的。但在这篇童话里,猫却是狡猾、奸诈、对朋友不忠的反面形象,小老鼠则是糊涂可怜的形象,由于它轻信了猫的话,没有丝毫的防备之心,因而落得了一个可悲的下场。我们在表达这个作品时,也要将这两个动物形象"人格化""性格化"。可以把"猫"想象为一个甜言蜜语、心怀叵测的"伪君子";把"老鼠"想象为一个善良、柔弱、不敏的人。在表达时,尤其在解说语言中,对"猫"的行为可表现出些许揭露感。对"老鼠"的行为,则可以有种同情感,但不要嘲讽意味过多。否则,会使表达呈现混乱色彩,主调偏离。其实这种嘲讽的意思应是受众在听完整个故事后自己品味出来的。

在寓言、童话的想象和表达中,还应注意保持特定形象的"稳定性"与"统一性"。也就是说,"猫"的语言应始终是"猫",不能某几句话变为"老鼠"或"老虎"在说了。不管是什么情状、什么色彩的话,都应体现"这只猫"的性格、声音特点,不能变为其他"猫"在说话了。应保持"角色形象"的"属性定位"和与其他形象的"关系定位"。要想使所表现的"角色形象"性格稳定、语言统一,表达时就要始终保持自己的内心感觉和内心视象,如自己"这只猫"的心理与外部形象特征是什么。一旦失去这些,说出的话就容易走形、走味、不统一。因此,我们在理解、感受、想象和表达外化阶段,都应将具体形象一直存于心中,不断提示自己,确保"角色形象"的稳定性和统一性。

在寓言、童话的表达中,各种形象间的关系也是我们想象的内容,交流对象关系的好坏亲疏会直接影响其交流的方式与分寸,也是表达准确的条件之一。诚然,作品中各种"角色形象"的关系,有些是作品中明确的,有些却需要表达者自己通过作品线索,以人类社会中的人际关系、人之常情为基础来揣摩、对应,合理想象出来。

比如在《猫和老鼠做朋友》中,猫对于老鼠的关系是"假朋友"的关系。在《聪明的小兔子》中,小兔子与狮子、大象的关系就是弱者对强者的关系。这也决定了小兔子同狮子、大象说话的基本语气。大象、狮子说话都是居高临下、声色俱厉的,而小兔子说话则是谨慎、小心,赔着笑脸,有种惧怕感。又如,《一头学问渊博的猪》中,猪与八哥的关系,开始时,八哥对猪有种崇拜感,但后来当他了解到猪原来是一个不懂装懂、愚昧无知的家伙后,便从求教者变为斥责者,语言感觉前后也有很大差别。作品中"角色关系"的确定,直接关系到表达的准确与否。否则,受众接收信息容易发生混乱,也使我们的表达欠准确,影响传播质量。当然,这需要一定的内外部技术与表达功力作保证。

在寓言、童话的想象、表达中,除了对具体形象及其相互关系要有准确、丰富的想象外,对与之相关的时间、地点、环境等因素也应想象合理、具体,方可表达准确、生动鲜活。

比如寓言《猴吃西瓜》,根据文中提示,猴王为了商讨怎样分吃西瓜,把所有的猴都召集来了,我们不妨将此举想象为"开会",并可以进一步想象为是在野外的山头上(因为猴子是生性好动的动物,它们肯定不会总在山洞里,除非休息),同时还可以将开会的时间想象为白天(当然,将开会的时间想象为晚上、将开会的地点想象为山洞里也不是不可以,但其合理性可能会相对差一些)。由于想象的不同,表达中语言的距离感、用声幅度等便不尽相同。如白天在山头上开会,环境开阔,猴们都分散就座,距离感相对远一些,表现猴的语言,就可声音大一些、拉开一些。如想象在山洞里开会,用声就可小一些,因距离感近一些,洞内毕竟不如野外宽敞。为了烘托猴的"人云亦云",当"猴王"最后做出了自以为正确的吃瓜决定后,我们也可将猴们"吃西瓜,吃皮"的嚷嚷,处理成来自高、低、远、近各处,最后,形成众口一辞、有节拍的喊叫:"吃西瓜,吃皮!""吃西瓜,吃皮!"以显现小猴们的等不及和起哄、着急的情状和气氛。又如,寓言《乌鸦和狐狸》中,由于狐狸是站在树下与树上的乌鸦说话,因而,在表现狐狸的语言时,就应有一种抬头向上看的形体感及距离感,渗透在阿谀奉承的语言和情态中,这样就显得生动,更能准确、完满地表现出狐狸甜言蜜语的情状了。

总之,对寓言、童话中所塑造的各种形象的想象全面、合理,才会对"角色形象"的表达准确、完美。

三、夸张渲染的方法

寓言、童话的创作都具有夸张的艺术特性。它们往往将动物、植物或无生物冠以人的性格特征与行为,兼顾人与动物、植物,甚至无生物的特性,却又合情合理。在寓言、童话的创作中,作者大多将人与物等各种形象表现得十分典型而又夸张,却不失生活的本质意义、真实性和可信性。作者运用夸张、影射等手法来表现作品中的"角色形象",目的是求得形象的鲜明,它也常带有一定的喜剧色彩。如《一头学问渊博的猪》中那头"愚蠢无知的猪",《谦虚过度》中那只"形而上学的狐狸"和《聪明的小兔子》中的那头"简单、凶猛的狮子",它们都那么可笑,却又使人惊叹它们准确体现了"角色形象"所表现的特定意义。夸张的艺术内容,一定会用夸张的艺术形式来表现。运用夸张、渲染的方法是表达寓言、童话的一个特点。我们应在具体处理上,大胆运用这一艺术手法,使我们的表达有声有色、生动活泼,增强作品的艺术情趣与艺术魅力。

比如,《聪明的小兔子》开头一段解说,就可以用夸张、渲染的语气来介绍:

大海的旁边有一座高山,山顶上住着狮子,山腰里住着大象,山脚下住着小兔子。小兔子住的地方可好了,有花,有草,还有水,狮子和大象都想占这块地方。

我们在这段表达中就可用语势拉开"山顶上""山腰里"和"山脚下"的地理位置对比。也可拉开"狮子""大象"和"小兔子"的形象对比。具体处理形式如下:

山顶上↗	山腰里→	山脚下↘
狮子	大象	小兔子
(凶狠感)	(庞然大物感)	(小巧、可爱感)

在解说到"山顶上"时,语势和感觉都是极力上扬的;在说到"山腰里"时,语势和感觉都是平拉开的;在说到"山脚下"时,语势和感觉都是极力下行的,并且语音拉长、语调夸张,以

加强对比。在说到"狮子"时,想到其食肉、凶猛的特征和作品中的表现,用一种惧怕感来表现,反衬它的凶狠;在说到"大象"时,想到其体形、体重的特征,可用笨重、凶横感来表现;在说到"小兔子"时,想到其小巧灵活的特征和胆小的本性,可用一种弱小、可爱感来表现。表达中的内心感觉不一样,声音使用和语言形式也会有很大区别。例如,说到"狮子"时,可用气强声虚的方法来渲染它的凶狠和言者的惧怕感;说到"大象"时,可用语硬声重,声音拉开来体现其笨重、凶横感;说到"小兔子"时,可用色明、音短来体现其好动、可爱的形象。在寓言、童话的表达中,用声和语言形式上要比表现其他作品更夸张,色彩更浓烈,声音的物理性对比更加强烈。有了这样的夸张、放大,不同事物的特点就会被凸显,形成鲜明的对比,使受众容易接受并形成深刻印象。

夸张、渲染不同于出洋相、卖噱头,虽然其语言声音形式对比强烈、变化多、幅度大、色彩浓,但在表达时,表达者的内心一定要具备高度的"真实感"和"信念感",唯有这样,才能产生艺术真实的感染力和表达的高度准确性。有了内容与形式的统一,应有的喜剧色彩也往往会自然溢出。

比如在《猫和老鼠做朋友》中,当猫骗了老鼠,又一次偷吃了它们共同收藏的猪油回来时,老鼠问猫:"这个孩子叫什么名字呀?"猫说:"叫,叫'吃一半儿'。"老鼠说:"什么?'吃一半儿'?哎呀,这个名字我从生下来就没听说过,我敢打赌连历史书上都没有这个名字。"事实上,在表达老鼠说这些话时,越渲染它认真的神情和惊讶不解的心态,也就越能表现它的糊涂、好笑。同时,也就反衬出猫背信弃义的丑恶面目,有利于揭示作品的立意。但在这里,如只在语言外形上夸张了,内心却没有与其相应的真实感受,那么,这种表达便失去其应有的艺术效果,变为哗众取宠了。

诚然,表达好寓言、童话,运用好夸张、渲染的手法并不是轻而易举的事,它要求表达者具备一定的内、外部技巧,将真实、可信与夸张有机地结合在一起。要求有夸张、渲染但不失真实;有风趣而不失含蓄,从而创造出既鲜明、生动又真实、可信的语言形象。

四、准确入神的造型

寓言、童话的表达,不可忽视作品目的,将其搞成形象展示、滑稽表演,也不能将其表现得区别不大、平淡无趣,这也不符合寓言、童话的创作特点和表现方式。因而,我们在表达寓言、童话前,应当对作品中出现的各种各样的"角色形象"进行一定的设计,使其从内到外都有所区别,形象鲜明、生动,使受众更容易接受,从而更好地揭示作品的立意。

为各种"角色形象"造型涉及的因素较多。首先,是对作品形象的理解要准确,对其性格特征、生理特点及在作品中的行为(是正面形象,还是反面形象,是长辈还是晚辈等)以及与其他形象的关系等,都要参考在内。其次,是要用声音、气息、咬字以及各种语言表达技巧参加造型。

比如,寓言《谦虚过度》所涉及的形象比较多,我们可以根据作品中形象的内在与外形特点来进行一番设计,为其一一造型。我们可以运用声高、语调、语速、咬字的不同,以及粘字、跳字等不同的说话方式来加以区别。在这个作品中,狐狸是被嘲讽的对象,又根据其狡猾的自然特征,我们可以把它设计成语调华丽的女高音(或男高音),说话粘字、甩腔,还可以再加些鼻音;水牛是被肯定的形象,又是长辈,加之实干的特点,我们可以给它设计成憨厚的男低音;小老鼠辈分低,又长得小巧,所以,我们给它设计成尖音细嗓并咬字靠前,与它小小的自然外形相匹配;小白兔和小山羊虽然都只有一句话,但也要有所区分,我们可以根据小山羊的叫声特点和它在作品中的表现,将它设计成温柔的小高音,并且说话粘字、语速较慢;而小白兔,我们可根据它的体态特点,将它设计成伶俐的小高音,并且语速较快,说话跳字。在《一头学问渊博的猪》中,我们可根据作品中猪的可笑形象及猪嘴的特点,将其设计成噘嘴说话,吐字有些含混,发声上鼻子的男低音。当作品中的两个形象比较接近时,我们也应注意抓住其最主要的特点进行造型区分,使人听得清楚,有所区别。比如《聪朗的小兔子》中,狮子与大象这两个形象在作品中所起的作用相同,都是反面角色、被贬斥的对象,它们都欺负弱者,但最后也都被聪明的小兔子给机智地消灭了。演播这两个形象也要有所区分,才会让受众听得清楚,分辨得开,更好地接受作品内容。为此,我们不妨抓住狮子凶狠的特征为其造型,将它设计成语调凶狠、咬牙说话的男中音;而对大象的语言造型则主要抓住它的体形笨重、说话凶横的特征,将其设计成扩着后声腔、拉长声音说话、共鸣深厚的男低音。

总之,有了一番精心、准确的设计与造型,便可使我们的语言声音造型鲜明、生动、有所区别,较好地为表现作品内容服务。

第三节　寓言、童话表达提示

一、抓形象核心

寓言、童话多以人、动物、植物或无生物作为"角色形象"来表现作品的寓意与立意。形象鲜明、生动甚或夸张可以给人留下深刻印象,对表现作品主旨有益。然而,若忽视抓作品"角色形象"的本质,只求外部形式的生动、逼真以获取表层的喜剧效应则不可取。

比如,有的人在表达《一头学问渊博的猪》时,为了追求声音形式像猪,除了噘着嘴说话以外,还不时地加上些猪哼哼,以显示其学猪的本领,引起受众的笑声。这无形中冲淡了受众对这头"猪"、这个"角色形象"本质的思考,削弱了这一形象的塑造意义。正确的做法,应对猪的外部特征有所兼顾,在有些相应设计和造型的基础之上,着重对它的本质核心——愚昧、不懂装懂进行充分揭示,用盲目自信的语气和真实的自我感觉来表现,便会引起受众对这一"角色形象"本质的领略与认识,产生对其嘲讽的评判结论,实现作品形象塑造的意义。

所以,寓言、童话的表达,一定要以抓"角色形象"的本质、核心为主,尽量做到形神兼备,对作品形象的外部特征只能有所兼顾,不可因形伤神,本末倒置。

二、加大夸张对比

寓言、童话的表达,根据创作种类、风格的不同,在处理上也会有所不同。比如,有的作品是以叙述语言为主,有的作品中"角色形象"的语言较多;有的是劝喻,有的是讽喻。然而,无论何种作品,表达中的夸张、对比都是较强的,这是寓言、童话的创作特点所决定的。

"夸张",不单指语言外形的放大与强调,还应包括高度的真实感与信念感。否则,缺乏表达的支撑力和感染力。当然,也不要为了夸张而夸张,要有充分的内心依据。

"对比",在寓言、童话的表达中,主要指对作品中塑造的不同"角色形象"的区别要大。寓言、童话的表达,演播者一个人除去叙述之外,很多时候还要用语言塑造出几个不同形象,只有加大其外部表现形式和内心的对比感,方可内外相贴、区别它们,使人听而辨之。

三、要灵活造型

在寓言、童话的表达中,应根据该作品中对某一"角色形象"的刻画以及它的自然外形特点来具体造型。不应将一篇作品中的某一形象造型原样搬到别的作品中去。因为,有时同一形象在不同的作品中所起的作用不尽相同。比如,在《谦虚过度》这篇作品中,"水牛"是正面形象,而在另一篇作品中,它恐怕就是反面形象。在这篇作品中,"水牛"是长辈,在另一篇作品中它有可能就是晚辈了。同样,在《猫和老鼠做朋友》这篇作品中,"猫"是反面形象,而在另一篇作品中"猫"又可能是正面形象。

因此,我们的造型设计与表达处理不应雷同,要根据作品需要灵活造型,准确表达。

四、注重叙述与议论

在寓言、童话的表达中,各种"角色形象"的语言很具吸引力,也很能体现表达者的艺术功力,因此,有的表达者在播这种语言时就活灵活现、生动诱人。而在表达叙述、议论的语言时,却平淡、客观、不入心,这种处理是不可取的。

原因在于,某一具体"角色形象"的语言仅是表现作品的一个局部,而寓言、童话中的叙述、议论语言也有着重要作用与意义,它们往往是连缀作品局部形成整体,明确作品立意的所在。因此,在寓言、童话的表达中,叙述、议论性语言的表达不应弱于"角色形象"的表达。与此同时,表达者还应加强寓言、童话的讲述者身份感,才能有效驾驭全篇作品的完整表达。

第四节　寓言、童话表达训练

《一头学问渊博的猪》

一头绝顶聪明的猪，住在一个非常出名的图书馆的院子里。它深信自己由于多年图书馆的生活，已经成了渊博的学者。

有一天，一只八哥来访问。这头猪立即按照惯例，对客人进行自我介绍。

"朋友，相信我吧！我在这个图书馆里待的时间很长了，我对这儿的沟渠、粪坑、垃圾堆，都有着深刻的了解，甚至屋后山坡上的墓穴都叫我拱翻了好几个。谁要是想在这个图书馆得到知识而不找我，那他算是白跑一趟。"

八哥说："你所说的都是图书馆外面的事，那里面的东西也了解吗？"

"里面？"这头学问渊博的猪说，"那我最清楚不过了。里面无非是一些木架子，上面堆满了各色各样的书。"

"你对那些书也了解吗？"八哥问。

"怎么不了解呢？那是最没意思的了。它们既没有什么香气，也没有什么臭气，我咀嚼过好几本，也谈不上有什么味道，干巴巴的，连一点儿水分也没有。"

"可是人们老在里面待着，据说他们在里面探求知识的宝藏呢！"八哥又说。

"人们？你说他们干什么？他们确实是那样想的，想在书里找点什么东西。我常常看到许多人把那些书翻来翻去，结果什么也没有得到，还是把书丢在架子上又走了。我保证他们在里面连糠渣菜叶都没有得到一点，还谈什么宝藏！我从不做那种蠢事。与其花时间去啃书本，还不如到垃圾堆翻几个烂萝卜啃啃。"

"算了吧，我的学者！"八哥说，"一个从垃圾堆里啃烂萝卜的嘴巴，来谈论书本上的事，是不大相宜的。还是去啃你的烂萝卜吧！"

表达提示

1. 这是一篇讽喻寓言。在这篇寓言中，"猪"是重点刻画的对象，也是一个反面角色。作品中赋予了它"愚昧无知"却又"自鸣得意"的心理属性。这点正如我们人类社会中的某些人一样，恐怕这就是作者塑造这一"角色"的目的所在。

2. 对"猪"这一形象的处理，应着重表现它的"愚蠢"与"得意"，这二者是相联系的，之所以"得意"是因为它的"愚蠢"。作品中的此猪是"一蠢到底"。因此在处理"猪"的语言时，要重点抓住"得意"，不能只表现"蠢"的一方面。

3. "八哥"在这篇寓言里的语言并不多，但却非常重要。相对"猪"而言，"八哥"的感觉变化较大，它对猪的几次"提问"，构成了心理变化，展现了作品立意。从开始对"猪"的"崇拜"到中间的"怀疑"与"质疑",再到最后的"不屑",一句提问一个阶段,我们在表达时应将其体现出来。一定要随内容真听、真想、真问,才能形成真实、准确的语言表达,才能将八哥的思维过程通过语言态度完全展现出来。

4. 还要注意叙述语言与角色语言的区别。注意对两个主要形象——猪和八哥的动物生理特点的把握与处理。

《乌鸦和狐狸》

世人不知受过多少次劝告,说阿谀是卑鄙和有害的,但一切都是徒劳,阿谀的人总是能够钻到空子的。

上帝赐给乌鸦一块奶酪,乌鸦高高地歇在枞树上,它已准备好开始用早餐了,奶酪衔在嘴里,还在思索一下。

不幸旁边跑过一只狐狸,狐狸闻到奶酪的香味,突然停下来。狐狸看见了奶酪,它被奶酪迷住了。狡猾的骗子蹑手蹑脚地走近枞树,摇着尾巴,一眼不眨地盯着乌鸦,沉住气,那样甜言蜜语地说:"哦,亲爱的,好美啊!颈项多美!眼睛多俏!多么丰满的羽毛!多么灵巧的小嘴!讲起话来正像童话一般!那想必有天使般婉转的歌喉!唱吧,亲爱的,哎——别怕羞!小妹妹,你有了这样的美丽,如果唱歌再是能手,那你真够得上鸟中之王了!"

乌鸦被赞美得飘飘然,高兴得连气都透不过来,听了狐狸的恭维话,它就张开喉咙大叫一声——奶酪掉了下来——狡猾的骗子就带着它跑掉了。

表达提示

1. 表达"叙述语言"时,可带有些嘲讽的意味,因是站在作者的角度在讲这个故事,表达者自己当然也有同感,二者是共识。

2. 在表现"狐狸"的甜言蜜语时,表达者的语言声音可以夸张而肉麻,否则,打动不了"乌鸦"。可能一开始乌鸦也知道自己嘴上还叼着好吃的奶酪,不肯轻易张嘴,随着"狐狸"的肉麻吹捧,它就干脆忘了这事,所以才在"狐狸"的鼓动下,开口唱歌,从而失去了自己的美食。至此,它可能明白了,但再后悔也没有用了。这就是爱听恭维话的结果,也是作品的立意所在。

3. 表达作品的最后一句话,应当让人感到,这不仅仅是故事结果的交代,更有要引起人们思考的意味。因此,语速不能快,语气要有深意。

《聪明的小兔子》

解说: 在大海的旁边有一座高山,山顶上住着狮子,山腰里住着大象,山脚下住着小兔子。小兔子住的地方可好了,有花、有草,还有水,狮子和大象都想占这块地方。

有一天,狮子走下山来了,它张着大嘴对小兔子说:

狮子：小兔子，我只要龇一龇牙就能把你咬成碎末，你信不信呢？

兔子：怎么不信呢。您要吃我当然可以。(狮子大笑)不过，不过，在您吃掉我之前，我想先问您一件事情。

狮子：你问吧。

兔子：您说，谁是野兽当中的大王呢？

狮子：哼，那当然是我了！

兔子：恐怕不是吧。

狮子：怎么？！

兔子：昨天，昨天我碰见大象了，大象说它才是野兽当中的大王呢。

狮子：什么？！它真是这样说的么？！

兔子：嗯！

狮子：它想当野兽中的大王，哈哈哈，我非得让它知道我的厉害，小兔子，你给我出出主意，我该怎么教训教训它呢？

兔子：这好办呀。明天您就在家里装病。

狮子：装病？

兔子：嗯，我去把大象领来，等它走近你的身边，你就跳起来一口咬死它！

狮子：好，哈哈哈。

解说：第二天一大早，小兔子就跑到山腰去找大象。

兔子：啊，你好。

大象：啊，你好，小兔子，你来得正好，快，把你住的那块宝地给我让出来！要不然，我就用我的大鼻子，抽死你！

兔子：啊，可以，可以，不过……

大象：不过什么？

兔子：我今天来，是向你报告一个好消息的。

大象：什么好消息？你说吧。

兔子：告诉你，狮子病了。

大象：是吗？

兔子：嗯，病得很厉害，快要死了，你要是在这个时候再用大象鼻子抽它两下，准能送了它的命，这样，你不就可以当野兽中的大王了吗？

大象：哈哈哈，太好了！是个好消息，小兔子，快给我带路。

兔子：哎，好吧。

解说：小兔子把大象领到了山顶，大象刚走到狮子的身边，狮子突然跳起来，几口就把大象咬死了。

狮子：哈哈哈，就你这么个蠢东西，还想当野兽中的大王，这回，你知道我的厉害了吧。小兔子，还在这愣着干嘛？快滚吧！我再让你多活两天，等我吃完了大象，再来吃你！

解说：过了几天，小兔子主动跑到山顶去找狮子。

兔子：大王，你好！

狮子：小兔子，你倒真乖呀，知道我把大象吃完了就自己送上门来了。

兔子：大王，你要吃掉我，是再容易不过的事了，可是，可是我今天在海边见到了一个怪物。

狮子：怪物？

兔子：啊！它说，它才是野兽当中的大王呢。

狮子：啊?! 怎么?! 又出来一个找死的！小兔子快给我带路，我要去看看它到底是个什么怪物敢来吃我?! 哼！

兔子：哎。

解说：小兔子把狮子带到海边一块很高很高的大石头上，它指着映在海水里的狮子的影子说。

兔子：你看，你看，就是它。

狮子：让我看看，它在哪？

兔子：就在海面上，你往下看呢，在那儿。

狮子：啊！还真是个怪物，一头大红毛，嘿，看你长得那难看样，还想当野兽中的大王，我吃了你！

兔子：哎，大王，你看，它也向你龇牙咧嘴呢，它要吃你了！

狮子：吃我！看咱俩谁先吃谁。

解说：狮子大吼一声朝大海里扑去，溅起一片海花就什么也没有了。从此以后，小兔子幸福地住在山脚下，再也没有人敢欺负它了。

表达提示

1. 小兔子的语言造型，既不能只是害怕，没有灵气，也不能只表现机灵，一点也不惧怕狮子、大象那两个凶狠的"角色"，小兔子应是会察言观色，一会儿陪着小心说话，一会儿又见机行事，刺激对方。要让人感到这是只"聪明的小兔子"，而不是"傻兔""呆兔"。但也应注意表达分寸，不能变为"妖兔"。

2. 在注重"小兔子"的语言色彩与内涵时，还应让人听出它的思维过程、细腻的内心感觉及变化。比如，表现小兔子给狮子出主意时的话，想象着可以有种靠近狮子与其说"悄悄话"的感觉："告诉你，狮子病了。"当狮子听后信以为真，要小兔子给它带路去找大象时，我们又可进入小兔子的心理状态，高兴得跳起来，愉快地答应着"哎！"然后一蹦一跳地给狮子带路去了。

3. 寓言、童话的表达要让人听得清楚又有趣，除了有声语言外，还要有"副语言"（表情、动作）的参与感，才能产生极大吸引力，这样的表达才是完美的。所以，在这篇童话的表达中，注重语言准确、生动的同时，还要注意表达的"表情感"与"动作感"，应在语言中带出来。比如，当狮子让小兔子带路去找大象时，小兔子知道对方中计了，可想象此时它高兴得笑了，又用"小爪子"拨弄拨弄自己的长耳朵。又如，为了表现大象晃着大鼻子凶横地威胁小兔子的话,就可以带有甩长鼻子说话的语言动感。还有,为了表现狮子"中计",听从小兔子的指点向海里看的情景,可以带着表达者自己也向前伸头探身的形体感说话。当然,这些情景、形体动作、说话神情等,都要通过作品提示与自己的合理想象获得。

4. 这篇童话故事在表达时,可以分工合作演播,分为:小兔子、狮子、大象、解说。注意把握不同形象的内在特点与外形特征及语言声音造型。

《猫和老鼠做朋友》

解说: 有一只猫认识了一只老鼠,这只猫三番五次地说多么地喜欢这只老鼠,愿意跟它做个朋友。老鼠终于相信了猫的话,就同意跟他住到一起共同生活了。眼看秋天就要过去,冬天就要来了,一天猫对老鼠说——

猫: 亲爱的老鼠,我们应当准备些冬天吃的了,要不我们就该挨饿了。可是,亲爱的,我不想让你到处去冒险,因为我怕你让人逮住,所以——

鼠: 你心眼儿真好,谢谢你了!那么,那么我们就买一罐猪油吃好吗?

猫: 好主意。可是,我们把它放在哪保险呢?

鼠: 是呀,放在哪好呢?

猫: 再没有比教堂更保险的了,谁也不敢到那儿去偷东西吃,我们不到最重要的时候也不要去动它。

鼠: 啊,好极了!好极了!我这就去买油。

解说: 老鼠买了油,猫就和他一起把油罐藏在教堂的祭坛下了。可是没过多久,猫就想吃那罐猪油了。

猫: 亲爱的老鼠,我告诉你一件事,我的表姐它生了一只小公猫,它要请我去做干爹。对,这只小公猫的毛是白的,它没有一点杂毛,我要抱它去受洗礼,所以,今天得出去一趟。

鼠: 好的,上帝保佑你,去吧。如果你吃了好吃的东西,请想到我,产妇喝的红葡萄酒我也想喝一点呢。

猫: 啊,知道了。

解说: 没等老鼠说完,猫一溜烟就钻了出去。可是它根本没到什么表姐家去,它就没有表姐,更没有谁请它去做干爹。它呀,一直跑到了教堂,悄悄地爬到那罐猪油旁边去了。它伸出舌头朝油罐里舔了几下,一层厚厚的猪油皮儿就全被它舔光了。

猫: 啊,太香了!我该找一个地方美美地睡上一觉了。

解说: 猫在城市的屋顶上悠闲地散了会儿步,就躺在阳光底下睡开大觉了。梦里头它还不停地舔着自己那几根沾满了猪油的胡子呢。就这样,猫一直在屋顶上躺到了太阳落山才懒洋洋地回到了家里。

鼠: 啊,你回来了!你一定快快乐乐地过了一天吧?

猫: 过得挺好。

鼠: 哎,那孩子叫什么名字呀?

猫：叫、叫"舔了皮儿"。

鼠：啊？"舔了皮儿"？多奇怪的名字呀，哎，你们常用这个名字吗？

猫：这有什么稀奇！比你们的干爹叫什么"偷面包"好听。

解说：没过多久，猫的嘴又馋起来了。它向老鼠说——

猫：亲爱的，你还得帮我点忙，自己看会儿家，人家又请我去做干爹了。因为，因为那个孩子脖子上有一道白圈，所以我不能推辞。

鼠：好吧。

解说：善良的老鼠又同意了。这次，猫悄悄地从城墙后面爬到了教堂里边，一下子把罐子里的猪油吃了一半。

猫：单独吃东西的味道是再好没有的了，心满意足了，现在可以溜溜达达地回家去了。

鼠：啊，你这么快就回来了！哎，这个孩子叫什么名字呀？

猫：叫、叫"吃一半儿"。

鼠：什么？"吃一半儿"？哎呀，这个名字我从生下来就没听说过，我敢打赌连历史书上都没有这个名字。

猫：哼！

解说：不久，猫想起了那罐好吃的东西，嘴里又流出口水来了。

猫：亲爱的老鼠，你看好事成三，又有人请我去做干爹了，那孩子、那孩子，它除了爪子是白的以外，全身都是黑的，没有一根白毛，这可是几年才出现一次，你让我去吧，啊——

鼠：哼，"舔了皮儿""吃一半儿"，都是非常奇怪的名字，实在让我想不通，这回呀，不知又要起什么怪名字了。

猫：你坐在家里，穿着这身深灰色的粗布外套，拖着长辫子胡思乱想当然想不通。谁要是白天不出门就会这样的。再见吧！

解说：猫又一转身就跑掉了。老鼠在家里头把房子打扫得干干净净的，把东西收拾得整整齐齐的。可是猫呢，它这次溜到教堂里头，把一罐猪油都给吃光了。

猫：嘿嘿嘿，一罐都吃光了，我才安点心。

解说：贪吃的猫打着饱嗝，挺着圆鼓鼓的肚子，直到半夜才回到家。老鼠一开门，马上就问它这第三个孩子叫什么名字。

鼠：这回，这个孩子叫什么名字啊？

猫：名字嘛，也是你不愿听的，它叫"一扫光"。

鼠：什么？！"一扫光"，这是什么意思呀，真想不通。

解说：糊涂的老鼠还是不明白。它叹了口气，摇了摇头，无可奈何地蜷成一团，躺下睡觉了。从此以后，自然再也没有人请猫去作干爹了。

冬天到了，田野里一片白茫茫的，什么吃的东西也找不到了，这时候，老鼠想到了它们藏的那罐猪油。

鼠：啊，亲爱的，起来吧，咱们去拿那罐猪油来吃好吗？那东西，一定很合口味啊。

猫：嗯，是的，一定很合口味。

解说：它们动身上路了。到了教堂里面一看，只见罐子还在原来的地方放着，可是已经空空的了。

　　鼠：哎呀！我知道了，现在我都明白了！你不是我的好朋友，你去做干爹的时候把什么都偷光了。最先是什么"舔了皮儿"，以后又是"吃一半儿"，再后来——

　　猫：你要是再说一个字，我就吃了你！

　　解说：尽管"一扫光"三个字还没有从可怜的老鼠嘴中蹦出来，猫还是跳过去抓住它一口吞下去吃了，并且，很合口味。

表达提示

　　1. 这篇作品中，"叙述语言"与"角色语言"同等重要，很多情节内容都是通过"解说"来表现的。所以，叙述语言的表达，既要讲清内容、情节与过程，也要进入情境之中，进行生动介绍，与"角色语言"有机结合。解说也应有变化、有感受；表达不可太过于谴责性，应让人听完故事，自己品味出作品意义。

　　2. 这篇作品中的"角色语言"并不多，但很有味道，要表达准确、生动不太容易，需要表达者自己揣摩、想象与设计。比如，前半部"猫"对"老鼠"的甜言蜜语、极力哄骗，与结尾时露出原型的凶狠样子的形象对比。还有，猫每次为偷吃猪油要出去时的"编瞎话"情形，以及老鼠对猫"偷吃"回来后给"干儿子"起的各种名字的"想不通"，里面都很有戏。其中的角色心理、角色行为、角色表情与动作等，都要靠表达者自己想象并设计表达，要注意其分寸与合理性。

　　3. 这篇作品的处理，无论是解说，还是"角色形象"，想象的空间都很大，因此表达者要展开想象，定位准确。不但要想象出语言的表达处理，还必须要想象出语境、心理、表情、动作等一切情景与场面：如猫哄老鼠的谄媚样、老鼠不理解的糊涂样、猫吃饱了在城市的屋顶上悠闲散步的样子、老鼠穿着围裙在家里收拾房间的样子、猫凶狠地扑向老鼠的情景等。这些好似一部影片，有远景、中景、近景和连续的画面，形成了蒙太奇语言。如果表达者能看到自己心里的这部电影，那表达就能有具体感、支撑感，形成完美的表达。

　　4. 这篇童话故事可以分工合作演播，分为：猫、老鼠、解说。演播"猫"时应抓住"猫"狡诈的心理及语言特点，有种带笑害人之感；演播"老鼠"时，应抓住"老鼠"的天真、善良与傻乎乎的特点，语言真诚。

第七章
小说演播——一人演一台戏

小说演播难度比较大,因为它既需要有较强的叙述能力,又需要有丰富的人物语言造型能力,使人听来既清楚又生动。这之中包含多方面的语言表达技巧与要求,需要有丰富的表达技能与多方面的基本功和素养。

第一节 对小说的认识

一、小说的概念

"小说是文学的一大样式。它通过完整的故事情节和具体环境的描写,塑造多种多样的人物形象,广泛地、多方面地反映社会生活。"①

二、小说的种类

小说,按其内容广狭、篇幅长短,可分为长篇、中篇、短篇和微型小说;按其表现内容与创作手法,可分为古典小说、现代小说。

三、小说的特征

（一）有丰富的人物形象

小说能运用各种手法,通过各种途径塑造各种各样的人物形象,具体展现人物复杂、丰富的内心世界。与其他文学样式相比,小说在塑造人物方面有很大优势,它能够从多方面表现人物,细腻刻画人物性格,除去人物对白、独白以外,它还能运用肖像、心理描写、行为刻画

---

① 辞海·文学分册[M].上海:上海辞书出版社,1979:17.

及概貌介绍等方法来塑造人物。

(二)有完整的故事情节

小说通常有生动、完整的故事情节,能引人入胜。"它能够细致入微地展示人与人之间、人与环境之间,错综复杂、具体微妙的矛盾冲突。"①小说比其他文学体裁的情节更完整、更具体、更丰富、更复杂。

(三)有精细的环境描写

小说大多有精细的环境描写,能够具体地展现作品中人物活动的环境。有了真实、细致的环境描写,才能使作品中的时代、社会风貌得到充分的反映,才能使人物生活在具体的环境中。

总之,小说比起其他文学体裁手段更丰富、表现途径更多样,它通过叙述和大量的人物语言在具体的情节、环境中全面、细致地塑造人物,充分显示社会生活的各个方面。

第二节 小说的演播

一、把握演播基调

若想演播好一篇(部)小说,对于演播基调的把握是必然和重要的,否则,表达会杂乱无章、不见主旨。通常,短篇小说或微型小说的基调比较容易掌握,因其内容较少,人物较少,故事集中,演播基调较易把握。但中长篇小说的演播就不同了,由于小说具有生动、完整的故事情节和具体、多样的人物,所以,演播基调较难把握。

小说的演播基调有其特点:一是,有叙述者播讲的"全篇基调",也有书中主要人物的"人物基调"。二是,篇幅较长的作品中,人物基调可分为"不同时期""不同阶段",有所变化。小说的演播基调也往往与小说的作品风格相关。

如微型小说《傻黄》的主要人物"阿德"是个精明的小商人,为了买卖成功,能赚得钱,在紧俏货物已经脱销的情况下,他口若悬河,极力向顾客推销其他货物,还将其冠以真正的"流行色"以挽回顾客流失。结果事情大反转,当他千辛万苦重又找到之前的紧俏货物,正准备大发一把时,却惊讶地发现"聪明反被聪明误",这些货物已经真的被自己说"过时了"。不难看出这个作品的风格是诙谐幽默的,它的演播基调也是嘲讽加悬念的,人物基调是热情、油滑的。

在小说的阅读中,读者容易陷入到作品局部当中,或只从自己的角度理解作品及人物。

---

① 吴立昌,蒋国忠,黄霖,陆宗铎等.文艺小百科[M].上海:学林出版社,1982:53.

这对于一般读者来说无所谓，因为，文学作品本身就具有隐蕴性与多义性，允许读者在阅读欣赏时，驰骋想象、联想，以自己的人生基点和观念去理解、阐释作品，寻找沟通，产生共鸣，文学的价值也正在于此。而作为一名演播者却不然，因为，小说演播是"二度创造"，演播者虽然能在这一环节中加进些自己的独特体验和思维角度，但毕竟有限。所以，小说演播者应从作品的主题、内容出发，着眼全篇，并把准作者的创作动机与志趣，定向体验，定向体现，才能形成准确的演播基调。也就是说，小说演播者要以"一度创造"为基础来探寻和把握自己"二度创造"的演播基调。同时，演播者还应着眼于作品全篇，不为局部所迷，这样形成的演播基调才是恰当、正确的。

演播一篇（部）作品，基调准确与否是演播成功与否的关键所在。已故著名演员金乃千在谈及这个问题时说："……调子错了，格格不入；调子对了，全书皆活。"这里所说的"调子"就是指"基调"。诚然，小说演播的基调来自对作品的正确理解与把握之上。

小说演播的分析、理解也遵循一般语言表达中对文章的分析、理解原则。所不同的是，小说的分析、理解和对主题、立意的把握是在一定的内容、情节、人物行为之上间接揣摩出来的，是从感性入手，再上升为理性，有一个复杂的过程和一定难度。因而，我们对一篇（部）小说的主题、立意的把握是在不断的形象感受和思维、情感活动中逐渐累积而成的。当然，由于文艺作品创作的特性使然，我们要真正理解一篇（部）作品，有时必须反复阅读，细细体味，才能从局部与某些情节中跳出来，看清作品的全貌和立意要旨。

如，长篇小说《青春之歌》的主题，就是我们看过作品，了解了作品的情节、内容、时代背景，主人公"林道静"的人物命运、人生经历与情感之后体味出来的：小资产阶级知识分子，在解放的道路上，只有投身革命才有出路。这样的理解，必然带来相应的演播基调。

演播小说"节选"时，也应阅读其全部，对作品的整体有所了解，这样才能充分认识和确切把握节选部分与作品全篇是什么关系、居于全篇的什么位置、在什么意义上有其独立性、主要人物的思想感情发展到什么阶段、人物性格揭示到什么程度等。此外，还要知道主要人物的命运如何、起始如何、走向如何、人物间关系如何。若我们只限于对作品节选部分的了解，对作品的情节、人物的来龙去脉不甚清晰，那是无法演播好节选内容的。因此，要想演播好小说的节选，必须通读、了解作品全篇，并把握住节选部分的相对独立意义，才能处理好每个细节。

如《青春之歌》"启发"这个片段，它表现了书中的女主人公"林道静"这个小资产阶级知识分子，从革命者"卢嘉川"那里受到启迪，明白了"什么是革命"和"为什么要革命"的道理，从而，使她的人生之路发生了根本改变，走上了革命道路。我们在演播"启发"这一节选时，就应当明了"林道静"的这个人生阶段，正是她苦闷、迷茫之际，她对革命有一些朦胧的认识，又不很明白，身上仍然带有一些小资产阶级知识女性的思维特征。她善良、纯真，羞于让人看到自己在干家务。她有革命的愿望和可能性，但又不懂革命的艰苦性和真正意义。因此，我们在演播时，就要抓住她在这个特定时期的思想状况与精神面貌所反映出的"人物基调"。它既不同于之前，也不同于之后。之前，林道静因逃婚从家里跑出来，正在绝望之际，遇到地主的儿子、北大学生"余永泽"而获救，与之同居。但她的生活没有一点生气，就是一个家庭主妇,而且她同"余永泽"有很多观念不合,比如对待穷人的态度方面,所以这时她的人物基调是"纯真、麻木"的。后来在北大的学生运动中,她认识了"卢嘉川"等一些革命者和进步学生,卢嘉川也借一些有关书籍给她,让她初步接触到革命。之后,林道静经历了革命者"卢嘉川"和"林红"大姐的牺牲、自己的被捕入狱、下乡进行革命活动等革命实践,在斗争中逐渐成长和成熟起来。所以这时的人物基调是"热情、坚定"的。目前书中这一"节选",正是林道静正式走上革命道路的前期边缘。此时的她,刚刚接触到革命,看了一些革命理论著作,精神为之一振,正充满了对革命的向往与追求,她也想摆脱眼前的生活。所以此时林道静的人物基调,应是"热情""冲动"的。

总之,小说演播的基调把握比较复杂,需要依据具体情况而定。

二、选用演播样式

小说有长篇、中篇、短篇及微型小说之分;创作内容有纪实、自传、刑侦、科幻等之分;风格有讽刺幽默、正剧、悲剧、喜剧之分,这些构成了小说丰富的内涵与创作样态。要想演播好各式各样的小说,没有足够的文化艺术修养和艺术表达功力无从谈起。在此,我们重点探讨一般小说的演播样式,不涉及古典章回小说和现代意识流小说的演播。

众所周知,不同内容、风格的小说,应当使用不同的演播样式来表达。对演播样式的驾驭和体现,又关系到演播者的表达功力。在众多的小说演播中,我们仅凭直觉就能听出各不相同之处:有抒情味较浓的、有人物活灵活现的、有娓娓道来不动声色的、有洋味十足的、有地域风味很浓的,不一而足。这说明,小说演播具有不同风格与样态。凡此种种还说明,小说演播者不能只有一种演播风格或只会演播一种类型的小说,应当掌握各种演播风格和演播样式,接什么作品、选什么演播方式,要对症下药,这才是演播者应具备的表达功力和做好演播工作的需要。否则,只钟情于一种表达样式,形成表达定式,会限制表达者的创作空间,不利于做好小说演播工作。

文艺作品演播的实践表明,要想演播好一个作品,只有对基调的正确理解与准确把握还不够,还必须将作品的风格定位,演播样态定位,形成表达的基本语气,融入到演播基调中,体现在声音形式上,形成独特的韵味和恰切的演播样式,这才是完美的表达。如若选用不当,势必影响到演播整体的准确。如以演播古典章回体小说的样式来演播外国小说(对此,有人做过示范),听后令人捧腹不止。

小说的演播样式取决于小说的时代、地域、内容、创作风格、创作手法等诸因素。如果我们对演播样式的选择有悖于以上因素,后果便不言而喻。

小说的演播样式大致分为两种:播讲式、表演式。再细分一般有以下几种:

播讲式:这种演播样式的优点是自然、内在。演播者站在第一或第三者位置上,以述说或倾诉的方式将情节、人物讲得清楚、自然,人物语言多取其神。它适合播讲纪实性、自传或人物语言较少、抒情性较强的小说。

表演式:这种演播样式的优点是生动、形象。它的特点是表现人物形神兼备、造型生动,对人物语言的处理表演成分较多,取其神、合其形(男女声局限除外)。它适合演播人物语言较多的小说。演播这种样式的小说,为了追求与书中人物的相合,演播中,除去使用"无语言表情声音"如哭声、笑声,以及各种气息声之外,还可以揉进一些其他艺术手段来帮助造型,如说外语、讲方言、演曲艺、唱歌曲等。

土味:这种演播样式的特点是表现地域特点更鲜明、突出。这种样式的演播,是在语言表达中糅进某些"方言调"及"方言用语"。如"京腔""东北腔""上海味""港台腔"等,让人听出某种地方味道。但并不是要用方言去演播。这种方言味道,只体现在演播的"个别语音"及有代表性的"少许词汇"的表达上。这种演播样式,适合演播地域色彩和民族色彩较浓的作品。

洋味:这种演播样式也是地域特点较浓。这种样式的演播,在语言表达中揉进一些"洋味",让人一听便知是外国作品。洋味体现在演播的"基本语气"中,它的语言特点是"语尾稍稍翘起","语调有些弯曲、上飘",有种独特的味道。但是,演播外国小说也不能每句话都追求洋味的语调,要从内容出发,让内容与形式完美结合,使人听得清楚、听得有味。这种演播样式仅限于外国作品的表达。

以上仅就现代小说的演播进行了简单说明,其实,小说演播的样式不仅如此,还有"混合样式"。有时,可根据需要结合使用,如"表演式"+"土味"或"播讲式"+"洋味"等各种组合。总之,小说演播中,演播者取何种样式演播一个作品,主要根据作品的内容、风格、时代、地域、创作方式等诸多因素而定,没有什么硬性规定。

一部小说演播是否成功,演播样式得当与否,的确起到非同小可的作用。不可想象用播《水浒》的演播样式去播《牛虻》;也不可想象用播《四世同堂》的演播样式去播《青春之歌》;或用播《家》的演播样式去播《西线轶事》。每部作品都有其独特的内容、立意、风格、情调及语言特点等,这需要演播者多实践、多体会、多学习、多总结,增强自己的判断能力与演播功力。

我们要演播好小说,还应当加强各种艺术素养、演播功力。否则,只能演播其他体裁的文艺作品,却演播不了小说,或者仅限于一种风格、样式的小说演播,这都不能胜任小说演播工作。

三、驾驭叙述语言

在小说演播中,语言可分为"叙述语言"和"人物语言"两大类。小说中的叙述语言有很大作用,它可以介绍人物、事件、情节;描写时代背景、自然环境;还可以帮助塑造人物形象,表现人物的行为、内心活动、回忆、幻想等极其丰富的内容。可以说,叙述语言几乎无所不能,是小说演播中的主要成分。叙述语言大体分为三类:

1. 描写环境的叙述语言

它包括时代背景、社会状况、自然环境。作品中的环境描写,不论是"社会环境"还是"自然环境",都与作者反映社会生活、塑造人物形象有着密切联系。

比如小说《西线轶事》中的一段：

九四一部队基地指挥所，设了伤员和烈士遗体转送处。烈士遗体要在这里进行登记，清洗过了，换过新军服，然后上汽车送回国。转送处人员不多，主要是九四一部队文艺宣传队的女同志担任这项工作。总机距离这儿不远，女电话兵们下了机也常来帮助照料伤员，清洗烈士遗体。

这段描写环境的叙述，介绍了女主人公"陶珂"见到儿时的伙伴男主人公"刘毛妹"的遗体时的时代背景与自然环境。

播这类叙述语言，要求介绍清楚，语速不可太快，要从渲染环境的整体氛围出发来设计具体表达，要与此段落的内容、情节和情感相适应。表达应在缓缓的语流中进行，将人们带入特定的环境气氛中，以便更好地展开后面的情节和内容。在小说的叙述中，对特殊的环境气氛应注意加以渲染，造成应有的氛围感。

2. 塑造人物形象的叙述语言

（1）概貌介绍：它是对人物进行初步、整体的大致介绍，是在对人物具体、细致地刻画之前，在人物没有进入到复杂、激烈的矛盾冲突之前，对人物的外貌、身世、人际关系等进行的简单介绍。它可以让听者对人物有一个大致了解和总体印象，为人物以后的行为做个铺垫。

如小说《西线轶事》中，对"刘毛妹"的介绍：

在户口本上，刘毛妹登记的并不是这样一个十足女性的名字。因为生得白净，头发卷卷的，又是那么文静，活活像个小姑娘，院里的人都喜欢喊她"毛妹"，喊来喊去成了正式的名字了。

播这类叙述语言时，应注意将人物的姓名、称呼特别强调出来，加深听者的印象。这种人物的概貌介绍，有时不仅是用叙述语言，中间还会穿插一些人物语言，演播者在演播时，也应使用"叙述的基本语气"来处理。因为，此时听众的注意力主要集中于对人物的身世、外貌、经历等诸方面的介绍上。如果这时演播者刻意追求人物语言的生动、形象，便会很大程度跳出叙述语言，有损叙述语言的连贯、完整，干扰听众对人物总体印象的形成。当然，也不能让人物语言与叙述语言毫无区别。

（2）表现人物行为：这种叙述主要介绍人物正在做什么，怎么做的，人物是以怎样的心情和态度在说话，人物与对手的交流中双方的心境、关系、情状如何，以及对人物行为意义的认识与评价等。在播这类叙述语言时，应注意：清楚、渲染、强调。

表现人物行为的叙述语言又可分为两种情况：

第一种："人物对话前"的叙述。这种叙述语言一定要向听众介绍清楚，此时人物关系如何，为什么要有下面的对话，以及对话又为什么是这样一种情态与分寸等。

如在《西线轶事》中，对陶珂与刘毛妹在这次部队相见之前的情况介绍，就讲明了两人的

关系及来龙去脉,也为下面即将开始的二人对话提供了表达处理的情态与分寸:

  陶坷同幼年的朋友一直没有联系,入伍到了新兵团,意外地遇到了刘毛妹。第一次见面,部队在集合,只匆匆握了个手。小时候他们多少次脊背贴着脊背比过个儿,始终不差上下。现在毛妹一下蹿到了一米八二。小陶觉得,刘毛妹除了变得人高马大以外,其余什么也没有变。和他握手,涨红了脸,还像个怯生生的女孩子。随后,又有几次见面,小陶才感觉到,同她一起长大的这个年轻人变得完全陌生了。那一对眼睛,朦朦胧胧的,失去了原有的明澈光亮。当孩子的时候,衣服总是整整齐齐的,现在倒很不讲军风纪:常常是解开两个纽扣,用军帽扇着风。抽的是五角以上一包的烟,一连串地吐着烟圈儿。无论说起什么事情,他都是那样冷漠,言语间带出一种半真半假的讥讽嘲弄的味道。不像小时候,对任何事情都有着强烈的兴趣,有着十足的热情。

  这段叙述,点明了刘毛妹的变化与现状,为他与陶坷下面对话时的情状做了很好的铺垫。我们在演播这段叙述时,就应播得清楚,既有层次、对比,也有情感、态度,这些都应从叙述语言中自然带出。
  第二种:"人物对话中"的叙述。它主要渲染、表现人物对话时的内心感觉、神态动作等情状,以烘托人物对话时的语境和氛围。播这类叙述语言时,应将双方人物(或多人)对话中的反应、运思及神态、动作等做些渲染,给人相应的感觉。如小说《青春之歌》节选,卢嘉川启发林道静的那段对话中,就穿插了不少揭示、渲染两人交流时的情态、反应的叙述语。这种语言一般不会太长,却大量存在,并零散分布在人物对话之中。这就要求演播者既要表现好人物语言,塑造好人物形象,也要让这种叙述语同人物语言有机融合,帮助塑造好人物形象。

  ①卢嘉川坐在椅子上,用手轻轻地拍着桌子,好像在替道静激烈的语言打着拍子。他摇着头,刚刚可以觉察到的调皮的微笑又浮现在他活泼的脸色中。
  "小林,咱们先讨论个问题——你该把饭锅搅一搅,不然要糊了。你过去和家庭斗争,不满黑暗的社会,现在又想很快去革命,上战场,究竟都是为了什么?"
  ②道静突然被窘住了。她咬着嘴唇沉思着,忘了搅锅,大米饭真的有了糊味。卢嘉川站起身来把锅端到火炉的一边烤着,她还在沉思中,一点也不知道。半晌,她才迷惘地看着卢嘉川说:"我,我没很好地考虑过这个。……但是我相信,我不是为自己。——我讨厌那种自私自利的人。"
  "但是你这些想法和做法,恐怕还是为了你个人吧?"
  ③道静蓦地站起身来:"你说我是个人主义者?"
  "不,不是这个意思。"
  ④卢嘉川的神气变得很严峻,他的眼睛炯炯地盯着道静。"我问你,你过去东奔西跑,看不上这,瞧不起那,痛苦地沉闷,是为了谁?为劳苦大众呢,还是为你自己?现在你又要去当红军,参加共产党做英雄,……你想想,你的动机是为了拯救人民于水火呢?还是为满足你

的幻想——英雄似的幻想,为逃避你现在平凡的生活?"

⑤道静愣住了。过了一会儿,她又忍不住笑了。卢嘉川的话多么犀利地道破了她心中的秘密啊!她不由得害羞起来,歪着脑袋半天才说:"卢兄,你说得很好,过去我只想当个好人,不欺侮人,也不受人欺侮。也许这就叫作'独善其身'吧?确实,我很少想到旁人。但是我有一点不明白:我常常省下自己的零用钱,给洋车夫,给乞丐,我喜欢帮助穷人,你能说这也是为个人?"

《青春之歌》"启发"这一片段,表现的是林道静怎样在卢嘉川的启发、诱导下逐渐认识到了自己的问题,对革命有了进一步认识。在此,卢嘉川的心理过程是"发现—启发",即发觉林道静对革命的模糊认识和小资产阶级情调,从而,一步一步引导她正视自己的问题,真正认识革命。林道静在这一片段中的心理发展变化线是"不解—顿悟",即对卢嘉川的尖锐批评不解,感到委屈,后经对方有理有据的剖析、启发、诱导,明白了自己的问题所在。以及卢嘉川这位成熟的革命者是如何对症下药,深入浅出地启发、引导林道静真正认识革命,认识自己的。

引文中的①,解释了卢嘉川听到林道静要上前线,投身革命的激烈言辞时的沉着、无奈,也表现出他的成熟。在播这段叙述语时,应抓住淡定、轻松的气氛,不必过于沉重,好为下面对症下药的谈话和轻松自然的气氛做个铺垫。也可表现卢嘉川做思想工作的得心应手。

引文中的②,揭示出林道静对卢嘉川的话的思考与迷惑。播这段叙述语时,应渲染林道静的思考情状与不解心情,有机地引出下面人物语言的不解情态。

引文中的③,虽然仅一句话,但它对揭示人物此时的心态至关重要。因此,我们在播这句叙述语时,要尽力渲染人物的动作,以披露其内心得到的刺激与震动感。

引文中的④,表现了卢嘉川看到林道静极为不解和不满的举动后,他的反应。应播得严肃、郑重,以恰切地引出下面一节重要的启发之语。

引文中的⑤,则道出了林道静听了卢嘉川的启发后的思维及转变过程。叙述语要有层次,态度也应由冷变热,揭示出林道静内心的运思过程与初步转变。

通过以上较为详尽的分析,我们是否感到播这种叙述语,应把双方人物对话中的相互刺激、反应、运思以及形体动作等各种生理、心理感觉予以表现。人物感觉与行为应介绍清楚。我们是否可以得到这样的结论:人物对话之间的叙述语言,对于揭示人物间"接收—判断—反应"对方语言的心理过程及与之相关的情状、动作、说话方式起到重要作用,可使人物的形态、内心更生动、鲜明。从某种意义上讲,这类叙述语直接帮助塑造人物形象。

所以,我们在播这类叙述语时,一定不能忽视它,要抓住其应有的色彩、感觉予以表现。不仅应表现谁在说什么或谁在做什么,更重要的是应显示出谁怎么说,怎么做和为什么说,为什么做。

3. 交代情节的叙述语言

好的小说每每有吸引人听下去的故事情节,有情节的开始、发展、高潮、结束这样一条或明或暗的脉络,有头有尾,连贯自然,又波澜起伏。小说中的叙述语言,有不少是交代情节发展变化的。这就要求我们先要弄清这段叙述语言在作品中起什么作用,是起、承,还是转、合。找准其与上下文或人物语言的衔接点,态度情感的分寸、变化,点指清楚,转换有机,承接自然、顺畅。根据作品的写法与情节的需要,选用恰当的手段、技巧予以表达。

如微型小说《傻黄》,这是一篇讽刺性作品,通过对生意人"阿德"做生意的描写,表现了"聪明反被聪明误"的主题。

可能由于时代的距离,现在的年轻人不大理解小说中所描写的人物心态与时代特点。那应该是在20世纪80年代,离"文革"结束还不久。那时人们刚从全国人民着装"一个样","一片灰"或"一片蓝"中走出来,人们——尤其是年轻人很希望自己的服装有个性。但在服装设计和服装生产上还远远跟不上需求时,追求个性化服装是不可能的,能买到一些稍有时代感的服装已属难得了。所以,能穿上有些变化的服装的人已是那个时代"追时髦""赶风流"的"弄潮儿"了。

来看微型小说《傻黄》中表现情节的叙述语:

①《傻黄》的开头一段叙述,就以"悬念导入"方式给出了情节的发端。提出了"柠檬黄"色喇叭裙脱销,而精明的店主"阿德"又不甘心放走到手的买卖的矛盾,它是情节发展的导火索。叙述时,不应平铺直叙地说,应带出一种悬念感,以吸引听众的注意力。当精明的阿德心生一计,将自己店里有的"橄榄绿"色喇叭裙吹得天花乱坠,又将柠檬黄色喇叭裙贬为过时的"傻黄"之后,做成了这桩买卖。

②在这个场面之后,又是叙述语言交代了事情的结果。

③接下来的一段叙述又承上启下推进情节,交代了故事情节的发展与变化。但与此同时,又提出了新的悬念。在叙述时,应抓住前后两种不同的情绪、色彩,进行点指、渲染。前边是"自鸣得意",后边则主要是"心生疑虑",中间的"转换"要明显,用"停歇"和"语气"两种表达手段,使其共同发挥作用。其实,这段叙述共分三个小层次:自鸣得意、商价进货、心生疑虑。我们在叙述时,既要有相应的小层次感,也要过渡有机,转换鲜明,语言生动,有推进感,这样才能给人以情节发展的过程感和推进感。

④⑤情节的结束是在最后两段的叙述中完成的:"阿德上街观察"和"'我的老天哪,傻黄!'阿德一拍脑门子差点儿晕过去。"这段结尾的叙述解开了听众的疑点,让人感觉到作者运思的巧妙,理解了"聪明反被聪明误"的题旨。

为了实现作者的创作初衷,更好地揭示主题、展现情节,我们在叙述这些内容时,要结合此小说讽刺幽默的风格。表达中讽刺的意味要浓,重音强调、语气夸张、加强渲染,给人留下鲜明印象,让人得到启示,增强小说的抨击力。

在小说演播中,时常会有一些表现"时空转换"的叙述语。有时是从"现在"转入"回忆",有时又是从"回忆"转回到"现在"。这时,演播者就要注意感觉上的转换与表达上的处理。比如:"那是白色恐怖时期,阴云密布的日子……"在叙述这段回忆时,通常在"那是"的前边,上文结束处有较长时间的停歇,待"那是"用较虚的声音说出之后,还可将"是"的尾音拖长些,以把听众慢慢带入到那特定的年代中去,也显出回忆的性质。可以用虚实结合的声音方式表现。一般而言,"回忆"部分可以播得"虚"一些,因为它是一种回忆状态,是过去的事情,应当给人一种"遥距感"与"朦胧感"。同时,"回忆"与"现在"转换的间隔可以适当长一些。根据回忆内容的不同色彩和氛围,可以有不同的对比处理。

如当"现在"部分的内容与情感是暗的、沉的,而"回忆"部分中的内容与情感是明的、轻快的时候,可采用暗的、慢的语言声音形式表现"现在",而用明的、快的语言声音形式表现"回忆"。在二者转换时,要有不同时长的间隔。在用声方面也要有音色的变化,由虚转实或由实转虚、由暗转明或由明转暗,二者形成对比变化,不可播成一片,让人听不清楚。

表现叙述语言应播得清楚。此外,播叙述语言的感觉不应是"冷静的旁观者"(除个别创作需要处),应成为"热情的知情人"。从广义上讲,叙述者也应是一个有具体身份和心灵的人物。表达应当区分不同内容、风格,有相应的"基本语气"和基调。在用声方面,叙述语言可以使用演播者最舒服的自如声区。表达叙述语言还应自然、流畅、平稳、有情(与人物语言相对而言)。

要播好叙述语言,还有一项工作不容忽视,即为了使语言上口,又听得清楚,在不伤作品原意的前提下,可对某些"说明性提示语"做增减、修改、换位的处理。

(1)为了播得顺畅、上口,可将书中某些"谁谁说"之类的"说明性提示语",提到人物语言之前来说。这样可以使听众听得既清楚,又连贯,不致使这些"插入语"破坏完整的语意、阻断语流。

例如长篇小说《家》中,瑞珏关心梅表姐的一段话:"你在吃药吗?我看这种病应该早些医治,要医断根才好。瑞珏十分关心地说。"我们为了播得顺畅,上口就可将"瑞珏十分关心地说"的说明语提到她的话前面。又如,"梅接连地咳了几声嗽。"像这样的话也可改为"梅接连地咳嗽了几声。"这样,可以使听众听得更清楚,也通俗、易懂。

(2)可将作品中的"他"或"她"的"人称代词"改换为本人的姓名,这样可以使听者分清不同的人,避免造成听觉上的混乱(这在阅读作品时,可以根据文字写法不同而得知)。

例如《青春之歌》中"卢嘉川说着笑了,林道静也跟着笑了。她的情绪随着他的话像小船随着波浪一样忽高忽低。"这段话,有两个他(她),一是指林道静,二是指卢嘉川,如看小说可知第一个"她"是指林道静,而第二个"他"是指卢嘉川,可演播时听众不易明白,播者也不易说清。因而,我们可以将第一个她,改为"林道静",将第二个他改为"卢嘉川"。

(3)可以适当减少一些"说明性提示语"如"谁说"等,使表达变得更精练、完整、流畅。

目前,有些小说演播者为了不打破语意的连贯性,尽量将这些"说明性提示语"去掉,直接用人物语言进行"对接"。这样可使人物语言更集中、好表达,但同时也需要演播者有很强的人物语言造型与叙述语言表达两重功力。

总之,在演播小说时,为了适应听觉习惯,对作品中的某些地方做适当修改是允许和完全必要的,这也是演播成功不可或缺的。

四、表现人物语言

小说要反映社会生活,就不能不描写人物及其所处的环境。人物在小说中占有重要地位,它是作品描写的主要对象,又是作品主题的重要体现者。小说中的人物,不同于散文中的人物,它的每个人物都有集中描写、鲜明个性特征和人物风貌。人物语言是显现人物特征的重要窗口,因此,要演播好小说,必须要演播好人物语言。

(一) 确立人物基调

寻找、确立"人物基调",在处理人物语言上是第一步,也是最重要的一步。要塑造好人物,就要区别不同人物,就要善于捕捉人物全貌,找准"人物基调"。不同的人物有不同的性格、经历、相貌与心理特点,自然具有不同的人物基调。

如电影《山楂树之恋》上映后,有人提出,小说中的"静秋"是个比较丰满的女孩,而演员"周冬雨"长得比较瘦小,与原著的形象不符。导演张艺谋的话,让我们看到了什么是艺术家。他说他之所以选择了周冬雨,是因为她身上有着很多当代女青年身上所没有的"纯真气质"和"战战兢兢"的美,而这些正是书中所描写的人物内核,以及作品所表现的时代特征所需。我们知道,"静秋"出生在一个教师家庭,她本人也有一定学识与文艺特点,"文革"中父母被冲击,所以她和家人担惊受怕,处处谨慎。这多种因素构成了电影中"静秋"的人物基调,张艺谋导演的人物阐释,使我们体味到这一选择的真谛。因而,电影中的"静秋"也被人们认可并喜爱。这说明,定位一个人物,不能只看外表,更多的是要看人物气质。

寻找人物基调,应立足于作品整体,从"直接"与"间接"两个途径中着眼。

"直接",是指作品中直接描写的人物特征,它包括人物的内质与外貌、客观经历与主观心理等方面。"间接",是指作品中通过他人之口所传达出的与该人物有关的一切信息。同时,还需以现实生活与以往经验作为参照,活化出一个个具体、可信的人物。

有了以上的准备过程,我们就可以大致抓住每个人物的基调、特征,为表现他们打下良好的基础。也就是说,具化、活化小说中的人物,让每个人物都能在演播者心中成形,都要经作品文字提供、社会生活补充、个人积累等糅和而成。

小说演播中的人物基调非常重要。在短篇和微型小说中,人物基调一般变化不大,而在中篇、长篇小说中,却有不同程度的变化。这是因为,小说篇幅长、情节复杂、人物完整,因而,人物的成长及其不同阶段必然带来人物基调的不同改变。如外国小说《牛虻》中的男主人公"亚瑟"(牛虻)的人物基调前后期就有相当大的变化。前期,是近似孩子般的"温情""柔弱"的基调;后期,变为革命者的"坚毅""苍劲"的基调。人物基调的变化,必然表现在演播基调。

有时,我们会遇到比较复杂的人物形象,人物基调难以把握。如《西线轶事》中的"刘毛妹",从小说的节选中,我们看到的似乎是两个"刘毛妹",一个懒散、落后,一个正直、有为。那他的人物基调到底是哪个呢?回答是"后者",这是这个人物的正确基调;那种懒散、落后,只是他基调"主旋律"在某一人生阶段的"变奏"而已。原因是从小说的种种情节中,尤其是他给妈妈留下的遗书中,还有他儿时的伙伴"陶坷"的回忆里,我们看到的是一个俊朗、善良、正直、勇敢的中国军人形象:他从小纯真,大了说话还脸红,参军后,背通讯密码第一,主动帮女电话兵架线,鄙视不正之风、战场上英勇奋战,等等,最后,他倒在了为祖国而战的疆场,献出了自己年轻的生命。他的"怪话""牢骚"与"懒散"不是他的责任,是那个时代——十年动乱所带来的!是他的真诚,让他说出了某些"真话"。其实,在那个年代,像这种所谓的"落后"士兵绝不止他一个!因而,这个所谓的复杂人物,他的人物基调也就绝不单一,在主基调下,必然有其随境而生的"变奏",这就是现实。这样的人物分析与基调定位,必然带来语言表达的准确与分寸感。

事实表明,演播人物、情节复杂的作品,抓不住人物基调不行,但没有随人物的不同阶段和作品的情节发展而产生的人物基调变化也是不行的。因为,只有人物的主基调而无相应的"变化"则难以准确、丰富、完整地体现一个人物。唯有全面、具体地把握了人物基调,方知什么样的人物在什么阶段、环境、人际关系中会怎样说出每一句话。总之,从作品内容出发,熟悉人物全貌,了解人物经历与阶段,方可抓准人物基调及其变化,为准确、完美地表达人物语言打下坚实的基础。

(二)设计人物造型

著名演播者张筠英曾说:"演播小说中的人物语言应当做到两个统一:即'语言内在实质'与'外在体现形式'的统一;'视觉形象'与'听觉形象'的统一。在这两个统一中,语言内在实质与视觉形象为基础,必须从语言内在实质出发去寻找外在的体现方式,必须从视觉形象出发去寻找听觉形象。因此,我们对人物基调确立之后,就要进行人物的语言造型,将其转化为一定的听觉形象。"这话说得很精当,它点出了外化人物语言的关系与途径。另一位小说演播者赵琮婕也说:"小说原作为播讲者提供了人物,吃透了这个人物,听众才能从演播者的声音表现中,栩栩如生地瞅见这个人物。"

人物的性别、年龄、语言习惯等不尽相同,在小说演播中,人物基调也各不相同。要想塑造好不同人物,在表达方面需做两方面工作来落实:

一是,依据人物的不同基调、不同条件来设计其语言声音造型。

二是,以不同的表达手段来区别和表现不同人物的语言声音造型。

人物的语言声音造型多以生活中的典型为基础。一般而言,年轻人的声音较高、清亮,咬字较紧;老年人的声音较低、沙哑、气散,咬字较松。(当然,生活中也有二者相反的情况,那是特例,只听声音难以分辨出是年轻人还是老年人)。通常,性格粗犷的男性、体力劳动者,发声容易靠后、气足、咬字较硬;而性格温和的女性或白领人员,声音、气息不强,咬字不硬。这说明,人的年龄、性格、职业等不同,就会有不同的语言声音特点。

不同的语言声音造型需用不同的造型手段:

1. 共鸣腔的运用不同:共鸣分为高共鸣、中共鸣和低共鸣。鼻腔以上为"高共鸣",口腔为"中共鸣",胸腔为"低共鸣"。共鸣腔的运用不同,可以造成不同的音高、音色,塑造不同年龄、性格的人物,表现人的不同情状。

2. 咬字方法不同:咬字可以有前咬、后咬、松咬、紧咬、横咬、竖咬等,字形可有长形、圆形、扁形等不同形状和饱满、不饱满之分。咬字的不同,也可以表现人物的不同年龄、性格和情状等。

3. 气息运用不同：气息有提气、松气、托气、偷气、就气、抢气、颤气，以及气息的强弱、深浅、长短等不同气势和气状。气息的运用不同，可以表现人物的不同生理、心理与情状。

4. 语调不同：语调可以分为直线形、弯曲形等。语调的不同，可以表现人物的气质、内心状态等。

5. 运用特殊造型手段：这些手段表现为加鼻音说话、撒气说话、下牙前突说话、裹唇、扁唇、噘唇、咬舌、结巴、撑后声腔说话等。

以上种种手段、多种组合的运用，可以形成不同人物的基本语言声音造型。

如《奶奶的爱情》这篇微型小说中，奶奶的语言声音造型，应当以胸腔共鸣为主，字咬得较松，有些撒气说话，还可加上点气泡音来帮助体现老年人说话的特点。而孙女的语言声音造型，则用声、咬字较靠前，字咬得小巧，声音甜润，让人一听就知道，这是一个年轻、漂亮的姑娘在说话。

如《青春之歌》中，卢嘉川和余永泽是年龄相仿的男青年，区分他们就应从人物的气质和语调来把握。卢嘉川热情、坦荡、正直、沉稳；余永泽自私、狭隘、夫子气足。他们的精神气质相差甚远。因此，卢嘉川的语言应是音色淳正，语调直形，透出人物的坦率大度和成熟。而余永泽说话则语调多弯曲，还有些拖腔，略带点鼻音色彩，以表现他的为人与夫子气。

一般短篇小说和微型小说中（长篇小说节选也在内）出现的人物较少，我们设计人物语言声音造型较为容易。如演播篇幅较长、人物较多的作品时，就应先将作品中的人物按年龄、性别、人物色彩等各种条件分门别类地进行统筹设计：有的可以用"声区"不同来区分，有的可以用"咬字"不同来区别，还有的可以用"语调""语速"不同来区分，也有的可以加上"特殊语言声音造型手段"来区别，有时会用几种手段、不同搭配来区别不同人物。

值得提及的是，小说中的叙述语言（包括第一人称的叙述语言）一般不用语言声音造型，而是用演播者的"自如声区"及正常的吐字发声状态来表达。如叙述语言与作品中某一人物的语言声音造型所需条件相同，就应注意在身份、内心感觉上加以区分，或在叙述语言与人物语言二者的转换衔接时，运用虚实、快慢、高低、音色等对比方式加以处理。当然，设计、体现人物语言，不能只注意其外在条件和语言形式，而应将主要精力放于体现人物的内在精神实质上。

以上这些语言表达处理，可以表现不同人物的语言声音造型，给听众以准确、完整的听觉形象。

(三) 把握对白与独白

小说中的人物语言，分为"对白"与"独白"。

"对白"，即人物之间的对话。在小说演播中，"对白"是最难处理好的。原因有两个：

其一，小说演播需要演播者站在不同人物角度，具有相应身份感，表现两个或两个以上不同人物的性格化语言的直接交流，这就需要演播者在演播时要快速转换人物心理，把握其生理表现。

其二，小说演播中的人物对白，不仅要转换双方的语言声音造型和基调，更要兼顾人物关系、语言目的、情感状态、神情动作等不同方面及感觉,从内到外即从人物的内心感觉到外部语言声音形式进行全方位的快速转换,才能胜任人物对白的演播。

在小说演播中的人物对白语言交流过程中,应当具有"接收—思索—反应"的心理过程和语言形式显露,对每句话都应目的明确、准确、细腻、有感觉地说出。同时,应抓住"人物身份感"并从有声语言这一个窗口,透露出人物说话时的全貌,包括面部表情、形体动作。打个通俗的比喻,小说演播有些像一个人说单口相声,自讲、自演、自问、自答,靠的是内外部技术的结合与娴熟。小说演播中,不但要将故事情节讲得清楚,还要表现不同人物的心理过程与交流方式。因此,不同人物的心理转换要快,这就要加强自我心理刺激,要真听、真想、真交流,要有形象感。

从小说《西线轶事》节选里"陶坷"与"刘毛妹"最后一次见面的内容中,我们来看小说演播者对于叙述语言、人物对白的心理转换与处理:

陶坷同幼年的朋友一直没有联系,入伍到了新兵团,意外地遇到了刘毛妹。第一次见面,部队在集合,只匆匆地握了个手。小时候他们多少次脊背贴着脊背比过个儿,始终不差上下。现在毛妹一下长到了一米八二。小陶觉得,刘毛妹除了变得人高马大以外,其余什么也没有变。和他握手,涨红了脸,还像个怯生生的女孩子,随后又有几次见面,小陶才感觉到,同她一起长大的这个年轻人变得完全陌生了。那一对眼睛,朦朦胧胧的,失去了原有的明澈光亮。当孩子的时候,衣服总是整整齐齐的,现在倒很不讲军风纪,常常是解开两个纽扣,用军帽扇着风。抽的是五角以上一包的烟,一连串地吐着烟圈儿。无论说起什么事情,他都是那样冷漠,言语间带出一种半真半假的讥讽嘲弄的味道。不像小时候,对任何事情都有着强烈的兴趣,有着十足的热情。谈起小时的同学,某人某人现在搞什么工作,①刘毛妹说:"无所谓,我的看法是干什么都行。因为什么都不干好像是不行。"

②小陶问他:"既然这样,你何必一定要到部队上来呢?"

③"既然你可以来,为什么我不能来呢?"

他们谈起了争取入团、入党的事情,④刘毛妹感叹地说:"一年团,二年党,三年复员进工厂。在知青点上的人和那些没有着落的社会青年看来,这当然是很够羡慕的了。其实又有多大的意思?没劲!"

小陶几次试着给她幼年的朋友一些劝告,⑤她说:"我看见一篇文章上讲,'不能因为第一次飞翔遭到了乌云风暴,从此就怀疑有蓝天彩霞'。你就是这样,因为不相信有蓝天彩霞,干脆剪掉了自己的翅膀。毛妹!别太悲观,我们需要振作起精神来。"

⑥"我也在报上看过一篇文章,上面说:'请正视现实,不必以海市蜃楼里的绿洲,覆盖地上的沙漠。'"刘毛妹逼视着小陶。——小陶扭头走了。从此他们没有机会再见面,也没有通过信。

我们所见的这个片段,信息量很大,结合烈士遗书的内容,我们了解到"陶坷"和"刘毛妹"是儿时的伙伴,他们的父辈都是军人,两人又都是在部队大院长大。然而他们的境遇却有很大不同,刘毛妹的父亲在"十年动乱"中遭到错误对待,被迫害致死。而陶坷却没有这个经历,因此她能顺利参军、进步,可刘毛妹却不能参军,只能去插队,我们能够想象,他还会受到多少人生压力和歧视,这一切使他压抑,变得消沉。另外,两人的关系虽然书中没有着意展开,但从他们的几次接触及最后的见面谈话里,我们不免感到一丝朦胧的情愫。是的,这一对青年男女军人有着那么好的相识基础,虽然成长经历有别,但他们还是愿意留有一份感情的,可惜那个时代的烙印与各自的人生差别,最后没能共识共情。否则,小陶恐怕也不会冒着对方不满自己还那么积极、真诚地劝说毛妹振作起来,刘毛妹牺牲后,她也不会主动要求并亲自用心地给烈士清洗遗体,还那么遗憾烈士在信中竟没有一句提到她。

在这段节选中,前半,是以叙述语言为主;后半,是人物交流。这里的叙述语言在介绍讲解情节、人物、场景时,绝不能一般性地平铺直叙,像个"旁观者",而应是一位热情的"知情人",他所介绍的一切,都是亲眼所见、亲耳所闻、亲自所感。因此,叙述语中必然带有其内心的"真实感觉"及"语言态度"。如"头发卷卷的""涨红了脸""脊背贴着脊背比过个儿""一下子长到了一米八二""解开两个纽扣,用军帽扇着风""一连串地吐着烟圈儿""冷漠""讥讽嘲弄"等,这些人物形象和人物情态,叙述者一定要自己看得见、感觉得到,并将其反映在介绍的语言里。也就是说,叙述者也是一个"人物",也要有形、有灵,也要随所介绍的人物和行为有相应的形象感、动作感,产生细腻的心理、生理感觉,才能很好地完成自己介绍者的任务。

在这段节选中,人物语言的表达比较难把握,了解了作品的时代背景、人物面貌及双方关系,我们才能准确处理小说演播的人物基调、情感分寸等细节。只有对作品的大背景和人物背景都很清楚,才能处理得当,表达准确。演播者在表达时,应像看一部电影那样,看得见"刘毛妹"和"陶坷"两个主人公的相貌、军姿、说话神情和动作等。理清他们的"谈话脉络",抓住两人各自的"心理活动",自己的身份感也在不断交替变化着。如说刘毛妹的话,就好像自己化身为他了,一边说着话,一边用军帽扇着风,还口吐烟圈,也许身子还靠在一棵树或墙上。这种想象与感觉,可使演播的气息和说话的感觉与所表现的人物语言相适应,形成生动的演播。具体如下:

①刘毛妹的话:是一种迷茫、消沉的感觉,表达懒散。

②陶坷的话:不应是怨气十足的,应是一种疑问感。

③刘毛妹的话:是一种嘲讽的对应感。

(这里,刘毛妹对他与陶坷的经历不同,有种不满)

④刘毛妹的话:是一种消极的反抗,他对当时的现实不满。他的理想在哪?他的青春不在!

⑤陶坷的话:真诚、热情地鼓励对方,又有些不满,但不能过分,以前者为主。

⑥刘毛妹的话:此时,刘毛妹按捺不住了,他是在反唇相讥,语言快接、强接,有怨气,形成对峙。所以小陶才无言以对,只得走了。

(他感到对方不了解自己的经历与内心,太简单,只会唱高调,不是一路人)

我们可以看到,在这段对话当中双方交流不畅,因为他们的立足点不同,还缺少真正的了解。刘毛妹的思维与情绪一直在运动,甚至在忍耐,直到无法控制,所以他的情绪外化是有层次的。而陶坷的思维与情绪始终如一,那就是要帮助对方回到自己认为对的路上来,成为像自己一样的积极、进步的人。但现实是残酷的。

为什么刘毛妹在这段与陶坷的对话当中是以上的表现?

请看小说对此的"用词",如最后的对话描写是:"刘毛妹'逼视'着小陶"。这说明,刘毛妹不同意小陶的观点,他不满对方的"唱高调",认为对方只知道这些,不懂得真正的社会与不同的人生,更不懂自己!所以,我们对刘毛妹这最后一句话的处理,就应是"按捺不住、反唇相讥、快接、强接的"。而不是像有些人处理的那样,仍然是懒散的对话,没有内心活动,没有人物逻辑,也没有情绪积累的显现。这种没有生活、不动脑子的演播,必定失败。

所以,小说演播者在演播人物对话时,不能"简单化""想当然",一定要以作品"一度创作"所提供的内容为参考、想象的依据并吃透人物的一切,分析、感受正确,演播时才能判断、处理准确。

在这里,演播者除去要把握"叙述语言"和"人物语言"的各自处理外,还要做到及时、快速地转换叙述者、刘毛妹、陶坷三者的思维、内心、情态、语言声音造型及各自的任务,穿插于三者之间,表现出三个人的内与外。所以说小说演播是"一人演一台戏"。

"独白",即人物内心活动的外化。"独白"是小说演播中人物语言的另一种表现形式,它表现人物的"内心活动"或"书信内容"。比如《青春之歌》中卢嘉川对林道静提出要上前线的想法之后的内心活动:"这个女孩子把革命想得多么简单容易呀!"以及《西线轶事》中刘毛妹烈士的遗书等,这些都是小说中人物的内心独白。在表达处理上,它区别于叙述语言,应处理为"人物感觉",带有"人物语言特征"。在表现人物独白时,一般用声可以虚一些,语言可以慢一点,表达自然。

此外,人物"独白"同人物"对白"一样,应当十分重视演播的规定情境,在表达中面对孤独的自我,在自言自语中,要让受者听出这是在什么环境和什么情境当中的人物内心活动。

总之,"人物对白"与"人物独白"都具有语言表达的技巧性,感染受众的艺术性和表达处理的复杂性。

第三节 小说演播提示

一、区分"全篇基调"与"人物基调"

在小说演播中往往会出现这样一个问题,即演播者把"全篇演播基调"混同于作品中的某一"人物演播基调",这是不妥当的。如将小说《复活》的演播基调,处理成书中女主人公"玛丝洛娃"或男主人公"聂赫留朵夫"的人物基调,那都不行。

原因在于,演播者将"全篇演播基调"与"人物演播基调"相混了,事实上它们应当是两个概念。"人物演播基调",是作品中某一特定人物的语言基调,它只表现某一个人物的风貌。而"全篇演播基调"是表现整个作品的。演播者是全书整个作品的驾驭者和表达者,他既要叙述情节,又要表现人物,若将作品的全篇演播基调混同于某个人物的语言基调,便缩小了其表现范围,无法准确表现整个作品。演播基调不对,表达势必欠准。同时,这也反映出演播者的艺术修养欠缺,对演播理论理解不清的问题(某些用第一人称创作的小说除外)。

二、忌"叙述语言"与"人物语言"脱节

有的小说演播者为了让人听出叙述语言与人物语言的区别,在播到叙述语言时,就用中速、客观、平淡的方式来处理;而播到人物语言时,就处理得活灵活现、情浓意切,这就使得叙述语言与人物语言截然分开,显得生硬、不有机,不能很好地表现作品。

我们不禁要问,难道演播者在播叙述语言时内心就没有与所播内容同步的情感波澜和相应态度吗?难道讲述到小说《家》中那美丽、善良的丫环鸣凤,为了反抗恶势力,保住自己的清白,将要投湖那痛苦凄凉的心情时,演播者能不为之动容吗?难道讲到《青春之歌》中林道静领悟到了卢嘉川的真诚引导时,演播者不会由衷高兴吗?

虽然叙述语言与人物语言是要有所区别,但也不能播叙述语言就冷、淡、平,播人物语言就热、变、活。其实,叙述语言的表达处理也应随所播内容不同而有所变化,不但要有快慢、高低、刚柔、明暗等不同音色、节奏的对比,也要有冷暖、悲喜等不同情感色彩的变化。当然,演播叙述语言与人物语言的区别不只在于以上因素,更在于二者身份角度、任务的不同。因此叙述语言的情感表达稍淡于人物语言也是可以理解的,毕竟一个是讲述、介绍情节与人物,一个是抒发自己的内心情感,它们的情感投入不相同,但应把握其中的"度",使二者有机融合。那种将二者生硬划开的做法是不可取的。

三、"人物语言"不可"求形大于神"

在小说演播中,由于演播者既是作品的"叙述者",又是人物语言的"表达者",要"一人演一台戏",这就决定了演播者进入人物是有一定限度的,不能全方位扮演,完全扮演一个人物是不可能的。事实上,再有技巧的演播者也不可能男生播出女声,女生播出男声。曾有人做过这种尝试,但以失败告终。既然不可能,也就谈不上完全的扮演。

为了将小说中人物的性格、关系、行为、语言表达得生动、吸引人,更好地揭示作品的主题,在演播人物语言时,力求形神兼备,对语言形式有一定的追求是可以的。但更需要从人物基调、人物心理和人物感觉入手把握人物、区分人物、表现人物,切不可求形大于神。那样,绝对塑造不出准确、鲜明、生动、丰满的人物形象,只会形成"表面化""脸谱化",搞成声音技巧展览,违反了我们的表达创作原则。

四、运用语言表达"辅助手段"

小说演播中,为了求得生动的效果,有时,在人物语言的表达中根据内容需要可以加上"非语言表情声音",如哭、笑、咳嗽声以及各种气息声等,以求人物情状的逼真。比如,为了渲染环境气氛可加上一些相应的"象声词",如跑步声、风雨声、枪炮声,甚至打耳光声等。有了这些"非语言表情声音",可使我们的演播更生动,更能吸引人,有身临其境之感。此外,小说演播中的人物语言,还可以根据具体内容加进些歌曲、曲艺、外语等其他手段来帮助表达。

如著名小说演播家王刚就曾在不同内容、风格的小说演播中,选用了各种辅助手段。他在外国小说《神秘岛》的演播中,唱了英文歌曲;在小说《夜幕下的哈尔滨》的演播中,用了说日语和唱曲艺;在小说《高山上的花环》的演播中,用了说方言的方式。这些辅助手段的加入,使得小说演播更生动、更丰富。

如若没有以上这些辅助手段的参与,我们的演播会显得干巴巴的,缺少生气。但也要注意,对辅助手段的使用应合理、恰到好处、点到为止,不能喧宾夺主。同时,还应注意,对"不同类型"的小说演播,使用这些辅助手段的情况,如用与不用、用多用少;都有所不同。

综上所述,小说演播难度较高,它既需要有较强的叙述能力,也要有较强的人物语言造型与表达能力,还需要有表演能力,以及各种文化素养等。

第四节 小说剧的创新

一、对小说剧的认识

有一种新的文艺形态,被称为"小说剧"。小说剧有小说与剧的双重特性,既有小说演播以叙述语言为主的特征,也有广播剧演播以人物语言为主表现剧情及人物风貌的特征,可以说小说剧集合了二者的表达优势。

二、小说剧的创作

当前社会,人们的工作生活节奏明显加快,尤其在大量的物资运输、外出旅行、上下班开车等活动中,人们有更多时间听广播和音像制品,除去音乐,听小说故事也是大家的所爱。社会的发展激活了人们的思维,增强了人们的探索精神,实践证明,只要是受众需要的,就可以大胆尝试。于是"小说剧"便问世了,且有市场。这些作品,得到受众的认可与喜爱(如中央台文艺部、上海译制厂的演员们都在录制小说剧)。

如前所述,小说演播是"一人演一台戏",有很大难度,需要极强的语言表现力和人物造型能力。演播者既要介绍内容背景、故事情节、人物风貌,也要演播人物语言,且叙述语言往往在人物行为和对话中进进出出,很不连贯,思路易断。同时,演播者又要以不同的人物身份来表达不同性别、各色人物的语言、对话,可见难度之高。因而,小说演播难免音色单一、缺乏足够的表现力与感染力。而广播剧又是以人物语言为主的,虽有一些解说(旁白),但毕竟不能太多,有一定限制。况且,演员出身的演播者通常是人物语言表达较好,播音主持专业出身的演播者大都是叙述语言表达较好,因此,要找到具有双重功力的演播者实属不易。

小说剧的构成,讲述语言与人物语言相对分开来表现,讲述语言的量多于广播剧的解说(旁白)且内容集中,二者平分秋色。小说剧的优势,使讲述语言与人物语言任务分工明确,有机融合,以各自的长处发挥作用,受众能够更清楚地听懂一个故事,也使故事讲得更清楚、生动、有声有色,适于听觉,还可降低演播难度。小说剧的创作,重在"听"的效果,多顾及故事的发展和情节的推进,因此讲述语言较多,可使情节进展较快,更好地满足受众在最短的时间内听更多故事的需求。小说剧的文本,一般是根据现成的小说改编而成,因而,需要将讲述语言与人物语言分开来并相对集中,还要注意语言在口语化、明晰性、戏剧性等方面的处理。它不是机械地将讲述语言与人物语言分别堆集在一起,小说剧的改编有其自身要求。所以不是任何小说都能改编成小说剧,需要找适合这种表现形式的小说来改编。小说剧的创作,还需借助音乐与动效,起到介绍、表现与衬托故事情节与人物的作用。

三、小说剧的演播

小说剧的讲述语言表达,基本同于小说演播的叙述语言表达处理原则及广播剧演播的解说处理原则,但讲述的主体感、主导性更强一些,讲述的基调、风格更鲜明一些。小说剧的人物语言演播,同于广播剧演播的人物语言处理。所不同的是,有时小说剧中有两个同性别的人物语言要由一位演播者来表现,这是可行的。因为具有较强人物语言造型能力的人是可以担当这个任务的,它也可减少制作的人力,并不会降低演播水准。

究其实质,小说剧更大众化,虽不如广播剧那样创作精致、艺术性更强,但它也有存在的必要和需求。小说剧的文本创作特点,决定了它的体现特点。笔者参加了中央台文艺部制作的近百集各种小说剧的演播,对此有所悟。如长篇系列小说剧《谜案揭秘100》。

小说剧《神秘的花》

(配乐)(讲述)

人走背运万事休。波利和埃丝特公司的业务一团糟。夫妻俩开了一家时装店,可是经营不善,已经债台高筑了。保险公司要求续款的通知已经寄来三回了,可是他们没钱付款,所以保险公司中止了火灾保险合同。要知道,像他们这种时装店是最怕火灾的,对于店主们来说,就是不吃不喝也要上火灾险的。可是波利和埃丝特实在拿不出钱来去上火灾险。然而,祸不单行,昨天晚上,一把大火把他们的时装店烧了个精光。

今天一早,波利就上银行申请贷款去了,到中午才回来。他的妻子埃丝特满怀希望地迎了上去。

埃丝特:怎么样,波利,贷到款了吗?

波　利:哎——今天真够不走运的!

埃丝特:啊,啊,你没有贷到款?

波　利:别说贷款了,就连在麦克那里赊杯酒都办不到。埃丝特,给我倒杯酒来。

埃丝特:你不能再喝酒了,你该想想办法,我们该怎么办呢?

波　利:怎么办?怎么办,怎么办,我也不知道!现在我都想去抢银行了!

埃丝特:波利,中国人有句话用在我们身上是最合适的。

波　利:什么话?

埃丝特:祸不单行。

波　利:啊,又出什么事了?

埃丝特:哎,我们又要有小麻烦了。

波　利:有什么麻烦?

埃丝特:你的婶婶要来咱们家了。

波　利:我的婶婶?噢,就是那个叫作帕迪克的婶婶?

埃丝特:还能有谁?我刚刚接到她从机场打来的电话,估计很快就要到咱家了。

波　利:噢,天哪!她怎么这会儿来,我和我这个婶婶二十多年没有联系了,现在她突然来咱们家,不会是有事吧?

埃丝特:哎,我现在就祈祷,她千万不是找咱们借钱来的,或者是住在咱们这儿,让咱们给她养老送终。嗨,咱们现在连自己的日子都快过不下去了,哪还能再养活她呀。

波　利:说得也是呀。这样吧,我们只让她住一晚上,明天就把她打发走。

埃丝特:嗯,好!

(门铃声)(讲述)

正说着,波利的婶婶来了。只见这个叫作帕迪克的婶婶一手拎着一个小皮箱,一手抱着一盆花,笑盈盈地站在他们面前。

帕迪克:噢,波利,是你吗?

波　利:是我,帕迪克婶婶。您好!

帕迪克:你好!这位一定是你的妻子了?

波　利:对,是。

埃丝特:我叫埃丝特,帕迪克婶婶您好!

帕迪克:你好,你好,来,来,埃丝特,快把我手里的这盆花接过去,慢点!轻轻地放下,可别把花叶子给弄掉了。

埃丝特:我会小心的。

波　利:帕迪克婶婶,您快请进。

帕迪克：哎，哎。(边走边说)波利，我这次来呀，要在你家多住些日子。

波　利：啊？你是说……

埃丝特：什么？帕迪克婶婶，您要住多久？

帕迪克：我也不知道，要是高兴啊，兴许我就住下去不走了。

波　利：噢，当然……可是……帕迪克婶婶，我和埃丝特现在可是挺困难的。

帕迪克：嗯？(站住，不高兴地)波利，你从小可是我抱着长大的，现在我遇上点儿难处，你连住都不让我住哇？

波　利：噢，不……婶婶，你知道，我不是那个意思……可是……

(讲述)

　　波利一时说不出话来了。波利从小就死了母亲，是帕迪克婶婶一手把他拉扯大的，帕迪克婶婶是对他有恩的，所以波利说不出明天就让帕迪克婶婶走人的话。波利向埃丝特使了个小眼色，意思是让埃丝特把那句话说出来，可是埃丝特把脸扭向了一边。于是，帕迪克婶婶就在波利家住了下来。但是，波利和埃丝特总是在想着找个什么机会，想个什么办法把帕迪克婶婶赶走。只是现在他们整天不是忙着四处借钱，就是到处躲着上门讨债的人，哪里还顾得上帕迪克婶婶呢？

　　帕迪克婶婶有个毛病，时时刻刻离不开她抱来的那盆花。她对这株植物简直是关怀备至，经常细心地松松它根部周围的泥土，仔细计算着确保它健康生长的化肥，定时喷洒着农药，以杀死贪食它香甜叶片的虫子。

　　这天吃晚饭的时候，穷困得已经焦头烂额的波利和埃丝特下决心要把帕迪克婶婶轰走，他们已经无力再供养她了，他们更烦她那个爱花如命的怪癖，所以在吃饭的时候，波利有意问起了帕迪克婶婶家里的情况。说起家里的情况，帕迪克婶婶不禁悲伤起来。帕迪克婶婶有着一大笔财产，本来可以过着非常舒适的生活，可是她的丈夫却嫌她老了，在外面找了一个小情人。帕迪克婶婶知道自己年老色衰，也就不管丈夫，任他去胡闹而不干涉，只专心侍弄着自己心爱的那盆花。谁想丈夫不但不知足反而蹬鼻子上脸。有一天晚上，帕迪克婶婶听到他给那个小情人打电话，竟商量着怎么把自己谋害死，好侵吞她的财产。这让帕迪克婶婶非常愤怒，一气之下，她来到了波利的家。帕迪克婶婶最后还说，她打算就在波利家住下去了，等她死了以后，就把这笔财产传给波利。

　　这话一下子让波利和埃丝特兴奋了起来，同时也让他们对帕迪克婶婶的不敬而感到内疚。夜里，他们在床上商量，应该好好照顾帕迪克婶婶，争取让她提前拿出些钱来，帮助他们渡过难关。但是埃丝特提出了一个非常现实的问题：现在家里的钱已经所剩无几了，怎么照顾好帕迪克婶婶呢？波利坚决地说：就是借高利贷也要把帕迪克婶婶照顾好。波利还特意提到，特别要精心侍弄好帕迪克婶婶的那盆花，因为那是帕迪克婶婶的心尖子。

　　第二天的餐桌上，就出现了帕迪克婶婶爱吃的甜点、咖啡和饭后的一小杯白兰地。同时帕迪克婶婶也从刚来时住的背阴的小房子搬进了波利和埃丝特住的阳光灿烂的大房子。波利还卖掉了他心爱的高尔夫球具去换好白兰地。清晨，他和埃丝特走路时轻手轻脚，因为帕迪克婶婶说过，她喜欢早上睡觉。当然，埃丝特每天增加了一个新的任务：就是帮助帕迪克婶婶精心侍弄那盆花,帕迪克婶婶对此尤其感到高兴。

……

波　利:噢,埃丝特,看来我们永远也得不到她的钱了。

埃丝特:我们的时装店已经没了,本来就已经欠了那么多债,为了照顾她,我们又借了不少的钱,可是现在……

波　利:帕迪克婶婶知道她已经控制了我们。

埃丝特:哼,她让我们做她的奴隶。(拍拍花盆)在她眼里,我们还不如她的这盆花。

波　利:没错,就是奴隶也会反抗的!

埃丝特:何况我们现在已经走投无路了!我们一定要得到她的钱!

波　利:那么,亲爱的,你说我们怎么才能得到帕迪克婶婶的钱呢?

埃丝特:哎——你不是说,帕迪克婶婶已经把遗书写好了吗?

波　利:没错,是帕迪克婶婶亲口对我说的,刚才她不是还说过,在她死后要把所有的钱都给我们吗?

埃丝特:那么现在就只有走一条路了。

波　利:什么?你是说……让帕迪克婶婶提前死亡?

埃丝特:她已经活够了。

波　利:嗯,好吧,你说该怎么办?

埃丝特:我也不知道。嗯,你看到她的这盆花了吗?

波　利:是的,我看到了。

埃丝特:(狠狠地)我真想拿这盆花把她砸死!

帕迪克:(走过来)波利!波利,我的白兰地酒怎么没有了?

埃丝特:帕迪克婶婶,白兰地酒是要拿钱买的。

波　利:是呀婶婶,可是我们现在一分钱也没有了。

帕迪克:啊?你们一分钱也没有了?

埃丝特:是的。

帕迪克:波利,你就是这么对待你的帕迪克婶婶吗?

波　利:婶婶,我们这样对待您有什么不好吗?

帕迪克:(生气地)你们还想得到我的遗产吗?

埃丝特:如果你真的想给我们的话。

帕迪克:(愤怒地)够了!我已经忍受不了这个屋子的无聊,什么都没有,只有那愚蠢的电视节目。还有,我已经吃够了你们做的恶劣的食品,听够了你们愚蠢的谈话,我屈尊来到这儿,是希望有人能够对我真诚相待。

埃丝特:(愤怒地)够了,够了,可是你真诚对待我们了吗?你对待我们还不如你的这盆花!

帕迪克:我非常明白你们的意思,不过,哼,你们永远也无法继承五百万!我现在就去修改我的遗嘱,我要把那五百万捐献给慈善机构!

波　利：(大叫)不，不，不，帕迪克婶婶，你千万不能这样做呀！

帕迪克：为什么不能？那钱是我的，我想怎么做就怎么做！波利，你真让我失望。还有你，埃丝特。你刚才说什么来着？你说，我对待你们还不如对待我的那盆花？

埃丝特：就是，就是这样，难道不是吗？我是这么说的，可是你就是那样做的！

帕迪克：(笑)埃丝特，你说对了，我爱这盆花。这盆花对我来说，比我的命还重要，你们怎么能和这盆花比呢！

(讲述)

　　帕迪克婶婶的这番话激起了埃丝特的无限愤怒，她高高地举起了那盆花，狠狠地朝帕迪克婶婶的脑袋砸去，帕迪克婶婶连"哼"也没"哼"一声就倒下了。砸死了帕迪克婶婶，波利和埃丝特一时愣住了，但是很快他们就恢复了正常。不仅是正常，甚至还有几分高兴，因为，那五百万现在已经是他们的了。

　　他们报了警，说是帕迪克婶婶在浇花的时候，不小心摔倒在地上，被从桌子上掉下来的花盆砸中了脑袋。

　　第二天，一个警察把他们叫到了警察局。在门口，那个警察举起手示意他们闭嘴，当那个警察告诉他们有保持安静诸如此类的权利时，他们不禁被搞糊涂了。当他们被带进屋子时，只见桌子上摊的是被埃丝特砸坏的那个花盆的残骸，花盆摔得七零八碎，在散开的泥土中，波利好奇地看到有一个发光的黑色小玩意儿。它黑油油的，一根细小的天线从里面的一个小孔里伸出来。

波　利：警察先生，这是什么？

警　察：这是一个"窃听器"，我们已经从这个窃听器中听到了一切。

(讲述)

　　原来，帕迪克婶婶为了防止她的丈夫谋害她，在这盆花里埋藏了这个窃听器。在离开丈夫以后，她又把这盆花带到了波利的家。

第五节　小说演播训练

微型小说《傻黄》
作者　王小建

　　又是来买柠檬黄色喇叭裙的！"趋时"时装店的店主阿德暗暗叫苦：柠檬黄色喇叭裙已被姑娘们抢得脱了销，该怎么打发面前这二位呢？告诉她们卖完了？笑话！上了门的生意岂能放过去！

　　阿德挠了挠头，忽然心生一计，将一条橄榄绿色喇叭裙捧了出来。他一边以行家才能有的动作将裙子展开，一边说："小姐们怕还不知道吧，那柠檬黄已经不吃香啦，没听见满街上都傻黄、傻黄地叫着吗?

"有这样的事?"

"这是真的?"

两位姑娘顿时傻了眼,她们紧张地小声商量了一阵,其中一位便问:"那,现在该穿什么颜色好呢?"

"橄榄绿!"阿德坚决地说,"这是眼下最时髦的世界流行色。今年是国际和平年,而橄榄象征着和平。记得宣传画上的和平鸽吧?和平鸽嘴里总是衔一根橄榄枝的……"阿德鼓起如簧之舌,把手中那条"橄榄绿"吹了个天花乱坠。

姑娘们动了心,一人买了一条橄榄绿色喇叭裙。心理上获得极大满足地离开"趋时"时装店。

阿德心中好不得意,"嘿嘿,傻黄!"他自己也感到即兴想出来的这个新名词儿怪可笑的。竟至笑出了声。第二天,阿德跑了一天。忍痛多掏了一成价钱,才倒进来二百条柠檬黄色喇叭裙。可说来也怪,接连两天,来买的人却寥寥无几。阿德心中好生诧异,姑娘们是怎么的了?难道黄色真"傻"得不吃香啦?阿德越想越沉不住气,索性踱出店门到街上去看看行情。

只见满街尽是橄榄绿色的喇叭裙、橄榄绿色的旗袍裙、橄榄绿色的筒裙……简直是一片"橄榄绿"的海洋。偶有一两位姑娘身穿"柠檬黄"走过来,就会有穿着"橄榄绿"的姑娘指指点点道:"瞧哎——傻黄,她怎么还穿傻黄呢?真是冒傻气儿!"

"我的老天哪,傻黄!"阿德一拍脑门子差点儿晕过去。

演播提示

1. 这是一篇幽默风格的微型小说,通过对生意人"阿德"做生意不老实的描写,表现了"聪明反被聪明误"的立意。

2. 这篇作品的演播基调,应为讽刺、悬疑的。主要人物"阿德"的人物基调,应为热情、油滑的。

3. 演播"阿德"的语言时,一定要有与之相伴的神情与动作。如他一边介绍货物,一边取出裙子麻利地抖搂开铺在柜台上,用手抚平。还有他在介绍"橄榄绿"与"和平鸽"的关系时,眉飞色舞的说话神情等。这些细节的想象与处理,会为演播增色不少。

4. 作品中出现的两个女性,也应有相应的语言声音造型,体现人物的身份、性格、关系。我们试想,也许她们是大学生,一个性格开朗,一个性格温柔,所以,第一句话可以是前者说,由于她开朗胆大所以会抢先开口,说话声大;后一句话是后者说,因为这种人通常遇事总会跟在人后,说话也是有点收着。

5. 作品中的叙述语,首先,要表现出演播基调的讽刺、悬念感,通过表达体现出来。其次,"交代情节"的内容要有层次感与推进感,作品虽短,但情节完整。

微型小说《奶奶的爱情》

作者 王小建

乌鲁木齐城里,有许多几十年前盖的俄式建筑,塔吉扬娜奶奶住的公寓楼就是其中的一幢。这一天,七十二岁的塔吉扬娜奶奶正坐在宽大的窗前翻看一本旧相册,她的二十二岁的孙女维维噘着嘴回来了。

维维与男朋友闹翻,她本想让奶奶给她排解一下"失恋"的烦恼,但一眼就发现了奶奶手中那本旧而庄重的相册,马上凑了过来。塔吉扬娜奶奶并不回避孙女,由着维维从头看起。

"咦?这是哪儿?新疆没有这样的火车站呀?"维维惊奇地问。"那是我的老家。克拉斯诺雅尔斯克的火车站,我原先就在那儿做工。"塔吉扬娜奶奶回答。"哟!这是奶奶年轻的时候吧?穿的一定是苏联的布拉吉。呀!腰那么细,胸脯那么高,您那时候可真漂亮……这儿还有个带枪的中国人,噢,是爷爷吧?瞧瞧他这身怪里怪气的衣服!"维维已经忘记了自己的烦恼,完全被这本她从未见过的相册吸引住了。"傻孩子,你爷爷穿的那是抗日义勇军的军服!"塔吉扬娜奶奶带着几分自豪说。"爷爷个子可真矮,没有一点儿风度,奶奶,我看爷爷怎么也配不上您!""你看?你能看出什么来!"塔吉扬娜奶奶抚摸着照片说:"看看你爷爷那双眼睛吧,他那双眼睛是会说话的!"维维眨了眨与塔吉扬娜奶奶相近的蓝眼睛:"奶奶,我早就想问,您当年怎么会嫁给爷爷的?又不是一个国家的人,太让人觉得奇怪啦。"塔吉扬娜奶奶仰起头,望着窗外飘动的白云,眼眶里涌进了一些亮晶晶的东西。过了好一会儿,她才慢慢地叙述开了:"你爷爷,九一八事变那年参加了东北抗日义勇军,和日本鬼子打了三年仗,就随着部队退到了苏联。他们坐火车路过我的老家。我呢,那时正好在铁路食堂工作。五十年前,就是今天,你爷爷到食堂来吃了我端的饭菜,别的兵都走了,可你爷爷还是待在那里不肯走。我问他还想要什么。他不吭声,光用眼睛盯着我。唉,那是什么样的眼睛呀!我不由得也看着他。我们俩就这么你望我我望你地呆了老半天。最后,他一面比画,一面用刚学会的俄语说:'火车,走!火车,走……'我一口气跑回宿舍,让一起做工的姐妹们帮我收拾了一下,提个小皮箱就跟着你爷爷上了他们的闷罐列车,连我的爸爸、妈妈也没去见一面……""奶奶,您那会儿知道爷爷要回中国吗?"塔吉扬娜奶奶摇了摇头,"不。""您可真是的,爷爷的底细您一点儿也不清楚,怎么就……""怎么不清楚?我不是说过吗?你爷爷的眼睛是会说话的,他的眼睛把什么都告诉我了嘛。你呀,我的维罗琪卡,你不懂得爱情。"塔吉扬娜奶奶边说边把相册连同孙女儿一起搂到自己温暖的怀中。

演播提示

1. 这篇小说讲述了一个异国恋的爱情故事,从而道出了爱情的真谛。小说内容并不复杂,却需要较强的语言造型能力,因为除了要有叙述语言与人物语言之间的转换以外,还要从"奶奶"这样一个老年妇女的语言声音造型快速转变为"孙女"这样一个少女的语言声音造型,二者要在瞬间全方位快速转换:年龄、性格、心态、语言等诸方面反差很大。如能一人演播好两个人物,势必会增强其语言造型能力。

2.这篇小说的演播基调应是热情、积极的。"奶奶"的人物基调,应是幸福、深情的。"孙女"的人物基调,应是天真、活泼的。

3."奶奶"的语言声音造型是苍老的,语速较慢,语气态度不应是教育式的(实际上起此作用),应以幸福甜美的回忆为主。"孙女"的语言声音造型,是声音甜美,语气活泼,性格开朗,语速较快。

4.应当注意,"孙女"的语言感觉不应太小。如想鲜明地区分奶奶与孙女二者,除了在语言声音造型上加大反差以外,重要的是加强二者内心感觉的反差,如年龄感、身份感、语言目的等。

《兵车行》(节选)

作者 唐 栋

六月的夜,喀喇昆仑山依然很冷。脚下是高原的戈壁。路,很平,坡,也不甚陡。可汽车却开得很慢。我催促司机将车开得快一点儿,但他说这车不能快开。看他的沉稳劲,催促是没用的。我的心中想的是上官星。

昨天,院长让我去5700哨卡处理一名病员。一个多月前,我曾去过那里,途中就败在天神达坂上。虽然这次我有些胆怯,但还是愿意去,因为那有我牵挂的一颗星。赶到前指卫生队时,已经后半夜了。还有一半的路程,前面路途险峻。卫生队长送来一听罐头,我匆匆吃了几口,就起身向车子走去。忽然,我盯着驾驶门上的车号怔住了,这不是上官星的巡逻卡车吗?我禁不住喊了起来。从车后走出一个年轻战士,他告诉我,病在哨卡上的,就是上官星。

记得上官星第一次见到我就叫我月亮。其实我叫秦月。他风尘仆仆,头发像堆野草,黑乎乎的短须罩满了脸圈。身上一股刺鼻的汽油味和汗腥味。他不是来看病的。而是从桌上拿起剪绷带用的剪刀,对着挂在墙角的一面小方镜,修起胡须和头发来。我说这是门诊室,他毫不在乎。我想,糟糕,又遇上个捣蛋鬼。我耐着性子请他出去,可他剪完了胡须,又变魔术似的摸出一把电梳子,将插头往插座里一塞,又对着镜子梳起头发来。想不到在这个地方,还有这么个时髦人。我警告他如果再不走,就要向领导反映了。他更不在意,还主动向我介绍他的身份和姓名:边防军5700哨卡巡逻车司长兼勤杂班班长,上官星。他是星星,我是月亮。当我气得把军医找来时,人不见了,地已扫得干干净净。

看到车开得这么慢,我又想起了上官星。那天,我第一次接到去5700哨卡处理病员的命令。由于没有适合于在高原上奔驰的救护车,我只有在路上拦车。不料,当我拦住了一辆军车,登上驾驶室一看,原来正是他,上官星。真倒霉,我要下来。他一把把我拉进驾驶室,随即关上了门。他说,今天能碰上他,算我有幸。不然找不到这样的直达快车。星星和月亮吗,总要碰到一起。他一踩油门,车飞一样开了出去。我怕,问他为什么开这么快。他说,你不要救护伤员吗?车仍旧飞速地行驶着,我的心却提到了嗓子眼。可他呢,一副轻松自然的样子。一边开车,一边还哼着小曲。不知不觉地,我靠着他的肩头睡着了。天黑以后,汽车到达了死人沟。看见前面有一片灯火。我以为是兵站。他说兵站早就过去了,那是鬼火。说着,他让车子在公路上拐着S形,车灯下,路两旁,尽是一片片的白骨。我吓坏了,他却停下车,跑进夜幕里,我大叫着让他回来。不一会,他回来了,递给我一把白骨。我又尖叫起来,他掩埋了一块骨头后,才上了车。对那天在门诊室的举动,他向我表示了歉意。他说,别人在老家给他介绍了个对象,要见见他的模样。他不想蓬头垢面叫人耻笑,只好一气之下,买了把电梳子,到门诊室去剪头,然后拍了一张照片。后来,干脆剃了光头。我忍不住笑了。这时,车子颠了一下,两人的头碰到一起。疼得我直流泪,他却叫着,哎呀,我的灯泡!

那天夜里,水很大,车子发动不起来。他喝了几口酒,脱了衣服要下河。我不让他下,他说不能这样等着,要把车冻坏的。后来,汽车发动起来了。他爬上车后,咳嗽不止。我忙拿出药叫他吃,又拿出酒精为他擦身体。不一会儿,他缓过来了。在路上,他告诉我,他老家在苏州。文革开始前,父亲因1957年被划为右派,被发配到塔里木监督劳动,带着他和弟弟。母亲早已改嫁了。1979年,父亲被平反,带着弟弟回了苏州,他留下当了兵。可父亲回去不久就病故了。弟弟放着父亲的后事不去料理,却和叔叔大吵着怎样分父亲的遗产。我没想到他的生活中会有这么孤寂的遭遇。他苦笑着说,一个人的生活要是没有挫折就太不幸了。遭遇是他的最伟大的老师,也是他最宝贵的财富。汽车来到达坂,车速更慢了。我的头疼得很,提醒自己一定要顶住,因为上官星在等着我。

那天,我和上官星在达坂遇到了大风雪。他探出身子看路,不一会儿就成了雪人。车一点一点地走,整个车轮几乎都埋进雪里,甚至险些掉进山谷。我没戴皮帽子,用手一捂耳朵,一块凉东西掉下来。我大哭耳朵冻掉了。他跑来一看,原来是一块冰。他伸出两只大手为我的耳朵按摩,不一会儿就恢复了知觉。他让我留下,自己要到30公里外的哨卡找人。他为我加高了雪墙,从车上取下死人的白骨,又浇上一桶汽油,燃起了一堆大火。我这才明白他拣的白骨在这派上了用场。我让他保重,泪水也流下来。他向我看了一眼,就消失在白色的雪雾中。

那次,上官星到哨卡后,战士们来找到了我。从那以后,我再也没有见到他,可他的身影却时常出现在我的脑海里。

哨卡已在我的眼前。几十名战士,分两行肃立在大门边,看见每人胸前的小白花,我的心一颤。我急忙跳下车,连长告诉我,上官星牺牲了,遗体就在我乘坐的车上。我一阵晕眩,有人扶住了我。这时我才明白,为什么车开得这么慢。连长告诉我,在上官星结识的战友中,只有我是女性。上官星希望我为他送行,这样,他会感到温暖。我看到了他未来得及发出的、写给我的信。我把他写的诗写在我献给他的花圈上。我相信,不论时光过去多久,在我的心里,永远会有他一个位置。

演播提示

1. 这篇小说曾获得"全国优秀短篇小说奖"。它的作者曾在西北边疆当过兵,了解,也亲历过作品中的种种场景与人物心理,所以才写得出这样动人的佳作。我们可将这篇小说看作一个"纪实作品"。同时,也能读懂作品中两个人物的心理与未说出的话。

2. 这篇小说的男主人公"上官星",是一名身处西北高原的普通、风趣、有特点的边防军人。作品中描述的几件事成为几个点,勾勒出这名边防军人的整体风貌:他人品高尚、气质坚毅、活泼善良、粗中有细,令人印象深刻。因此,他的语言表达,应是爽快、坚实,还带有诙谐风趣,既有军人的气质,也有人性的温柔。

3. 小说中的女军人"秦月"对男主人公"上官星"有一个真正认识的过程与阶段,因此,她的语言应给出这个认识过程与阶段的不同感觉。作品中女军人的情感是很深的内化,表达是"独白式"的倾诉,基调以凝重为主,声音不高、不强,语言较柔,语速较慢,是回忆性的诉说感觉。

《西线轶事》(节选)
作者 徐怀中

九四一部队基地指挥所,设了伤员和烈士遗体转送处。烈士遗体要在这里进行登记,清洗过了,换过新军服,然后上汽车送回国。转送处人员不多,主要是九四一部队文艺宣传队的女同志担任这项工作。总机距离这儿不远,女电话兵们下了机也常来帮助照料伤员,清洗烈士遗体。

这天,陶坷、路曼、小肖几个人又到转送处来了。见刚抬下来一位烈士,他的担架上放着一个军用水壶。水壶背带是断过的,打了一个电话兵们所熟悉的丁字结。路曼和小肖一惊。烈士的脸几乎整个缠着绷带,无法辨认。跟担架的一个小战士,失神地蹲在旁边。

"这个水壶,是他的吗?"路曼问小战士,见他点点头又问:"他是不是当步话机员的?"

"怎么,你认识我们步话机员?"小战士反问说。

路曼和小肖抚弄着水壶背带,好久不言语。随后她们向小战士问起这位烈士的姓名。

"他叫刘毛妹!"小战士回答说。听到这个名字,站在后面的陶坷禁不住倒吸一口气,几乎叫出声来。大家连忙让开,陶坷扑上去,凑近脸去看,极力要在这张缠满了绷带的面孔上,辨认出她所熟悉的某些特征来。

陶坷和刘毛妹从小住一个院,相互看着长大的。在户口本上,刘毛妹登记的并不是这样一个十足女性的名字。因为生得白净,头发鬈鬈的,又是那么文静,活活像个小姑娘,院里的人都喜欢喊他"毛妹",喊来喊去成了正式的名字了。

陶坷同幼年的朋友一直没有联系,入伍到了新兵团,意外地遇到了刘毛妹。第一次见面,部队在集合,只匆匆握了个手。小时候他们多少次脊背贴着脊背比过个儿,始终不差上下。现在毛妹一下蹿到了一米八二。小陶觉得,刘毛妹除变得人高马大以外,其余什么也没有变。和她握手,涨红了脸,还像个怯生生的女孩子。随后又有几次见面,小陶才感觉到,同她一起长大的这个年轻人变得完全陌生了。那一对眼睛,朦朦胧胧的,失去了原有的明澈光亮。当孩子的时候,衣服总是整整齐齐的,现在倒很不讲军风纪,常常是解开两个纽扣,用军帽扇着风。抽的是五角以上一包的烟,一连串地吐着烟圈。无论说起什么事情,他都是那样冷漠,言语间带出一种半真半假的讥讽嘲弄的味道。不像小时候,对任何事情都有着强烈的兴趣,有着十足的热情。谈起小学的同学,某人某人现在搞什么工作,刘毛妹说:

"无所谓,我的看法是干什么都行。因为什么都不干好像是不行。"

小陶问他:"既然这样,你何必一定要到部队上来呢?"

"既然你可以来,为什么我不能来呢?"

他们谈起了争取入团、入党的事情,刘毛妹感叹地说:

"一年团,二年党,三年复员进工厂。在知青点上的人和那些没有着落的社会青年看来,这当然是很够美慕的了。其实又有多大的意思,没劲!"

小陶有几次试着给她幼年的朋友一些劝告,她说:

"我看见一篇文章上讲,'不能因为第一次飞翔遇到了乌云风暴,从此就怀疑有蓝天彩霞'。你就是这样,因为不相信有蓝天彩霞,干脆剪掉了自己的翅膀。毛妹!别太悲观,我们需要振作起精神来。"

"我也在报上看过一篇文章,上面说:请正视现实,不必以海市蜃楼里的绿洲,覆盖地上的沙漠。"刘毛妹逼视着小陶。

陶坷扭头走了。从此他们没有机会再见面,也没有通过信……

陶坷竟能忍住了眼泪,默默地听那个跟担架的小战士讲述刘毛妹牺牲的经过……

沉默了好大一阵,小战士又接上说:

"我们步话机员这个兵,不是这次到前方来,恐怕人们是不容易真正了解他。只在平时看,你可能觉得他有些特别。怎么个特别法呢?说不出,你只能说,他就是他那么一个人。要讲聪明,人可真是够聪明的。在报话机训练班,别人都发愁密语背不会,白天黑夜地背。他呢,从来不怎么用心去背,到了密语考核,一、二名里总少不了他。

出发之前,别人都忙着订杀敌立功计划,写决心书,他不写,说没时间。可是他花了那么多时间,写了一封长信,不许人看。牺牲以后,在他身上找出来了,是写给他妈妈的。"

"信呢?给我看看好吗?"陶坷伸出手要。

小战士从衣袋里取出信来,说连里特别交代他要保存好,一定要交给烈士的母亲。信是步话机员原来包好的,怕湿了雨水,包了两层塑料纸。

陶坷捧着字迹潦草的信,急切地读下去。

亲爱的妈妈:

我以前很少写信,现在想好好写封信给妈妈,可是时间紧张,我只能抓空子陆陆续续写一点。一过红河,恐怕就一个字也不能写了。

前年入伍,我是有过犹豫的。听人说,批准我入伍有照顾的因素在内。我一想到自己在享受照顾,心里很不舒服,这是爸爸用他的惨死替我换来的呀!不过我还是到部队来了。我当时也没想到在我服役期间可以捞到仗打,只是觉得在知青户太闷人了,想换个环境,新鲜新鲜。现在马上要开赴前线,我才清楚意识到我是一个革命军人了。这次出去,比起你和爸爸经历过的几次战争,算不了什么,但是我总算参加了战争。

前些年,"四人帮"任意歪曲宣传党史和军史,已经出了不少文章批驳他们。我想,无论从正确的或是错误的观点去看,有一个事实总没有疑问,那就是除去自然死亡之外,先烈们是在两种情况下牺牲了自己生命的。一种是倒在同敌人厮杀的战场上,一种是倒在内部阴谋的残害中。看来这是一条规律，古今中外都是如此。爸爸是在第二种情况下离开了我们，我这次则有条件占据第一种情况。我的好妈妈！如果这样，您一定不要难过，不必像哭爸爸那样为我流泪。您的泪水早流尽了，再为我哭，眼睛里流出来的一定是血。妈妈！您可能觉得我写这些，口气不小，似乎一定可以做出什么引人注目的事情。不是这样，在火线上这很难讲，也许我的心脏正巧碰上一颗流弹，一秒钟之内一切都结束了，随便一个小小的任务也来不及去完成。这就是战争，在意想不到的任何情况下，都可能有人付出他最大的代价。即使这样，我也觉得心安了。

亲爱的妈妈，就写这些了，我并不打算寄出，如果您收到了这封信，那一定是战友们替我收检遗物时找出来的。

代问弟弟好，已经没有时间，不另外写信给他了。

祝妈妈愉快，再见了！我多么希望能像外国电影里那样，跪下来吻别您，生我养我的母亲。

您的儿子：毛妹
于登车出发前

刘毛妹留给母亲的信，陶坷看了两遍。信的内容对她不成为主要的了，主要的一点是信中竟没有一句话提到她，这对她是一个难以接受的沉重的打击。小陶终于忍不住伤心落泪了。不过她很快就镇定下来。宣传队的两个女同志为步话机员刘毛妹清洗遗体，她们默默地退后，让小陶上前去。小陶用纱布蘸着清水，先擦洗刘毛妹的脸。她时不时停下来，注视着死者的眼睛，她觉得刘毛妹是怨恨她，闭着眼睛，不愿意看她。在擦洗手的时候，陶坷几次痴痴呆呆地停下来，别人催她，她才又开始擦洗。她想起小时候他们手拉着手过马路。赶上看什么热闹，人挤得凶，刘毛妹始终紧紧拉着她的手。他是男孩子，自然地负起了保护女伴的责任。陶坷又想起在新兵团看电影那天晚上，刘毛妹大胆地抓住了她的手。在刘毛妹的一生中，这是他第一次，也是最后一次企图亲吻一个异性。他的一双手是那样有力，完全可以达到这个欲望的，他还是失败了……

步话机员的军服、绑带、鞋袜，没有一处是洁净的。泥水和着血，凝结在肉体上，没法子脱下来。小陶用剪刀完全剪碎了，花了很长时间，轻轻地一块块把衣服鞋袜撕下来。她不让别人动手，似乎是怕别人手脚毛糙，触痛了步话机员。清洗过遗体之后，数过了伤口，大大小小挂花四十四处，这个数字，正好是烈士的年龄乘以二。

演播提示

1. 这部小说出自部队作家之手，它描写了"中国边境自卫反击战"期间的一段历史。小说着力刻画了几个中国青年军人的形象，从而折射出那个特定历史时期的中国青年风貌及他们的不同经历。在我们节选的这个片段中，重点刻画了"刘毛妹""陶坷"这两个童年就是伙伴的青年军人形象。在这当中"刘毛妹"又是主要描写对象，他不是一个单一色彩的人物，他具有高尚的心灵和人物的多侧面。作品内容感人，人物丰满，我们可以把它看作是一部

"纪实性"作品,因为它真实地表现了许多从那个特殊年代走出来,又牺牲在为国而战的疆场上的青年军人的人生!

2. 这部作品的演播基调应是深情、凝重的。刘毛妹的语言基调是压抑、凝重的,但又不是单一色彩。陶坷的语言基调是积极、明朗的,始终如一。这些与书中的内容描写紧密相关。

3. 人物语言要能"演"出来,有内心活动,有表情、动作感,语言准确、生动。人物语言表达有对话的心理、层次与变化。要先有人物的感觉,再出口说话,是感觉拖着语言走。

4. 人物交流,必须非常清楚双方的人生轨迹、目前处境、每句话的内涵。人物具有各自的观点态度及说话方式。这里注意把握"刘毛妹"的正确基调,他的"遗书"集中体现了这点。绝不能为了追求演技、效果而放大他的基调"变奏"部分那些消极的部分。

5. 表达叙述语言,要带有"知情人""讲述者"的感觉。表达应有态度、有情感,介绍细致、有层次、有变化。感性与理性相结合。

6. 作品中的"遗书"表达,应以人物的"内心独白"感觉来处理。

《高山下的花环》(节选)
作者　李存葆

(一)雷军长甩帽

眼前,这"雷神爷"为何又甩帽?人们目瞪口呆!

只见他在台上来回踱了两步又站定,双手抚腰,怒气难抑。终于,炸雷般的喊声从麦克风里传出:"骂娘!我雷某今晚要骂娘!!"谁也不晓得军长为啥这般狂怒,谁也不知道军长要骂谁的娘!

他狂吼起来:"……知道吗?我的大炮就要万炮轰鸣,我的装甲车就要隆隆开进!我的千军万马就要去杀敌!就要去拼命!就要去流血!!可刚才,有那么个神通广大的贵妇人,她竟有本事从几千里之外,把电话要到我这前沿指挥所!此刻,我指挥所的电话,分分秒秒,千金难买!可那贵妇人来电话干啥!她来电话是让我给她儿子开后门,让我关照关照她儿子!什么贵妇人,一个贱骨头!她真是狗胆包天!她儿子何许人也?此人原是我们军机关宣传处的干事,眼下就在你们师某连当指导员!……"

顿时,我脑袋"嗡"地像炸开一样!军长开口骂的是我妈妈,没点名痛斥的就是我啊!

"……走后门,她竟敢走到我这流血牺牲的战场上!我在电话上把她臭骂了一顿!我雷某不管她是天老爷的夫人,还是地老爷的太太,走后门,谁敢把后门走到我这流血牺牲的战场上,没二话,我雷某要让她儿子第一个扛上炸药包,去炸碉堡!去炸碉堡!!……"

排山倒海的掌声淹没了"雷神爷"的痛骂,撼天动地的掌声长达数分钟不息……军长又讲了些啥,我一句也听不清了。那一阵更比一阵狂热的掌声,送给我的是嘲笑!是耻辱!!是鞭笞!!!

……

我麻木的神经在清醒,我滚滚的热血在沸腾!奇耻大辱,大辱奇耻,如毒蛇之齿,撕咬着我的心!我乃七尺汉子,我乃堂堂男儿!我乃父母所生,我乃血肉之躯!我出生在炮火连天的沂蒙战场上,我赵蒙生身上不乏有勇士的基因!我晓得脸皮非地皮,我知道人间有廉耻!我,我要捍卫人的起码尊严!我要捍卫将军后代的起码尊严!!我取出一张洁白的纸,一骨碌爬起来冲出帐篷。我面对司号员小金:"给我吹紧急集合号!"小金惊呆了,不知所措。"给我紧急集合!"

　　梁三喜跟过来轻声对小金说:"吹号。"

　　面对全连百余之众,我狂呼:"从现在起,谁敢再说我赵蒙生贪生怕死,我和他刺刀见红!是英雄还是狗熊,战场上见!"

　　说罢,我猛一口咬破中指,在洁白的纸上,噌!噌!噌!用鲜血写下了三个惊叹号——"!!!"

(二)战场牺牲

　　主峰上下全是一人多深的芭茅草,一接近它,便躲过了敌人的射界。……三排仍不时向敌人射击,敌人也不断还击。我们在草丛中攀援而上,去接近敌堡……爬了一大阵子,猫起腰便看见敌堡了。

　　战士"北京"对梁三喜说:"连长,距离最多有五十米。放心,绝对不用打第二炮,干吧!"梁三喜点头同意。战士"北京"当即把炮弹装进炮膛。少许,他肩起"八二无"炮身,"噌"地站起来,勾动了扳机!然而,没见炮口喷火!战士"北京"一下卧倒在地。敌人的子弹"嗖嗖"从我们头顶上飞过……

　　"怎么?是臭弹?"梁三喜问。

　　"嗯。是发臭弹。""北京"说着,忙把臭弹退出炮膛。弹药手赶忙又递给他一发炮弹,他又将炮弹装进了炮膛。稍停,他又肩起炮,猛地站起身,又一次勾响了扳机,却又一次没见炮口喷火!"哒哒哒哒……"敌人一串子弹射来,战士"北京"一头栽倒在地上!"'北京'!'北京'同志……"我和梁三喜同声呼唤着。一切都发生在瞬息之间!

　　战士"北京"倒在血泊中,身上七处中弹。中的是平射过来的高射机枪子弹,处处伤口大如酒盅,喷出股股热血……

　　呵,倒下了,一个多么优秀的士兵又倒下了!他连哼一声也没来得及,眨眼间便告别了人生!他二十出头正年轻,芬芳的生活正向他招手!他是那样机敏果敢,他是多么富有才华!昨天晚上,他还以将军般的运筹帷幄,为我们攻打无名高地献出了令人折服的战斗方案!可此刻,他竟这样倒下了!他从北京部队奔赴前线补到我们连,到眼下才刚刚两天,我们还不知道他叫啥名字啊!五十米的距离上,他不瞄准也绝对有把握一炮一个敌碉堡!可臭弹,该死的两发臭弹!!……

　　山顶上到处是怪石。我们沿着堑壕南边向西搜索。

　　段雨国兴冲冲地来到我和梁三喜身边:"连长,指导员,胜利啦,我们终于胜利啦!这次战斗,能写个很好的电影剧本!"

我望着段雨国那副乐样儿,真没想到他也攻上了主峰!

"隐——蔽!"只听身后的梁三喜大喊一声,接着我便被他猛踹了一脚,我一头跌进堑壕里!跟着传来"哒哒哒"一阵枪响……当我从堑壕里抬头看时,啊!梁三喜——我们的连长倒下了!我不顾一切地扑过去。"连长!连长!"我一下坐在地上,把他扶在我怀中……

他微微睁开眼,右手紧紧攥着左胸上的口袋,有气无力地对我说:"这里……有我……一张欠账单……"

(三)军长扫墓

我和高干事沿着新修起的路,直奔山腰间新建的烈士陵园。只见军长站在写有"薛凯华烈士之墓"的石碑前,默默为薛凯华致哀。许是遵照儿子的遗言,他没有脱帽。过了会,他后退一步,庄重地抬起右手,为长眠的儿子致军礼。良久,他才把右手缓缓垂下……我和高干事轻轻走过去,只见军长老泪横流,大滴大滴的泪珠洒落在他的胸前……

"遵照凯华的遗愿,你们给团政治处写份报告,把凯华的姓……改过来吧。"军长声音嘶哑地对我说,"另外,我拜托你们,给凯华换一块墓碑,把'薛'字改为'雷'字……"

我擦了擦泪眼,连连点头应着。

这时,高干事打开照相机,要为军长在烈士墓前拍照,被军长挥手制止了。

"你,是团里的报道干事?"

"是。"高干事立正回答。

"宣传凯华一定要实事求是。"

"是。"

"不要在凯华改随父姓这事上做文章,报道中还是称他为薛凯华。"

"是。"

"凯华就是凯华,文章中不要出现我的名字。半点都不要借凯华来吹捧我。"

"是。"

……

"你俩先回去吧。"军长对我和高干事说,"我在这里再停一会……"

我和高干事离开了烈士陵园。当我俩走出十几步回头望时,只见军长低头蹲在凯华的墓前,一手按着石碑,周身瑟瑟颤抖。当我们转身朝山下走时,隐隐约约听见军长在抽泣……

(四)我们的上帝

战士们已陆陆续续来到连部,要为大娘一家送行。

……

只见大娘用瘦骨嶙峋的手,从衣襟缝里掏出一叠崭新的人民币,放在了桌上!我们一看,那全是拾元一张的厚厚一叠人民币,中间系着一绺火红的绸布条儿。接着,又见大娘从衣襟缝隙里,摸出一叠发旧的人民币,也全是十元一张的……大娘这是要干啥?我惊愕了!大娘身上有这么多钱,可她们祖孙三代下了火车竟舍不得买汽车票,一步步走了一百六十多华里……

大娘看看我,指着桌上的两叠钱说:"那是五百五十块,这是七十块。"

这时,玉秀递给我一张纸条:"指导员,这纸条留给您,托您给俺办办吧。"

我接过纸条一看,是梁三喜留给她们的欠账单!这纸条和那血染的纸条是一样的纸,原是一张纸撕开的各一半……顿时,我的头皮嗖嗖发麻!

梁大娘心平气和地说:"三喜欠下六百二十块的账,留下话让俺和玉秀来还上。秀呀,你把三喜留下的那封信,也交给蒙生他们吧。"玉秀把一封信递给了我。呵,我们在此时,终于见到了梁三喜烈士的遗书!

……

捧读遗书,我泪涌如注,我怎么也忍不住,我嚎啕起来……我用瑟瑟发颤的手拿起那五百五十元的抚恤金,对梁大娘哭喊着:"……大娘,我的好大娘!您……这抚恤金,不能……不能啊……"屋内一片呜咽声。在场的人们都已完全明白,是一桩啥样的事发生了!战士段雨国大声哭着跑出去将他的袖珍收音机拿来,又一下撸下他手腕上的电子表,"砰"一下按在桌子上:"连长欠的钱,我们还!"

"我们还!"

"我们还!!"

"我们还!!!"

泪眼中,我早已分不清这是谁,那是谁,只见一块块手表,一把又一把人民币,全堆在了我面前的桌子上……当一片撕心裂肺的哭声渐渐沉下,我嗓音发哽地哀求梁大娘:"大娘,我是……吃着您的奶长大的……三喜哥欠的钱,您就……让我还吧……"

梁大娘用手背抹了抹眼睛,苍老的声音嘶哑了:"……孩子们,你们的好意,俺和玉秀领了,全都领了!可三喜留下的话,俺这当娘的不能违……不然,三喜他在九泉之下,也闭不上眼……"

不管大家怎样哭劝,大娘说死者的话是绝对不能违的!她和玉秀把那六百二十元钱放下,上了车……

我妈妈已哭得昏厥过去,不能陪梁大娘一家上火车站了。战士们把东倒西歪的我,扶进了吉普车内……

走了!从沂蒙山来的祖孙三代人,就这样走了!

啊,这就是我们的人民,我们的上帝!

背景介绍

中篇小说《高山下的花环》出自一位军人作家之手。从他的创作体会中,我们了解到:这篇小说创作于1979年边境自卫反击战期间,小说是他在前线采访中听到、看到、思考的结晶(在前线四个月的采访中,他写出了十万余字的报告文学、散文等作品),在潮湿的猫耳洞里,在丛林的帐篷里,在跳动的烛火下,前线作战中涌现出的英雄人物激励着作者,他含泪疾书。一次,为了使自己的作品早日见报,作者连夜赶路,途中险些遭到对方特工的伏击。这些告诉我们,这篇小说不是虚构的,它在真实的土壤中诞生:真实的背景,真实的人物,真实的情感,作品中的人物、事件甚至细节都是存在的。

作者告诉我们,他在云南前线就得知有些连、排干部在牺牲后留下了欠账单(有的写在纸条上,有的仅口头交代过),在广西方面参战的部队里,作者到过的几个单位中,几乎也都发现烈士死后欠账的事。作者采访到这样一件事:一位从农村入伍的连队干部,由于家庭贫困,他生前欠下一笔数目不少的账。他和他的妻子感情很好,在写给他妻子的遗书中百般叮嘱妻子,盼她能在他死后坚强地活下去,尽早改嫁,建立新的美满生活。同时,他还一再告诉家人,要多想想国家的难处,不要向组织伸手,他欠的账可以用抚恤金来还。如不够,望家中想法把他欠的账一次还清……后来,烈士的妻子拿着抚恤金,卖掉她结婚时娘家陪送的嫁妆,和婆婆一起,来到部队……

作者告诉我们,在前线他接触过一些干部子弟,他们不怕苦、不怕死,表现得极为英勇顽强,有的立功,有的被评为战斗英雄。在云南红河对岸,有一个对方号称固若金汤的230高地,在攻打该阵地的战斗中,一位年仅20岁的炮手,他是高干子弟,在距离敌碉堡四十至五十米的距离上肩炮射击,连发四炮,炸毁了四个敌碉堡!他一人歼敌21名。然而,当他在四十米的距离上再肩炮摧毁敌堡时,却因接连出现两发臭弹而令人痛心地牺牲。但也有个别干部,竟在战前把子女调离了参战部队,当受到参战部队指战员的抵制时还闹情绪,伤害了参战部队指战员的感情,激起他们的极大义愤。然而有人给作者介绍过这样一位军长,参战前,当他得知有人竟把子女从部队调走时,他火冒三丈,通令说:谁再敢办这种事,他就让他的儿子第一个去炸碉堡。而当这位军长指挥千军万马杀敌时,他的儿子、女儿都浴血奋战在战场上。据悉,当年送自己的子女上战场,孩子牺牲的将军不止一位,有的将军一下失去了两个儿子。

太熟悉了,太熟悉了!这一个个真实的事件和人物,不就是小说中的连长梁三喜、他的妻子玉秀、母亲梁大娘、雷军长、小北京……

作者在这部小说中,写出了边境自卫反击战那段历史时期,人物参战前、参战中和参战后的情景,刻画出栩栩如生的人物形象,表现出绚丽多彩的生活,它揭示了我们生活中尖锐的矛盾和冲突,是客观实际和真实生活的写照,对生活、对人有着深刻的认识,而不是那种简单歌颂生活中美好事物的作品。小说向我们展开了广阔的社会背景,令人读之心灵震撼!使人不得不久久沉浸在特定的环境与氛围之中。笔者也是每每读到这些文字泪流不止。

让我们永远记住那朴实、敦厚的烈士连长梁三喜;作品中着墨不多却光彩照人的英雄战士"小北京"和他的父亲"雷军长";朴实无华却深入人心的烈士母亲"梁大娘"和妻子"玉秀";以及那些没能回来、倒在战场上的小金等众多烈士们!共和国不会忘记为祖国献身的烈士们!

演播提示

笔者还在北京广播学院(中国传媒大学)上学期间正逢边境自卫战期间,从学校摄影班拍回的资料中曾看到某军区的一位年轻、俊朗的侦察参谋,战前正坐在马扎上认真地记着会议笔记,不知是否因为他的容貌夺眼,他的镜头较多。但是战后他却没有回来,片中解说告诉我们:战斗胜利后打扫战场时,他被残敌的冷枪夺去了生命,战友们愤怒地为他报了仇。

当笔者作为教师带领同学去到云南电台实习时,我们每人都拿到几份前线战士的遗书,看到了他们一个个的亲笔留言,在电台播出。他们中的许多人都没能回来,他们躺在烈士陵园或边境的土地上了。笔者至今保留着一封写给电台播音员的前线来信,记得这位前线战士的信是写在一张罐头商标纸的背面,用铅笔写的,字体还很工整,看得出是一位有文化的人,也许还是城市兵,他请求给他放一首电影《铁甲008》的插曲(这部片子就是反映这场战争、战士为国牺牲的内容)。他说这也许是他生前最后的愿望了。当时还有一封从云南边疆农场女职工写来的信,信中说她想与一位伤残战士为伍。笔者还看到在昆明的翠湖公园里,失去双腿坐在轮椅上由人推着的小战士……笔者当时还为刚上演的电影《高山下的花环》做了专题报道。在笔者和同学们去云南红河电台时,那里的播音组长就是刚下战场不久的参战人员,他说因为种种原因,有些战友还没参战就牺牲了。记得当时去前线采访的云南台女记者写了一篇报道《谁爱祖国最深沉》,文章的开头写道:很多年轻的战士是背着画夹、照相机和吉他去到云南的,真好像是一场旅游。因为他们从没旅游过,也还不知道战争的残酷。在猫耳洞里,很多战士都是光着身子,因为雨季的潮湿,使他们烂裆、烂腿、流脓水,无法穿裤子(尤其北方去的军人),所以前线不欢迎女性。女记者告诉笔者,回来后她的孩子听到她讲了前线许多比《高山上的花环》还感人的事迹,哭着对她说:"妈妈你为什么不全写出来!"但是由于保密原因,有些东西记者是不能写的。好在笔者带回了这篇报道并作为了教材,文中详细记载了老山之战"李海欣烈士"和他的英雄排的事迹。

这一切都是真的,这场战争是离我们最近的。我们今天的大学生们,还愿意提起这些烈士和这些往事吗?是的,今天的国际局势也许有了改变,但那曾经有过的一切,包括那种为了祖国的利益视死如归的英雄精神却是高贵的!永存的!

每个士兵都是一个有血有肉、有情有义的普通人。我们今天生活在幸福中的青年,不应忘记所有的英烈!谁没有家人?谁不想活着?谁不想幸福?没有英烈们献出的一切,就没有国人的安危与幸福!我们难道不该用自己努力学习、增长的知识与能力为祖国效力,来告慰他们吗?

请用你的心与情来表达这些作品!

注意塑造作品中几个性格迥然不同的人物语言:

1. **梁三喜**:农家子弟,为人坚强、朴实而又宽厚善良。他是连长,倒在保卫祖国的战场上。可用较厚实的男中音表现,语言坚实有力。

2. **赵蒙生**:高干子弟,他潇洒、聪慧,曾经受到过某些社会思潮的影响,然而,经过这场战争的洗礼,他成长了。他对祖国和人民有一种本能的感情。他的语言可用较明亮的男高音表现,语言内涵丰富。他的叙述语言平实,人物语言要随内容有不同的变化。

3. **雷军长**:为人正直、坦荡,生性豪爽。在"军长甩帽"中,可用坚实的男中音表现,语言情感浓烈、声高气足、节奏多变;在"军长扫墓"中,可用暗哑的音色表现,语言充满深情。

4. **小北京**:他是将军之子,崇尚"不想当将军的士兵,不是好士兵"。他悉心研究军事,是一个有潜力的军事人才,也是各种素质极佳的优秀士兵。他的语言沉稳、坚定,声音明朗。

5. **梁大娘**:农村老人,质朴、善良。语言可用苍老的女中音表现,稍慢、温厚。

6. 作品这段内容是以第一人称"我"即赵蒙生的角度来叙述的。在小说演播中,对这些叙述语言应做"独白"式处理,应与他的人物语言有所区分。

《山楂树之恋》(节选)

作者 艾米

《约会》

静秋说:"我知道前面江边有个亭子,亭子里有板凳可以坐一下。你不是说有话说吗? 我们去那里说话。"

两个人又回到亭子那里坐下,可能刚吃过东西,似乎不觉得冷了。老三问:"还记得不记得去年的今天?"

她心里一动,他真的是为这个来的。但她不说她也记得,只淡淡地说:"你说有话跟我说的呢? 有什么话就快说吧,过一会儿渡口要封渡了。"

他好像把什么情况都摸清楚了,说:"十点封渡,现在才八点。"他看了她一会儿,小声问:"你是不是听别人说了——我以前那个女朋友的事?"

她更正说:"是你未婚妻。"这个词实在是太正规了,但在当地口语里,没有一个跟"未婚妻"相应的土话。如果用"对象"或者"女朋友"来代替,又觉得没有火候,不能体现出问题的严重性。

他笑了一下:"好,未婚妻,不过那都是以前的事了,我们早就……不在一起了。"

"瞎说,你自己对大嫂说的,你有未婚妻,你还给了照片给她。"

"我对她说我们在一起,是因为她要把长芬介绍给我。她们一家都对我那么好,我怎么好……"他声明说,"但我们两年前就分手了,她婚都结了。你要不信的话,我可以把她的信给你看。"

"我看她的信干什么? 你不会编一封信出来?"她嘴里说着,手却伸出去了,问他要信。

他摸出一封信给她,她跑到路灯下去看。路灯很昏暗,不过她仍然可以看出是封分手的信,说老三故意回避她,在外面漂泊,她等了太久,心已经死了,不想再等了,云云。信写得不错,比静秋看到过的那些绝交信写得好多了,不是靠毛主席诗词或语录撑台子,看得出是有文化的,而且是文化大革命前的文化。

静秋看了一下落款,叫"丹娘",她脱口问道:"丹娘不是个苏联女英雄吗?"

"那时的人都兴起这些名字,"他解释说,"她比我大几岁,是在苏联出生的。"

静秋听说丹娘是在苏联出生的,敬佩得无以言表,而且一下就把她跟那个拿不定主意爱谁、跑去问山楂树的女孩联系起来了。她自卑地问:"她是不是……好漂亮? 长芳和大嫂都说她很漂亮。"

他笑了一下:"漂亮不漂亮,要看是在谁的眼睛里了。在我眼睛里,她——没有你漂亮"……

静秋知道自己不漂亮,所以知道他在撒谎,肯定是在哄她。问题是他这样哄她的目的是什么？可能转来转去，又回到那个"占有"的问题上来了。她四面一望，方圆几百米之内一个人都没有。刚才还在为这个地方僻静心喜，现在有点害怕自己把自己丢到陷阱里来了。她决心要提高警惕，拿了他的也不能手软，吃了他的也不能嘴软。

她把信还给他，倒打一耙："你把她的信给我看，说明你不能替人保守秘密，谁还敢给你写信？"

他苦笑了一下："我这也是没办法了，一般来讲，我还是很能替人保守秘密的，但是……我不给你看，你就不会相信我，你叫我有什么办法？"

不知道为什么，他这样说，令她很舒服，好像他在赞颂她的威力一样。她进一步敲打他："我早就说了，像你这样的人，能对她出尔反尔，就能对……别的人出尔反尔……"

他急了："怎么能这样看问题呢？毛主席还说不能一棍子把人打死呢，我跟她是家长的意思，不是我自己的意思。"

"现在是新社会，哪里还有什么父母包办的婚姻？"

"我不是说父母包办，我们也没有婚姻，只是两边家长要促成这个事。说了你可能不相信，所谓干部子弟当中，恰好有很多都是父母的意思，即使不是父母一句话说了算的，也是父母从小注意让他们的子女多跟某些人接触，只跟某些人接触，所以到头来，多少都有点父母的因素在其中。"

"你喜欢这样被包办？"

"我当然不喜欢。"

那你为什么要答应呢？

他沉默了一阵："当时的情况比较特殊，关系到我父亲的政治前途——甚至生命，这事三言两语也讲不清，不过请你相信，这事早就过去了，我跟她真的只是——可以说是——政治联姻吧。所以我一直待在勘探队，很少回去。"

静秋摇摇头："你这个人好狠的心哪，你要么就跟她好说好散，要么就跟她结婚，你怎么可以这样……拖着人家呢？"

"我是要好说好散，但是她不肯，两边家长也不同意。"他低着头，嗫嚅地说，"反正这事已经做了，你要怎么说就怎么说吧，但是你要相信我，我……对你是真心的，我不会对你出尔反尔的……"

……

提到毕业，静秋不可避免地想到毕业后的前景，担心地说："我高中读完了，就要下农村了，我下去了就招不回来了。"

"我相信你一定会招回来的——"他刚说完这句，就解释说，"我不是说如果你招不回来我就不爱你了，我只是有信心你一定会招回来的。万一招不回来的话，也没关系，我可以到你下乡的地方去。"

其实这个对静秋来说还真不是个问题，因为在她看来，两个人相爱，并不需要在一起的。关键是两个人相爱，离得远远都没有什么区别，可能离得越远，越能证明两人是真心相爱。

"我不要你到我下乡的地方去，我就要你等我。"

"好,我等你。"

她又得寸进尺:"我不到二十五岁不会谈朋友的,你等得来?"

"等得来,只要你让我等,只要我等你不会让你不高兴,我等一辈子都行——"

她扑哧一笑:"等一辈子?等到了,人也进棺材了,那你为什么要这么等呢?"

"就是为了让你相信我会等你一辈子的,让你相信世界上是有永恒的爱情的——"

他又低声叫道:"静秋,静秋,其实你也能一生一世爱一个人的,你只是不相信别人会那样爱你,你以为自己一无是处,其实你……你很聪明,很漂亮,很善良,很可爱……很……我肯定不是第一个爱上你的人,也不是最后一个,不过我相信我是最爱你的那一个。"

《离别》

妈妈说:"我们关心静秋,爱护静秋,就要从长远的观点着想,不能只顾眼前。人无远虑,必有近忧。静秋顶职,很多人都眼红,在背后戳是搞非。现在她顶职的事还没搞好,如果这些人看见你们两个人在一起,对静秋顶职的事是非常不利的——"

老三又连连点头:"那是,那是。"

沉默了一阵,老三大概觉出妈妈是在等他主动表态,于是清清喉咙,说:"张老师,您放心,我这次回去了,就不再来找她了,一直等到她顶职的事搞好了再来找她。"

静秋见老三踌躇满志的样子,望着妈妈那边,大概在等妈妈夸奖他几句。但她听妈妈说:"顶职的事搞好了,事情也没完,在转正之前,学校随时可以不要静秋——"

老三沉默了一阵,豪迈地说:"那我就等她转正之后再来找她。试用期是一年吧?那我就一年之后再来找她——"然后他做了一下算数,订正说,"一年零一个月左右吧,因为她现在还没顶职。"

不知道妈妈是被他的主动配合还是被他的计算精确感动了,很温和地说:"你知道这么一句话吧?'两情若是久长时,又岂在朝朝暮暮。'如果你对静秋真是有这份情的话,也不会在乎这一年多不见面,对不对?"

老三满脸是悲壮的神色,连声说:"对,对,您说得对。"然后还加以自我发挥,不知道是在说服谁:"也就一年多嘛,我们还年轻,还有很多……一年……多。"

妈妈嘉许说:"我看得出来,你是个懂道理的人,响鼓不用重槌敲,别的我也就不用多说了。我并不是那种死封建的母亲,对你们年轻人的心情还是很理解的,但是现实就是这样,人言可畏,我们不得不谨慎一些。"

老三说:"我懂,我懂,您这也是为了我们好。"

大概妈妈已经站起身,下了无声的逐客令了,静秋见老三也站起来,央求说:"我去打点水,给静秋把脚洗一下,她脚底烂了好些小洞,里面都是煤渣,她自己看不见脚底,不方便,我帮她把煤渣掏干净了,上了药,就马上走,以后这一年一个月,就拜托您照顾她了——"

……

老三把静秋脚上的纱布打开,妈妈捧着静秋的脚看了一会儿,快要流泪了,走到一边,对老三说:"那就麻烦你了,我跟静思出去乘凉去了。"

妈妈把妹妹带走了，屋子里只剩下静秋和老三。她不让他帮她洗脚，怕把他左手的绷带打湿了。她自己洗了脚，他帮她擦干，把灯绳打开，把灯泡放低了，向她要了根针，用针屁股那头掏那些小洞里的煤渣："疼不疼？我掏得太深了就告诉我。"

……

他掏出一些钱，放到她床边的桌上，说："我把这点钱留这里，你如果不想我再割我的手，你就收下。再不要到万驼子手下去打工了，如果瓦楞厂有工打，打打可以。如果你不听我的话，又跑到万驼子那里打工，或者打那些危险的工，我知道了会生气的，我不会不理你，但是我会一刀一刀割我的手。你相信不相信？"

她点点头，保证说："我不会再回万驼子那里打工的。"

"那就好，现在你妈妈已经知道我们的事了，基本上也算是同意了，只是个暂时不见面的问题，所以你告诉她这些钱是我留下的，她肯定不会骂你。"

他看看表，说："不早了，我要走了，免得把你妈妈和妹妹赶在外面不能回来。"他在她床边蹲下来，搂住坐在床上的她，交代说，"你自己记得每天搽药，如果药搽完了还没好，自己记得去医院看医生。"

两个人缠绵了一会儿，他毅然决然地站起身，说："我走了，你就坐那里，别起来，你的脚刚搽了药，别搞脏了。"

她就呆呆地坐在那里，听他走出去、开车锁、推车、上车，然后一切复归寂静。

《老三走了》

静秋带着满腔疑惑跑到传达室，一眼就看见一个像极老三的军人等在那里，见到她，那个军人走上前来，急匆匆地说："静秋同志吧？我是孙建民，孙建新的弟弟，我哥哥现在情况很不好，想请你到医院去一趟。"

……

军用吉普里只有司机和孙建民两个人。孙建民告诉她，老三从县医院出来后，并没回A省，而是待在黄花场那边的三队，一方面可以协助查清勘探队的工作环境是否会诱发白血病，另一方面黄花场离八中农场只有几里地，那条路可以开车，也可以骑自行车，方便老三到农场去看她。

后来她回到K市八中附小教书，老三也转到K市，住在那家军医院里。他只在春节的时候回A省去了一下，春节后又回到了K市。他父亲劝他留在A省，但他不肯。他父亲只好让他家保姆跟着过来，在医院里照顾他。再后来孙建民也过来了，在医院陪他。……孙建民说："哥哥走得动的时候，我们到八中来看过你，看见你带着一些小女孩在操场打排球。我们也从校外的路上看过你给学生上课。后来哥哥躺倒了，他就让我一个人来看你，回去再讲给他听。他一直不让我们告诉你他在K市，也不让我们告诉你他得的是白血病。他说：'别让她知道，就让她这么无忧无虑地生活。'"

"有他的交代，我们本来是不会来打搅你的，但是他走得太——痛苦，太久。他进入弥留之际已经几天了，医院已经停止用药、停止抢救了，但他一直咽不下最后那口气，闭不上眼睛。我们想他肯定是想见你一面,所以就不顾他立下的规矩,擅自找你来了。相信你会理解我们,也相信你会想见他一面。但是你千万不要做什么偏激的事,不然他在天有灵,一定会责怪我们。"

静秋说不出话来,她不知道是不是因为自己这段时间想老三想得太多,想得神经失常了。她一边为能见到老三欣喜,一面又为他已经进入"弥留之际"心如刀绞。她希望这只是一个梦,一个噩梦。她希望赶快从梦中醒来,看见老三俯身看着她,问她是不是做了噩梦。告诉她梦都是反的。

到了医院,吉普车一直开到病房外面的空地上,孙建民招呼静秋下了车,带着她上二楼去。病房里有好些人,一个个都红肿着眼睛。看见她,一位首长模样的人就迎上前来,问了声:"静秋同志吧?"

静秋点点头,首长握住她的手,老泪纵横,指指病床说:"他一定是在等你,你去——跟他告个别吧。"说完,就走到外面走廊上去了。

静秋不敢上前去,觉得这不可能是老三。几个月前她看见的老三,仍是那个英俊潇洒、风度翩翩的青年,而眼前这个病人真叫人惨不忍睹。

她听见几个人在催促她:"快叫!快叫啊!"

她茫然地问:"叫什么?"

"叫他名字啊,你平时怎么叫的,现在就怎么叫,你不叫,他就走了!"

静秋叫不出声,她平时就叫不出他的名字,现在她更叫不出。她只知道握着他的手,呆呆地看着他。他的手还不是完全冰凉的,还有点暖气,说明他还活着,但他的胸膛没有起伏了。

几个人又在催她"快叫,快叫,"她握着他的手,对他说:"我是静秋,我是静秋……"他说过的,即使他的一只脚踏进坟墓了,听到她的名字,他也会拔回脚来看看她。

她就一直握着他的手,满怀希望地对他说:"我是静秋,我是静秋……"

她不记得自己这样说了多少遍,她的腿跪麻了,嗓子也哑了,旁边的人都看不下去了,说:"别叫了吧,他听不见了。"

但她不信,因为他的眼睛还半睁着,她知道他听得见,他只是不能说话,不能回答她,但他一定听得见。她仿佛能看见他一只脚已经踩在了坟墓里,但她相信只要她一直叫,他就舍不得把另一只脚也踏进坟墓。

她不停地对他说:"我是静秋,我是静秋……"

她听见一片压抑着的哭声,但她没有哭,仍然坚持对他说:"我是静秋!我是静秋!"

过了一会儿,她看见他闭上了眼睛,两滴泪从眼角滚了下来。

两滴红色的、晶莹的泪……

《尾声》

老三走了,按他的遗愿,他的遗体火化后,埋在了那棵山楂树下。他不是抗日烈士,但西村坪大队按因公殉职处理,让他埋在那里。"文革"初期,那些抗日烈士的墓碑都被当作"四旧"挖掉了,所以老三也没设立墓碑。

老三的爸爸对静秋说:"他坚持要埋在这里,我们都离得远,我就把他托付给你了。"

老三生前把他的日记、写给静秋的信件、照片等都装在一个军用挎包里,委托他弟弟保存,说如果静秋过得很幸福,就不要把这些东西给她;如果她爱情不顺利,或者婚姻不幸福,就把这些东西给她,让她知道世界上曾经有一个人,倾其身心爱过她,让她相信世界上是有永远的爱的。

他在一个日记本的扉页上写:"我不能等你一年零一个月了,我也不能等你到二十五岁了,但是我会等你一辈子。"

他身边只有一张静秋六岁时的照片和那封十六个字的信。他一直保存着,也放在那个军用挂包里。孙建民把这些东西都交给了静秋。

每年的五月,静秋都会到那棵山楂树下,跟老三一起看山楂花。不知道是不是她的心理作用,她觉得那树上的花比老三送去的那些花更红了。

十年后,静秋考上 L 大英文系的硕士生。

二十年后,静秋远渡重洋,来到美国攻读博士学位。

三十年后,静秋已经任教于美国的一所大学。今年,她会带着女儿飞回那棵山楂树下,看望老三。

她会对女儿说:"这里长眠着我爱的人。"

背景介绍

小说《山楂树之恋》是身在美国的女作家"艾米"根据原作者"熊音"的回忆录创作而成。原作者 1977 年根据自己刻骨铭心的一段经历,曾写出过一部 3 万字的纪实作品。但在当时背景下,编辑让她修改她认为真实的内容,她没有服从。10 年后,作者离开家乡去外地读书,之后又去美国留学,哥哥、妹妹、妈妈相继出国,家里的东西都扔掉了,唯有这篇写在一个日记本里的回忆录被妈妈保存下来并带到了国外。小说中的男主人公"老三"逝世 30 周年时,熊音将回忆录交给了好友艾米,请她写成小说。因而,小说《山楂树之恋》的叙述者是艾米,但其中的对话大多是原文中的内容。小说写成后,先是发表在美国的文学网站上,但凡看过该小说的读者,无不为主人公纯真而感人的爱情故事潸然泪下。

纪实性长篇小说《山楂树之恋》被称为"史上最干净的爱情",它讲述了一个真实的故事——18 岁的女主人公因家庭成分不好而自卑、懂事。当时是地质队员、某军区副司令员的儿子"老三"孙建新却给了"静秋"无私的鼓励和帮助。他等着静秋毕业,等着静秋工作,等着静秋转正……等到静秋所有的心愿都成了真,老三却得白血病去世了,长眠在村边那棵开满花的山楂树下。"我不能等你一年零一个月了,我也不能等你到二十五岁了,但是我会等你一辈子"——老三这句遗言让许多人肝肠寸断。按照老三的遗言,老三的父亲把他埋在山楂树之下,因为住得远,所以他托静秋多来看看老三。文化大革命结束后,静秋出国留学。她的家乡也变了,成为三峡库区,山楂树被水淹没了,当地人也被移走了,但在静秋的心里,山楂树就算在水里也会开花的。她每年都来看望老三。

这部作品表现了最纯真的爱情。如今,很多人不相信真爱,不少人迷失在物质世界里,只相信权和钱,爱情的价值取向只剩下铜臭,那些纯洁的爱情好像早已消逝在回忆里了。这部作品告诉了人们什么是真爱,是对纯真爱情的呼唤,它对引导人们树立正确的婚恋观,有着重要作用。

演播提示

1. 这是一部纪实性作品,结合内容、背景,表达基调应为深情、凝重的。感觉、处理都要很细腻。

2. 演播这部作品,一定要了解作品所处的时代背景,才能真正理解人物的感觉。应把握其大小层次与演播的节奏变化,表达不可平、淡、白、一片。

3. 演播这个作品,情感应内在、真挚,语言表达应自然、平实,注重内心活动的体验与体现。

4. 演播作品中的人物语言,应结合当时的时代背景与内容氛围,"抑多扬少"。

第八章
广播剧演播——想象的艺术

广播剧是许多人都喜爱的一种广播文艺形式,它是具有广播特点的剧。那么,它由什么要素组成?演播者如何根据广播形式和文艺作品演播对人物塑造的要求演播好一个具体人物?这是本章所要探讨的内容。

第一节 对广播剧的认识

一、广播剧的概念

"广播剧是戏剧形式的一种,适应广播的特点,用对白、音乐、音响效果等艺术手段创造听觉形象,展开剧情,刻画人物。有时穿插必要的解说词,帮助听众了解剧中情境的人物活动。"(《辞海》"艺术分册"第75页)因此,有人称广播剧为"听的剧"或"播音剧"。

二、广播剧的种类

从剧的长短与技术制作角度出发,可以将广播剧分为单本广播剧、连续广播剧、系列广播剧、微型广播剧和立体声广播剧。有人将"广播小说"也列在其中。

三、广播剧的特征

(一) 看不见的剧

广播剧虽然无法看到,但它也是戏剧,也同样具有戏剧创作的主要元素与材料。如表演语言、音乐、音响效果,也同样具有人物、结构、情节等,并有编剧、导演、演员以及其他工作人员参加创作。所不同的是,它只以语言声音表现剧情,并以无线电波实现传递。在创作中更适合广播的特点,一般广播剧转场多于其他戏剧,却少于电影。

(二)声音的综合艺术

广播剧不能用灯光、布景、道具、化妆和演员的形体动作及面部表情来进行创作,帮助体现剧情。它只能以声音一种手段来进行创作,因此,声音是广播剧创作的唯一手段。

在广播剧中,语言,是具有一定意义和情感的声音符号;音乐,具有表情、表意的功能;音响效果,具有营造环境、氛围,帮助体现剧情和人物的不可忽视的作用。在广播剧中,声音具有很强的表现力与艺术性。

(三)想象的艺术

广播剧中的声音具有极强的表现力,它可以为人物造型,通过表现人物的心理、行为、情感以及时空、环境等,来塑造人物、揭示剧情。然而,这一切对于听者而言,都必须通过想象、联想方可知晓。实际上,广播剧的创作全过程从编剧、导演、表演(只有语言)到制作包括创作、演播与欣赏几方面,也都以想象为核心。可以说,没有想象便没有广播剧的存在。

第二节 广播剧的"三要素"

广播剧的"三要素"是语言、音乐、音响效果(注:也有人认为广播剧的三要素为:剧本、演员和听众。这一观点本人认为值得商榷)。一般来讲,一部广播剧都具备这三个要素。但由于表现内容与创作手法的差异,对这三种要素的使用会有所侧重,甚或只用其中的两个要素进行创作,表现剧情。比如,有的广播剧只有语言和音响效果两个要素。更有甚者,只用音响效果这一个要素讲述了一个短小的故事:表现一个逃犯的逃跑复仇与自首的情节。它是用人的跑步声、喘气声、警车声、水声、拨电话声等一系列音响来表现这个故事的。但这毕竟是极个别的创作尝试,表现内容有很大的局限性。所以,一般来讲,广播剧都具备三个创作要素,但根据表现的内容、风格、创作手法的不同,所使用的"三要素"比例有所不同。

比如,一般"音乐广播剧"对音乐的依赖性较强,如广播剧《二泉映月》《刘天华》是以音乐来帮助表现主人公的音乐创作道路及人生经历。因此,剧中除去其他配乐外,还使用了瞎子阿炳和刘天华创作或演奏的乐曲片段。

又如,一般刑侦广播剧对语言和音响效果的依赖要强于音乐。因为剧中对案情的分析等没有语言根本说不清、表现不出来。音响效果也能更大程度地表现案发的时空和人物的活动。如从音响中可听出是清晨还是夜晚,是什么地方的钟响,案发现场是海边,还是火车站附近,及人物进行搏斗的场面或作案的脚步声等。

但无论何种情况和创作,"语言"在广播剧中都是最主要的元素。下面让我们来看一下广播剧的"三要素"在广播剧中所起的作用,以更好地建立我们的演播意识,把握自己的演播创作。

一、语言

语言是广播剧表现剧情、体现人物的主要元素,是一部广播剧的主体。由于广播剧只有声音一个表现手段,因而更离不开语言的重要作用。广播剧的语言分为两大类,一是解说语言,二是人物语言(对白与独白)。我们先来看看解说语言。

(一)解说语言

1. 解说的作用

广播剧中的解说,它既不同于小说中的叙述、电影录音剪辑的解说,也不同于话剧等各种戏剧录音剪辑的解说,它有其自身特征。解说是广播剧创作、表现的一种手段,适合广播特点,它可以配合剧情增强其表现力。但广播剧的解说毕竟仅起配合作用,处于从属地位。也有的广播剧根本就没有解说的参与,所有的人物形象与剧情内容都是由演员用表演语言(音乐、音响效果配合)来体现的。

广播剧的解说主要有三个作用:介绍背景、推进剧情、展现人物。

解说的第一项任务是"介绍背景"。

广播剧对背景、环境的氛围表现,没有电影、戏剧那种多手段表现的优势。如电影可以依靠画面来表现,画面内容可以使观众对影片的时代背景、地域环境、人物形象、事件发生、人的反应,抑或人在做什么、怎么做的等一切都一目了然。戏剧也可以通过布景、道具、服装、化妆、舞台人物行为等来表现。唯有广播剧,没有语言介绍往往使人难以明了剧的背景及正在发生的一切。

例如,儿童广播剧《古墓遇险》开头的解说:

在非洲的埃及,有许多大金字塔,离这些金字塔不远的地方有一座奇怪的古墓。说它奇怪,是因为凡是进过古墓的人,出来没多久就会死去。为什么呢?谁也不知道。所以,大家都管它叫吃人古墓。

这一天,有个名叫吉卡的男孩子在古墓附近出售纪念品,他看见游客里有一个中国小女孩,就朝她走去。

这段解说,就给听众介绍出这个"古墓遇险"的故事发生在什么地方、故事的背景以及人物和他正在做什么。如果没有这样的介绍,听众仅通过人物语言很难有十分清楚的了解。

解说的第二项任务是"推进剧情"。

广播剧情节的发展、变化,往往由解说来帮助表现,因为这些内容用人物语言有时不能或不易表现,但它对剧情的推进却有很大作用。

例如,连续广播剧《弘一法师》中的一段解说:

三十九岁的李叔同,放下了从小喜爱的艺术,放下了孜孜追求的教育事业,放下了天津的妻子、幼儿,也放下了十二年相亲相爱的异国情侣樱子。他散尽资财,独自带着薄被单衫来到大慈山虎跑寺,拜了悟和尚为师,正式剃度当了苦行僧,取法名演音,字弘一,从此他僧衣芒鞋、晨钟暮鼓,过着清苦的佛门生活。

艺术界震惊,教育界惋惜,妻儿们无奈,叔同知道唯有樱子是决不会轻易放弃他的,他就是樱子的整个生命,整个世界,樱子对他有超乎寻常的情爱,李叔同没有勇气自己面对樱子,他请好友夏丏尊和学生丰子恺一起到上海转告樱子。

从以上这段解说中,我们看到了中国近代大艺术家、大教育家李叔同一生的转折点,同时,它也是剧情发展、变化的一个点。

李叔同出生于一个盐商家庭,青年时代赴日留学,学习艺术(主要是音乐、绘画)。他热爱祖国、追求进步,后带异国情侣返回祖国从事教育事业并卓有成绩。他是中国最早介绍西洋绘画、音乐和话剧进入国内的人物。他演过话剧《茶花女》中的女主人公玛格丽特,也是著名的《送别》一歌的词作者,"长亭外,古道边,芳草碧连天……"一直流传至今。据说李叔同的前半生吃、喝、玩、乐,尽情享乐,后半生却突转空门,而且极认真地去做一名苦行僧,直到他安详地归去。这究竟是为什么?至今让人不得其解,也许是他对人的最高精神境界的追求吧。《弘一法师》这部连续广播剧就较完整地表现了这位传奇人物的一生。剧中人物经历的变化引来剧情的发展变化,因而,解说就在这每一个变化的点上发挥着重要的作用,推进着剧情。

解说的第三项任务是"展现人物"。

广播剧中塑造人物主要由人物语言来实现,但很多时候,解说也能帮助表现人物的外形、内心和行为。

例如,连续广播剧《风雪昆仑山》中的一段解说:

琪琪送走黄沙之后,一种无名的惶恐、不安混着思念,使她六神无主。夜深了,琪琪坐在桌旁,摊开信纸。她要给妈妈写信,给徐雅彬写信,给向西行写信,可是她给谁也写不下去。

这段解说,就表现了鲍琪琪这个军队女护士、新一代昆仑山人,此时的内心活动和激烈斗争。

《风雪昆仑山》这部广播剧是根据部队作家李斌奎的小说改编的。它热情讴歌了老一辈昆仑山军人为祖国的无私奉献,同时,更表现出新一代昆仑山军人的成长历程。剧中的女主人公"鲍琪琪",是从内地军护学校毕业被分配到昆仑山这艰苦荒凉的地方工作的,当初,她是不情愿的。但当她真正与昆仑山军人相处一段时间,看到他们艰苦的工作、生活情况和乐观向上的精神境界,尤其当她开始爱上了"向西行"这位可敬的昆仑军人之后,她的内心和思想感情发生了很大变化。此时她正为是按照妈妈的安排回上海深造与男友"徐雅彬"相聚,还是继续留在这艰苦的边疆服役而内心发生着苦苦的争斗。当然,在昆仑军人精神的感召下,她最终还是留下来了,并且逐渐成长起来,成为新一代昆仑山军人。

通过以上的例子,我们是否看到,广播剧中的解说的确有其自身特征,具有重要功能,它不但有"说明性",更有"参与性"与"表现性"。因而,解说往往是广播剧创作的一部分,是创作总体构思中的一环。解说除了以上三个主要作用外,还有描绘景物、抒发情感、阐明观点等具体作用。

2. 解说的种类

广播剧解说的种类,结合解说的身份位置来看,大体分为两类:一是第三人称的"介绍型";二是第一人称的"自述型"。

"介绍型"解说:在广播剧中运用较多。在这类解说中,解说者往往是知情者,但却不是剧中的人物(有的也不妨将其看作剧作者本人),比如广播连续剧《弘一法师》《风雪昆仑山》中的解说正是如此。

"自述型"解说:在广播剧中也不乏其见。在这类解说中,解说者可能是剧中的主人公或是剧中的某一人物,甚或是剧作者本人。比如,广播剧《爱不能言》中的解说,就是剧中女主人公"陆晓芳"自己的自述:

我又一次背井离乡来到异域。在地球的那一面,那块生我养我的土地上埋葬着我的生母,还有养父,一位终生爱我,却又不肯做我丈夫的人。若不是这种残酷的情感折磨,他也许不会英年早殇,——哦,他给予我的是怎样的无法表达、不能诉说的爱呀!

这类"自述型"解说,一般更能接近人物与听众的心理,听来亲切、自然,更能打动人。但却不如"介绍型"解说视角多,灵活自如。

3. 解说的方式

广播剧的解说主要有两种方式:一种是"介入式",另一种是"客观式"。

"介入式"解说:解说介入到剧中人物的思想情感中去,与剧中人物同悲同喜,与剧中情绪气氛相契相合。除去第一人称"自述型"的解说外,第三人称"介绍型"的解说也大多属于这一类。

这类解说,应特别注意要有"现场感"和"带戏出入",与剧中人物的思想感情融为一体,要有情感色彩的相应流露。

"客观式"解说:是解说不与剧中人物的思想情感、气氛亦步亦趋,始终冷静地讲述,我行我素。"介绍型"与"自述型"解说都有用此方式解说的,它不似"介入式"解说与剧中人物、情节融为一体,而有些距离,如广播剧《居里夫人》的解说就是如此。

这类解说,要特别注重"清楚"与"介绍感"。情感不必介入剧的情节和人物情绪中,有其自身的独立作用。

解说无论用何种方式,都应依剧作的"一度创作"写法、风格而适当选择和表达。

此外,在"介入式"解说中,应处理好与上、下剧的衔接、气氛与节奏,情感要融洽,不应让人感觉解说是硬贴上去的或游离剧情。因此,解说者在开口前,必须了解前后的剧情并调整好内心感觉,方可把准解说开口与结束时自己语言的色彩、分寸和节奏,与剧情和人物语言有机和谐。为此,解说者也必须懂戏、会表演,最好也跟演员一起排戏,这样才能使解说与剧情和人物感觉同步,解说表达贴合。

（二）人物语言

广播剧的剧情发展、矛盾冲突、人物性格、人物关系等都要由人物语言来体现,因而广播剧中的人物语言具有"性格化""戏剧性""提示性"特点。

性格化的语言,能使人物鲜活;戏剧性的语言,能使人听来有戏;提示性的语言,又能使人听得清楚。

比如连续广播剧《家庭教师》中的一段对话:

（于杯走开,姚云鹏走过来）

姚云鹏：干嘛不理我！

文　辉：我忙着呢。

姚云鹏：嚄,真是个人物了！跟你一起的那个家伙是谁？他就是你请的家庭教师吧！他挺有一套呀,一下子就让你成绩提高了……

文　辉：你要是没别的事,我就走了。

姚云鹏：别……别,帮我问问那家伙,看他愿不愿意教我……

文　辉：别开玩笑了！

姚云鹏：我没心思跟你开玩笑。都他妈怨你,老师把你的事到处吹,我爸也知道你请家庭教师的事了,非让我也请一个……

文　辉：这不可能……

姚云鹏：别把你当人你就不知道姓什么了！喏,这两本书送给你吧,算是对你的报酬。

文　辉：我说不行就不行……

（姚云鹏已走开）

从这段对话中,我们是不是已了解到这两个中学生之间的关系与矛盾,以及姚云鹏的性格特征。同时这段人物语言又很有"戏":以前一个霸气、一个柔弱,现在"霸气的"有求于对方,而"柔弱的"在家庭教师的鼓励、帮助下,渐渐地增长了自我意识,不甘受气,不买他的账。"霸气的"只得恩威并施、不甘又无奈,这就有戏了。有性格、有戏的语言就不会平淡无味,会抓住听众的心,引起他们的兴趣,使他们听得清楚、有味。

如果说广播剧中人物语言的性格化、戏剧性,别的戏剧中也有的话,那么,人物语言的"提示性"却是广播剧中所独有的。即在人物语言中体现出人物的行为及场面,可以说是

"以言绘形"。比如,"你搂得我都喘不过气了!"这句话在广播剧中由人物说出,会使人清楚地感觉到剧中另一人物的热情和他紧紧搂住说话者的动作,生动形象。而放在影视或舞台表演中,被搂者只要说"我都喘不过气了!"或"你轻点嘛"就可以了。因为对方搂她的动作观众已经看见了,再用语言讲出这搂人的动作,实属画蛇添足,而在广播剧中讲出却是极为必要的。

再如,"你看她高兴得直流泪",或"那条藕荷色裙子多漂亮啊!"这些语言都起提示性作用。因为广播剧是将"听觉形象"变为"视觉形象"的,听众通过语言的提示可以自动转化为视觉形象,更好地了解剧中的场面、动作、形象等,进而受到感染。

除此之外,广播剧中的人物语言还能充分、有力地展现人物内心,表现交流情绪。

表现交流情绪的语言,是广播剧人物语言的一个特点。

所谓交流情绪的语言,就是指对方在说话时,你作为交流对象要有自己的情绪反应并以语言显现出来。比如,"是啊""那后来呢?""太坏了"等。这些简短的语言,在舞台剧和影视中是不必要的,因为在舞台和荧屏上这些话中的意思,观众通过人物的动作、表情便可知晓。如点头、拍手的动作,甚或斜视的眼神。但在广播剧中却只能以一定的语言来表现出你的态度与情绪,同时还要让听众明白你一直在场上,对手是在与你交流呢。如果剧中的交流对手讲了半天话,你只用动作、表情表达自己的情绪、态度,听众看不见便会以为你不在场,或对所谈内容没有态度。所以,表现交流情绪的语言是广播剧人物语言的一个特点。值得提及的是,这一类语言除去剧作中提供的之外,有不少是需要演播者结合剧情、场面及情绪气氛自己加上去的,以示自己的存在或表现自己面对所说内容的态度、情绪。

广播剧中的人物语言一般分为两大类,即"对白"与"独白"+"旁白"。

对白:是剧中两个或两个以上人物间的语言交流。对白是广播剧中人物语言的主体。

独白:即剧中某个人物内心活动的表露,它是剧中人物内心思维活动的过程。披露人物"内心活动"是广播剧"人物语言"的又一重要作用。它利用话筒,以"独白""旁白"的形式来体现,听来使人感到亲切、自然、生动。

比如广播剧《法尼娜·法尼尼》中的一段:

法尼娜: 我的上帝,这是多么不寻常的经历啊,我爱米西芮里,可又把他们的组织告发了,要不是为了这个,他也不会自投监狱,他能饶恕我吗? 可也是我救下了他的性命呀!

他要能和我一起离开意大利有多好,我对米西芮里确是犯了不可饶恕的罪孽,可是这一切,也是由于过分爱他的缘故呀!

这段独白充分揭示了法尼娜·法尼尼这个骄傲的贵族女性内心的痛苦、激烈的争斗与企盼,对刻画这个人物有极强的表现力。

旁白:即剧中人物在现场对他人行为进行评价的内心活动语言。它的交流对象有时指向对方,有时又指向受众。

比如,广播剧《风雪昆仑山》中有一段,是鲍琪琪搭向西行的车上昆仑山,由于晕车吐了,此刻,向西行又想起了自己以前因病去医院,由于失控不小心吐到了鲍琪琪的身上,当时她对自己的恶劣态度,于是他有了这样一段心理活动:

向西行:吐吧,吐吧,吐两口你也尝尝是什么滋味啦!看你以后还敢不敢说我们是一群喝汽油爬达坂的野人了。

人物的独白和旁白,是人物现场思维活动的外化,在广播剧中运用得比其他戏剧形式要多。因为在广播剧中利用话筒,人物可以无顾忌、深入地坦露真实的内心,轻声细腻地表露自己的内心活动,听众也会觉得亲切、自然、生活,具有很强的表现力和感染力。因而,在广播剧的创作中,剧作者常常选用这一手段来表现人物,以丰富表现角度,充分发挥广播剧的创作优势。

二、音乐

（一）音乐的作用

音乐,很具表情性,它最擅于表现和激发人的情感。在广播剧中,适当使用音乐,能增强艺术感染力。广播剧中的音乐具有多种功能,具体为以下几种:

1. 描绘环境、景物

广播剧不同于舞台剧或影视,能借助于布置或实景,营造符合剧情需要的具体环境和背景,将观众带入到特定的环境氛围中去。因而,广播剧往往需要利用音乐(有时配以音响效果)来表现剧中的背景、氛围、地域、环境以及特定时空,使听众对剧中人物活动的环境清楚、可感。

比如在广播剧《弘一法师》中,李叔同投身佛门之后,樱子来到虎跑寺找他,此时的音乐是带有佛教特点的(加上木鱼的敲击声),让人不由想到寺庙的环境。又如,恐怖的音乐,可以使我们想到谋杀或阴森可怕的现场。

另外,一些童话、科幻内容的超现实环境和物品,如宇宙星空、海底龙宫或怪兽、高科技武器等,用特定的音乐形象也可予以表现,使听众对它们有所感知。

2. 烘托渲染情感

以音乐烘托情绪气氛、渲染人物内心、配合语言增强感染力,这是音乐在广播剧中的重要作用。广播剧中,往往在人物或喜或悲的情感高潮或剧的高潮处,配以情绪色彩很强的音乐来烘托渲染这种情感,形成震撼人心的力量。

比如广播剧《风雪昆仑山》的结尾一段,当鲍琪琪随战友们在漫天风雪中找到了向西行和黄沙,看到眼前这两个紧紧抱在一起的雪人时,她哭喊着:"向西、向西!黄沙!向西,向西啊,我是琪琪,向西,你看,大家来接你们来了!"此时的音乐悲痛色彩强烈,再伴以人物强烈悲痛的哭喊,引起听者极大的共鸣。不言而喻,在这里,音乐起到了很好的烘托渲染作用,使这段戏具有极强的表现力与感染力。如果仅靠人物语言是难以奏效的。

3. 推动情节发展变化

在广播剧中,有时用音乐显现剧情的发展、变化。这种音乐渗透融合于戏剧结构之中,成为推动情节发展、变化的有机一环。

比如广播剧《红岩》中"接头"的一段戏,当"白公馆"监狱党组织的齐晓轩、成岗正在监狱图书馆的地下室中接头,商讨如何与外边的地下党取得联系进行越狱,正发愁找不到合适的联络人时,上面传来了放风的报警信号,有人吟诵:"花间一壶酒,……对影成三人。"随即一种紧张、恐怖的音乐响起,预示着华子良的到来。这一音乐推动了剧情的发展,表现了华子良的闯入以及齐、成二人对来人的戒备。当一番审查之后,他们三人的手终于握在了一起时,响起一段激动人心、情感性很强的音乐,它既透出了战友相见的激情,又似告诉人们,监狱党组织发愁与外边党组织联系的问题解决了,从而推动了情节的发展。

4. 代替语言抒情

用音乐、歌曲代替语言抒发剧中人物的特定情感,这是音乐在广播剧中的又一功用,它可以强化和丰富表现人物内心。

比如广播剧《丹凤朝阳》中,女主角顾文凤随"美专"的学生一起跟周老师去太湖写生,她的心情异常兴奋,是唱着一首欢快优美的歌曲回家的。此处加上这首歌曲,就将女主人公此时极度喜悦的心境表现得淋漓尽致,这要比语言抒发更有感染力,同时也丰富了此剧的表现形式。

5. 衔接转场

广播剧的转场,指剧中人物活动的时空变化,比如从夜晚到天明,从室内到列车上。广播剧的转场要比影视少,但却比话剧多,衔接转场的方式也不同,用音乐衔接转场是其中之一。由于音乐是广播剧创作三元素之一,用音乐衔接转场,一方面可以使转场形式多样,另一方面也可使创作三元素有机融合于整体结构中,使音乐元素发挥其独特功能。

仍以广播剧《丹凤朝阳》为例。顾文凤去太湖写生,"姐姐送她上路"一场戏中,当顾文凤一边答应着远处招呼她的同学向前跑去,一边又回过头来对姐姐喊:"我一定把太湖的美景都画出来,姐姐,再见!"姐姐却神色黯然地自语道:"再见。"(因姐姐已被恶霸逼得不想留在人世了,她知道自己再也见不到妹妹了)这之后,响起了清脆婉转的笛声,接着竖琴拨动起一串优美的水声,乐队随之而起。这优美的音乐立即把我们带入到那风景如画的太湖边。这里,音乐起到了很好的转场作用。

（二）音乐的种类

广播剧中音乐的种类，从大的方面可分为两种，即"有声源音乐"和"无声源音乐"。

有声源音乐：是指剧中环境范围内的发声体即收音机、电视机、广播喇叭、电唱机、录音机等所传出的音乐、歌声，以及剧中人或剧场内演出者所唱的歌或演奏的乐声。当然，剧中人唱的歌或演奏的乐声大都是由其他专业歌唱演员或演奏员来演唱或演奏，以增强艺术魅力，收到更好效果。比如，广播剧《丹凤朝阳》中顾文凤回家时所唱的那首欢快优美的歌曲就不是演播者自己所唱，而是由一位有名的歌唱演员配唱的。但有时，剧中人物的歌是需要演播者自己来唱，比如，广播剧《弘一法师》中李叔同填词的那首《送别》歌，就是由樱子的演播者自己所唱。这样可以使演唱同演播的声音和谐、自然，效果真实可信。也有时为了发挥唱和说的各自优势，导演会让歌唱演员也来到录音现场，就着演播者的语言和表演情绪来同时录唱，效果很好，也会给人浑然一体的真实感。有的器乐声，如剧中需要的小提琴或其他乐器声，也是如此处理。

又如，广播剧《家庭教师》中，有一段戏是姐姐"文钰"因为上大学后变得空虚无聊，在家打开录音机伴着迪斯科舞曲跳舞，弟弟"文辉"回来了看不惯，就将录音机关上了，姐姐还想跳舞便又按响了录音机，弟弟不相让，再一次关上了录音机。毫无疑问，在开、关录音机时，音乐就会时起、时断。这就会使人们感到剧中的音乐声来自何处并为什么时起时断了。

有声源音乐在广播剧中并不少见，有人称其为"写实性音乐"。这类音乐与剧情联系紧密，是不可或缺的成分，运用得自然，可增强广播剧的真实感。

无声源音乐：广播剧中的音乐大多还是无声源音乐。它不是完全写实地再现生活中的声音，而是以音乐来表现创作者对该剧的主题思想和人物的评价、态度以及对剧情的艺术体现；用音乐来描绘环境、烘托气氛、渲染情感、表现人物内心活动等，有人称这类音乐为"写意性音乐"。"写意性音乐"是广播剧音乐的主体。

广播剧中音乐的种类，具体又可分为以下几种：

1. 头尾音乐和歌曲

广播剧大多都有头尾音乐，它的作用大体有两个：一是引出全剧的风格、基调，二是给人以开始与结束感。

比如，广播剧《风雪昆仑山》的头尾音乐是用新疆少数民族乐器冬不拉和手鼓参与奏出的赞颂和怀念性的音乐，并伴以人声哼唱，此剧的地域特点、音乐风格及剧的基调便鲜明地体现出来了。

又如，立体声广播剧《桃花扇》的开头是一女声悲悠的哼唱，偶有轻疏的弦乐拨音，再伴以淙淙的流水声，不由地将人们带入到那悠远的过去，并使人感到一种悲剧的氛围。在导演阐释中，似乎还有一幅扇面被打开的形象感。结尾是男、女声哀怨的歌声，乐声悠远轻止，似告诉人们这个故事已结束、打开的扇面已收、掩卷结束了。这部剧的音乐头尾呼应，风格、基调鲜明，给人以完整、和谐之感。

2. 主题性音乐

主题性音乐大多贯穿广播剧的全剧，根据情节发展多次出现，其旋律帮助展示、表现剧的主题，给人留下深刻的印象。

比如，广播剧《月夜》表现的是一个凄婉的爱情故事，剧中就是用众所周知的小提琴协奏曲《梁山伯与祝英台》作为主题曲。无论是剧中的有声源音乐、人物拉出的小提琴独奏，还是无声源音乐，此曲在剧中几次出现，较好地推进了剧情发展，也揭示了该剧的爱情主题。

3. 抒情性音乐

抒情性音乐在广播剧中运用得比较多，它除了替剧中人物抒发内心情感外，还为剧中的解说、书信朗读烘托气氛、渲染情绪，产生相应的意境。

比如，广播剧《千古流芳彭元帅》的结尾解说，它告诉了人们彭元帅去世的消息并颂扬了这位不朽的革命家。伴随着这段解说的是大家熟知的哀乐，这就造成了一种沉痛缅怀的情境。

又如，广播剧《西线轶事》中表现刘毛妹遗书一段，随着刘毛妹的演播者念这封遗书，音乐的旋律伴着遗书的内容在展现、渲染，给人很强的启示与感染。

4. 介绍性音乐

介绍性音乐能对场景和时空变化进行描绘与展现，使听众对此有所感知，帮助人们进入具体情境之中。这类音乐多是描绘性的，对场景、环境和氛围给予介绍、展现，引人入境。（前例所示）

总之，音乐在广播剧中有着多种功用，并发挥着自身的优势。它帮助语言描绘环境、渲染气氛、体现形象、抒发情感，并融汇于剧的情节结构中发挥其作用。由于音乐具有很强的表情性、表现力、感染力，所以，绝大多数广播剧都不同程度地结合剧情，运用音乐这一有力的艺术手段。

三、音响效果

音响，这一概念有广义与狭义之分，广义泛指声音（因此，有人将广播剧的三要素：语言、音乐、音响效果都看成是音响）。狭义指除语言、音乐之外的一切声音（我们这里就取其狭义概念，这样可以更有利于分清各种声音元素的不同功用，利于探究）。

（一）音响效果的作用

音响效果，在广播剧中的作用尤为重要，因为人们欲将广播剧中的听觉形象转化为视觉形象，只有语言和音乐是不充分的，有了音响效果便可给人多种感受和具体形象。音响效果可以给人以现场感、时代感、地域感、时空感、方位感、距离感等，它也具有象征力。具体讲，音响效果的作用可分为以下几种：

1. 交代剧中时空

在广播剧中，有时只用音响效果便可告诉听众剧中的时间、地点，甚至空间、位置如何，可增强听众的现场感。

比如，蛐蛐、青蛙的叫声便可告诉人们这是夜晚，而鸡鸣又可告诉人们这是清晨，当然，这是表现农村的典型环境。如表现城市的清晨和夜晚又可有与之不同的效果声：如早上，广播中出现的中央台的《新闻和报纸摘要》节目声、晨练声、鸟鸣声、车流声等；晚上，中央电视台的《新闻联播》的电视声、吃饭声、睡眠声等。此外，列车的行进声可以让人感觉到在旅途中，远处的汽笛声可以使人感到附近有火车道或海港等。凡此种种"声景"，都是由人们熟悉的日常生活中的音响所构成的。这种音响声景可使听众了解到剧中情节、事件发生的时间、地点、环境，产生身临其境之感。

2. 表现人物形象

在广播剧中，有时利用音响效果也可表现人物的形象、动作、情绪、性格、人物关系等。

比如在正常情况下，同是脚步声，通常音响效果声重的，表现的是体力劳动者或男性；声音轻的表现的是性格温柔的女同志；步履蹒跚的表现的是老人或病人；脚步轻碎的是个小孩；等等，它表现出剧中人物的不同形象。又如，啪啪的拍球声，告诉受众剧中人在打球；哐哐的锤击声，又告诉听者剧中人在干活；扑通一声又使受众明白剧中人摔倒了，这些声响表现了剧中人物的不同动作。再如，同样是敲门声，剧中人紧张、害怕时，会敲得急而快；剧中人性格豪爽或与主人关系密切的会敲得重；剧中人对屋内的人敬畏会敲得轻而慢，这些不同的音响效果又可表现出剧中人物的性格、情绪和人物间的关系如何等。

3. 替代解说转场

运用音响效果实现转场，也如运用音乐实现转场一样，可以使转场方式自然、多样。

比如广播剧《家庭教师》，此剧既无解说也无音乐，只有少量有声源音乐，它的转场几乎都是由音响效果来实现的。例如，有一段剧的结尾是文辉的父母夜晚躺在床上交谈，下一段剧是在文辉上课的教室中，于是音响效果在这里起了主要作用。上一场景是在家里的床上，于是有床上翻动的效果声，之后，此声渐隐，传来下课的铃声和教室里的喧闹声，桌椅、书本的响动声，自然而然地把听众由家里带到了学校，既自然又生动。

除此之外，音响效果还能揭示出不同时代背景、地域环境的风貌以及不同场景的背景、氛围情况，甚至带有某种象征意味。

总之，音响效果能给人以真实感、现场感和视觉感，这些正是广播剧创作的重要支撑。

(二) 音响效果的种类

在广播剧中，各种各样的音响效果声所起的作用有所不同，但归纳起来，主要有两大类，即"客观音响"与"主观音响"。

1. 客观音响

客观音响也可以称为"自然音响""现实音响",它具有写实性,是剧中人物所处的"自然环境"与"社会环境"及人物自身行动所带来的实有音响。

比如,自然界的刮风、下雨、雷鸣、海浪、鸟叫、开关门声,人的脚步声、身上的饰物声、人的起身坐下声、人物的打斗声,以及生活中的钟表声、街景声等。这种客观写实音响能够真实地营造剧中环境,表现人物行为。它是音响效果中的主体。

2. 主观音响

主观音响也可称为"幻化音响",它具有写意性,是剧中现实环境里原本没有的,由人物心理、情绪所致产生的"非现实音响"。这种音响又可分为两类:一类是剧中人物曾经历过的现实音响的再现、泛起。另一类是剧中人物从未经历过的想象音响。

比如,某个人非常喜爱他的鸽子,每次放飞时,都伴有清脆的鸽哨声。但是后来他的鸽子再也没有回来,他的耳边现在又响起鸽哨的声音,显然这鸽哨的音响代表剧中人对他的鸽子的思念与感情。又如,一个人贪污了一笔钱,要查账了,他的耳边响起镣铐的声音,这一音响很好地揭示出该人此时极度恐慌的心理与情绪。二者中,前者是人物曾经历过的音响,是记忆的泛起,后者是剧中人物没有经历过的音响,是心理情绪所致的想象联想的音响。

主观幻化音响还包括此时人物内心想起的某人以往说过的话,这或是已故的亲人,或是曾相爱过的人,或是其他亲朋好友或仇人的话。不过这种话在广播剧中,一般要经过混响处理,带有"回声",它区别于剧中人物现实的语言,以音响效果的形式存在。这种音响效果在广播剧中也经常出现,它是人物此时思维活动的一部分,往往对其思考结果起着决定性作用。

此外,广播剧中根据内容、风格的需要,有时还会出现一种描绘、象征性的音响效果。例如,利用音乐或某一乐器声模拟一种怪诞的音响效果,来表现某种机器的声音,或是某种超现实的声响等。

当然,广播剧导演对音响效果的处理是多种多样的、艺术化的、生活化的。有的导演为了追求生活化,在音响效果处理上,不仅采用背景音响,也有前景音响,使剧中的"声景""声面"(相当于摄影的"景别")有层次感、纵深感、方位感、距离感,形成立体空间感,让人物活动的环境自然、真实,符合生活的自然状态。而有的导演为了追求艺术化,在音响效果处理上,采用强调性的主观幻化音响或描绘性的"变形音响""象征音响"。例如,变速加快的"人的传言"音响声或同一句话的不断叠化音响等,前者给人流言之快、之广的印象,后者却揭示烦躁不安的心绪。

总之,音响效果是广播剧导演手中的一张王牌,它犹如影视镜头,把听众带入到导演想让你看到和感受的地方,具有较强的视觉性和现场感。

第三节　广播剧的演播

广播剧的语言分为两部分：人物语言和解说语言。

一、人物语言的特点

广播剧的剧情发展、矛盾冲突、人物行为、人物关系等，都要由人物语言来体现，它具有戏剧性、性格化、提示性。戏剧性的语言听来有戏，性格化的语言使人物鲜活，提示性的语言让人听得清楚。

(一) 提示性语

这是广播剧所独有的，即在语言中体现出人物的动作、形象；剧的情节、场面等具体情况"以言绘形"。

如："你看，这蓝天绿草多美啊！"

如："你别搂得太紧了，我都喘不过气了！"

以上之语在舞台或影视中就没必要说，因都看得见。

(二) 人物内心语

这是广播剧人物语言经常采用的表现手段，利用话筒以"独白""旁白"的形式来体现人物内心，使演播更自然、亲切。

如："囚车来了，是的，我的米西芮里来了。"(独白)

如："吐吧，吐吧，看你还骂不骂我们是喝汽油、爬达坂的野人了。"(旁白)

(三) 交流情绪语

这是广播剧人物语言的另一特点，指当交流对手说话时，自己添加的表现情绪反应的简短词语，也叫"水词儿"。

如："是啊""真的?""太难了！"

以表示自己在场及交流中自己所持态度、情绪。

(四) 人物语言要旨

广播剧演播也是一项表演工作。如前所述，从某种角度讲，所谓"表演"就是以演播(演员)主体的"有意识"表现出角色的"下意识"，好的表演是"有意识"与"下意识"不同比例的有机融合。这是因为演员在表演前，都已经了解剧情和人物了，但他(她)的任务是要表现出人物的"未知"过程、"下意识"状态来，与受者的心理感知过程相契合。因而演播人物语言，"假定性"与"规定情境"等表演元素是其完成任务的技术保证与手段。

广播剧演播虽不同于舞台与荧屏上的"全方位表演"，但二者对台词的要求却是一样的，即人物语言应该是"角色性""人物化"而非演员本体性的。因而，广播剧中的人物语言也应具有"明了性""个性化""感染力"，是表演性语言。但是广播剧中的人物语言对"精确性"与"表现力"的要求更高，这是由于它只有语言这唯一途径，不能以表情、动作相辅，也没有灯光、舞美、服装、化妆等其他表现手段来帮助体现。广播剧的演播虽然看不见演播者的表情、动作，却也遵循一般的表演创造原则，有相应的表情和模拟动作，有其自身特性。

二、化为人物

化为人物的重要基础在于"假定性"。它可使演员（演播者）的"本我"有效地化为"第二自我"，具有人物的新身份及其性格、心理、行为、人物关系等，并始终沉浸在"规定情境"的制约之中。

（一）性格、气质定位，形成人物基调

广播剧演播和其他表演一样，首先要阅读剧本，做案头工作（不是只看有自己台词的部分），应了解全剧，理出人物关系和自己这一人物的整体面貌，从而更好地把握自己演播的这一人物。演播一个人物（哪怕戏不多），都应使其性格、气质定位，形成人物基调，这样才能从根本上把握住人物个性。

把握性格是创造人物的基石。性格，是人在对人、对事的态度和行为方式上所表现出来的心理特点。也就是说，所谓性格就是一个人的思想、行为的特点，性格可以显现人的独特性，形成个性。个性表现着一个人的特殊性，如人的外貌、气质、语言、动作、习惯等方面。演员创造角色，永远应创造出"这一个"才有生命力。寻找人物的性格特点，应从剧本提供给我们的各种线索信息中去寻找，活化人物的外貌、内心、行为、习惯、兴趣、经历等，分析出人物的个性，抓住其个性便抓住了人物的灵魂，有灵魂的人物其一言一行、一举一动才能有神，有神的人物才能生动鲜活，真所谓取其灵魂而得其神。人都有"自然属性"与"社会属性"，有其共性的一面，更有其个性的一面，而这，才使大千世界、芸芸众生中的每一个生灵都各具神态，由此，形成了一幕幕各不相同的人生戏剧。面对相同的机遇，不同的人往往会有不同的反应、不同的运作，有的成功，有的失败，因而形成了不同的命运，这正如莎士比亚的至理名言："性格即命运。"因此，性格是决定一个人怎么想、怎么说、怎么做的关键所在。我们抓住了剧本中提供给我们的某些条件和线索（从本人或其他人物的台词中获得），便能顺藤摸瓜地向人物性格靠拢。当然，还要以自己的人生经验和社会阅历为"参照值"来标定。这就是说，我们寻找、把握人物性格，不仅应从剧本、台词提供给我们的一切（哪怕是一个"语气词"或"习惯用语"也不应轻易放过，它也是一个参考依据）去体味，还应以自己的人生体验和社会阅历等去补充、去对应，方可完满有效。抓取人物性格，在表演艺术中尤为重要，因它决定

着表演者、演播者用什么方式、技巧去体现人物,这不是单纯用技能可以解决的问题。

通常,对剧本中的同一句台词,不同性格、气质的人往往会有不同的处理。除去性格以外,人的气质也不容忽视。"气质"源于内在而表现于内外部,是人的综合体现。气质创造是人物的性格创造的一部分和深入。在表演和演播中,我们抓住了人物的性格和气质,便可基本抓住人物基调,所表现的人物必定呈现一种相对稳定、行为统一的语言、思维方式,演播技巧也会围绕这一轨迹而运用。不会造成几句台词处理成性格倔强的,几句台词又处理成性格温柔的;几句台词处理成性格文静的,几句台词又处理成性格泼辣的;或几句台词处理成气质潇洒的,几句台词又处理成气质萎懦的。总之,演播者将不会根据台词的表层意思和色彩来进行表达,而体现出这是什么样的人所说的台词,有其独特的表达处理。

比如广播剧《红丝带》中"秋实"与"雪妮"的一段对话,就反映出抓住人物性格、气质和基调的重要性。

从台词中,我们已能感觉到秋实是位性格开朗、幽默的人,他的思维、语言、行动也都体现出这一特点。因而,他会想出用"分手"这一把戏来试探对方的真情,用幽默加诚恳的语言来宽慰对方。但如果我们没有很好地把握秋实的人物性格、气质与基调,只根据台词表面提供给我们的东西来处理,便会出现其性格、气质不统一的现象。例如,不应将秋实的话:"你很清楚我不是那种人,要不然我也不会等到三十六!"处理成一个毛头小伙儿的赌气语言。在这里,应是一位成熟男子的诚恳心声,他要宽慰对方、说服对方。又如秋实的另一句话:"独——(开心地笑了)我也是个独身主义者,不过现在两个独身主义加在一起,不正好吗,负负得正!"这句话典型地表现出秋实这一人物的性格、气质和人物基调,但如果把握不准,将这话处理得轻飘或一本正经,也会使这个人物走了样。此外,雪妮这个人物,也有着典型的性格特征,从剧中的台词我们了解到,她从小父母离异,父亲再婚,她无意中闯进了父亲的婚礼,年轻新娘头上的红丝带强烈地刺激了她,这促成了她内向、封闭的性格。但同时她又是一个善良、温柔、文静的女性,因此她的台词应以此为基调。如果我们脱离了这点,仅从台词表面之意及色彩着眼,便会使这个人物走了样。比如,雪妮说:"结婚前都很好,日后抛弃妻子的有的是!"如果脱离了人物基调,有可能会将这句台词处理成性格泼辣者凶悍的发泄语了。若演播者在把握了人物基调的基础上再做相应处理,就会使人听出应有的味道来。这里应是一个善良者的痛苦宣泄。演播者对人物语言的润色、处理和准确把握,丰实了台词,阐释了剧本,创造了人物,使死的文字变为活的形象,又不是概念化的人物,而是活生生的、独特的"这一个",以其特有的性格魅力抓住受众的心。

广播剧《风雪昆仑山》中的一个人物——昆仑汽车兵"黄沙",就是这样一个极富性格魅力的成功形象。从剧本的台词中我们了解到,他是个农村兵,为人正直、开朗、乐观,又似有些玩世不恭,他文化不高,却以一个西部军人所特有的气质给我们留下了深刻的印象。我们通过剧情和台词,从他的一系列行为表现中可以清楚地看到他的性格内核及其多个侧面。

下面我们来谈一谈"黄沙"这一人物。

比如,他开始出场第一次亮相时请女护士"鲍琪琪"吃瓜子时的随便;以及一些片段中他的"玩笑"和"怪话"("卷莫合烟"和"背情书"等台词);即使在他执行任务受阻于了无人烟的风雪昆仑山上、生命垂危之际,他也仍忘不了表现自己生性乐观的一面(如"拍电影"的台词)。在剧中他的性格内核表现得很充分,例如:他说话很率直、对指导员向西行的信服与维护;他信服向西行这样的军队干部,为了向西行的身体,他与吴院长吵架;在生死攸关时刻他不让向西行再管他,执意让其独自先走;以及他对用他的汽车拉上山的新兵的牺牲的感叹和他促使医务人员上山巡回医疗的激情,等等。这诸多情节与台词活脱脱地刻画出了一个西部军人的内心世界及他性格的"主旋律"与"变奏",使我们感到这一人物那么真实可信,而又平凡伟大。他好似我们生活当中似曾相识的一个,但又的的确确是剧中的"这一个"具体人物。他的行为、言语谈不上概念上的完美与崇高,但却以他独特的真实魅力,使人信服,让人感动。他以他的个性方式来说话,行事。

例如,他说话开口闭口带"他妈的"说话较粗鲁,又多从非正面角度说出,如:

你喊个屁!这本来就没法修嘛!……碰见个鬼!连鬼都碰不到了!别说这条路,就是这个昆仑山,也只有咱们这样的孙子辈的才来呢,是人都不到这来,来这儿的都不是人!

又如:

跑吧!只要能喘气,就得开着车跑,除非累死了才算数。妈的,假如进棺材时蹬个腿儿,还得拽起来开车!

可他一会儿又烟消云散,马上开起玩笑来了,如让向西行给鲍护士留桃子罐头,谈他偷看人家情书之事。

总之,他的一切言行,使人能感觉到他的出身、地位、性格、文化水平、思想情感、职业和地域特点等。这是作者、编剧"一度创作"的成功,使这个人物非概念化,独具魅力,让人感到亲切可信,极富光彩。而演播者如若抓不准这个人物的性格、气质、基调,理解处理不当,使其成了一个怪话连连的"落后"人物,便会破坏其应有的艺术魅力。

一般好的剧本提供给演播者的大多是"性格化的语言",演播者就要在分析理解剧本、合理想象人物的基础上演播出"语言的性格化"。这需要演播者具备多方面素质与技能方可胜任。为了演播好、成功塑造出一个个有血有肉的"性格化人物",需要注意以下几点:

1. 塑造人物要有个性特征与性格内核。
2. 人物性格应具有多侧面,但不失其核心。
3. 人物性格定位之后,还应气质定位,方可形成准确的人物基调。
4. 抓住了人物性格、气质,应化为特定形象,始终活跃在自己的脑海中。
5. 对人物性格、气质的想象应以剧作为依据,要合情合理。不能以几句话为准,要着眼于全剧。
6. 对每一句台词,都要追究是什么性格、气质的人在说,以选取应有的表达方式。
7. 人物一开口说话,就应把握住其基调,就是这个人物。

8. 即便是剧作中性格特征不明显的人物语言，演播时也要将其做特定人物的语言来处理。

以上这些，都是初学广播剧演播的人应当特别注意的。

(二) 有时代感、地域感

广播剧演播的语言应是自然、生活化的艺术语言，需要有一定的艺术性和语言声音造型能力，这不是演播者本人日常生活中的语言可以替代的。

广播剧演播的语言造型内涵是多方面的，既包含年龄、职业、性格、气质等内容，也包含时代、地域等条件，这些因素都准确，方可塑造好一个人物。因此，在广播剧演播中，演播者不仅应当注重人物的性格、气质、年龄、职业等方面，还应当参考自己演播的人物所处的时代背景、地域环境如何，找准相应的感觉，因它制约着人物语言的对味与否，并直接产生人物语言的特点和风格。

比如，广播剧《杜十娘》的台词处理，应慢而有韵味，因为她是一个古典女性，她的语言应带有那个时代的特征，不同于现代女性的表达。即便是性别相同、性格相近的两个人物，由于所处时代、地域不同，也要在语言造型中有所区别。这样，才能使人物语言对味，增强其可信性。如若是时代背景相近的人物，演播中也应体现其时代印记与具体环境的不同。如"我国解放初期"与"文化大革命"时期的人物语言，无论是台词内容还是表达方式都与现在不尽相同。此外，同性别的人物，古典的与现代的、外国的与中国的，语言味道也不相同。例如，广播剧《法尼娜·法尼尼》的女主角是一位欧洲贵族小姐，她的语言就不同于印度少女，应带出其外国的地域特点，语言中有些洋味。应仔细体味和表现出其区别，否则，会使演播不对味，影响演播效果。这一点，在影视和戏剧中，观众可以从人物的化妆、服饰、背景、道具等方面有所了解，而在广播剧的演播中，却只能从语言造型这唯一途径体现。因此，演播者应更加重视和把握人物语言的具体造型。

(三) 人物关系适当

人物关系，是广播剧演播中需要把握和表现的又一重要因素。在广播剧演播中，只知道自己这个人物的全貌还不行，还必须理清自己与周围人物之间的关系，方可准确交流。这需要演播者不仅要了解自己这一人物的身份、地位、年龄、形象、思想与情感等诸方面内容，也要了解交流对象的这些情况，才能形成适当、准确的交流。

人物关系，是由人物的年龄、地位、亲疏心理等因素构成的。人物关系不同，交流方式也不同。一般而言，人物关系由本人和对象的身份、地位构成，是客观性的。但客观的人物关系也可受主观的亲疏情感所影响，改变其应有的交流方式。也就是说，人物关系有两层含义，它既受客观条件的制约，又受主观情感的影响，人物关系是很复杂的。演播者如果分析理解不透剧本的内容，就抓不住，也抓不准人物关系，就不可能很好地表现人物。在广播剧中，人物关系是通过一定的语言、行为甚至语气、语调表现出来的。例如，著名广播剧导演蔡淑文所讲她执导广播剧《秋瑾》中的一个例子，就很说明问题。在剧中，有一段剧情是这样的:一天,秋瑾正在家里教丫环秀荣写字、念诗,她的丈夫回来了,大门、二门都传呼:"老爷回来了!"秋瑾却不去接迎。她的丈夫王廷君到二门不走了,不高兴地问:"人呢?"丫环秀荣在里面说:"小姐,老爷回来了。"言外之意是我要不要去迎?而秋瑾却不失身份,声音很轻地说:"不要去管他,你接着写。"从这一段内容中,我们可以看出三点:一是秋瑾的丈夫是大家族出身、摆谱,二是秋瑾与丫环的关系很好,三是秋瑾与丈夫的关系冷淡。这三点没有几句话便全交代清楚了,也表现出来了。通常人们都知道,夫妻关系是亲密、热情的,而秋瑾与丈夫的关系却是疏远与冷漠的,这自然违反了一般生活规律,具有特殊性。事实上,秋瑾与丈夫的不合主要是二人的认识不同,秋瑾是新女性,她认为:"天下兴亡,匹夫有责。"而她丈夫却认为不是"匹妇有责",于是二人争吵后分手,秋瑾去了日本,走上了革命的道路。

一般而言,广播剧演播对人物关系的把握与交流是以现实生活中的人之常情、常理为基础的,演播者若想具有这种分析、把握和表现人物关系的能力,就需要深入生活,体察民情,懂得人的心理,增加社会知识和生活常识,以此作为表现人物关系的依据,使其合情合理。又如,广播剧《爱不能言》中的一段处理,就十分清楚地表明了这一点。此剧讲的是一对无任何血缘关系的兄妹之间的情感故事。他们的父母是再婚夫妻,后又相继去世了。妹妹陆晓芳爱着哥哥,哥哥也很爱她,但惧怕世俗的压力不敢接受这真诚的情感,又找了个叫琼的女朋友,两人关系还可以。但晓芳要夺回她的爱,私自约了琼,于是就有了以下这一片段:

陆晓芳:……琼姐,我想了好久,才下决心找你。
琼:什么事叫你这么为难?
陆晓芳:我哥哥是个好哥哥,你也是个好姐姐,就因为你是好姐姐,我才要跟你说……
琼:有话直说吧。
陆晓芳:我哥哥有个女朋友,从小就认识,俩人感情很好,因为一点儿小事两人闹了意见——我知道他们吹不了——他们不会吹的。别人不了解情况,又把你介绍给我哥哥,哥哥知道你是个好姑娘,也喜欢你,他也矛盾,旧情舍不下,又不忍心伤害你。
琼:(冷笑)被人耍弄,就不痛苦么?
陆晓芳:你别,别误会,我哥哥是很认真的……
琼:别说了,替我祝福他!

在此,我们对陆晓芳这个人物行为的对与错暂不评价,有言道:爱情是无理可讲的。我们仅从人物关系的角度来看看琼的表现。从琼不多的台词中我们可以了解她是个自尊、正直的女性,否则,她的反应便不是这样,她即便自己受到伤害也不会放过晓芳的哥哥,会不依不饶的。此刻她听了晓芳的这一席话,肯定是当头一棒,既有对晓芳哥哥的不满与理解,更有自尊心受到伤害的痛苦,所以她说出那样的话来。一开始,笔者在演播琼的时候将琼的伤痛表现得较重,导演提示:她没那么悲痛,因为她与男朋友相识还不久,感情到不了那么深呢。于是笔者调整了一下伤感的程度,才得到导演的肯定。在这里,导演就是借用生活中的人之常情来把握演员的演播分寸的。

此外,在广播剧演播中,有时同一个人物与演播者自己的关系发生了变化,与之交流的方式、态度、分寸等也应随之有相应的变化。例如,广播剧《弘一法师》中的樱子对李叔同这同一对象的关系与交流就不相同:起初他们是异国同学,所以樱子对李叔同的交流态度是谦恭、敬佩地称呼对方为"李君"。而后,当他们成为情人时,樱子对李叔同的交流态度是温情、爱慕地直呼其"叔同",关系更进了一层。同样道理,广播剧《杜十娘》中的杜十娘,开始与李甲是一对恋人,她称李甲为"公子",语言间充满了柔情与爱意。但当她看透了对方的嘴脸之后,在怒沉百宝箱时,则讥讽地称对方为"李公子",足见其与对方的关系已发生了变化。

总之,在广播剧演播中,人物关系直接决定着人物语言的态度、分寸与说话方式。演播者应注意以下几点:

1. 应吃透剧本,了解自己所演播的人物全貌,参考其与周围人物的关系如何。
2. 在演播中,交流对象换了,应及时调整、转变自己的心理、态度、语言方式与分寸。
3. 演播中,同一对象与自己的关系发生了变化,也应改变与其交流的方式及分寸。
4. 注意抓住不同人物处理人际关系的特殊性,不能一概而论。
5. 应当做到从剧本的一般性台词中也能听出具体、准确的人物关系。

(四)适应特定语境

语境制约着人物语言的处理,往往同一句话,不同语境会有不同处理。由于听众看不到场景和人物情状,很难感觉到现场环境和气氛,就需要演播者通过语言传递出这一切。

例如,当人们听到"15分钟准备""风城正常""天津正常""5号正常""5、4、3、2、1、发射",便知道这是我国的又一颗卫星发射了。

例如,人们一看到舞台或影视中有身着绿军衣,臂戴红卫兵袖章的青年及到处贴的大字报和斗人场面,便知这是"文化大革命"时期。而这些广播剧只能用语言、歌曲和音响效果来体现,人的语言感觉更重要。如为了表现这一特定时期,可用当时特有的骂人语言、凶横的喊叫方式、语录歌、特有的口号声、摔东西声等来表现当时的造反派和批斗会。广播剧的演播者若丢掉了具体语境、表达不合理,便会出现表现不准的情况。为此,应做到以下三点:

1. 演播前,分析、想象每场戏的语境要合理。
2. 演播中,始终沉浸于每个语境之中。
3. 想象语境要具体、细致。

就是说,演播者在广播剧演播前,应做细致的案头工作,将每场戏和每句话的语境都理出,剧本中表现不明确的地方,也要通过台词的提示、生活常理、社会阅历等,合理想象出来(初学者可以在剧本上标出文字,在演播时提示自己快速找准感觉),进入具体语境之中,把握自己的表达处理。

比如广播剧《红岩》中"接头"一段,语境是解放前敌人监狱"白公馆"的地下室内,因此,演播者说话就不能大声,如没接上头之前,"成岗"欲掐死突然闯来接头的"华子良"和后来接上头之后战友们的兴奋情绪,再激动也得压住音量,这样表达才符合当时的具体语境。

又如广播剧《家庭教师》中,有一段是表现姐姐文钰和家庭教师于杯二人夜晚在街头漫步交流的情景,这时的语言感觉应为边走边说,应与走动的脚步节律相协调,使人一听便明了二人是在走动着交谈,而不是坐在椅子上或原地不动地站着交谈。所以不应是静态的语言交流加脚步音响的拼凑,那就无真实感可言了。重视语境,就是要增强受众和演播者的真实感与现场感。再如《家庭教师》中的另一片段,在球场上文辉正和同学们踢球呢,由于一个调皮的同学说怪话,姚云鹏与之争吵起来。这时,他们的语言必是连呼带喘、断断续续的,因为他们刚在球场上踢球,来回激烈地奔跑完,所以是这个说话状态。对具体语境的想象要有生活基础,还表现于:在汽车里说话要有颠簸感;骑自行车说话要有蹬车感;在工厂车间里说话声音要大甚至是喊,因机器声很响;在医院或夜晚说话声音要小,因病人需要安静或夜深人静不宜大声说话以免影响别人休息;公安人员在追捕罪犯时说话,语言会果断、严厉,等等。

值得提及,有些初学者在演播广播剧时,刚开始还能进入特定语境,但说着说着就脱离这一语境了。因此,演播者若想表达得真实、生动、可信,必须在演播中时时提醒自己所处的环境、氛围及人物关系等,不能只顾一点,不及其余(广播剧的导演经常会提醒、监督演员的这一问题,因无其他外部手段帮助,演员极易脱离自己应处的语境)。

如前所举《红岩》中"接头"一例,如果开始时,演播者还注意自己是在监狱地下室的秘密环境中交流,但说着说着就忘了这一点,光顾着人物关系的变化、事情的进展、台词内容色彩的改变而兴奋激动起来,以至于声音越来越大,这就失去了应有的特定语境。因此,广播剧演播者在创作时,应时时提醒自己正处在什么语境之中,始终沉浸其中,形成真实、准确的现场感。

在广播剧演播中,语境想得越具体,越容易把握演播的感觉。如广播剧《家庭教师》中,有一段剧的内容是父母二人正在交流家庭事务,那么演播者就应根据台词内容想好这一交流是在白天呢,还是在晚上?是在屋里呢,还是在野外?是坐在沙发上谈呢,还是躺在床上睡觉时谈?是在友好的关系、气氛中谈的,还是正相反等。看哪种更合理,更符合剧情需要。这谈话的语境想得越具体细致,演播者处理得就越清楚、生动。若是晚上躺在床上谈的,那演播的感觉应是松着气说话,有躺下的形体感;也许说着,说着,意见有分歧了,两人便坐了起来,争了几句,然后又躺下来继续谈;也许说着说着困意袭来,打了个哈欠,人物语言含混不清起来,语速也慢了下来,声音变小了,更小了,最后终于鼾声代替了说话声。有了这么细致、合理的语境想象,演播者处理起台词来就会有感觉、有层次,受众也听得清楚,有味道。

总之,具体语境(规定情境)在广播剧演播中尤为重要,它直接制约着演播者表达处理的具体方式与手段,如表达的色彩、用声幅度、音色等,可体现出一定的现场感,使人听来真实、生动。

(五)体现动作性

动作性,亦称"行动性",它是表演中的专有名词。什么是动作性呢?剧中人物为了达到一定的目的所采取的行动,反映在形体上的叫作"形体行动",反映在语言上的就叫作"语言行动"。因为语言行动和形体行动都是根据人物的心理行为所产生的,并受其支配。所以,也可以说语言行动和形体行动是人物"心理行动"的外在表现。举个简单的例子来说明一下,比如张某的弟弟被王某打了,于是张某就怀恨在心想报复王某。正好张某碰上了王某,于是他冲上去连踢带打,嘴里还不断地说:"让你也尝尝这滋味,看你还敢不敢再打人了!"那么,这想报复是张某的"心理行动",打人是其"形体行动",说的话就是其"语言行动"。一般情况下,这三点是紧密联系在一起的。不过,日常生活中,人们想做什么、为什么做和怎么去做都是很清楚、很自然的,而在剧中却要费一番心思去追究了,因为这些都是编剧注入给人物的心理与行为,不费一番心思去分析和研究是难以准确把握的。因此,吃透剧本、找准人物的心理与行为是找准语言动作性的关键。

语言的动作性,对于广播剧演播有着特殊意义。由于广播剧是看不见的剧,所以,人物的一切心理动作和形体动作都要由语言一个方面体现出来,这对语言的要求非常高。它要求广播剧的演播者除了要有很强的分析剧本、台词的能力,还要有很强的语言表现力和一定的表演基础。有些初学者对广播剧演播有种不正确的看法,以为演播广播剧容易得很,既不挑演播者的形象,又不要表情和形体动作,台词拿来,站在话筒前,你一句,我一句,他一句地对词,再有点语言表达基础和表演常识,该哭就哭,当笑则笑,就可以胜任了。这是一种十分肤浅的认识,可以说是不懂广播剧。殊不知,演播广播剧,虽不挑形象又看不见人物的表情和形体动作,但也需要表演,也需要演播者的面部表情和模拟的形体动作同语言配合,由语言透出一定的形体动作与内心情感。不是广播剧的演播不需要表演,而是广播剧的创作和演播方式有其自身特点。但有一点是相同的,即创作和表演的动作性一个也不能少。广播剧台词中的每一句话,哪怕是一句"打招呼"或"应酬"的话,甚至一个"语气词"都有其"目的性",都不是剧作者随随便便写上去的。它或是反映出特定的人物关系;或是表现人物的形体动作;或是推动剧情发展……可以说,在剧本中出现的每一句话或每一个字,都有其自身存在的价值,都要认真挖掘出其真正内涵及特点,准确、鲜明地表达出来。

广播剧演播与影视、戏剧表演一样,都要探究每一句台词甚或每一个字的真正目的,从全剧着眼,从人物的行动目的入手,弄清人物想做什么,想达到什么目的,为什么做和怎么做的。演播者明白了这些,再来看剧本中为人物设置的台词,哪怕是一句很平常的话,都会心领神会理解其意,并知道用什么样的方式来表现。反之,若不明其意,就只会跟着台词表层之意走,东零西落没有统一的目的性,也就谈不上正确处理台词了。其实,剧本中的台词往往比较散,有的从表面上根本看不出其间的逻辑和作用,但只要有了对人物行动性的把握,就可以化零散为完整,化平常为神奇了。

如前所述,广播剧《秋瑾》中的一例,秋瑾的丈夫王廷君从外面回来了,大门、二门也都通报:"老爷回来了。"却不见内人出来迎接,王站住不走了说:"人呢。"这两个字实在平常,但你不知王说这话的心理动作、语言目的及他的为人、与秋瑾的关系如何等情况,这话就不好处理。是满含热望的等待之语,还是疑虑不解之意?甚或是幽默逗趣而为?如果一切全明了,便会以少爷派头加上不满的语气说出这两个字来。仅这两个平常之字、普通之语便使之神韵全出,让人一听即明。甚至有时一个"噢"或"啊"等虚词,缺少目的性,也会无从定形,发出模糊混乱的信息,叫人听不清真正意思,不得要领,甚至造成误会。

要想使语言的动作性强、目的清楚,还需要有正确的"潜在语"作支撑和依据,以准确的重音和语气显现出来。例如广播剧《悠悠一片情》中,女歌手岳颖面对冷淡于她的年轻雕塑家冷平说:"不是每个女孩子都喜欢献殷勤,比如我。"这句话的重音在"我"字上,显示出说话人的清高本性以及想告诉对方自己的为人之目的。又如,岳颖的另一句台词:"这么说是你与众不同了?"这话的意思不难看出是讽刺对方的。在表达时,为了显示其感情色彩,应在"你"字上语调呈弯曲形上扬再甩出,并延长出字时值,以充分显露这个"你"字的潜在意蕴。

再如,广播剧《红岩》"接头"一段,两个主人公的对话:

齐晓轩:成岗,等一等!(忙制止)华子良,你是什么人?(疑问)
华子良:共产党员。
齐晓轩:为什么到这里来?
华子良:党需要我现在发挥作用。
齐晓轩:你找谁?
华子良:特支书记齐晓轩。
齐晓轩:谁告诉你的?
华子良:罗世文同志。
齐晓轩:什么时候?
华子良:1946年10月18日,罗世文、车耀先同志牺牲的那一天,我陪杀场的时候。1931年以前,我在川北山区根据地做党委书记,省党委书记罗世文同志是我的上级。可是在敌人面前,我只是个嫌疑分子。在去刑场的路上,罗世文同志估计到敌人押我去只是陪杀场,为的是再考察一下我到底是不是共产党员。因此,罗世文同志指示我伪装疯癫,长期隐蔽,欺骗敌人,枪声一响,我就变成了"疯子"。
齐晓轩:那你为什么一直到现在才来联系?(严肃地)
华子良:省委书记给了我特殊任务,不到必要的时刻不准和任何人发生关系。
齐晓轩:如果我不在了,你怎么办?(追问)
华子良:你牺牲以后我找继任书记老袁同志。
晓轩齐:噢,(悟) 你的任务?
华子良:让敌人相信我精神失常,然后,第一,与地下党建立联系。第二,完成越狱任务。
齐晓轩:你的联络口号?(有惊喜)
华子良:让我们迎接这个伟大的日子吧!(激动)

在这段对话中,齐晓轩追问华子良的台词,他的每一句问话都要目的性很强,问得很准,才能与对手搭上扣,使剧情逐步推进。反之,就给不上劲。比如,"你找谁?""谁告诉你的?""如果我不在了,你怎么办?""你的任务?"等,一环扣一环,环环相扣。

还如,广播剧《丹凤朝阳》中的一段,女主人公"顾文凤"去国民党的监狱看望自己的恋人、地下党员"周老师"时,对方劝她:"你放心吧。"她回答:"嗯,我放心。"实际上顾文凤这句话的潜在语应为:"你放心吧。"是反过来安慰对方之意。如语气不对处理成自己真正放心之感,就不准确了。一是,目的不对,缺乏生活经验,在那种人物关系、那种情境中,应是何种感觉。二是,也许演播者理解对了,但语气、重音表达得不够准确,也表达不清。所以,语言基本功是体现语言动作、真正目的的保障。

广播剧演播,是用语言声音表现形象和体现生动性的。它同时担负着表现人物心理与形体动作的双重任务。由于广播剧演播看不见,因而人物的形体动作就要由语言和音响效果共同反映出来。在语言表达中,主要是由说话的气息运用、语气、节奏变化、语言的对比幅度等来体现。如广播剧《风雪昆仑山》中,有一段内容是向西行和黄沙在路上车坏了,往下卸箱子。黄沙身上已经背了一箱,让再加上一箱,这时,他说"再来一箱"这句话时,就不能很轻松地说出,而应有点憋着气说,以表现他身上背了较重的东西,使人闻其声,见其形。又如广播剧《家庭教师》中有一段,之前已提及,是姐姐文钰一边随着音乐跳迪斯科一边与弟弟文辉说话,这时的语言就不能气息平稳,说得很流畅,而应急促、语断,有种喘不过气的感觉,让人一听便知是边跳舞边说的。演播者若想表现人物的这种逼真情状,自己也应有一种相应的形体动作感,让语言节律合上这种动态感觉,增强其真实性、生动性和视觉感。使受众既听得明白,又身临其境,一切似看到,这种演播才完全到位。

笔者曾听过上海译制厂的配音演员们演播的一个外国广播剧。其中有一段情节,一个女间谍被对手抓住并被绑起双手,经过一番交涉又被松开双手。著名配音演员丁建华将这个女间谍被绑与被松的全过程,运用气息的提与紧、憋与松等不同状态将其表现得淋漓尽致、栩栩如生。这种效果的产生,是演员运用想象联想引发起自己真实、具体的形象感与肌体感,通过有效的语言外部技巧,调动起想象联想的结果。它是以人们的生活经验和肌体记忆为前提的。被绑起双手当然疼,人的说话气息自然是提的,肌肉感自然是紧的。而被松绑后,没有了痛感,人再说话,气息自然是松的。这种变化也间接折射出对手的动作过程,听之如见其形。

广播剧演播体现动作性,应注意以下几点:

1. 演播前,要找准人物的心理动作即语言目的。
2. 准备时,不放过剧中的每一句话和每一个字,细细品味、揣摩,找出真正内涵。
3. 注意想象、联想的作用,保存和调动丰富的各种感官记忆和生活积累。
4. 用语言技巧体现出人物的心理动作和形体动作的双重感觉和意义。

(六) 正确的语言节奏

节奏对于艺术表现至关重要,是艺术语言表达的核心要素。一个人物有了节奏,就有了精气神,就有了活力。反之,像假人、无生气。在广播剧演播中,人物的节奏主要通过语言体现出来。人物的语言节奏,重在准确与变化。

人物语言节奏的形成有着多重因素。首先,是人物内心的情感变化;其次,是人物的性格、职业等基调特点;最后,是剧的风格、基调、规定情境等因素的交融、渗透与制约。

广播剧演播的节奏应当兼顾三点:

1. 人物语言的基本节奏。

2. 剧情需要的节奏。

3. 交流接话的节奏。

通常一个人在悲痛时,语言大多是缓慢、低沉的;在高兴时说话,语言大多是欢快、明朗的;一个性格开朗的人,语言大多是轻快、明朗的,而一个性格忧郁的人,语言大多是迟缓、色暗的;一个从事体力劳动的人说话往往音高声大,而一个知识分子,讲话一般是声低语轻(这是因工作环境和工作性质不同,逐渐养成的习惯);而通常首长的语言多慢而持重,犯人的语言多虚而慌乱。又如,演播一位日本女性或中国古代女性,语言就不能太快、太硬,应柔而缓;而演播一位西方女性或当代中国女青年,大多语快声朗为主。规定情境不同,也左右着人物语言的节奏,一般在紧急的情况下,语言必然快而紧;在闲适的气氛中,语言大多轻而慢。以上种种,仅就一般规律而言。在此,我们不难看出人物语言节奏的形成有多重因素,而在这诸多因素中,以人物的内心情感变化为人物语言节奏变化的主要因素和依据。性格再开朗的人,遇到悲哀的事也会比以往言缓声暗的;性格再忧郁的人遇到高兴的事也会语快声明于平常的。因此,要寻到正确的人物语言节奏,首先,以人物心理与情感变化为主;其次,参考人的性格、基调、职业;最后,兼顾剧的风格、基调及规定情境等其他因素,这样形成的语言节奏,就会比较准确。

在广播剧演播中,人物语言最忌平,一个劲,缺变化,因这种表达反映不出一个人的精神面貌、内心情感运动及形体动作,所以这个人物就缺乏活力,语言也缺少感染力。人物语言需要节奏,需要变化,但也不能为变而变,而要有依据地变,这个依据,就是人物的心理动作及形体动作。演播者心里有了明确的语言目的,就会为达到此目的而寻找适当的语言节奏和表现方式,它包括语言内容和语言形式两方面,这语言形式就包括语言节奏。一般而言,在广播剧演播中,理解了所说的内容,有了明确的目的性,便可自然而然地产生正确的内心节奏,若形于外,还要化为一定的语言节奏。这语言节奏要"有意为之"。比如,把握语言节奏的快慢、高低、强弱、明暗、刚柔等因素的对比、推进、转换来促进和体现人物的心理动作和情感外化。当然,在表演性语言当中,根据需要,有时会有内紧外松或内松外紧的情况,这需要一定的表达技巧来体现。需要说明的是,体现人物的内心节奏,不仅表现在人物语言表达本身,也反映在人物交流时相互间"接话"的快慢、高低、虚实等对比变化中,它能反映出交流双方的心理面貌如何。比如,欲向对方解释什么时,接对方的话必定快;而有什么难言之隐时,接对方的话时必定慢或吞吞吐吐(想想怎么说才好);当自己做了什么亏心事后,接对方的问话时语言必定声低语虚;二人争吵时,双方接话都必然声高语重……这些人之常情"接话"的基本规律,自然会制约或影响人物交流语言节奏的形成与变化。

还以广播剧《红岩》"接头"一段为例,我们来看一下人物语言节奏的把握情况。首先,来看这个片段中三个人物各自的基本语言节奏:齐晓轩是一位成熟、老练的革命者,性格坚毅,因而他的语言基本节奏较沉稳;成岗较年轻,性格乐观,热情而有朝气,因而他的语言基本节奏较明快;华子良也是一位老练的革命者,但由于他为了党的事业多年在敌人眼皮底下装疯,久而久之他的语言带有了思维迟缓的特征,因而他的语言基本节奏较迟缓。在这个片段中,三个人物都是成年男子,也都是革命者。鉴于以上分析,抓住这些特点,就能让听者有所区别。此外,人物的心理动作、语言目的不同,又可形成具体的节奏变化。因此,人物的语言节奏不准确,会使人感到是人物的心理感觉及形体动作不对。

比如,《红岩》"接头"这个片段中,当华子良来到地下室时,处在黑暗中的成岗问:

成　　岗:华子良,你来干什么?!
华子良:慢一点,我有重要事情找老齐。
成　　岗:你找老齐?! 我先掐死你!
齐晓轩:成岗,等一等! 华子良,你是什么人?

我们可以想见,随着人物语言,成岗此时必有一个向前扑要掐华子良的动作,但被齐晓轩及时制止住了。此时成岗的语言节奏绝不会是平缓的,而是快而有力的紧张型节奏,才能体现出他为了掩护老齐的心理动作和形体动作。老齐制止成岗行为的话,也应一改平时沉稳的语言基本节奏,而是紧张型节奏。否则成岗已扑上去掐华子良了。此时二人的语言、心理和形体动作都很明确:成岗要保护老齐,而老齐却对华子良的身份有所怀疑,想进一步证实,因而制止成岗的行为。

又如,这个片段开始时,老齐与华子良的对话节奏较平稳,但当华子良讲清了自己装疯的事实后,老齐对他有了进一步的了解,下面的交流自然应逐渐推进双方"说话"和"接话"的速度,语言感觉向上,以表现二人越交流越对路的情景。直到华子良说出了那关键的联络口号,二人的手紧紧相握,这后半段的交流节奏是紧张型加高亢型,反映出二人的内心波澜。若演播者此时内心感觉不对,寻不到正确的语言节奏,便会"节奏平平"毫无推进感,或推进感不够,烘托不出应有的气氛,达不到情节高潮。在广播剧演播时,一般初学者最易犯的毛病就是你一句、我一句地平稳对话,无节奏变化。这样,人物交流节奏不准确,剧的节奏也就不准确。

总之,若想形成正确的人物语言节奏,应注意:
1. 参考人物的性格、职业、基调,确定人物语言基本节奏。
2. 适应本剧的风格、基调,参考剧情、规定情境。
3. 了解、体验人物的心理动作及情感变化。
4. 把握人物间交流接话的快慢、高低、虚实等变化。

三、把握录音

(一) 与话筒"交流"

广播剧演播,不同于舞台和影视表演,它不是面对观众或对手交流(影视表演有时会面对摄像、录像机交流),观众的反应与对手的刺激会直接影响到表演者,容易激发其应有的情感,有利于交流。广播剧演播的交流比较复杂,创作特性决定,广播剧的交流对象应有两个:

一是,与演播对手的交流,是心理上的。

二是，与话筒的"交流"，是形式上的。从实践来看，广播剧演播都要面对话筒进行"交流"。

实际上，交流对象仍是演播中的对手，但演播者不能与演播对手有表情、动作的面对面交流，否则，嘴会偏离话筒，声音质量会受影响（连表现亲吻，都要自己吻自己的手；表现打人，有时也要自己打自己，自己揪自己的衣服）。因此，与对手交流时，耳朵听对手的话，眼睛大多只看剧本与话筒。鉴于这种创作现实，演播者在演播时，必须注意三个方面：

一是，要运用想象力，想象出对手的表情、动作等反应，增强对自己的刺激。

二是，以听觉为媒介，吸收对手的语意和情感信息，引动自己的情感与思维，迅速做出判断与反应。

三是，在演播过程中，始终面对话筒，保持最佳录音位置（录音时，不可低头看剧本或头虽保持与话筒平行，嘴却被举着的剧本挡住了，这样，录出的声音会发闷，不清晰）。

正确的方法是：头放正，嘴与话筒平行，剧本侧向一边，用眼睛的余光来看台词，不要将剧本挡在嘴与话筒中间。（通常台词已较熟悉了）

在广播剧演播中还应注意几种情况：

一是，总想与演播对手面对面交流（一般，演播对手站在演播者旁边共用一个话筒，或另用一个话筒，二人是平行位置），所以演播时总想歪着头与对手交流，或是开始时还知道与话筒"交流"，但说着说着就忘了，头又歪过去了。这样录出的声音偏离话筒，质量不合要求，还得重录。重录多了，势必影响演播情绪和工作效率。因为，通常前一、两次录音的感觉最真挚，再往后往往调动不起应有情绪，缺乏真实感，影响演播质量。所以，每一个演播者，尤其是初学者都要重视这个问题，以免因小失大，造成创作的遗憾。

二是，与话筒"交流"，应当把话筒当作交流对手，当作一个人来看，一切讲给它听，对它哭，向它笑，把实际交流对手的话语当作它发出的，全神贯注、真实地与之交流。当然，与话筒"交流"仅是形式上的，实质上还是在与演播对手交流。诚然，演播广播剧不需要做全方位表演，但毕竟要有一些相应的表情及辅助动作注入语言感觉中，方有助于表演语言的发挥。例如，攥拳头、用力扔东西、怒而瞪目、哭而捂嘴、打而拍身等表情、动作，它们的存在有助于演播者的自我刺激，体现出演播的生动性和感染力。切忌演播者一个人闷头看剧本念台词，心中什么也没想，脑海中什么也看不见，耳中什么也听不到，面无表情，体无感觉，这不可能有必要的刺激与有效的交流。这种演播，台词念得再带劲，也是空的、白的；话筒对得再正，也演播不好。因此，广播剧演播虽不需全方位表演，但在感觉上也要全方位投入才行。要心有所思，眼有所形，耳有所闻，体有所感，才能自己有所为。总之，广播剧演播若想成功，就应与话筒做朋友，心中时时有它。

三是，在广播剧演播中对话筒位置的把握也很重要，因它往往与录音配合，能造成一定的空间纵深感、层次感与方位感。立体声多话筒录音还能表现左右横向的方位感。这可增强环境的真实感，增强广播剧的表现力，却也给演播者带来一定难度。演播者不仅要把握自己的台词与情感表现，同时还要兼顾与话筒位置的调度：远、近、侧等，表现出环境的空间感及人物的方位感。比如广播剧《悠悠一片情》中，有一段是女歌手岳颖喊着追上从屋内冲出的男主人公冷平，在这中间岳颖共喊了三声"冷平"：第一声是急于叫住对方，与话筒的位置适中,使人感到是在屋内喊的;第二声是岳颖跑出屋来看见了冷平想叫住他,应偏离话筒或与话筒拉开些距离,以表现岳颖与冷平此时还有一段距离;第三声就应上前正对话筒,声音收一些,以表现岳颖这时已站在冷平面前了。至此通过这三声喊便表现出了岳颖追上冷平的全过程。当然,这需兼顾人物心理、规定情境、表达技巧、话筒位置等诸因素才能得以体现。立体声广播剧的录音,一般都有两个以上的话筒,一字排开。演播者还要记住导演对录音位置的调度,有时是在这个话筒面前说几句,走向另一个话筒说几句,再走向第三个话筒说下去,这就给人一种从左向右或正相反的方位感。也就是说,录立体声广播剧比录单声道广播剧的录音调度更复杂,除了有纵向的调度,还有横向的调度。总之,把握与话筒的远近、左右、偏正等调度,与录音配合,可以更好地表现剧中的空间环境、人物层面与方位,增强演播的真实性。

四是,加强口腔控制与气息运用。在广播剧演播录音时,如表现说悄悄话、夜晚交流或人物内心独白时,演播者要离话筒近些,通常应声轻气松地说(紧张、愤怒的情绪除外)。演播者说台词时还应注意口腔控制,否则,会影响录音质量。因为听者看不见,便不明白这口中杂音为何出现。它不同于影视故事片人物配音,有时镜头画面是大近景、大特写,演员张嘴的动作比较明显,于是配音演员为了全面贴合人物语言,可以随之做出张嘴或咂嘴声,这样显得生动、逼真、贴合。而广播剧没有画面、形象伴随,无缘无故地发出嘴里声音,就只能让听众误以为杂音了。一般从事话剧表演的演员,因他们在舞台上说话要求音量,导致咬字往往过于用力,嘴里有些杂音也听不太出来,问题不大。而录广播剧时,话筒却会毫不留情地将其放大出来。所以,广播剧演播时,在话筒前的用声、咬字都要控制好,音量一般不必太大,比舞台上收一些,吐字应细腻讲究(特别是口腔控制较差的人,嘴松、易出杂音,更需要注意此问题)。

此外,在话筒前演播,该显露气息时也要大胆显露。因为气息是揭示人内心情状最有利的手段,一呼一吸都极富表现力。如一个提气,可以表现出人物内心的惊奇、惊喜与惊恐。而一个叹气,又可以表现出人物的沮丧与无奈。甚至有时只用气息便可以表现出人的整个思维过程与心理状态。恰恰是广播剧演播的特性,可以使我们充分利用话筒表现出人物内心的细枝末节,我们应当认识并抓住这个优势,更好地为演播服务。

(二)配合音响效果

广播剧的音响效果制作有两种方式:一种是在后期合成时,利用音响效果素材进行合成,或再做动效合成;另一种是在演播现场配合语言录制同时做。

在广播剧演播中,为了求得音响效果的真实感,与演播语言同一声面,有时要求演播者在演播的同时自己做些相伴的音响效果,比如打开信纸的声音、脚步声、敲门声等。也有时,这一切由专门人员音响师来做,只要求演播者跟上动效的相应感觉说台词、出声音和气息给予适当配合,这样录音效果才会有机、自然。

在演播者边说台词边做动效时,应将自己演播的这一人物的性别、年龄、性格特征及规定情境等作为有力参考。例如脚步声,一般男性、性格开朗的人或正在生气的人就较重;而女性、小孩、性格内向者及医院等特定环境中的人应较轻。敲门声也如此。又如打开信纸的声音,人在情感激动中,则动效声可急一些、大一些,适应相应情绪。反之,人在常态中,这声音就可平缓些。此外,还应兼顾动效与话筒的位置:是远点还是近点;是由远及近,还是由近及远;是从左到右,还是从右到左等。

若演播者只说台词,动效由专门人员现场做时,特别要注意与动效配合的节律感,使人听起来似自己所做,二者浑然一体。比如广播剧《家庭教师》中的一段,家庭教师于杯教自己的学生文辉打拳,后让文辉自己练习。这时,文辉的演播者就需伴随着音响师捶击"沙袋"的声音,嘴里发出一声声有力和有节奏的"嘿嘿嘿"的声音,让人一听感觉是演播者正在边挥臂捶击沙袋边发出的声音,二者节拍吻合、轻重适度。若配合不当,有可能形成二者声音一前一后不统一的情况,或捶沙袋声与人声一轻一重不匹配。另外,在广播剧演播中,经常有从座位上起身、坐下、摔倒、跪下等声音,这些动效一般都有专门人员来做,但演播者需与之很好地配合。在无台词时,可用提气或松气等声音来体现;有台词时,要在语言中显现出应有的声气状态,使人听之如见之。

当然,要做到与音响效果配合得有机自然、形神兼备,不是件容易的事,尤其对初学者来说,需要几个条件:一是,有想象中的规定情境、人物特征、人物心理和人物形体动作;二是,有人物语言、声音、气息与音响效果配合的顺序、节律感;三是,有较强的语言表现力,丰富的肌体、运动感积累。

广播剧演播中,为了求得与动效配合的有机、和谐与真实,特别要注意演播语言的相应感觉。有时,导演为了取得好的演播效果,会让演播者伴随台词做相应的形体动作。如广播剧《西线轶事》为了表现战场上的特定情境,导演将录音现场拉到野外,让演播者趴在地上,边爬行边说台词(话筒跟着演播者走),这样,演播者的呼吸节律、形体动作及语言感觉更能自动和谐,演播者也感觉比较自然、真实,演播效果也很好。但绝大多数广播剧的录制由于条件所限,只能在演播间面对话筒站着或坐着,至多做一些象征性模拟动作,其语言、形体动作及动效需有意配合。这就要求演播者在录音的真真假假之中,调整自己,形成相应的感觉,进行恰当的表达。

总之,广播剧演播与音响效果配合的好坏不容忽视,配合得好,能增强演播的生动性、真实感。反之,则显得虚假,影响全剧效果。

(三)学会改错接戏

在广播剧演播的实际操作中,有一项工作也关系到演播的完满与否,即改错接戏。"改错接戏"是指在广播剧演播录音过程中,由于自己或他人出现了口误,录音质量不尽如人意,动效没配合好,以及导演对戏不甚满意等原因,需要重新录制一段戏或接一两句台词。这时,演播者需要做到以下两点:

1. 开口前,提前进入状态,调动自己进入到相应情感和规定情境之中。

2. 开口时与前边的戏和情绪相接,声音、语气保持一致,有机、自然。

也就是说,当需要重新录制一段戏时,演播者在记住需修正的地方和问题的基础上,首先,要用各种办法调动自己在重录开口之前进入演播状态,形成和保持相应的情绪进入演播的规定情境之中。其次,在改错接戏时,演播情绪与用声与之前保持一致,不露痕迹,不让人感觉到戏是断了重接的。

要做到以上两点并非易事,需要演播者有娴熟的语言表达基本功、一定的录音经验、良好的心理素质与艺术感觉。一般重录前,往往先放一点前边的戏,待到重录的戏时,演播者就要十分从容地开口说话,与前边的戏有机衔接,从情绪到声音都做到天衣无缝。这就要求演播者除了有一定的内、外部技巧做保证外,还应保持一种良好的工作状态,既内心松弛,又注意力集中。广播剧演播中,戏接得好,不影响录音的正常进行。反之,戏接得不好,一遍遍重来,会影响演员情绪和全剧质量。

那么,如何操作改错接戏呢?

一是,心理上要有语意的承接感,也就是要有戏的承接感。重录接点的语言、内容、语气、节奏、情感等都与前面的戏自然承接,无论是接对手的台词还是自己的台词,都自然、和谐,没有从零开始之感。

二是,声音、气息也要有承接感。众所周知,语言的语气、节奏、情感等因素都是通过具体声音的高低、长短、强弱、明暗和气息的多种气势、气状等来体现的。

因此,在改错接戏重录时,应细致地把握这些具体因素的分寸与幅度。尤其是气息的运用,要搞清为承接前面的台词,是开口就说,还是先叹口气再接着说话;是气息上行接话,还是下行再接等,要使气息的前后承接有机自然。

总之,不应小看改错接戏这一问题,在实际录音中很少有不需重录、一次完成的情况,即使你自己演播没问题,也还会有其他人出现口误、动效配合不够理想、录音技术存在问题、导演对戏不满意等种种问题存在,需要重录。

(四) 合理添加"水词儿"

所谓"水词儿",指原剧本台词中没有而又为演播中表情达意所需,由演播者自己合理添加上的简短话语。

为什么要添加"水词儿"?原因有三个:

一是,某一人物的台词太长,一个人说下去较枯燥,需要有对方的交流呼应。

二是,为了表现生活化,削弱台词的文字化。

三是,体现人物在场的即兴反应。

在广播剧演播中,几乎没有一部剧的演播者不需要添加"水词儿"。因为编剧不可能把剧中每一人物的(包括群众角色)每一个小的反应性语言都一一写出来。往往需要导演和演播者在把握了剧的风格、基调、主题、人物面貌、人物关系、规定情境之后,酌情添加上合理、准确、符合身份和需要的"水词儿",以填补和丰实人物语言。

比如,有的人物台词太长,又不宜删减或分开讲,这时,为了表明交流对象的存在和说话者内心始终与之有所交流,一方面可在这一人物说台词时,不时适当地加些称呼对方的"招呼性水词儿",另一方面对手在这个人物讲一大段台词的过程中,也可适当地加些"反应性水词儿",插入其中。至于加什么,在哪加,一般在看剧本和排戏的过程中,演播者就应润色好,双方敲定并得到导演认可后加上,以免在实际录音时两人的台词"撞车",缺乏对应性或不自然。当然,一些有经验的演播者已习惯这种即兴反应添加"水词儿"了,但为了保证录音顺利,交流准确,还是应事先有所沟通为宜。在广播剧《家庭教师》中,有一段剧是于杯与文辉谈心,讲他上中学时曾热恋过一位女同学的事,这段台词就很长,不加些"水词儿",难以抓人,也较死板(下面括号中文辉的话,是添加的"水词儿")。

于杯:我不敢对她说呀。可我见不着她就浑身难受,所以那段时间我是吃不好、睡不好,当然瘦了。(文辉:真可笑)我也说不清我当时为什么那么喜欢她,也许是她跳舞的时候深深地打动了我吧。后来,有一次上体育课的时候,体育老师正好让我和她一起去体育室拿几个篮球,(文辉:是吗!)我激动得要命,我觉得这是一个很好的机会。真是巧上加巧,老师让我们拿四个篮球,我们找来找去却只看到三个篮球,(文辉:那怎么办?)这样,我们待在那个小房子里的时间就比较长了。(文辉希望地:"哎呀"!)我心里不住地说:快说爱她呀,快说呀!可我一个屁也憋不出来。(文辉:真没用,她呢?)她呀,好像也预感到了什么,脸都急白了,满头大汗。她找球,我就慢慢地朝她蹭过去,我下定决心一定要说出我爱她。可就在这时,体育老师见我们还没把球拿去,就来瞧瞧是怎么回事,(文辉扫兴地:"哎呀"!)这样,一次大好机会就给失掉了。(文辉:真可惜呀!)我真是恨死我自己了。……"

仅从上面摘录的这段人物语言中,我们是否感觉到,如果没有交流对手文辉加上去的几处"水词儿",只让于杯一个人从头说到尾该多么枯燥乏味啊,演员自己也很难说好台词,同时受众也感觉不到"文辉"的存在和一直与之交流呢,整个戏就会缺少生气和趣味。

又如广播剧《弘一法师》中,有一段是表现樱子对李叔同的深情。原来的台词是:

樱　子:叔同,你又瘦了许多,你答应过我,要好好照料自己的。来,先把这碗点心吃下暖暖身子吧,真的瘦了。

后来,导演为了使戏更加生活化,便添加了一些很生活化的"水词儿",变成现在这样:

樱　子:叔同,你把这碗银耳汤趁热吃下暖暖身子吧。
李叔同:哎。
樱　子:好吃吗?
李叔同:好吃。
樱　子:要不要我再给你添点?
李叔同:不、不,够了。
樱　子:你又瘦了许多,你答应过我,要好好照料自己。

这样一来,人物语言生活化了许多,也更加清楚、有戏了。我们似看到了樱子见到叔同回来时的喜悦,她忙着张罗,又深情地望着叔同的炽热目光。

再如广播剧《风雪昆仑山》中,有一段是汽车兵黄沙到女护士鲍琪琪宿舍来做客,他们聊了不少。这时,外边传来汽车的喇叭声,接着有人喊:"喂,驾驶员呢!"

黄　　沙:哎,(来了,我还没死呢!)我走了。
鲍琪琪:你们千万要注意身体啊!
黄　　沙:没事,我死不了!指导员怎么样我可不敢保证。(鲍:你别瞎说!)哎,最好你能参加巡回医疗来我们那看看他,他就在热水海子那儿等你呢!
(以上括号内的话为添加的"水词儿")

在这里添加的两处"水词儿"都有其自身作用。"来了,我还没死呢!"表现出剧中人物黄沙不耐烦的情状及其性格、气质。"你别瞎说!"体现出女军人鲍琪琪的不好意思。因黄沙已看出她对指导员向西行的好感,她想掩饰一下,毕竟她是个女孩子。同时,这一句"你别瞎说!"也有了二人的交流生气,使人听了很清楚彼此的关系与心理。

有时,面对大段的、十分书面化的台词,导演会让演播者自己添加些"水词儿"并改为口语说出。

总之,在广播剧演播中,适当地加些相应的"水词儿",会增加演播的清晰度、生活气息与生动性,尤其是群众角色,更需合理、恰当地添加"水词儿"。因剧本中群众角色的台词往往很简单,要完成好自己的任务不能不添加一点相应的"水词儿"。但应注意,添加"水词儿"该加的加,不该加的不要多加、乱加,以免干扰主戏的进行,变成画蛇添足。此外,添加"水词儿"一定要正确,应参考人物性格、气质、人物关系,规定情境等各种因素与条件。否则会事与愿违。

第四节　广播剧演播提示

一、语言自然、生活、有艺术性

广播剧演播,有的演播者尤其是初学者拿腔作调,以为这就是有艺术性了。也有的演播者受工作的影响,有播音腔、话剧调,语言或呆板或夸张,不自然、不生活,听来很不舒服,艺术性更无从谈起。

广播剧演播的语言,应将电影和生活中的语言结合起来,既自然、生活又富有一定的艺术性,但又不是纯自然的生活语言。它的艺术性表现在"咬字发声"和"语言处理"两方面。咬字发声是经过训练、规范化、有控制的自如状态,除特殊需要外,一般用声不过大、过强,不似话剧语言追求音量有所夸张;不似播音语言那样规整、变化幅度小;也不似生活语言缺乏控制力和表现力。广播剧演播的语言是"自然""生活""艺术化"的语言,它具有生活中的真实、自然,又具情感性、表现力和感染力,有打动人的作用与力量。

二、表现人物个性

广播剧中的人物千差万别,但有的演播者在处理人物时,不做深入细致的研究,找出每个人物的不同处,只凭经验对人物做一种"公式化""类别化"的处理,这是不可取的。因为广播剧演播不同于影视人物配音是"再现"原片中的人物,人物的一切都由演员表演创造已定。广播剧演播是"创造"人物,演播者有充分发挥的余地,可以充分想象、塑造人物,将剧本中提供的人物形象,由演播者凭借自身素质、条件,运用语言表达技巧将其活化出来,使之成为有血有肉、活生生的"这一个"人物。这就要求演播者按照剧本的提示和自己的想象、理解找到这个人物的特征并运用语言技巧和一定方式,在人物基调、语言节奏、语气、音色甚至说话习惯上,做不同于以往相近人物的表现,创造出富有个性、气质独特的人物形象。应当看到,欲演播好一个人物,不只在于语言技巧和表现方式,更在于是否抓住了这个人物的特征。

所以,那种见性格开朗者,就语言咋咋呼呼;见性格内在者,就语言粘粘弱弱;见工人就粗声大嗓;见知识分子就文质彬彬等的一般化、公式化的处理是不行的。殊不知,知识分子也有不同的经历和气质,也有性格泼辣的;工人也分不同工种、修养,也有气质文弱的。人是有共性的,但只有个性鲜明的人,才会给人留下深刻的印象。这就需要我们在认识、表现一个人物时,既参考一般规律,也要找到其与众不同的地方,才能准确、生动地表现出来。

例如,同是西部军人,向西行与黄沙就不同。又如,同样是爱讲怪话又为国捐躯的烈士,黄沙又与刘毛妹不尽相同,各有各的出身、经历、性格、气质与素养。一般来讲,人物的风貌都蕴藏在剧本的台词中,我们一定要细致地、全方位地寻找和揣摩(排练时,导演也会阐释人物的)。因而演播人物千万不可一概而论,那样创造不出鲜明、独特、活生生的人物,这种人物也没有光彩。

三、会让戏、配戏

在广播剧演播中,演播者还需会"让戏""配戏",使演播整体有机和谐。但有些初学者不会让戏、配戏,表现为或演播分寸不当,或说话时机不对,影响演播效果,这也应引起注意。

让戏:是指在广播剧演播中与对手交流时,依台词分量、作用和剧中气氛的需要,该让对手充分发挥时,自己的演播要后撤,不抢戏,让位于对手,以得到较好的戏剧效果。比如广播剧《弘一法师》中,有一段戏是女主人公樱子正在家里,这时,李叔同的好友夏丏尊和学生丰子恺来了,他们带来了李叔同出家入了佛门这一给樱子以致命打击的消息,樱子失声痛哭。这中间有夏丏尊与丰子恺两人的大段重要台词,讲了对李叔同步入空门的见解。这时,樱子的演播者就不能为了表现自己的极度悲伤而大哭不止,而应用耳听对手的台词,重要的地方只让自己发出强忍着的抽泣声,让对手充分表现,在适当的地方再发出忍不住的痛哭声。这样,受众便会以为刚才对手说台词时樱子的哭是强忍着呢,现在放声痛哭是实在忍不住了,听来合情合理,既让听众听清了对手的台词,也感受到了樱子那难以言传的痛苦心情。而这正是演播者为了追求更好的演播效果的有意为之。反之,如不做这样的处理,樱子以为自己是主角,便在得知李叔同出家的巨大打击下痛哭不止,不对自己的哭声有所控制,这会形成哭声与对方的台词搅在一起听不清的局面,毫无疑问,这会直接影响演播效果。

配戏:是指非主要演播者说台词或添加"水词儿"时,要会插入主要人物台词的空当中,有机、自然、合理、得当,既起到烘托场上气氛的作用,又不干扰主戏的进行,二者浑然一体,为主戏的进行当好绿叶与陪衬。这需要演播者在排练时就有所设想与准备,录音时,认真听场上戏的进行情况,适当参加进去。哪怕自己仅有一句话、一个反应,也要从自己这一人物的外形、内质、人物关系、规定情境等一系列相关因素出发,来把握处理自己的台词,使其自然、恰切,取得较好的整体效果。

四、合理处置人物台词

广播剧演播是对剧本"一度创作"的"再创造",在演播人物台词时、不能无思维、欠感受地念台词,也不能只表现字面表层意思,还不能只表现人物的喜、怒、哀、乐的情绪与结果,因为这种演播是图解式的、低水平的,缺乏思维过程及情感过程,是无艺术性可言的。好的广播剧演播应当是在了解全剧、吃透自己这一人物的基础上深挖台词的内涵,充分运用生活积累和想象力,有层次、有技巧地向受众展现人物的思维过程、对具体事物的反应。想象在日常生活中碰到类似情况,不同的人会怎么说、怎么做,在广播剧演播中就怎么处理。按照生活的规律与逻辑去处理人物台词,听者才会接受,才有真实、合理可言。

广播剧演播的台词处理一定是在具体的想象中进行的。如一句话是快说,还是慢说;是麻木地说,还是动情地说;是叹口气再说,还是说完再叹气;是边走边说,还是坐下再说;是抬头看看对方的眼睛关切地说,还是低头躲避着对方的目光而说,等等,一切的处理,都取决于演播者的生活积累和剧本提示所形成的内心视象,自己看到、感觉到的。由于广播剧演播不是全方位表演,极易陷入缺少刺激、难有感觉的境地。因此,广播剧演播必须紧紧抓住内心视象和具体感觉,这样方可避免一句接一句一般化地对台词,不敢停顿,也不敢显现表达幅度。我们应当在想象力的作用下,将剧本中死的文字变为活的形象,真正看得见、感受得到文字所描述的人物的内心、动作、表情及环境。这样方可处理好台词,演播好广播剧。

比如广播剧《风雪昆仑山》的结尾,鲍琪琪与战友们一起寻找在风雪中失联的向西行和黄沙。这时鲍琪琪的台词是:"向——西——行,向——西——行……"单从文字表面看没有什么,只是表现鲍琪琪大声呼喊。然而,一经演播者对这简单的台词进行了合理处置,我们便听到了这样的效果:在漫天风雪的旷野中,鲍琪琪急切地声声呼唤着向西行的名字:"向——西——行,向西——行……"在这第二次呼喊向西行的名字时,当"向西"二字刚一出口,似忽然一阵大风刮过,鲍琪琪被呛了一口,气憋了一下,继而又喊出"行"字来。这种处理,从文字和台词表面根本看不出来,是演播者凭借自己的生活积累而合理想象出来的。这种演播无疑会生动体现剧中的恶劣环境和人物行为,有力地烘托出剧情和应有气氛。

五、配角也要"心跟戏走"

在广播剧演播中,除去主要人物外,还有一些"配角"(群众角色),语言不多,但在演播时,也应随场上其他人物的台词内容及剧情推进而心随其动、情随其变,当需要自己说台词时自然加入其中,呈现有机融合的整体感。不能别人说台词时,自己的心不跟随,游离其中,该自己说台词时才开口,那样势必造成语言和感觉都从零开始的状态,很难入戏或入戏不准、不够。因此,在广播剧演播中,不能因受众看不到自己,便放松"心跟戏走"的要求,要知道,演播和表演一样,哪怕没有自己的台词时,每一个参加者都不能仅在有自己的台词时才进入演播状态,必须自始至终紧跟戏走,不能留有空白。应让自己的心和情始终与剧情发展同步。只有这样,才能使自己的演播成为剧中的有机元素。

第五节　广播剧演播训练

广播剧《红岩》(片段)

编剧　左　莱　刘保毅
导演　刘保毅

人物:

成　岗:20多岁
齐晓轩:40多岁
华子良:40多岁

地点: 1949年解放前,重庆中美合作所"白公馆监狱"图书馆地下室。
外面难友们正在放风。

难　友:"花间一壶酒,独酌无相亲,举杯邀明月,对影成三人"(吟诵)
解说:黑暗的瓦砾堆亮了一下,楼板被揭开了,一个满头白发的人,突然出现在成岗的面前。在微弱的亮光中,看得见他满脸刺猬一样的胡须,一对眼睛在黑暗中闪闪发光,这个人就是刚才他们正讲着的那个疯子华子良!成岗立刻扑上去,想除掉他。

成　岗：华子良，你来干什么?!（压低声音）

华子良：慢一点，我有重要事情找老齐。（镇定自若）

成　岗：你找老齐?! 我先掐死你!!（愤怒之极）

齐晓轩：成岗，等一等！（忙制止）华子良，你是什么人？（疑问）

华子良：共产党员。

齐晓轩：为什么到这里来？

华子良：党需要我现在发挥作用。

齐晓轩：你找谁？

华子良：特支书记齐晓轩。

齐晓轩：谁告诉你的？

华子良：罗世文同志。

齐晓轩：什么时候？

华子良：1946年10月18日，罗世文、车耀先同志牺牲的那一天，我陪杀场的时候。1931年以前，我在川北山区根据地做党委书记，省委书记罗世文同志是我的上级。可是在敌人面前我只是个嫌疑分子。在去刑场的路上，罗世文同志估计到敌人押我去只是陪杀场，为的是再考察一下我到底是不是共产党员。因此，罗世文同志指示我伪装疯癫，长期隐蔽，欺瞒敌人，枪声一响，我就变成了"疯子"。

齐晓轩：那你为什么一直到现在才来联系？（严肃地）

华子良：省委书记给了我特殊任务，不到必要的时刻不准和任何人发生关系。

齐晓轩：如果我不在了，你怎么办？（追问）

华子良：你牺牲以后我找继任书记老袁同志。

齐晓轩：噢（悟），你的任务？

华子良：让敌人相信我精神失常。然后，第一，与地下党建立联系；第二，完成越狱任务。

齐晓轩：你的联络口号？（惊喜）

华子良：让我们迎接这个伟大的日子吧！（激动地）

齐晓轩：同志！（热情地紧握着手）

华子良：同志！（眼含泪花）

齐晓轩：华子良同志！

华子良：老齐同志！

齐晓轩：你来得太好了，太好了！好多年来你不停地练习跑步，你一直在做越狱的准备。

成　岗：华子良同志！

华子良：成岗！

成　岗：你真是忍辱负重、卧薪尝胆哪，华子良同志，让你受屈了。

华子良：都是一样的，没有什么，我晓得你和老袁几年来一直注意着我，可是直到现在我才有了同地下党建立联系的条件。

背景介绍

广播剧《红岩》是根据罗广斌、杨益言创作的同名长篇小说改编的。小说《红岩》创作于1961年,作者与书中描写的革命先烈们一同坐过牢。小说描写的是解放前夕,在重庆歌乐山下的"中美合作所集中营"——"白公馆""渣滓洞"监狱中关押的革命先烈们的斗争生活。书中所表现的内容是一段真实的历史,所描写的人物形象是特定环境中的烈士的化身。例如人们都熟知的书中人物许云峰、成岗、江姐、齐晓轩等,他们有的就是烈士本人,有的是几位烈士的化身。

让我们认识一下在广播剧《红岩》片段中出现的三个人物:

齐晓轩:烈士的真实姓名叫"许晓轩",他斗争经验丰富,意志坚定,深得同志们的信任。他是"白公馆监狱"党的领导人之一。1940年4月,由于叛徒的出卖,许晓轩被捕,当他得知狱外党组织和亲人们正在设法营救他,便用铅笔在包香烟的纸上写了"宁关不屈"四个大字托人捎出,表现了他坚贞不屈的革命意志。有一天,许晓轩在狱外做苦工时挖回一株石榴树苗,种植在白公馆的放风坝上,这株石榴树至今仍花红叶茂。

1949年11月27日,坐牢9年的许晓轩被押赴刑场。临刑前,他给同室难友留下口头遗言:"请转告党,我做到了党教导我的一切,在生命的最后几分钟,仍将这样……希望组织上经常整党整风,清除非无产阶级意识。"

成岗:烈士的真实姓名叫"陈然",他是一个杰出的地下工作者,最优秀的共产党员。陈然1938年参加"抗敌剧团",1939年刚满16岁就加入了中国共产党。他曾申请去延安,却与联络人走失,后去重庆,又因同一党小组的党员被敌人诱捕暴露了身份,党组织指示他离开重庆并暂时断绝组织关系。由于得病,陈然无法在江津坚持,又回重庆,却无法与组织取得联系。但后来他无论干什么工作都没忘记自己是一个共产党员。他与朋友创办的一份油印无名小报,引起了当时重庆地下党的注意,由"江姐"(江竹筠烈士)的丈夫彭咏梧(他后在川东地区领导武装斗争作战牺牲,被敌人割下头颅挂在城楼上示众)亲自前来正式接上关系并担任领导,从此这份小报取名《挺进报》,后来成立"挺进报特支",陈然重新入党任组织委员,以后代理特支书记。陈然负责《挺进报》的印刷工作,地点就在他家里。他白天有工作,只能夜晚印刷报纸。1948年由于叛徒的出卖,陈然被捕了,敌人用尽了"老虎凳"等酷刑,据说还对他进行了"诚实注射剂"(测谎剂)的试验,但都无法使他屈服。在关押期间他保持了高度的革命乐观主义精神,大大鼓舞了难友们的革命斗志。他还积极做监狱下层看守特务的工作,以争取越狱时的方便。后来,大屠杀之夜,就是经陈然帮助教育过的特务把钥匙交给共产党员,使得19人顺利脱险。

陈然烈士于1949年10月28日,在新中国成立已近一个月时被敌人枪杀了。他死得很英勇,牺牲时才26岁。陈然烈士给我们留下了《我的自白》和《论气节》这样充满革命气节的优秀遗作。

华子良:人物原型叫"韩子栋"。韩子栋1933年加入中国共产党,同年按照组织安排打入特务组织"蓝衣社",获取特务情报转送出来。不幸半年后暴露,于1934年10月被捕入狱。他受尽折磨,差点死了,后被救活。他先后被关押于南京、武汉、湖南益阳、贵州息烽,最后到了重庆白公馆——整整关押了14年之久。韩子栋因长期关押,神情呆滞,衣衫褴褛,蓬头垢面,且老家在山东,在重庆人地生疏。特务对他比较放心,他因此得到了自由活动的机会。1947年8月18日韩子栋又跟随看守去买货。按照监狱党组织的指示,趁特务被人邀去打牌,他将草帽放在躺椅上,假装解手走出门去,到了特务的视野之外,他立即飞奔。经过45天的艰辛路程他终于在河南找到了解放军。1948年1月23日,韩子栋向党组织递交了入狱及脱险的报告,组织审查后恢复了他的党籍。解放后他担任过各种要职,1992年5月19日韩子栋在贵阳病逝,终年84岁。

演播提示

1. 如前所述,在演播中应极为重视"规定情境"和"动作性",表达准确。
2. 特别要注意把握"演播节奏":人物基本节奏、剧的节奏、交流节奏。
3. 演播中要心跟戏走,真听、真看、真想、真交流,注重交流过程及反应。
(请参考之前的分析、讲解内容)

广播剧《悠悠一片情》(片段)

编剧　胡玉萍　童伯年①
导演　大　平

人物:

冷平:男25岁,青年雕塑家
岳颖:女22岁,歌星

地点: 冷平工作室

(岳颖哼着流行歌曲兴冲冲走来)

岳颖:(敲门)

冷平:(屋内极不情愿地)谁呀?

岳颖:(推开门)哎,你是冷平吗?

冷平:(冷漠地)我不认识你。

岳颖:哎? 我是歌舞团的独唱演员,我叫岳颖。

冷平:我正在工作。你要是没事的话……

岳颖:(兴致不减)当然有了,冷平,听说你在美术馆用开枪来完成自己的作品,我觉得这才是真正的现代派艺术,我特别欣赏你的艺术观点,所以,今天想认识你。

冷平:(烦燥地)我不是金丝猴,你没必要来参观,我也不想认识你。

岳颖:(有些生气)你这样是不是有些失礼呀?

冷平:(提高声音)我再说一遍,我正在工作,请勿打扰。(自己嘀咕)我可没兴趣陪女孩子去买陈皮梅,到电影院替她找座位。

---

① 由于广播剧播放年代较早,个别人名难以查证,故根据谐音记录,特此说明。

岳颖: 你错了。不是每个女孩子都喜欢男士献殷勤,比如我。

冷平: 我没觉得你与众不同。

岳颖: (反唇相讥)这么说是你与众不同了?

冷平: (压着性子)好了,小姐你该走了。

岳颖: (较真儿地)今天我偏要让你认识我!

冷平: (无奈、置气地)嗳! 你不走,我走! (起身走出门,转身对岳颖)嘿,你走时给我把门关上。

岳颖: (气急)你,你这人,哼,有病!

背景介绍

广播剧《悠悠一片情》是根据小说《城市爱情》改编的,这部广播剧没有解说。

这个片段的剧情背景是这样的:冷平是一位很有才华的青年雕塑工作者,有一次,他带着自己的作品《梦》去参展,在展览大厅他开枪打碎了自己的展品(他的枪是借的),扰乱了秩序,进了公安局。冷平对自己行为的解释是:自己之所以开枪打碎展品,是因为自己作品的名字叫"梦",再美的梦也是朦胧、虚无、飘渺的,碎裂才是它的本质,只有被打碎才能更好地表现它。他不想让观众只成为被动的欣赏者,他希望观众通过参观他的作品,也成为艺术的创造者。

冷平被释放,回到工作室,正在专心创作,本市歌舞团的独唱演员岳颖心怀崇拜前来拜访冷平,想结识他,但正在全情投入雕塑创作的冷平很不耐烦,不想与之交流,于是,便有了这个片段。

有人说:没有矛盾便没有戏剧,这一片段正应验了这点。在剧中矛盾的焦点是:岳颖兴冲冲想认识冷平,而冷平正在专心创作,不想被人打扰。

演播提示

1. 抓人物语言造型。剧中两个人物都很有个性:

"冷平"年轻、事业心很强、性格孤傲,有较强的艺术气质及艺术家的偏执,自觉与众不同。他的语言懈怠、语势下行多、语气冷淡、反感、激将并存,语速变化多,时而嘟哝,时而愤怒。语言基调冷淡。

"岳颖"年轻、小有名气、性格活泼、追求时尚、自信、任性,但又不是一般的庸俗歌星,她有一定的艺术追求,所以才崇拜冷平。岳颖的音色甜美、语势上行多,语气热情、讥讽、愤怒并存,语速偏快,表现其活泼、热情与任性。语言表达是先热后冷。

2. 抓剧中人物演播的"重音"与"潜在语"。

例如,岳颖说:"哎,我是歌舞团的独唱演员,我叫岳颖。"这句话的语气应是自信并有点奇怪的,言外之意:我这么有名,你怎么都不认识。千万不可将此话处理成一位"女医生"或"女记者"的客观、礼貌的单纯介绍,或者处理成"女学生"的怯怯之语。因为,那样表现不出岳颖"文艺工作者"活泼、热情的特征。当然,也不应将此话处理成十分虚荣的语气,因为,岳颖对艺术和人生还是有自己的追求。所以,表达中要依据她的人物基调把握其度,让语言表达更加准确。

又如,岳颖说:"你错了。不是每个女孩子都喜欢男士献殷勤,比如我。"这句话中的"每个"是次重音,而"我"是主重音,应当突显,因为它们体现了岳颖的自信与不满。表达时,"每个"可适当加重。"我"则除去加重,还要提高并且语势上行、弯曲,更能表现出岳颖的自信与不满。与之相似的处理还有她回击冷平的"这么说是你与众不同了?"之中的"你"字。

再如,岳颖说:"今天我偏要让你认识我!"这句台词,我们可以根据广播剧演播的特点与剧中的规定情境,将"偏要"二字作为重音处理,用提高、加速的方式说出,表现一种冲击力。同时,我们还可以通过合理想象,将岳颖说这句话时的情景想象成她一边说,一边反而较真儿地坐下不走了。演播中可一方面用气息节律的变化来表现,另一方面可以将完整的句子拆开来处理,如在"今天"后面顿一下,以表现出说话者在寻找小凳的状态,然后,找到了,再一口气说完后面的台词,配合气息,表现出此人一屁股坐在小凳上,赌气就是不走的情景。

在这后面冷平的台词中,可以顺势加上一句提示性水词("哎,你、你怎么倒坐下了!"),让人听之似看到这一幕,使我们的表达既有形象感,又生活、自然。

3. 抓演播的层次感、转折感。

这段演播必须要有清晰、合理的层次感、转折感。即岳颖由热情拜访到生气、被冷落;冷平从不耐烦到顺坡下、出走。

4. 抓与音响效果配合。

演播中,除去人物语言外,还要注意把握与音响效果的配合,如敲门与关门的声音、刀刻作品的声音、冷平扔掉刻刀的声音、岳颖找到小凳并坐下的声音等。演播语言与现场动效的配合要合拍,二者的声音层面要有机、合理。

广播剧《红丝带》(片段)

编剧 玉 晔[①]

导演 王芝芙 玉 晔

人物:

秋实:男 36 岁

雪妮:女 32 岁

地点:雪妮宿舍

【开门声】

秋实:对不起,我今天来晚了。

雪妮:你的脸色怎么这么不好。没睡好觉?

秋实:是吗? 可能,这是你让我帮你打的画框,继续画你那"蓝色的梦"吧……下个星期

[①] 由于广播剧播放年代较早,个别人名难以查证,故根据谐音记录,特此说明。

天,我不来了。

雪妮:为什么?

秋实:咱们都不是小孩子了,理智很重要。我只是一个小学教员,命中注定要当一辈子"孩子王",可你是个画家……

雪妮:不,我算什么画家,只是个画插图的美术编辑,你说这些干什么?

秋实:没什么,我真后悔。我那天不该跑到山上去,更不该遇到你!我给孩子们藏下了礼物,自己却找到了一颗苦果——我走了,对不起,这么长时间一直麻烦你,再见!

雪妮:不!别走(哭泣)你别走——你别走。

秋实:你别哭,好了,早知道发脾气能使你露出自己的真情,我该早点发脾气,一年以前就该发。告诉我,你干嘛这么苦着自己?是不是你以前爱过的人比我好?

雪妮:别胡说!你知道得清清楚楚,你是我一生中的第一个,也是最后一个,再也不会有了,不会有了。

秋实:那你为什么要这样?

雪妮:我怕!我怕得厉害。

秋实:你怕什么呀?是什么把你吓成这样?

雪妮:红丝带……

秋实:红丝带?见鬼!你脑子里怎么尽是这些古怪的玩意儿!

雪妮:我——我是独身主义者。

秋实:独——(开心地笑了)我也是个独身主义者。不过现在两个独身主义者加在一起,不正好吗,负负得正!

雪妮:我脾气古怪。

秋实:我能改变你!

雪妮:我身体不好。

秋实:我可以照顾你。

雪妮:那——你会跟我离婚吗?

秋实:(笑得更开心)哪个男人谈恋爱是为了离婚?

雪妮:结婚前都很好,日后抛弃妻子的有的是!

秋实:你很清楚我不是那种人,要不然我也不会等到三十六!

雪妮:那你答应我,我们不要孩子。

秋实:为什么?

雪妮:孩子是无辜的,万一咱们……小时候我都尝够了,我不能让一个小生命再去尝我尝过的那些。

秋实:(喃喃地)明白了……原来缠住你的是这个。我真想诅咒他们。诅咒那些不顾孩子的父母!雪妮,放心吧,你会重新得到一个完整的家,我们也会有孩子,她的童年绝不会像她可怜的妈妈那样……

雪妮:秋实!(感动地扑向秋实)

背景介绍

　　这部广播剧,表现了不负责任的父母离异,给他们的孩子所带来的刻骨铭心、挥之不去的心灵阴影。剧中的女主人公"雪妮"幼年时无意之中看到了父亲的抛弃、母亲的眼泪和新娘头上的红丝带。于是,她从美术专科学校毕业后,就离开了自己的出生地,在另一座小城独自生活多年。一次,在野外写生时,她遇见了性格幽默的小学教员"秋实",他们情投意合,交往了一年多了,但令秋实不解的是,雪妮对于两人的结合总是躲闪,于是他只得设计试探。

演播提示

　　1. 如前所述,应抓准、化为男女主人公,体现他们的年龄、经历、心理、情感。演播时,抓住"秋实"的"有备而来"和"雪妮"的"临阵抵挡"的心理状态,演播中应表现出这一交流的层次感、情绪变化与分寸感。(可参考之前的分析、讲解内容)

　　2. 演播人物时,该哭则哭,该笑则笑,不能放不开或假哭、假笑,这会削弱演播效果。

　　3. 演播时,还应对人物所处环境、方位、形体动作甚至道具等都有所设想。如秋实故意来晚,雪妮坐卧不安的心理外化,她是怎么想、怎么做的;秋实带来了画框,他是如何放下的,这体现他的"设计";秋实故意要走,雪妮扑向他的形体动作,是扑向秋实胸前,还是从后背抱住他的,哪个更合理;以及秋实偷偷坏笑的表情等。这些想象、联想,可以使演播者得到生动的自我刺激和准确的交流感,产生很好的演播效果。

广播剧《毕业歌》(片段)

编剧　祖国红
导演　林长风

人物:

王之辉:男,22岁,班长

刘燕燕:女,22岁,大学生

于　涉:男,22岁,大学生

陆田地:男,22岁,大学生

地点: 女生楼水房

(洗东西的流水声)

(女生相互交流声)

女　甲:哎,你下午怎么没来上课啊?

女　乙:他的课我才不爱听呢。

女　丙:说实话,你是不是去约会了?

女　乙:谁呀。哎,今天讲什么了?

(唱歌声)

女　甲：嘿，听那水房歌手唱得那来劲儿啊。
女　乙：唱得那么难听，还唱呢。（几人笑）
（窗外男生楼传来摔东西的声音、不断地起哄声）
女　丙：哎呀，这是谁呀，吓死人了！
女　乙：干什么呢？准是他们毕业班干的。
女　甲：到了咱们，还不知道怎么着呢。
女　丙：嗨，谁都有这一天哪。
女　乙：看，满地都是玻璃碴子。
女　甲：哎，快到点了，该上晚自习了。
女　丙：走了，走了。
女　乙：快走，快走。

地点：男生宿舍

（吹口琴声）
王之辉：于涉，于涉！你别吹了行不行！
几室友：……想什么呢你（笑声）

（这时门外有人敲门，于涉前去开门）
于　涉：噢，原来是尊贵的刘燕燕小姐，光临寒舍，不胜荣幸，里边请。
刘燕燕：你少耍贫嘴，臭于涉，帮我叫一下王之辉，我不进去了。
王之辉：（懒洋洋地）告诉她我不能去，我裤子洗了，没换的。
（一阵哄笑）
刘燕燕：（大声地）王之辉，是白羽让我叫你！你快点出来，我在楼下等你。
陆田地：快去吧，之辉，你和刘燕燕最近好像不大对劲儿，出什么事了？
王之辉：我们真的吹了。
于　涉：糊弄谁呀，留城当记者可不是……
王之辉：（低喝）住嘴！再提这个，小心我揍你！
（咣地一声用力的关门声）

（约会地）
王之辉：白羽她，找我？
刘燕燕：（尖酸地）哼，你的女神？她对你就那么重要，连拿我顶替一会儿都不肯？
王之辉：（赌气地）重要！太重要了！
（一阵沉默过后，刘燕燕委屈的啜泣声）
刘燕燕：之辉，你一点不理解人家的心。
王之辉：别哭了，燕燕，我们是该好好谈谈了。（燕：谈什么？）我的确喜欢过你，可也不能否认，我们还不够成熟，我……

刘燕燕：你别说了,我很难过,都是我不好,我不该当那么多人的面骂你粗野,伤了你的自尊心,更不该和你分手。可我当时只知道你跟体育系的一名男生打架,受了处分,还赔了人家的医药费,可我并不知道你打他是因为他晚上用望远镜偷看我们女生楼呀！你为什么不跟我讲明白呀！

王之辉：这么脏的事谁能讲出口。算了,过去的事就别再提了。

刘燕燕：那么,你是原谅我了？

王之辉：哦,燕燕,你误会我的意思了,其实我们早就该分手了。

刘燕燕：(极伤心地抽泣着)什么？！之辉,你不可以这样狠心,我知道你一直嫌我浅薄,可是,你知道我是多么爱你吗？别再恨我了,好吗？我们还会像以前那样好的,之辉。

王之辉：听我说,燕燕。就算没发生过什么,(故意安慰燕燕)我打了架受过处分,肯定留不到本市。所以,起码我们是不实际的。

刘燕燕：(猛然惊喜地)噢,原来你是为了这个！这事用不着你操心,我爸爸已经答应我让你留省报社,你不早就说过要改行当记者吗？报社那边没问题,现在就看系里了,不过你放心,我自有办法。

王之辉：(带着受辱后的愤然)原来真有这事！你怎么可以不经过我的同意就随便决定我的前途。(挖苦地)别以为你有个副市长爸爸就可以想怎样就怎样。我的事,我说了算！

刘燕燕：(委屈地)你怎么这么不通情达理,我还不都是为了咱们俩能在一起。

王之辉：我不是说了过去的事就让它过去吗？

刘燕燕：(语气带有绝望的冰冷)哎,你还是不肯原谅我,哼,我知道,你心里有了白羽。不过我可以告诉你,你别想得太美了,白羽她被分去支边了。

王之辉：(震惊地)这不可能,你在撒谎！

刘燕燕：信不信由你,明天上午康主任就要找她谈话了。

王之辉：这太不公平了！凭什么？我不相信！

(音乐渐隐)

背景介绍

这是一部表现大学毕业生的广播剧,剧中背景是某大学中文系的学生毕业前夕。

王之辉：班长,出身一般,为人正派,形象俊朗,学习好,在班里较有威信,以前是刘燕燕的男朋友。但他通过几年的接触,逐渐对副班长白羽,这个学习努力、人品好、来自小镇的女生产生朦胧的好感。在此片段中,他已经与刘燕燕分手了,可对方仍想与他恢复以往的恋情,纠缠不断,但遭到他的拒绝。

刘燕燕：副市长的女儿、王之辉以前的女友,自视清高,形象较好,为人浅薄。在此片段中,她极力想挽回与王之辉的关系,但未能如愿。

陆田地：农家子弟,性格内向,学习刻苦,成绩很好,他是王之辉的同学和室友。

于　涉：出身一般,学习一般,性格活泼,也是王之辉的同学和室友。

演播提示

1. 在演播中,应抓住人物关系与剧中矛盾。根据剧情与台词可以想象刘燕燕在这之前已经找过王之辉几次,想恢复二人关系,但王之辉始终避而不见。今天,她又一次找上门来,用白羽做诱饵,想调出对方最后摊牌。因此,在演播中,应抓住刘燕燕对王之辉"先求后激"的心理及层次变化。

2. 王之辉的心理线不是单一的,而是"既想安慰对方,又坚持己见"。因此,他的台词要有细致的情感层次、转换、语言色彩和节奏变化,有冷淡、解释与愤怒几个小层次。

3. 刘燕燕的哭要与台词有机结合,根据自己和对方台词的重要程度,哭声当大则大,当小则小,不能一直哭,需要时可戛然而止,让台词与抽泣声合理融合。

4. 演播此片段,特别要表现出"三位一体":心理、语言、神情+形体。要让这一切都从语言表达中有所体现。演播中,还要注意人物的跑、走、喘息声等。

5. 开头的"群戏"是演员自编的"水词儿"(可以根据规定情境合理自编),要营造出应有的气氛,既要与主戏相关,还要让人听清楚台词,并有层次。

6. 男生的摔东西声、阵阵起哄声的音响效果,也要错落有致,搭配有机,"声面"应在女生交流的后面。因为男生楼在女生楼的后面,但相距较近。

广播剧《家庭教师》(片段)

编剧 郭正卿

导演 罗 莉

人物:

于 杯:男,26岁,大学生,性格开朗、幽默、比较成熟,思想开放,意识较新,他是文辉的家庭教师。

文 钰:女,21岁,大学生、文辉的姐姐,她性格开朗,但进大学后失去学习的目标与动力,吃喝玩乐较多,从弟弟的口中她了解到于杯并对其发生兴趣。

文 辉:男,17岁,高中生,内向、较柔弱、学习一般,后来在于杯的帮助下,自信心加强,学习成绩也有较大提高。

姚云鹏:男,17岁,高中生、文辉的同学,学习好于文辉,但较霸气,时常欺负对方。

《迷茫》

(在家里,文钰随着录音机磁带里的音乐在跳舞)

文辉: 哎,这什么破音乐。

文钰: "通宵跳不停"。

文辉: 你一个通宵不光是跳舞吧。

文钰: 哎,说什么呀,乱七八糟的。

文辉: 把音乐关了,烦死人了。

文钰: 哎,是因为你在外面挨了打才烦吧。

文辉:(不耐烦)我让你关了!

文钰:不!谁让你把录音机放你屋里的。

文辉:那你把录音机拿走。

文钰:你不是还要听英语吗?这支曲子完了我就不听了。

(文辉把录音机关掉)

文辉:以后你少跟我装得一本正经的。

文钰:你干嘛!这支曲子马上就要完了。

(两人争着开关录音机)

文辉:你再听,我就把磁带扔出去!

文钰:你疯了!真是莫名其妙!把磁带给我。你手上脏兮兮的,别把磁带弄坏了,那是别人的。

文辉:那个他的吧。

文钰:你管是谁的呢。

文辉:给,那个饭馆小老板挺大方吧。

文钰:文辉,你怎么变得这么庸俗啊。

文辉:不愿意跟我说拉倒,我只是随便问问。

文钰:我真的很讨厌你现在这种样子。

文辉:我也讨厌你!

文钰:你讨厌我?

文辉:当然啦!你一个人把好事都占尽了,你总是顺顺当当,舒舒服服的,你想干什么就干什么,谁也不盯着你。

文钰:我明白了。唉,你不懂,你以为我很快活。

文辉:这还用我说吗?

文钰:那我跟你说,我一点儿也不快活,我比你还烦,别以为你是世界上最不幸、最痛苦的人,这世界上活得不顺心的人多着呢,用不着做什么嘴脸给人看。

文辉:你有什么不顺心的?

文钰:我?告诉你,我烦,我不知道我到底该干什么!

文辉:跟我一样?

文钰:大概比你还厉害。我不知道我以前那样是对的,还是现在这样干是对的。我不知道以前的我是真的,还是现在的我是真的。唉,文辉,你说,我到底是好,还是坏?

文辉:我……我不知道(茫然)

文钰:唉,这就对了,不是姐姐教你坏,你要是想亲哪个女孩子,你就想办法去亲她吧。

文辉:啊,于老师跟你说过他的事吗?

文钰:于老师?哦,你是说你的家庭教师吧。

文辉:嗯。

文钰:他也这么说过?

文辉：差不多，你这些话跟他对我说的都差不多。

文钰：哦，那还真有点意思。哎，你有要好的女孩吗？

文辉：没有。

文钰：哦。

文辉：我是不是很笨啊？

文钰：(笑)不见得。

文辉：姐，我问你，你跟那个家伙，到什么地步了？

文钰：问这个干嘛。

文辉：这还庸俗吗？

文钰：不，不过，我怎么说呢。

文辉：你……你就跟我说，那种时候，你，紧张吗？

文钰：第一次……有一点。

文辉：幸福吗？

文钰：不，谈不上幸福。哎，你今天到底怎么了？不光是打架了吧？

文辉：呃，以后再说吧。现在你可以听音乐了。

文钰：唉，我们真不愧是同一个父母生养的。

(录音机里的音乐重又响起)

演播提示

这部广播剧表现了新时代大学生的思想风貌、行为特点以及存在的问题，本剧具有正剧兼轻喜剧的特点，情节、语言具有吸引力。

1. 要抓住姐姐"文钰"这个时期的苦闷与迷茫。她高中时努力学习，成绩很好，得到父母的宠爱。但进入大学后，受到当时大学生活的某些影响，不知不觉有些迷茫，她学习松懈了，还交了个并不太喜欢的男朋友。其实，她还不懂什么是真正的感情，也不清楚自己究竟该怎么做才对。所以文钰此时的人物基调应是苦闷、压抑的，演播基调也是暗淡、烦躁的。

2. 要抓住弟弟"文辉"这个时期的人物基调，是顺心、明朗的。以前由于姐姐要考大学，所以家里人都围着她转，文辉就认为家里人对自己不重视，心里有些怨气，学习不上心，也不知道究竟怎样才能提高。于老师来了后，并不像父母总叮唠他的学习，而是像朋友一样对待他，还讲了许多他不知道的事，使他眼界打开，也知道了自己并不笨，只要努力学习就能提高，得到别人的尊重。因此，文辉的演播基调应是明朗、坚定的。

3. 注意演播语言与录音机音响的开、关配合要有机。文钰跳舞中的语言要有气喘与节律感。

《夜谈》

(夜晚的街道，汽车和行人都很少。于杯和文钰在漫步)

于　杯：我想，你要跟我聊天，是突然产生的念头吧？

文　钰：可以这么说。我弟弟对你好像不反感？

于　杯：大概是吧。他现在是最喜欢强调自己独立性的时候，他要是不认同你，你一句话他都听不进去，哪还谈得上什么教他？

文　钰：这就是你的诀窍吗？

于　杯：是的。说实话，他并不怎么用得着我教他，他很聪明。我的任务，就是让他开始认真学习。

文　钰：你怎么做到这一点呢？

于　杯：用你的话说，就是不要摆教师的臭架子，让他明白你跟他一样，也是一个有很多毛病的家伙，你和他是平等的朋友。这样，再对他说些大道理就听得进去一些了，因为他觉得你说的是真话，你确实是为他好。

文　钰：可你还打过他。这像一个朋友做的吗？

于　杯：当然，朋友才会这样。教师才不会这样打他呢！老师是完美的，只会讲道理不会打人。可我要打他，所以我能和他交朋友。

（沉默一会儿，只有脚步声）

文　钰：我觉得……你有点可怕……你太厉害了……不过，我有点喜欢你了……

于　杯：是吗？什么……厉害呢？

文　钰：我说我有点喜欢你了……

于　杯：你说厉害，我有点不安……

文　钰：那我说你太成熟了，脑子太好使了，行吗？

于　杯：我想想。

文　钰：以后有时间再想吧。你喜欢我吗？

于　杯：你指的是什么？是外表吗？

文　钰：指外表也行。

于　杯：嗯……你挺漂亮……你们家人都挺漂亮，除了你爸爸……

文　钰：我觉得你心里有点慌。

于　杯：女孩子的直觉才是真厉害，总是让我发慌……

文　钰：你敢吻我吗？

于　杯：嗯……这是非常值得考虑的问题……来，让我们面对面，让我们来试一下……

（他们停下来接吻）

文　钰：感觉怎么样？

于　杯：太突然，太仓促……

文　钰：坏蛋。

（于杯笑了几声）

于　杯：听说你有一个男朋友，是饭馆的老板？

文　钰：是的。是文辉告诉你的吧？

于　杯：别担心，他只对我一个人说过。干嘛要瞒着你家里呢？

文　钰：我并没把这当回事，干嘛要给我那可怜的操劳了大半辈子的父母再添件事呢？

于　杯：原来这样……他对你还不错吧？

文　钰：他是个傻瓜。不谈这个吧。

于　杯：好……你今年到底多大了？

文　钰：这是我早就想问你的问题，你到底多大？

于　杯：二十六，我高中毕业后混了几年才考上大学。你呢？

文　钰：我二十一。

于　杯：多可怕的年纪呀！

文　钰：什么？

于　杯：我说这是一个可怕的年纪，什么事都想干，什么事都干得出来。

文　钰：有点道理……

于　杯：其实文辉也属于这个年纪……

文　钰：可你用不着害怕，我们的成熟你大概更想不到……

于　杯：不，我见识了很多了。

文　钰：我们刚才只是玩了一个游戏，你同意吗？

于　杯：我同意。

文　钰：我们做个好朋友吧。来，击掌。

（俩人击掌，然后笑起来。他们继续往前走。渐隐）

演播提示

1. 要抓住人物的心理线，在这段戏中，文钰是主动者。她看到弟弟文辉学习上的进步，又听文辉讲到家庭教师于杯的一些话，觉得很投机于是想更多地了解对方，便主动邀约对方聊聊。

2. 要把握二人试探、游戏的心理、动作。接吻要演播者自己吻自己的手背做音响效果。特别要弄清二人台词处理的"潜在语"。如于杯说"不，我见识了很多了。"这句话的真正意思，应是指刚才他和文钰的行为。否则，文钰也不会马上解释说："我们刚才只是玩了一个游戏，你同意吗？"这些都要从演播者的语气中体现出来。

3. 要兼顾于杯和文钰是在晚上的街上边走边聊天儿的环境感，以及二人走与停的情景反应，有动作的节律感。这些内容要让人听出来才有效。

《路遇》

（稍远处姚云鹏在叫）

姚云鹏：范文辉……

（于杯停下）

于　杯：有人叫你。

文　辉：别理他。

姚云鹏：范文辉！

于　杯：过去吧，我在前边等你。

文　辉：不……

于　杯：怎么了？

文　辉：没什么。

于　杯：那就这样，我在前边等你。

（于杯走开。姚云鹏走过来。）

姚云鹏：干嘛不理我？

文　辉：我忙着呢。

姚云鹏：嚄，真是个人物了！跟你一起的那个家伙是谁？他就是你请的那个家庭教师吧？他挺有一套呀，一下子就让你成绩提高了……

文　辉：你要是没别的事，我就走了。

姚云鹏：别……帮我问问那家伙吧，看他愿不愿意教我……

文　辉：教你？别开玩笑了！

姚云鹏：我没心思跟你开玩笑。都他妈怨你，老师把你的事到处乱吹，我爸爸也知道你请家庭教师的事了，非让我也请一个……

文　辉：这不可能……

姚云鹏：别把你当人你就不知道姓什么了！喏，这两本书送给你吧，算是对你的报酬。

文　辉：我说不行就不行……

（姚云鹏已走开）

姚云鹏：（在稍远处）明天告诉我结果！

文　辉：真他妈好笑！

（他往前走到于杯跟前）

于　杯：他是你同学吗？

文　辉：嗯。

于　杯：他对你好像不太客气？

文　辉：我跟他是老对头了。

于　杯：几次架是不是都跟他打的？

文　辉：差不多。

于　杯：好吧，今天晚上我就教你几招，到时候他再惹你，你就把他揍个鼻青脸肿。

文　辉：那就看你这个教师灵不灵了。

于　杯：没问题！我可不是随随便便当人教师的。走吧。

（他们往前走）

文　辉：哎，这两本书给你吧，刚才那小子给我的。

于　杯：嚄，这书真够得上黄色书籍了！他哪来的？

文　辉：不知道……给我看看……

于　杯：不行,你现在最好别看这种书,还是送给我消遣吧。

文　辉：妈的,他这么做什么意思……

于　杯：是呀,他干嘛送你这种书,你们不是对头吗?

文　辉：他说是……他也想请你当家庭教师,让我跟你说,这书算是谢我……

于　杯：他也知道我?

文　辉：我的成绩提高了,很多人都知道是你的功劳。

于　杯：是你自己的功劳。不过,还是谢谢你,你给我作了宣传,我的知名度提高了,以后找我的人就多了。

文　辉：那你给他当家庭教师吗?

于　杯：你那个对头吗?他送你这种书真是混蛋。你先揍他一顿吧,他挨揍以后要是有点好转,我就去给他当家庭教师。

（俩人笑。渐隐）

演播提示

1. 要抓住文辉对姚云鹏的"反感心理"及姚云鹏霸气但又有求于人的"恩威并施"的心理与行为。

2. 要表现出演播的距离感。开头时姚云鹏叫文辉的距离感是由远及近,后来姚云鹏跑远的距离感是由近及远,这一切都要通过语言的感觉及声面的远近表现出来。

《学拳》

（文辉和于杯的脚步声,有某户人家的电视伴音,他们停下）

文　辉：这儿行吗?这儿有一棵树。

于　杯：喂……不太好,在人家窗户底下,他们又把电视开得这么响,很讨厌。

文　辉：那咱们干脆再走远一点,前边有个街心花园。

于　杯：行。

（他们的脚步声和电视伴音俱隐。他们来到街心花园）

文　辉：这儿怎么样?

于　杯：不错。来,就把沙袋挂这儿。

（他们把沙袋挂到树上）

文　辉：行了吧?

于　杯：好,现在我就来教你。先教你勾拳,瞧,这样（打了一拳）,这就是勾拳。一般来说,对手离你比较近的时候就用勾拳打他,这拳很厉害。当然,还要你有劲,你要是有劲,这一拳打在他下巴上,他马上会仰面朝天。我再做一遍（又是一拳）。现在你照着我的样子做一遍。

文　辉：是这样吗?

于　杯：差不多,你这么机灵,很快就会练得不错的。现在你用勾拳打这个沙袋,反复地打,不要怕疼,不要怕累。

文　辉:是。

(文辉开始"嘿嘿"地击打沙袋。推远)

(于杯和文钰在街心花园里离文辉较远。偶尔有汽车开过)

文　钰:于杯！于杯！你在玩什么把戏？

于　杯:什么什么把戏？

文　钰:教文辉拳击。

于　杯:不就是教他怎么打架吗？

文　钰:你倒挺坦率。可我怎么跟我妈说呢？她让我来看看你们搞什么名堂。

于　杯:她老人家对我还不放心吗？

文　钰:你别以为你让文辉提高了一点成绩别人就毫无保留地信任你了,你这种怪人,永远会让人心里犯嘀咕。

于　杯:真让人灰心。我还以为自己是天底下最正常的人呢。

文　钰:你对自己的评价也不算太高。

于　杯:你是说你并不觉得我怪？

文　钰:是的。

于　杯:啊,有一红颜知己,此生足矣。

文　钰:得了吧！我跟我妈怎么说？

于　杯:实话实说呀！你妈愿意让她儿子老受人欺负吗？

文　钰:你真是这么想的？

于　杯:真是这么想的。当然,还有一点别的目的,就是提高文辉的自信心。

文　钰:你也看出他不自信了？

于　杯:模模糊糊地有点这么觉着。比如,他老强调自己不笨,这好像是很自信,可过分了,实际上就是不自信的反映了。

文　钰:你这倒是抓到要害上去了。文辉是个很敏感的男孩,这一点跟女孩一样。所以,有几件事对他影响很大,打击了他的自信心。

于　杯:都是些什么事呢？

文　钰:我跟你说了,你别告诉文辉。

于　杯:嗯。

文　钰:那……就说这一件吧,那还是文辉上小学的时候,他在教室里拉了裤子……

于　杯:(笑)啊？在教室里拉裤子？

文　钰:是的,这小子在上课的时候把屎拉到裤子里……

于　杯:等等,是真的拉屎吗？

文　钰:当然是真的。那几天他是有点闹肚子,没想到上课时,忽然觉得憋不住了,他又不好意思跟老师说。后来他跟我们说,他又是绷紧屁股,又是放松腹部,拼命想其他的事,还把书放在嘴里咬……这是真的,书都咬破了……可还是不行,还是拉了。这一下教室里全乱了,有人喊臭,有人说这儿不是厕所,都是些小孩嘛,没有顾虑,乱喊一通。这事要搁在我身上,兴许还没那么严重,我是一个马大哈。文辉就不行了,为这事他好长时间抬不起头来,而且,只要有一点要拉屎的感觉,就头上冒汗,飞快地往厕所跑……(于杯大笑)还有几件事,意思跟这差不多,我就不说了。

(于杯还在笑,渐隐)

演播提示

1. 此段戏,要抓住人物语言与抬沙袋、放沙袋、挂沙袋、打沙袋的气息和动作节律。还有,文辉打沙袋,要配合好与动效的节律感,要有机和谐。

2. 要把握文钰的台词中边笑边说和于杯听之笑之的真实感。

背景介绍

这部广播剧表现了改革开放初期,中国社会的转型给人们的思想、生活所带来的一系列变化。文钰、文辉姐弟俩的父母原都是工人,但改革开放的大潮让下海的父亲挣了些钱,他看到别人家的孩子很多都请家庭教师补习功课、考上了大学,也想让学习不如姐姐的儿子走这条路。于是他请来了"于杯"当儿子的家庭教师。于杯是一个思想开放、很有朝气、不同寻常的青年,他的辅导不同于别的教师只抓具体学习,而是从文辉的心理方面入手,使其信服自己,甚至还打了对方,但却与文辉真正成了朋友。之后,文辉的学习有了较大进步。从弟弟的口中姐姐听到了一些关于于老师的言谈,与她很接近,于是她主动邀约于杯交流,找到了知音。他们都是这个时期的大学生代表,有理想也有迷茫。时代的发展,需要人们接受新事物,但也要作出思考与判断。

广播剧《杜十娘》(片段)

原作　〔明〕冯梦龙

导演　刘保毅

人物:

杜十娘:女,烟花女子

李　甲:男,富家子弟

孙　富:男,盐商

李　甲:(痛苦地)十娘啊十娘,你可不要怨我呀!这实在是天理人情所逼,绝不是我成心学那负义的王魁呀!

(风声大作)

(音乐——渲染着一种幽怨不安的情绪)

(风声、水浪击船声)

杜十娘:在天愿作比翼鸟,在地愿为连理枝。天长地久有尽时,此情绵绵无绝期。让天上的明月作证,见证我和公子永不变的真情。都这个时候了。公子怎么还不回来呀?……

啊,好像公子的脚步声……是,是他回来了。

（推开船舱门声）

（狂风吹动窗棂声）

杜十娘：公子,你可回来了。

李　甲：回来了。

杜十娘：天都这么晚了,怎么谈得这么久呵?

李　甲：我们有事商量,谈得投机,不觉时间晚了。

杜十娘：我看公子面色苍白。是不是酒喝多了?公子,上床躺一下吧。

（倒茶声）

杜十娘：来,喝杯浓茶,解解酒。

李　甲：不,不用。我,我心里难过。

杜十娘：怎么,你难过什么?

李　甲：今天,我……

杜十娘：你怎么啦?公子,公子,到底出了什么事啦?

李　甲：没,没什么。

杜十娘：公子今晚回来,神色忧郁、情绪不宁,是不是在外面遇到了什么事情?公子说出来,也好叫我放心哪。

李　甲：十娘,我……

杜十娘：公子,你怎么啦?你有什么难处跟我说,我也好为你分忧啊。咱们好不容易离开京都以图百年欢笑,有什么事使你心里排解不开啦?

李　甲：十娘,我,我待你一向总是真心诚意的吧?

杜十娘：你说这个干什么?

李　甲：没什么。

杜十娘：公子,咱们已经相好两年。经过了多少艰难波折才有了今天。夫妻之间,生死相共,有什么话不能直说呢?

李　甲：十娘,你,你不恨我吧?

杜十娘：你说吧。

李　甲：十娘,事到临头,如今也不能不说,你我两载交好,情深意重,本想与你偕老白头……可我们李家,世居官宦。父亲礼法森严。把你带回家去,父亲要是固执不允又如何安顿?万一父亲震怒,把我也驱逐出家门,你我流荡天涯,那便如何得了啊?

杜十娘：公子,你,你怎么啦?昨天不是说,我可以先寄居苏州吗?

李　甲：那也不是长远之计。

杜十娘：公子,那,那你怎么打算?

李　甲：日间蒙孙仁兄邀请,谈及此事。我思忖再三,难以安排。孙仁兄倒是说……

杜十娘：那位孙相公又怎么说?

李　甲：他说我忙中有错,如今后悔不迟。他看我有些犹豫,劝我与你商量,你若是答应,他愿意舍千金,聘你过去……

　　杜十娘:(好似晴天霹雳)啊?

　　(茶杯摔碎声)

　　(风卷浪涛声)

　　(十娘饮泣声)

　　李　甲:十娘……

　　(音乐——无限怨愤)

　　杜十娘:(颤抖地)公子。你,你答应了吗?

　　李　甲:我,我实在情不能舍、心中难过啊!

　　杜十娘:这位孙公子出了这么个好主意……

　　李　甲:孙富是新安县的盐商,少年风流,家资富有,你若是随他去,也不会太委屈了你呀!

　　杜十娘:你看,这是个好办法吗?

　　李　甲:十娘,这天理人情不容,我也没有什么办法。

　　杜十娘:(战战兢兢地)公子,你,你刚才这些话,是不是怕我三心二意,从良不实,故意拿这套话试探我的心事?

　　李　甲:十娘,这样的事,岂能儿戏?

　　(音乐——渲染着悲愤的情绪,突然停顿)

　　杜十娘:(自语)若是告诉他,我的描金箱内藏有百宝,价值岂止万金,他也许会回心转意的……不,不,这种负义绝情、狠毒心肠的人,将来还是要将我抛弃的……(一阵痛楚的苦笑,变为激愤的冷笑)哈哈……好哇,好个两全之策。公子你可以携千金返回家乡,我又能嫁一个富商人家。这真是发乎情止乎理,是再好也不过了。这就是你们的天理人情,哈哈哈……

　　李　甲:十娘,十娘,十娘,我到死也忘不了你呀!你可不要怪我呀!

　　杜十娘:我怎么能怪你啊?只怪我自己的眼睛。好,你去睡吧,明天叫孙公子一面交银子,你一面交人。

　　李　甲:十娘、你、你要做什么?

　　杜十娘:我要梳妆打扮,明天是我迎新送旧的日子。

　　(风声、水浪声,远处打更声)

　　(音乐——如泣如诉)

　　杜十娘:(音乐声中缓缓的独白)我要梳妆打扮、我要送旧迎新。(凄楚地笑)镜子里的杜十娘,你是那么年轻美丽。你的脸面如春风里的桃花,可你的遭遇比桃花还薄。你这一对眼睛,如秋水一般明澈,可你却看错了人,看错了人。天哪,天哪,我的命多苦呀!我年幼父母早亡,堕落烟花,白天黑夜,供人玩弄。我心里满是苦,脸上却要强做笑。我本想脱离这无边的苦海,选一知己从良。选来选去,却选上了这样一个人。我真没有看透这样多情多才的人,藏着的是一颗绝情寡义的心。天哪,叫我还能相信谁?相信谁呢?如今我这满腔的希望都被狂风吹散,我这心中的火焰都被暴雨熄灭……(哭泣)苍天哪,天地这样广阔,难道就没有我杜十娘咫尺存身之地吗?……是天理人情逼我屈辱地活着,可我不愿意这样地活着。让我迎新送旧?我真的要迎新送旧了!

(打更的梆声、锣声)

(音乐扬起)

解　说:十娘头上戴着耀眼的珠翠,身上穿着绣花衣裙,光彩照人。她走出船舱,站在船头,望着波涛汹涌的江水,迎着金光灿烂的朝阳。

李　甲:十娘,十娘,时间不早了。你的东西已经抬了过去。你……你就过船去吧。

杜十娘:李公子,你我夫妻一场,如今彼此分手,你真的连句话也没有吗?

李　甲:我……

杜十娘:我倒有句话问你,想当初你我海誓山盟、情深意重,何等恩爱,如今一旦分手,便是天上地下相见无日。以后回想起来。你,你不后悔吗?

李　甲:唉,这木已成舟,还说这做什么呢?

杜十娘:木已成舟? 木……已成舟……好,走吧!

(风浪声)

(脚步声)

孙　富:(高兴地招呼)这位就是杜十娘吧? 在下孙富这里有礼。

杜十娘:你就是孙公子? 多谢您的大才,给李公子出了这么个好主意。

孙　富:哈哈……见笑啦。请娘子快快过船来吧。

杜十娘:孙公子,银子可曾交过?

孙　富:银子已经抬过来了。

杜十娘:是多少?

孙　富:白银一千两。

杜十娘:李公子,不少吗?

李　甲:噢……

孙　富:噢,足色官银,分毫不少。

杜十娘:李公子,这一千两银子你可要查点清楚啊。

李　甲:十娘,你……

孙　富:娘子,快过船来吧。

杜十娘:等一等。李公子,请把我那描金小箱子取来。

李　甲:取来何用?

杜十娘:里面还有公子的信件、路条,我全给你。

李　甲:好,我去取来。

(风声击船板声)

(走步声)

(搁放箱子声)

李　甲:十娘,描金箱取来了。

杜十娘：李公子，你可知道这描金箱内有什么东西？

李　甲：我不知道。

杜十娘：事到如今，不妨对你说明。我流落风尘多年，身边稍有积蓄。出院之时姐妹们也多有馈赠。籍内藏有百宝，价值岂止万金？我本意以此珍宝来润色公子的行装，回家后婉言请求父母将我收留。就是粗茶淡饭，我也死而无憾。谁知你公子相爱不深，中途见弃，把我一片真心付与流水。我现在开箱献宝，表一表我的衷肠。这"百宝箱"做一个证据，知道我杜十娘不负公子，是你李甲有眼无珠，见利忘义。

（开箱声）

杜十娘：你看，这是什么？

李　甲：啊！

孙　富：哎呀，这么多的宝石。

杜十娘：（厉声）孙富，你见过这古玉、紫金没有？这，可值一千两银子？

孙　富：何止一千。娘子，收好，收好。

（宝石、玉器投水声）

孙　富：哎呀！娘子，你怎么扔下江去？可惜，可惜呀！

杜十娘：（叫住孙富）这东西没有和我一起卖给你。李甲，你看这是什么？

孙　富：好大的夜明珠呀！娘子、娘子。你可千万不要再扔，不要再扔了！今天风急浪大，没有办法打捞，这是无价之宝呀！哎，哎，哎……

（珠宝声、投水声）

孙　富：哎——呀！娘子，娘子。不要再扔了，不要再扔了。你不要理会，不要理会李甲那个小人。

李　甲：十娘，十娘，是我对不起你，是我实在错了。

杜十娘：李公子，你、你错迟了。李甲，你、你这薄情的王魁竟这样绝情负义，把我卖了！你、你辜负了我杜十娘一片苦心哪……

（悲怆的音乐）

杜十娘：（呼喊）苍天哪，苍天！让我杜十娘这一片真心、满腔痴情和我这无价的百宝箱，都随着这滚滚的江流一起去吧！

李　甲：十娘！

（浊浪滔天、悲壮的音乐扬起）

解说：（深沉地）恶风恶雨紧相逼，人世艰险少真情。十娘抱恨投江死，留得清白万世名。

背景介绍

这是一部古典题材的广播剧，根据《杜十娘怒沉百宝箱》改编。

剧中表现了聪慧、美丽的烟花女子杜十娘一心想追求自己的爱情和幸福。没想到选中的如意郎君李甲却是个怯懦薄情的小人，他怕家中反对，竟将杜十娘卖给了盐商，换了银子，想独自回家。一往情深的杜十娘悲痛欲绝、万念俱灰，她在哀叹自己的命运之后盛装艳抹,就在对方迎亲的时刻,打开自己积蓄多年的"百宝箱",将一件件珠宝投入江中,最后自己也投江自尽,以此控诉那个社会和那种见利忘义的小人。此片段是本剧的后半部。

演播提示

1. 应表现出剧中三个人物的不同基调。表现出杜十娘对李甲的温情与反差的情感层次:柔情蜜意变为嬉笑怒骂,并在人前人后两种风貌。杜十娘的语言,变化幅度很大,应是她内心波澜的准确外化。

2. 应表现出剧中李甲,既对杜十娘不舍,又怕家里不容,自己无力抗争,在孙富的分析与甜言蜜语之下,以为自己尚给杜十娘一个相对不错的归宿,于是面对杜十娘呈现为:自觉理亏、难于启齿、欲言又止的矛盾心理。但对李甲的人物处理,不能简单化地处理为一般的见利忘义的小人。这样,人物形象才更丰满。

3. 演播中,要糅合古典戏剧的台词韵味,但要有度的把握,以自然表达为主。

4. 注意处理杜十娘"内心独白"和最后"痛斥李甲"的两段重点台词:前者悲凉凄婉,后者悲痛愤怒,在演播中要对比鲜明,表达与情感紧密贴合。

广播剧《法尼娜·法尼尼》(片段)

改编 方 学

导演 胡培奋

人物:

法尼娜·法尼尼:女,19岁,贵族小姐

米西芮里:男,20多岁,意大利烧炭党人

(印象派的音乐)

解说: 由于法尼娜的奔走,她的情人可能得到特赦,不过,是否会有人要毒死他可就难说了。于是,法尼娜又买通了看守给米西芮里送去了食品,并吩咐他千万不要动监狱里的食物。她还贿赂了狱吏,让米西芮里半夜到监狱的小教堂听弥撒,好找机会让她和米西芮里相会。决定命运的时刻终于来到了。法尼娜从早晨起就把自己关在监狱的小教堂里,整整一天她思潮起伏。

法尼娜: 我的上帝,这是多么不寻常的经历啊,我爱米西芮里,可又把他们的组织告发了,要不是为了这个,他也不会自投监狱。他能饶恕我吗?可也是我救下了他的性命呀!他要能和我一起离开意大利有多好,我对米西芮里确实犯下了不可饶恕的罪孽,可是这一切,也是由于过分爱他的缘故呀!

(音乐止,囚车接)

(远处石道上传来两辆车的滚动声)

法尼娜: 囚车来了,是的,是囚车,我的米西芮里来了。(紧张而激动)(门声、手铐脚镣的声音)是米西芮里,感谢上帝,他还活着。

（脚步声）

法尼娜：（小声地）米西芮里！米西芮里！

米西芮里：是你，法尼娜？！（意外）

法尼娜：是我，亲爱的，我在这里整整等了你一天，总算见到了你。你，你吃尽了苦啦！

（哭泣）

米西芮里：法尼娜，原谅我……

法尼娜：不，亲爱的，是我要请求你的宽恕……

米西芮里：法尼娜，我珍惜你对我的感情。我有什么好处能够使你爱我，听我的话，让我们回到更符合基督精神的感情吧！我不能归你所有。

法尼娜：不，米西芮里，我所唯一需要的就是你的爱情。（热烈）

米西芮里：法尼娜，我是个有罪的人，我们的起义遭到了不幸，都因为我缺乏谨慎，哦，我恨自己，为什么在那不幸的夜晚，我不和我的朋友一道被捕呢？为什么我一不在就产生了这样残忍的后果？原因就是在追求意大利自由之外，我另有了一种激情。

法尼娜：不，亲爱的米西芮里，你是让监狱的酷刑把你折磨成这样了。你放心吧，狱吏再三答应他们会好好地待你的，你要有信心，你的特赦很快就会实现。

米西芮里：不，我不奢求这些，法尼娜，我要是在人间爱什么东西的话。那就是你，法尼娜。不过，感谢上帝，如今我只有一个目的，我不是死在监狱，就是想法子把自由给予意大利。（信仰坚定）

法尼娜：（停止哭泣，沮丧地）这么说，在祖国和爱情的选择之间，你还是选择了……

米西芮里：选择了祖国和自由。法尼娜，听我的劝告吧，你父亲要你嫁给有地位的人，你就听话出嫁吧！你的不愉快的事不必告诉他。另外，永远不要去想法子再看我了，让我们从今天以后彼此成为陌生人吧。

法尼娜：不，不……

米西芮里：你给祖国捐献了一笔款子，有一天祖国要是得到解放的话，一定会用国家的财产偿还你的……

法尼娜：你？！别说了，米西芮里。为了我们的爱情，你把这些金刚钻和小锉刀留下，万一你得不到特赦，这对你是不可缺少的。

米西芮里：好！我接受。为了神圣的任务。我一定想法子逃走。

法尼娜：太好啦！

米西芮里：不过，当着你刚送的东西的面，我发誓，永远不再见你了。永别了，法尼娜！答应我永远不给我写信，永远不想法子见我，把我完全留给祖国吧！我对你就算死了吧！

法尼娜：什么？米西芮里，难道我四处奔波就为了听你这样的回答吗？难道我在这小教堂里整整躲了一天就为了和你永别吗？看来，我的一切努力都是白费，我，我真后悔。……那好吧！我要你在没有断气之前清醒地听到，我法尼娜在爱你的心情之下，都干了些什么？……

米西芮里：你冷静些，法尼娜！

法尼娜：我不能冷静，你也不会冷静的，为了爱你，我无所不为，你那不幸的夜晚是谁告的密？

米西芮里：谁？

法尼娜：是我，法尼娜·法尼尼！

米西芮里：什么，你疯了？法尼娜！

法尼娜：我没有疯，是我让我的女仆向教皇告的密。

米西芮里：是你？！……

法尼娜：这还不算，为了你，我不惜和苍蝇去谈情说爱，为了你，我宁可在色鬼面前卖弄风情。（苦笑）现在，一切都过去了，你还是你。我法尼娜·法尼尼，还是法尼娜·法尼尼。

米西芮里：你，真没想到，你比蝎子还毒，你比豺狼还狠！你是意大利的耻辱，你是祖国和自由的死敌。还给你，你的金刚钻和锉刀，（效果声）我米西芮里什么也不欠你的，你给我滚！！

（锁链扔过去）

法尼娜：再见吧。（教堂的钟声响起）

米西芮里：（混响）可诅咒的法尼娜·法尼尼！！！（教堂钟声引出音乐）

背景介绍

这是根据法国著名小说家司汤达的同名小说改编的广播剧。故事发生于19世纪上半叶，当时欧洲各国正为争取民族独立和解放而斗争，意大利也不例外。米西芮里是个年轻的意大利烧炭党人（"烧炭党"是当时意大利著名的革命党），他形象俊美，革命意志坚定。在一次组织活动中米西芮里遭到围捕，但被法尼娜的父亲救助藏到后花园的小阁楼里，后被法尼娜发现。当时，米西芮里是男扮女装非常美丽，这深深地吸引了法尼娜，两人开始交流。后来，当法尼娜得知对方是男性后很生气，但最终没能抵御住诱惑，还是放下了贵族女性的骄傲投进米西芮里的怀抱。法尼娜·法尼尼出身上流社会，是个漂亮、骄傲的罗马贵族，她自私、任性、专情，为了能够完全得到米西芮里，她出卖了对方的组织。然而，没想到当米西芮里得知起义失败，同志被捕后很自责，竟自己投案被关进了监狱。

这里所选片段是全剧的结尾，矛盾也在前面的铺垫中爆发了，在男女主人公的企盼、冲突、碰撞与绝望之中，人的感情完全释放了。米西芮里为了祖国的解放事业，在爱情与事业的争斗中，他最终选择了祖国，与法尼娜分道扬镳。法尼娜费尽心机，最终还是没能得到米西芮里，她在向对方发泄之后，失败地离开了自己心爱的人。

演播提示

1. 这是一部外国题材的广播剧，演播既要注意外国剧的特点，又不能故意拿腔带调地表达。重点是把握人物的内心与反应。
2. 把握好男女主人公语言的情感态度、层次变化与反差。
3. 注意演播的语境是在监狱中，但结尾也可根据剧情需要放开宣泄情感。
4. 应与剧中的镣铐声、锉刀声等音响效果有机配合。

广播剧《风雪昆仑山》(片段)

编剧 冯福宽 向 东
导演 蔡淑文

人物:

向西行:男,30多岁,指导员
鲍琪琪:女,20多岁,护 士
黄 沙:男,20多岁,汽车兵
姜 宁:女,20多岁,护 士
吴英明:男,52岁,院 长
寒天梅:女,40多岁,护士长

《上山》

地点: 部队医院

(急促的脚步声)

姜 宁: 琪琪,琪琪!

鲍琪琪: 你别管我,这样整人就是不行!

姜 宁: 我求求你,别去找吴院长了!

鲍琪琪: 哼!吴老头子,他干嘛老盯着我?看我不顺眼!去年欢迎会上你没见?第一天就跟我过不去,这回就是他点名叫我上山的,还说:"鲍琪琪这个人一定要去。"去就去呗。上昆仑山有什么了不起?可现在又要换我!一会这,一会那,这么摆布人呀,不行!

姜 宁: 你听我说。别去找领导闹。你知道吗?唐教导员都发脾气了。

鲍琪琪: 我知道,吴院长要换我,唐济民不但不替我说话,反而还说什么"对鲍琪琪这种特殊兵就得弄到山上去治一治。"你听听这是什么话!凭什么治我?我是劳改犯?反革命?我非找他们不可!

(远处黄沙等战士边说边走过来)

士兵甲: 黄沙,这瓜子哪来的?还挺香的。

士兵乙: 给我来点。

士兵丙: 别抢,给我留点。

众战士: 给我留点。

姜 宁: 快别说了,琪琪。

(几个士兵吵吵嚷嚷走来)

黄 沙: 哦,姜护士、鲍护士,来点瓜子吧?

姜 宁: 谢谢,不吃。

士兵: 姜护士吃点吧,挺香的。

黄　沙：鲍护士吃点吧？五香的。

鲍琪琪：不吃！

士兵甲：上赶的不是买卖。

士兵乙：瞧不起咱。

黄　沙：鲍护士,吃吧,没关系,咱们不是病友嘛？噢,对了,九十二团驾驶兵黄沙向您告别,我今天出院了。拜拜了！

众士兵：拜拜！古的拜！

鲍琪琪：瘪三样！

众士兵：(笑)瘪三样……小瘪三……

鲍琪琪：鬼地方,我简直待不下去了,不行！我要找吴院长去。

姜　宁：琪琪,你……

鲍琪琪：我要上山！一定要上山！

姜　宁：那你要冷静、态度要放好点,好好跟吴院长说,啊？

鲍琪琪：我知道,你放心好了。你快去值班吧。

演播提示

1.鲍琪琪的话不能一个劲儿地往下冲,表达要有层次与变化。处理吴英明、唐济民的话,可有些模拟,主要是透出一些不满的"嘲讽口吻",增加表达的生动性。

2.黄沙与众战士的话不能处理得太文气,因这是生活在西北高原艰苦环境的战士,但也不能处理得像"盲流""无赖",应把握分寸。众战士的语言可添加一些相应的"水词儿",同主要人物的台词有机配合,交叠融合,错落有致。

3.注意对话筒远近的运用。如开头鲍琪琪从屋里冲出,姜宁在后面追她时连喊三声"琪琪"。演播时,可以分别处理成：中对、远对、近对话筒,形成三种不同的距离感,再配以适当感觉喊出,以表现姜宁追鲍琪琪的不同距离。片段中,黄沙和众战士来到鲍琪琪和姜宁面前,后又离开的场面表现,也可以让演播者结合录音操作表现由远及近,再由近及远的移动感,显现声音层面及出现与消失的场面调度。

《了解》

地点：山上部队医疗站、女兵宿舍

解　说：向西行这个名字使鲍琪琪感到欣慰、鼓舞,又有一种说不清楚的吸引力。一个多月来,这个名字一直在她的心中游弋着。甚至当她翻阅她的日记时,读到她对向西行那些充满敬佩和感激的词句,那口气热情得连她都脸红。向西行、是向西行！琪琪的心砰砰地狂跳起来。

(脚步声、门声、喘气声)

黄　沙：你好,鲍小姐！

鲍琪琪：哦，黄沙，是你呀。就你一个？什么呀，你个猴子！

黄　沙：咋？一个人不是人？

鲍琪琪：什么呀！来，快坐嘛！站着干什么？

黄　沙：行啦，咱这屁股上全是油，可不敢乱坐，你们这么干净的床咱更不敢坐，哎，这块石头正好。

鲍琪琪：别出洋相了，就坐床上嘛！

黄　沙：好，好，这儿有个小凳，行了！

（凳子声，拿糖盒声）

鲍琪琪：来，吃糖，我们这儿可没烟招待哟！

黄　沙：行啦。有你鲍护士这个热情劲，咱就够了。刚才，我在你们站门口转悠来转悠去，进门时心里还直发毛，心想万一见了面你要问我一句："你是谁呀？找我干什么？"哎，我这脸非装在口袋里扛出去不可。

鲍琪琪：瞧你说的，你们才是那样的呢！

黄　沙：现在一看还行，一个多月还没忘记咱们哥儿们！哎哎，嘴上走火了，还真没忘记咱们革命同志。

鲍琪琪：（笑声）油条！

黄　沙：哎，到底还是一块翻过冰达坂的战友嘛！

鲍琪琪：哎，你们住在哪儿？

黄　沙：兵站呀！

鲍琪琪：哼！你们这些人啊，还有脸说人家？住在兵站也不来看我们！

黄　沙：咱这人可是讲义气的，我是真想来。可指导员不准请假呀！

鲍琪琪：行啦，再别提你们指导员啦，提起他来我可就气大了！哼，送我们上山那天晚上，满口答应把车停到兵站就来，我做了饭等啊等，等到两点多也没个人影，害得我们全宿舍的人都陪着不能睡觉，还吃了几天剩饭。

黄　沙：嗨，你要早说我来帮你们吃！

鲍琪琪：滚吧你，第二天一早到兵站找你们，站长说你们晚上加了油，根本就没在站上住。

黄　沙：哟，这是哪辈子的事，你还记着呢！

鲍琪琪：当然记着，你说说，你们这事办得气人不气人？光会骗人！回去告诉你们指导员，我记他向西行一辈子！

黄　沙：那好哇！能记一辈子，这说明你鲍护士老想着我们指导员。

鲍琪琪：狗嘴里吐不出象牙，不跟你说啦！

黄　沙：哎哎，别生气！说老实话，你别看我们指导员整天嘻嘻哈哈的，可他心里像猫抓一样，难过着呢！

鲍琪琪：什么事？

黄　沙：他叫你们这样的年轻女军官可坑苦了！老实说，他见了你们这样的人就有气，所以他才不会到你们这儿来呢！哼,那事要摊上我,我也不会来的!

鲍琪琪：怪了,什么事嘛?我们又没得罪他?

黄　沙：我不是说你,真的,真不是说你。我说的是那个没良心的张瑞瑞!

鲍琪琪：哦,对了,你在山下答应我的,上山后一定给我讲张瑞瑞的事,快说,到底是怎么回事?

黄　沙：嗨,反正就是男女之间那种事,爱情!那个混账女人,可不是玩意儿了!

鲍琪琪：别那么恶劣好不好?人家不爱他是人家的自由,凭什么骂人呢!哼(佯装地)我看你们指导员也没什么可爱的!

黄　沙：什么!我们指导员不可爱?告诉你,像你们这样的能找上我们指导员,那可是你们的福气,你们就偷着乐吧!

鲍琪琪：呃,恶心!他好,能让人家给蹬了?

黄　沙：蹬?哼!她张瑞瑞……,我不说就是了!

鲍琪琪：不说就别说,谁爱听你们那些臭事儿?来,喝水。

黄　沙：哎哟!哟……

鲍琪琪：你嘴流血了!哟,嘴唇怎么裂成这样了?来,我给你涂点药。你别动,我来给你擦。

黄　沙：没事,我们谁都这样,指导员比我还厉害呢!

鲍琪琪：真的?

黄　沙：咱们分手以后,我们一直在热水海子蹲着。那鬼地方,不管谁到那儿都有反应,还特别厉害。前几天工兵三团一个姓乔的新兵正干着活就不行了,赶紧给你们打电话。

鲍琪琪：我们李医生他们上去了呀!

黄　沙：扯淡!他们到了上面已经两天过去了。

鲍琪琪：那有什么办法?我们又没有车!哎,那个战士怎么样了?

黄　沙：还能怎么样?死了!

鲍琪琪：死了?

黄　沙：死了,才十九岁啊!上去就坐我的车,一套军装没穿破,今儿又坐我的车进了陵园了,棺材也挺好的,又换了一套新军装,……当兵的嘛,还要个啥!说实在的,我要哪天伸了腿,只要你鲍护士到那去看咱一眼,咱到阎王爷那再开车保证不会闹情绪。

鲍琪琪：别瞎扯!

黄　沙：要说正经的你肯定又不爱听。你们为啥就不能到前面去巡回医疗?就都坐在这儿等我们来请!哎,眼睁睁地看着上面的战士一个个地死,你们能坐得住?

鲍琪琪：我们也正组织巡回医疗呢!

(汽车喇叭声、人声"喂,驾驶员呢?")

黄　沙：哎,来了!我走了。

鲍琪琪：你们千万要注意身体啊!

黄　沙：没事,我死不了!指导员怎么样我可不敢保证。哎,最好你能参加巡回医疗来我们那看看他,他就在热水海子那儿等你呢!

鲍琪琪:去就去,你个坏包!

黄　沙:哎,你可千万别告诉他我来过。他不让来你们这。

(汽车喇叭声、人声:"黄沙!黄沙!")

黄　沙:来了!来了!我还没死呢!走了,鲍护士。拜拜!

演播提示

1. 演播处理要有重点与层次。这段剧有三个大的层次:掩饰、探寻、了解。每个人物的语言也要有层次。

2. 把握好人物心理。鲍琪琪是很想多了解向西行的一切,却又有所掩饰。黄沙是了解二人的心境,有心促进他们的了解。

3. 注意形体动作与音响效果的配合感。如搬小凳、坐下、打开糖盒、倒水等。在说台词时,也要兼顾人物的动作及空间位置感,边说边做,才能演播生动。

4. 表现人物的肌体感。如黄沙"嘴裂"说话的疼痛、吸气感觉,但又不能一直咧着嘴说,应配合语言内容点到为止,否则,会影响台词的清晰度。

5. 处理人物台词要准确。如片段开头,鲍琪琪看到只有黄沙一个人来时两人的对话感觉,要体现出鲍琪琪"失望"与"掩饰"的微妙处理。尤其是黄沙的台词,要既有风趣,又透露出昆仑山军人的内心世界。如谈到他的车拉的新兵刚上山不久,又坐着他的车进了烈士陵园时的语气、态度。而后的台词,又回到他的性格主基调上了。

《交锋》

地点:山上部队医疗站

吴英明:起床!快,来车队了!

蹇天梅:快,一定又是危险病人!

(急促的脚步声)

鲍琪琪:哟。黄沙!

黄　沙:鲍护士,我们指导员……你看!

鲍琪琪:啊?向西行!快点,快抬进来,那是我的铺,你磨蹭什么呀!

(忙乱的放人声)

吴英明:琪琪,快去拿氧气瓶。

鲍琪琪:哎!

(跑步声)

黄　沙:吴院长,病这么重,为什么不把他送到山下去?

吴英明:如果严重的话,不用你讲,我们也会把他送下去的。

黄　沙:哦,人都成了这个样子还不严重,要怎么样才算严重呢?

众战士:(甲)难道指导员死到山上才算严重吗?

(乙)死了你们也不会发善心的!

(脚步声走进来)

鲍琪琪:吴院长,氧气瓶。

吴英明:天梅,你给输氧,琪琪,你准备注射。

黄　沙:吴院长,你就准备用这玩意儿应付一下就了事啦,是吗?

吴英明:我说过,你们指导员是一般的高山昏迷,不要紧的,你放心好啦!

黄　沙:不要紧的,你看看人成了什么样子了!

鲍琪琪:吴院长,还是送下山去吧!

吴英明:我说过了,给氧、注射,休息一会儿他还可以开车!你们听见了没有?

黄　沙:你还要他开车?开个蛋!我们是人,不是毛驴子!我们指导员已经几天都没眨眼了,昨天在野马沟差点翻了车,在水里泡了十几个小时,推着车往前走,昆仑山上推汽车是什么滋味你知道不知道!这个小战士冻得哇哇直哭,我们指导员解开衣服用自己的身子抱着他才暖过来!好我的吴院长啊,人都是爹娘养的,如今俺指导员已经成了这个样子,你还想叫他开车,你有没有良心?

小战士:(哭泣声)首长,你就让我们指导员下山吧,我给你们拉过冬炭,拉过菜,现在,你叫我——叫我给你们干什么都行啊!

鲍琪琪:吴院长,你……

黄　沙:走,鲍护士,你跟我们走,咱们送指导员去。

吴英明:不许去!

众战士:(甲)为什么不许去?!

(乙)你们这些当医生的还有没有一点人性?!

吴英明:往后去!你们想干什么?

众战士:(丙)好狗日的,耍野蛮了!

(丁)打死这个老王八蛋!

鲍琪琪:小心氧气瓶!

众战士:打!打!

蹇天梅:住手!小黄,你打吧,打吧!我知道你们苦,你们有气,有火,骂也好,打也好,反正都是自己的同志,没有啥!可你们看看吴院长,好好看看——看看他的脸肿成什么样子了?五十二岁,头发都白了。他还上山哪!他上了整整一辈子昆仑山!他的血压现在到了二百二,他还不让我给其他人说,照样和你们年轻人一样拼命干。从早到晚,天没亮就爬起来处理病号,到现在连口水都没顾上喝。你们要有气就打我吧,我不会怨你们的。你们打吧,打两下你们心里也许会好受些。打吧!打吧!

(黄沙的哭声,战士的哭声。)

吴英明:别哭了,小黄。都别哭了!昆仑山上当兵过的日子我心里都明白。可是,既然穿上这身军装,就什么都别说了!小伙子,这就叫军人!军人哪!好啦,把眼泪擦了,你们去吧!

黄　沙:是。吴院长,请你们多费心。……

(众战士:"多费心。")

吴英明:指导员交给我了,你们尽管放心!

演播提示

1. 人物语言造型要到位。

吴英明:男中音,气质老练,语言苍劲稳实,语速不快,有自己医务工作者及军队领导的气质和基本语言节奏。不能跟着别人的语言节奏跑。

蹇天梅:女中音,气质稳健,语言坚实,情感浓烈、真挚,节奏有变化。

黄沙:男高音,声音有些沙哑,气质外向,语言较粗,语速较快,表达有冲击力。

鲍琪琪:女高音,气质清高,语言清亮,情感深挚,语速偏快。

2. 处理要有层次与节奏变化。如黄沙与众战士的冲动、蹇天梅一番动人肺腑的话,随情节由高潮到平缓。

3. 演播要符合人物。如此段开头,吴英明敲门叫护士起床迎接病人的话,不必太急、慌乱似新兵,因医院经常有这种紧急情况。再者,医生的职业特点决定他们经常处于冷静状态,何况吴英明又是院长,是位军队首长。当然,他的语言情绪也要比自己平时的基本语言节奏稍快,否则,就不符合规定情境了。

4. 要会配戏。如几名战士的语言要有承接感,向上推,才能促成戏的高潮。又如演播众战士要打吴英明的戏时,不能刚喊一两声"打",蹇天梅便紧接着说自己的大段台词,应是蹇天梅喊出几次"住手",看还压不下去,便用全力提高声音喊"住手!"静场两拍后,再有层次地说出自己的台词。这样,可以更好地表现出护士长制止的话混在战士喊"打"声中出现几次,但还制止不住战士的情绪,她才提高了嗓门、拼尽全力最后喊出既高又强、又长的"住手!"这才控制住局面,使大家冷静下来。另外,不能在战士们被蹇天梅的话感动得刚一哭就紧接着出吴英明的话,而应待以上情绪发展一点,再接吴英明的台词,这样,才能把戏做足。

《牺牲》

地点:高原旷野

(汽车行进声。几声喇叭长鸣。远处几声喇叭呼应着)

(突然,另一辆汽车拼命地超越过去)

(紧急刹车声。开车门声。脚步声)

向西行:黄沙,你吃错药了!发什么疯?明知道发动机架是凑合事,你还超车!你看看!弄成这样还怎么修?

(发动机盖声)

黄　沙：你喊个屁！这本来就没法修嘛！

向西行：你怎么知道没法修？要是能碰上辆过往的车……

黄　沙：碰见个鬼！连鬼都碰不到了！别说这条路，就是这个昆仑山，也只有咱们这样孙子辈的才来呢！是人都不来这儿，来这儿的都不是人！

向西行：那你也不是人？

黄　沙：我也不是人！

向西行：你是个搅屎棍！

黄　沙：搅屎棍就搅屎棍，只要我不死，就搅它个翻天覆地！妈的……

（修车声）

黄　沙：哎呀，我说别费神了，我都弄过多少回了。哎，破木头板、烂铁丝能当支架用，还要汽车修理厂干啥！我说趁早把车甩在这儿，你快点跑，到班魔掌叫辆车来接！

（发动机盖声）

向西行：好吧。来，把车上的罐头卸下来，往我车上装，能装多少装多少！

黄　沙：来，你在车上递，我来扛。

（解绳子声。搬动箱子声）

黄　沙：这熊天！下，下！真见他妈的鬼啦！

向西行：伙计，今年这个关口可真不得了哇，什么都往前赶。

黄　沙：跑吧！只要能喘气，就得开着车跑，除非累死了才算数。妈的，假如进棺材时蹬个腿儿，还得拽起来开车？

向西行：给。少啰嗦！只要你还能骂人，说明你小子还有点精神。

黄　沙：对，咱们就是属龟孙子的！

（搬动箱子声）

黄　沙：再来一箱。

向西行：行了，别逞能！

黄　沙：来吧！（唱）"咱这全身都是劲儿呀……"

（搬动箱子声）

（脚步声。连人带箱子摔倒声）

向西行：（大笑）不逞能了吧？真是个搅屎棍！

黄　沙：正好，咱昨晚在热水海子连口水都没喝上，水壶也早空了，干馒头也咽不下去，这散了箱的吃起来倒方便，省得撬箱子。给，先一人来一筒！

向西行：少废话，快捡起来往车上装。你小子老毛病又犯了！

黄　沙：我猜着你准是这两句话。实际呀，我是想给鲍护士留两筒。她可最爱吃桃子罐头。哎，指导员，留两筒吧，等到了班公湖你悄悄地往她手里一塞，别的话你也别说，她准高兴。心想：哟，小向可真是有情有义！

向西行：少废话，接箱子！

黄　沙：哎，指导员，我发现鲍护士最近真的有点变了。嗯……"我从你们的身上，看到了军人的责任,生活的含义,也找到了自己的位置。正由于我懂得了一个昆仑军人所付的代价,我才决心永远和你在一起。小向,你成熟、热情、坚强,能使我充实、满足、感到真正的幸福……"啊,亲爱的向西。叭!吻你。

  向西行:你,你混蛋,什么时候偷看的?
  黄 沙:如何?一字不差吧?这后边是我加的。
  向西行:你少扯淡。眼看要过达坂了,天这个样子,你就不着急?
  黄 沙:着急,孙子都有了!哪能现在还在谈情说爱呢!
  向西行:看看,雪又大了!你快戴上帽子,感冒了可不是好玩的,稀稀拉拉!
  黄 沙:妈的,怪不得我觉得头皮发凉,耳朵发麻,这头顶上盖着一层雪呀!
  (黄沙打了个喷嚏)
  (汽车吃力地爬着)
  解 说:大雪像个白色的精灵,没完没了地下着。天黑了,向西行只能凭着印象寻找道路。
  (汽车原地轰隆声。打滑声。终于不动了)
  向西行:哎哟,我的老先生!这一夜才拱了十几公里呀!
  黄 沙:(呕吐了几口)……唔,唔……
  向西行:好,歇口气,伙计,够劲吧?
  黄 沙:没事儿,咱见得多了!唉,我的药呢?
  向西行:我说,赶明儿咱们一起休假上北京,给你换个狗胃吧?
  黄 沙:行,换个狗胃,屎都敢吃!妈的,要是有口水吃个药就好了(咳嗽几声)这干咽可真够受的。
  向西行:给你来筒桃子罐头怎么样?
  黄 沙:嗯……咽了!你想让我犯纪律呀,才不上你的当呢!
  向西行:别客气,来筒吧,不会给你处分的,跟指导员一起偷吃可保险啦。那桃子既甜又带点酸,可开胃了!
  黄 沙:反正我把药已经咽了,不稀罕!咱来根烟抽,赛过活神仙。
  向西行:给我也卷一根吧。
  黄 沙:哎,指导员,你应该好好培养鲍护士,让她跟我学学如何卷好莫合烟。等你们结了婚,你开车时,两个指头一伸,她这么一卷,再吸两口,然后往你嘴里一塞,来个间接接吻,那多有味儿呀!
  向西行:你小子又活过来了,烂胃又好了吧?
  (汽车发动机声,又轰了几下油门声)
  向西行:快,把雪捏成块,塞到水箱里去。
  黄 沙:不行呀,水箱温度不够,已经开始上冻了。
  向西行:快,把雪捏成块,塞到水箱里去。
  (风声。车发动声)

黄　沙：妈的,我的手指头不能动了!

向西行：放在我这儿暖一暖。来,哎呀,比冰棍还凉。真冷呀!不管怎么说,咱们也要把菜送上去。

黄　沙：你来发动,我去捏雪。

向西行：别逞能了,你难受的样子以为我没看见?我再捏几块。

(风声,车发动声,发动声突然停止)

向西行：不要停!不要停!怎么搞的嘛?你说话呀?……小黄、小黄你难受得厉害吗?你说话呀!

黄　沙：有点反应。没,没关系。来!

(车又发动了。发动机盖声)

向西行：不行了,水箱上半截全冻住了。

黄　沙：妈的,拼啦!你上来,咱们冲下去!拼完水箱的水拉倒,说不定还能冲下达坂呢!

(汽车启动声,行进声)

向西行：向左打——再向左——

(汽车轰鸣着、颠簸着前进)

黄　沙：妈的,老子就不信……来吧!

向西行：向右打——好!好!

黄　沙：冲啊!冲啊——

(音乐扬起。风声怒吼)

解　说：天亮了,暴风雪终于稍停了一些,好难熬的一夜啊!昨天,向西行和黄沙弃车而走,他们走啊走啊,似乎走了很多很多的路。

黄　沙：(喘着粗气)指导员,这是哪儿呀?咱们走到哪了?

向西行：小黄、小黄,你快看,咱们的车还在——还在——咱们走了一夜,又走回来了……

黄　沙：是呀,到底是开车的,走了一夜,还是离不开车。汽车好像是咱们的老婆……哎,指导员,我看咱们靠在这汽车边歇一会吧。

向西行：小黄、小黄!

黄　沙：别……别喊。我想睡觉……

向西行：来,起来。快走吧!

黄　沙：我……我实在走……走不动了。你一个人走,一个人走……走吧!

向西行：你瞎说什么呀。来,抱着我的脖子,我扶你起来。

黄　沙：不,我……我不走啦!我睡在这可……可舒服啦……

向西行：你……你想等死吗?不,不行。来,我背着你走!……

(向西行大口大口喘着粗气)

(雪里的脚步声)

解　　说：“我背着你走！”在这海拔六千八百米的冰峰之巅上，空气是那样的稀薄，哪怕是钢铁之躯都难以忍受。"我背着你走！"向西行背着黄沙，只走出两米多远，他的腿就再也抬不起来，"扑通"一声倒在雪窝里。

（人的喘气声）

黄　　沙：放下我，指导员……放下我——你……你放下我啊！

向西行：你……你……快……快站起来！

黄　　沙：我不走！死……死也不走了！你……你让我……死好啦……让我死吧！

向西行：（喘着粗气）（边打边骂）混蛋，你是个混蛋！没出息的混蛋！我……我打死你……你——你还是个军人吗？是军人你就给我站起来，站起来！我命令你站起来！

（脚步声）

向西行：对了，这才是军人的样子嘛！

黄　　沙：（突然地）指导员，我求求你，你走吧！快走吧！

向西行：（搂住黄沙）不，小黄！我……我不能甩下你不管，要死我们就死在一起吧。小黄，不……

（人喘气声）

黄　　沙：走吧，指导员，咱们为什么要……要死呢？应该活着……活着啊！你……快到哨卡去，这样才……才能救我。要不……咱们可真的要一起完蛋了。你……你不觉得冤得慌吗？

向西行：好吧。小黄，你躺在这儿别动，千万别瞎折腾，我马上就回来。来，把我的大衣盖上。

黄　　沙：放心，我……我没事，不就是高山反应嘛……

向西行：一定要记住，别折腾！

黄　　沙：你别啰嗦了，我又不是新兵蛋子，用不着那么操心。指导员，这个锹把儿你拿着，当个拐棍使。指导员，你快走吧！说不定同志们正找咱们呢。

（风声大作）

解　　说：昆仑山啊！你是伟大的；然而，你更是无情的！你的无情就在于你的高、你的寒、你的雪、你的冰。一阵冰雹过后，向西行又爬了起来。（音乐衬播）天茫茫，地茫茫，迷路的向西行竟在原地转了一天，又见到黄沙。

向西行：（喘着粗气）——黄沙……黄沙……

（人的爬行声）

向西行：黄沙……黄沙……黄沙！

黄　　沙：啊……

向西行：你……你……你怎么……跑到这儿来啦？

黄　　沙：（喘气声）我……指导员

（站起来又跌倒的声音）

向西行：黄沙，你别——别动！

黄　沙：来,来……指导员扶我起来吧,指导员,我没有劲了,妈的,这时候要有个拍电影的多好,这镜头多好啊。指导员啊,我这还有个桃子罐头,你吃了吧,要不就带给鲍护士吧。你别、别那样看着我。这可不是偷的,是、是发的。你没看商标颜色都不一样吗?

向西行：对,对,是发的。你……

黄　沙：我想探家的时候带给我爷爷吃。他老人家牙不好,别的什么都……都咬不动……

向西行：小黄,一切都会过去的,等咱们俩探家的时候,我也去看看他老人家。

黄　沙：好,好,指导员……

向西行：小黄? 小黄!

黄　沙：指导员,你见到鲍护士,可别……别忘了替我问好啊……

向西行：好,小黄,我们很快就能见到她,会见到她的,你要坚持住呀!

(风声怒吼)小黄! 小黄! 黄沙! 黄沙! 你怎么了? 啊? 黄沙——黄沙!

(哭声。音乐强起)

小　魏：(风声)黄沙,黄——沙(由远而近)

鲍琪琪：向西行,向西——行。来,小魏,把枪给我。(放枪声)

(枪响)吴院长,你听!

小　魏：(众)找到了,找到了,向西行找到了!

鲍琪琪：向西,向西找到了! 吴院长,向西找到了!

(人声:"向西找到了!"一片枪声)

(音乐强起)

(压混响)

解　说：找到了,终于找到了! 在茫茫的旷野里,只见两个冰雕的雪人紧紧地抱在一起,抱得那样紧,那样亲密。

鲍琪琪：(由远而近,失声地哭叫)啊?!(哭)向西,向西! 黄沙,向西,向西啊! 我是琪琪! 向西你看,你看,大家来接你们来了,接你们来了!

(音乐,衬播)

解　说：昆仑山啊,你看见了吗? 在这洁白的世界里,那鲜红鲜红的昆仑之火,在风雪中燃烧。新的一代昆仑山人在短短的时间里,长高了,长大了,成熟了! 他们经住了恶劣环境的考验,经住了艰苦生活的磨炼。啊,昆仑山啊! 你仿佛有股神奇的力量,你使人们的灵魂净化,你使人生的价值得到升华!

(音乐扬起)

演播提示

1. 这段戏,展现了可敬的高原士兵牺牲前与风雪搏斗的最后时刻。然而,这段戏并不是只有这些动人心魄的主旋律内容,在具体情节之中还有风趣的"偷看情书""教抽烟""拍电影"等很有生活色彩的内容。可以说,这里既有革命的英雄主义,也有平凡人的生活情趣,充满革命的浪漫主义精神。演播应表现出开玩笑的欢乐与风雪搏斗的艰辛,表现出剧情的层次与节奏。

2. 人物语言要有形体感、时空感、环境感。如黄沙卸车时背着箱子说话的分量感,边走边唱的摔倒感,向西行背着黄沙雪地行走的节律与重量感,以及他们在雪地上爬行的肌体感等。

3. 黄沙的语言前后要有变化。受身体虚弱、环境恶劣的影响,即使开玩笑也要透出力不从心之感。

4. 抓准向西行对黄沙的态度。由开始一切如常时的责备到后来黄沙牺牲前的关切与安慰,有层次与变化。尤其黄沙牺牲时向西行的哭唤,一定要心动情真。

5. 恰当表现向西行和黄沙在雪地风雪中的语言感觉。注意艰难行进的语言夹杂的气喘声应注意控制,不能一直伴随较大的气喘声说台词,要依剧情需要,时大时小、时有时无,否则,会干扰受众听清台词,影响演播效果。

6. 表现出鲍琪琪等战友们寻找向西行和黄沙的呼喊是在风雪交加的环境中,要有相应的语言感觉及喊人的远近、不同方位感等。

解说表达

《风雪昆仑山》中的解说词很精彩。这些解说词不但很好地起到了上串下联的本体任务,还富于文采。它们或介绍背景,或推动情节,或描绘心理,或抒发感情,或议论点睛。因此,在处理解说词时,情感应投入,细致分析,动情表达,与全剧融为一体,更好地为表现剧情和人物服务。解说提示如下。

《了解》开头一段的解说词:

解说:向西行这个名字使鲍琪琪感到欣慰、鼓舞、又有一种说不清楚的吸引力。一个多月来,这个名字一直在她的心中游弋着。甚至当她翻阅她的日记时,读到她对向西行那些充满敬佩和感激的词句,那口气热情得连她都脸红。\向西行、是向西行!琪琪的心砰砰地狂跳起来。

这段解说词很好地揭示出鲍琪琪与向西行同行上山后的心境,并引出黄沙的拜访。这里,有两个层次:前面的解说词介绍了鲍琪琪上山后对向西行的倾心之感,是整体介绍;最后一句解说词,则对鲍琪琪的内心做了生动的刻画并引出了黄沙的到来。这是两个层次,应当区分,要播得具体、细腻、有感。应有从整体到具体的"转换"处理,不能将整段解说词播成一个层次。

《牺牲》中的几段解说词,表现了向西行和黄沙的处境、活动及对他们的赞颂:

解说:昆仑山啊!你是伟大的;然而,你更是无情的!你的无情就在于你的高、你的寒、你的雪、你的冰。\一阵冰雹过后,向西行又爬了起来。……

解说:"我背着你走!"在这海拔六千八百米的冰峰之巅上,空气是那样的稀薄,哪怕是钢铁之躯都难以忍受。\"我背着你走!"向西行背着黄沙,只走出两米多远,他的腿就再也抬不起来,"扑通"一声倒在雪窝里。

这两段解说的前面是抒情性议论,是对昆仑山的感怀;后面是叙述,具体介绍了向西行的现状。因而,在解说时,要把握好议论与叙述不同语言形式的转换,整体感与具体感的转换。不能将整段解说处理成一种语言形式,一种逻辑感受,一种表现视角。

全剧结尾的两段解说词:

解说:找到了,终于找到了!在茫茫的旷野里,只见两个冰雕的雪人紧紧地抱在一起,抱得那样紧,那样亲密。

解说:昆仑山啊,你看见了吗?在这洁白的世界里,那鲜红鲜红的昆仑之火,在风雪中燃烧。新的一代昆仑山人在短短的时间里,长高了,长大了,成熟了!他们经住了恶劣环境的考验,经住了艰苦生活的磨炼。啊,昆仑山啊!你仿佛有股神奇的力量,你使人们的灵魂净化,你使人生的价值得到升华!

这两段解说词充满深情和激情,既生动地描绘出向西行和黄沙的英雄画面,又以诗一般的语言,歌颂了新一代昆仑山人在成长。解说处理应当既有深情的描绘,也有激情的议论,又有诗样的赞颂之感,充分发挥解说描绘、抒情、议论的作用,但要融入解说语体之中,不能处理成单纯的朗诵。

背景介绍

广播剧《风雪昆仑山》是根据李斌魁的小说《啊,昆仑山》改编的。它是一首弘扬主旋律的激情颂歌。该剧歌颂、刻画了两代昆仑山人,着重描写了在艰苦的环境下新一代昆仑山人在成长。

该剧的背景是这样的:在昆仑山脚下的沙城县,有一所527守备医院。这所医院担负着一线哨卡、运输部队及驻军的医疗任务。为了前接后送,及时抢救病人,医院从50年代起就在山上建立了一个红柳泉医疗站。这个站海拔三千米以上,高寒多雪,交通不便,生活非常艰苦。驻站的医护人员每年都要替换,今年该轮到从大城市上海来的女护士鲍琪琪她们了。

鲍琪琪的母亲与这个医院的现任院长吴英明曾是一对恋人,但当年她因经不住艰苦环境的考验离开这里回到上海。剧中鲍琪琪的母亲给医院政委写信要求让女儿留在山下复习功课,然后回上海进修。但吴英明院长认为:"不管是谁,只要他到了527,不上昆仑山是不行的。关系再硬的人,他就是上了车我也要把他拽下来,送到山上转一圈。"后来,鲍琪琪赌气上了山。一路上,她搭的是九十二团汽车连指导员向西行的车。

在这之前,他们有过一次不愉快的见面:向西行去医院看病,因控制不住呕吐时溅到了鲍琪琪身上一点,鲍琪琪不依不饶的,引得向西行与他的搭档、好友黄沙对她很是反感。这次在上山的路上,起初向西行看鲍琪琪被颠簸得五脏六腑都要吐出来了,还有点解气,但当鲍琪琪真的非常难受时,向西行还是给予对方战友般的关心与帮助。鲍琪琪也从向西行、黄沙的身上看到了汽车兵们艰苦的工作环境和他们高尚的精神世界。比如,高山缺氧,车路艰难,汽车兵们用雪水做饭,就是再苦也不动车上拉的菜。这一切都触动了她的心,鲍琪琪与汽车兵们的心贴近了。从此,鲍琪琪的心里有了向西行,经过激烈的思想斗争她放弃了回上海进修。看到新老两代军人在昆仑山的艰苦奋斗,这些都促使鲍琪琪成长为一名真正的昆仑山人。

正如小说作者李斌魁所写:"喀喇昆仑山自然条件的恶劣是人们所难以想象的,也许正是在这种超乎常人想象的环境中,我们的军人才找到了自己的位置,发现了自身的价值。他们有的驻守边防几十年,有的为国捐躯,掩埋在冰山雪岭之下。在这里,有驻守在海拔五千三百米之上、被中央军委命名为'钢铁哨卡'的战斗堡垒,也有爬冰卧雪英勇的汽车兵。他们有幸福,也有痛苦;有欢乐,也有烦恼。他们每个人的心灵都是一个五彩斑斓的世界。然而,这个偏远地域里的世界却鲜为人知……我只想让更多的人知道:在这片土地上,今天还有一些远离人群的军人在这样地生活着。"

同样,广播剧《风雪昆仑山》的编剧之一冯福宽也抒发了自己的创作感想:"近年来,在经济大潮的冲击下,有些人把一些美好的东西忘却了,……因此,在我们身边出现了许多不应该出现的事情,出现了许多和我们伟大时代格格不入的事情。这时候,我们又想到了我们最可爱的人。在有些人见利忘义的时候,他们却在万里海疆默默地无私奉献;在有些人在灯红酒绿下尽情挥霍的时候,他们却在风雪高原卧冰爬雪。……我就想,如果没有他们,我们还谈什么社会主义祖国的安全,还谈什么四个现代化建设!……我们想让更多的人知道,在那漫天风雪的最艰苦的地方,还有一些最可爱的人在那里守护我们;我们应该清醒地认识到,没有他们就没有我们的一切!"

作为教师的我也在想:我们有责任对学生进行爱国主义、革命英雄主义教育,引导他们不能只沉迷于物质享受,要视野开阔,具有历史感和使命感,成为新时代的有用人才。《风雪昆仑山》是一部好教材,就专业训练而言也是丰富的,剧中着力塑造的几个人物很有光彩:

鲍琪琪:该剧女主角。她20多岁,上海人,毕业于军队护校,分配来昆仑山部队医院工作。她性格爽朗,由于母亲与院长、政委、护士长等曾是战友,无形中有种优越感。但随着她与汽车兵的接触,以及汽车兵们高尚情怀的影响,她的思想有了很大变化,精神境界得到升华,成为新一代昆仑山人。

向西行:该剧男主角。他30多岁,北京人,参军来到昆仑山,后提干进入军校学习,但毕业后他违背爱人的意愿又返回昆仑山担任汽车连指导员,为此二人分手。因而,他对女性有种敬而远之的感觉。但他又不失温情的一面,他是战士的朋友,也是以身作则的领导。他是剧中重点描写的对象,剧中集中表现了他的革命乐观主义和英勇献身精神。

黄沙:该剧重点塑造的形象之一。他是农村兵,20多岁,却已参军8年,艰苦的生活使他患有严重的胃病,胃被部分切除,他是剧中很有特点的人物。他平时嘴上多有"怪话",但关键时刻却表现了一个军人的高尚境界与对革命的特别"忠诚",在风雪中,他永远长眠在那高原之上。他是一个色彩丰富的人物。

吴英明:也是该剧重点塑造的形象之一。他是部队医院的院长、52岁,身患血压高,却还和年轻人一起上山工作,他是老一代昆仑山人的代表。就像他对战士们所说:"既然穿上这身军装,就什么也别说了!小伙子,这就叫军人,军人呐!"

第九章
影视人物配音——创造性模拟

影视人物配音是深受人们喜爱的一种艺术语言创作。我们该如何看待影视人物配音？它由哪些相关环节组成？要配好一部影视剧中的人物语言都需要哪些创作元素？这是我们要探讨的内容。

第一节 对影视人物配音的认识

配音是一门独立的艺术工作，但配音的成功却不只在配音一个环节，它涉及翻译、导演、录音、合成等其他几个工作环节。配音也绝不是单纯的背台词、对口型，而是根据原片基础进行再创造的一门艺术。

一、影视人物配音的概念

配音，有广义、狭义之分。

广义配音：指将未经现场录音所拍摄的画面在荧屏上放映，按照人物口型、动作和片中情节需要，配录人物语言、解说、音响效果和音乐，使之成为声画并茂的艺术品。这个工作过程一般统称配音。

狭义配音：指在影视作品中，由配音演员或演员本人面对未经现场录音的荧屏上的人物画面，按照人物的口型、动作和片中情节需要，专为人物语言的对白、独白等所进行的配音。

在这里，我们所要探讨的是狭义配音。

二、影视人物配音的种类

影视人物配音有电影配音和电视剧配音两种，其中又分为译制片译配、国产片配音。影视人物配音的种类大致可分为译制片、国产片、动画片几种。

1. 译制片配音

译制片也叫"翻译片",广义是指将原影片中的人物语言翻译成另一种语言。译制片应该包括所有引进和输出的影片。译制片包括汉语普通话译制片、外语译制片、民族语译制片。狭义的译制片,特指汉语普通话译制片。

2. 国产片配音

国产片配音,特指为国产影视剧中的人物语言配音。好的后期人物配音,可缩短制作周期、弥补演员声音与形象不太相合、不理想,或演员台词能力不足等遗憾,保证片子质量,为作品增色。与译制片、动画片配音相比,国产片的配音,对于口型的要求更为严格,不仅要贴合口型的开合、长短,而且要求每个字的音程都要严格对应口型。

3. 动画片配音

动画片(有称动漫片,是绘画和漫画的合称)是电影艺术中的一种特殊形式,它也有故事性。相比译制片和国产片而言,动画片的配音对口型要求不甚严格,但表达要夸张得多,声音变化幅度较大,也要求配音具有角色性、性格化,有语言声音的表现力和造型能力。

总之,不同种类的人物配音有不同的技术、艺术要领及侧重。

三、影视人物配音的特征

(一) 制约性

影视人物配音是将荧屏上演员的表演语言,从内容、声音、情感、气质、表情甚或形体动作的影响都全面、生动、如实地再现出来。它的任务就是严格贴合原片人物的语言和表演。因此,影视人物配音具有严格的"制约性"。

生活中,人们评论一部好的影视译配作品往往爱用一个"贴"字,它精准、传神地反映出一名好的配音演员理解人物、贴近人物的能力。同时,也表现出影视配音艺术在再创造中对原片的依赖性以及原片对配音创造的制约性。

"制约性"是影视人物配音的重要特征,有人称影视人物配音是"四度创造"的艺术。

"编剧"是"一度创造"。编剧以文字为影视剧提供了片子的故事情节、主题思想、人物形象和片子的结构、背景、风格等。

"导演"是"二度创造"。原片导演将影视剧本所提供的内容、人物、情节等,运用影视创作的特殊表现手段创造性地体现于荧屏,增强其表现力与感染力。

"表演"是"三度创造"。演员的表演是影视剧创作的重要组成部分,演员以自身作为创作材料和创作工具,根据剧本提供的人物和导演的提示,运用表演艺术塑造出荧屏上直观、生动的人物形象。

"配音"是"四度创造"。配音演员通过自己的配音,将原片中的人物语言忠实地再现出来。其中的声音运用、表演技巧、台词处理、独特的说话习惯、细小的口型状态等都要贴合原片所配人物。影视人物配音不同于一般的表演艺术,不能根据自己的理解、感受自我创造,只能在表演"三度创造"的基础之上进行配音本体的再创造。否则,会与原片人物的语言表达状态不吻合,有损于原作创造。从这个意义上讲,影视人物配音是门严格的"再现艺术",具有很强的"制约性"。

然而,影视人物配音的"再现"绝不是单纯模仿或照相机式刻板的还原,而是蕴含着独具特色的创造,是有限制的表演。因此,"创造性模拟"应该是配音艺术的本质属性。

(二)技术性

影视人物配音的第二个特征是"技术性",指"贴合口型"技术,即通常人们所说的"对口型"。

口型,是指片中人物说话或发声时的嘴部动作。贴合口型技术,就是指配音演员在配音当中让自己说出的台词与片中人物的说话口型状态相吻合的技术。具体指配音语言与原片人物语言的开口、闭口相一致,口型动作、气息状态相一致,使人觉察不到配音的存在。

贴合口型技术是影视人物配音所独有的,是完美再现原片人物的基础与保证。否则,即便把握人物再准,表达技巧再高,也难有贴合的配音。

(三)多重性

多重性是指配音中的对象关注与交流具有"多角度"的特征。一般影视表演中,演员仅与表演的对手一方交流,只关注或接受表演对手"一重刺激"。但在影视配音中却要兼顾"三重对象",形成"多重刺激"。

第一重是原片中的"我",即配音演员自己要配的人物。

第二重是原片中的"他",即片中与"我"交流的对手。

第三重是配音中的"他",即配音现场交流的对手。

配音创造若想获得成功,配音演员就不能只顾及配音现场的"一重交流对象",还必须顾及其他"两重对象"的行为与交流。原因在于,配音的一切反应和表达方式都受原片人物表演的制约,因此在配音过程中,要不断参照、关注、接受现场和片中人物及其对手的刺激,才能准确、有机地发出自己的语言信息,形成一定的表达方式。只有兼顾配音的"三重对象",不断提示自己并获得多重刺激,方可产生准确、生动、有效的反应。这样,才能配出鲜活的人物语言,而不是机械地填充口型。

四、配音的意义

影视人物配音是一门独立的艺术工作,其意义:一方面在于将各个国家、不同民族、不同语言的影视作品译配为本国、本民族语言,使人听得懂并从中得到启发与艺术享受。另一方面在于将影视作品中的人物语言配得更接近角色,以增强其艺术性和表现力,也可解决表演者本人由于种种原因不能参加配音的问题。

对于影视人物配音工作独立存在的意义,学术界有不同看法。首先就译制片而言,赞同译制配音的人占绝大多数(为此,我们国家还专门成立了电影译制厂和电视译制部),他们认为,将外国影视作品中的人物语言译配为本国语言,有益于广大观众逾越语言障碍,更好地了解内容、欣赏片子。如光靠打字幕,观众在观看影片的过程中会很忙乱,既要看片子情节、演员的表演,又要看字幕了解内容,会影响观众更好地欣赏片子。同时,字幕往往比较简单,不足以反映出人物语言的全部内涵和情趣。另外,就我国目前情况而言,真正懂得外语并能直接观看外语原片的人毕竟有限,能听懂不同外语的人更是微乎其微。因此,译制配音工作很有必要,有其存在的价值,可以更好地体现原片完整的艺术性。为此,之前的上海、长春电影译制厂及其配音演员的工作,得到广大人民群众的认可和喜爱,就是最好的证明,人们甚至喜爱单独欣赏他们译配的外国影片精彩对白。

不赞同搞译制配音的人认为,外国影视作品各具特色、独具艺术魅力,人物语言也是其中的一个方面,译制成本国语言,若水平稍差便失去了原味道。

笔者认为,从我国国情出发,译配工作的存在是必要的,有其存在意义。译制片的质量和译配演员的水平,才是问题的关键。人们不喜欢看到、听到的是缺少感受、追求洋腔洋调的低水平配音。看来要不要译配的问题焦点,应为要怎样的译配。

比如,上译厂已故著名配音演员毕克为日本男影星高仓健在《追捕》《远山的呼唤》等影片中的配音和演员冯宪珍为苏联影片《办公室的故事》中的女主角的配音,无论是音色还是语言都非常贴合、传神,受到了原片演员的赞赏。再有,上译厂女演员丁建华竟将日本影片《我两岁》中的幼儿从声音到感觉配得惟妙惟肖,令人惊叹不已(当然,这与录音技术也有关)。还有,上译厂著名配音演员李梓为外国影片《简爱》《叶塞尼亚》中女主角的配音;刘广宁为《望乡》《魂断蓝桥》中女主角的配音;童自荣为《佐罗》等外国影片的配音;邱岳峰为各种外国影片中的人物出神入化的配音以及乔榛为多部外国译制片中男主角的精彩配音等,都令人叫绝,都给观众留下了极为深刻的印象。上译厂著名配音演员乔榛曾说:"我觉得我们的译制工作也是一种独树一帜的艺术事业。它不单单是对外国影片做一些介绍,配上普通话,而是一种艺术再创造。……我们的宗旨是还原,是把人家的东西原汁原味地传达给本国观众。……它可以通过我们的劳动让广大观众了解世界各国文化艺术的内涵以及风俗、人情等等。有位美国电影艺术学院院长到我们厂参观,看了我们的译制片以后很吃惊,说我们的工作是世界第一流的。《鸽子号》的导演从这里回去以后还写了文章,说他深深敬佩中国的配音演员。前年,美国著名电影演员格里高利·派克来厂看了我为他配音的《爱德华大夫》和毕克为他配音的《海狼》以后,激动得一夜没睡好,他对陪同他的翻译说:"我觉得很高兴,他们怎么对我的表演理解得那么深那么细,尽管我不懂中国话,但我觉得他们把角色内涵的东西都表达出来了。'"乔榛的话对我们正确认识配音工作很有帮助,也很有说服力。这说明好的、上乘的译配工作,是极为需要和重要的。

据了解,日本著名演员高仓健在他的影片《铁道员》摄制完成后,不满意影片字幕的台词翻译,想请毕克为他配音后再进口中国。但由于毕克当时正患病没能如愿。虽然我们将永远听不到毕克那深沉浑厚、内涵丰满的配音,但老一辈配音演员给我们留下的艺术珍品将永远激励我们为之奋斗。

就国产影视作品要不要配音的问题,也有不同看法。一种意见认为,国产影视作品根本不应当配音。对此,国家电影"金鸡奖"的评比规定中还特意提出,表演再好不是本人配音的也不能获奖。这其中的意思十分明确:演员这一职业是用自身做创作材料和创作工具的,演员的功力,除有表演方面的,也应有语言方面的,因此,衡量一位演员的演技当然不能将语言排除在外。毫无疑问,这种见解有一定道理。另一种意见则认为,从目前中国影视创作的现状看,国产影视作品中的人物配音也有存在的必要。因为有些演员表演、形象可以,比较接近片中人物,但语言声音造型与人物有距离、不理想。如优秀影视演员黄轩就说过,有时自己的声音比人物的年龄老一些,所以语言表达受限。还有形象、表演都很好的优秀演员任嘉伦,他的短板就是台词,他出身于乒乓球运动员,也学过歌舞,但塑造的人物台词是否配音,的确有不小差别。

更有一些表演者是业余的,或从事戏曲、舞蹈、声乐等其他专业的,他们的台词存在不同程度的问题,有的甚至连普通话都说不好。基于以上原因,如果不用配音演员来为片中人物配音,其影视作品的质量无疑会受到很大影响。

针对上述两种意见,笔者更倾向于后者。原因在于,一概而论地认为国产影视作品中的人物语言不应配音,就目前情况而言恐怕行不通。笔者主张,凡是专业话剧、影视演员,声音型与所演角色的外形相符又有条件配音的,都应自己配音。但凡语言表达功力和声音型不理想的,还需配音演员帮助配音,以保证作品的整体质量。

也许有人会提出:那以后挑演员时,凡语言表达和声音型不理想的就不选,不就不用配音了吗?实际情况是,对影视演员的选择与话剧演员不尽相同。话剧演员重在语言声音的表现力及舞台形象;而影视演员则更侧重对其形象及表演的选择,因为影视作品是近距离拍摄,所以对这方面要求更高。因此,当演员与人物在形象上有距离时,根据话剧创作的特点,宁取台词准确有表现力的演员,因在舞台上表演离观众有段距离,形象上可以用较多的化妆来弥补。而影视演员却有所不同,通常会取形象更接近人物的演员来演,因为影视演员在摄影(摄像)机面前表演人物形象是主要的,化妆是有限的。所以,在语言与形象不可兼得时,形象往往被放到主要位置上,在后期制作中还有配音弥补的可能。这恐怕就是影视导演为什么有时宁愿起用一些业余的或戏曲、舞蹈等其他专业的演员来扮演片中人物,而不用一些现成的专业演员的原因吧。

大家知道,电视连续剧(87版)《红楼梦》中的演员来自全国各地,其中有不少是业余演员、戏曲演员和舞蹈演员。看原片他们的台词各种各样,有南方味的、东北腔的,也有的不会处理台词,语言平板,欠缺内涵和表现力,甚至有的记不住那半文半白的台词,错误百出,还有的声音与形象、气质不相符的。如果还用演员原班人马来配音,那出来的效果可想而知。此外,《红楼梦》中的演员众多,有的拍完此剧马上还有别的任务。这种情况下,就需要配音演员来配音。此剧的配音导演对这个剧的配音处理比较妥当。她将表演者本人的声音、气质与角色相符,具有一定表达能力且有条件参加配音的演员留下来配自己所扮演的人物;而大多数人物都是由她精心选择的配音演员来配。应该说,正是由于配音演员的再度创造,才使得王熙凤、林黛玉、贾母、王夫人、薛宝钗、袭人、平儿、晴雯等各种女性人物形象及贾宝玉、贾琏、贾政、贾瑞等这些男性人物形象更声貌贴合;也正是由于这些配音演员的再创造,方使《红楼梦》中的众多人物在听觉上,老爷有老爷味、夫人有夫人味、姑娘有姑娘味、丫头有丫头味、婆子有婆子味,有人物不同层次的区分,而且各具其貌,使得这部电视作品整体较为成功。

同样道理,如表现民族题材的影片《五朵金花》中的女主角"金花",《刘三姐》中的"刘三姐",日本电视剧《阿信》中的"阿信",以及儿童影片《闪闪的红星》中的小男孩"潘冬子"等给人留下深刻印象的不同人物,没有著名配音演员张桂兰的精湛配音,是很难如此成功的。因为扮演"金花"的演员杨丽坤是位少数民族舞蹈演员,普通话讲不好;演"潘冬子"的又是个儿童演员,处理台词有困难,没有配音演员的帮助,他们所创造的角色就不会如此深入人心。笔者曾就配音问题讨教过张桂兰老师,她说当年她给"潘冬子"配音时,儿子的年龄与之相仿,于是她就将台词让儿子说出,看孩子是怎样说话的,找到其特点。与此同时,配音那些天,她很少讲话,就是为了保持孩子说话的感觉。

其实,在世界上其他国家和地区也有配音艺术的存在。比如,德国、美国、英国、法国及中国香港、台湾地区等都有专业的配音演员队伍和专门从事配音工作的制作实体。

综上所述,配音工作有其存在的价值和必要性,问题是如何保证严谨的配音创作与配音质量。有些人之所以反对他人配音,一是不懂得配音也是一门艺术和它的必要性。二是对目前许多配音不求艺术,只为经济效益,抢时间、争速度、粗制滥造现象的反感。因此,对影视人物配音我们应当区分不同情况,予以正确认识。

第二节　影视人物配音工作概貌

配音是一门艺术,但它不止于配音一个环节,一般要涉及几个环节,形成一个过程,一个创作整体。

一、原片

译制配音的外国影视作品,一般来自两个途径:一是我国花钱购买的,二是中外文化交流的。国产影视片是国家各电影厂、电视台等拍摄的作品。

所有需要配音的影视片,传统做法若在电视上播放,还需经过"胶转磁",即将胶片拍成的片子转录成录像带,再加以配制。因电影与电视是两种不同的拍摄材料,配音的设备、方式也有所不同。电影采用胶片拍摄,它的影像及语言、音乐、效果声等都各有一条带子,互相对应,但又相互独立。配音时,通常要将胶片带剪成若干小段,头尾相接做成循环带在放映机上反复循环放映。同时,也将相应的磁带在录音机上循环播放,供配音演员对口型和录音用。如其中有一点出错,就要将整段片子重新录音。待人物语言录音全部完成,再将一段段的胶片接起来与其他音乐、效果声混录合成。之后,将混录磁底片转成一条光学声带供印制放映拷贝用。此外,电影配音的影像是投放在银幕上的,画面比较大;而电视配音的录像是投放在电视监视器或投影上的,有的画面相对较小。另外,电影拍摄的材料是胶片,电视拍摄的材料是录像带,录像带上有两个声道,一般合成带,一个声道是语言,另一个声道是音乐和效果。配音工作是在另一盘录音带上进行的,然后,再与音乐、效果合成为一盘。配音时,对口型和录音,都可在某一段录像带中反复进行,如配音有错,可就地"打点"、重录,操作比较方便。而电影配音要是出现了问题,整段胶片就要报废了。

目前,随着科学技术的发展,影视配音的录音、制作技术和设备都有很大发展,但是学习影视配音,了解其发展不无好处。有些现在还在使用。

二、翻译

一部译制片的配音是否成功,翻译的好坏非常重要,也是其基础。实践证明,从事译制片翻译工作的人,必须具有较高的外语水平。同时,还应有广博的知识结构,是位杂家,还要懂些影视表演,才能胜任这项工作。

译制片翻译的精英、原上海译制厂的老厂长陈叙一曾这样告诫从事翻译、导演工作的人:"你们搞翻译,搞译制导演工作,一定要熟悉《圣经》、希腊神话、但丁的《神曲》,这些也一定认真读一读。外国影片常常会涉及这些内容,就如同中国的作品,常常会引用《三国演义》《西游记》《水浒》一样。搞译制工作要使自己成为一个杂家,知识面越丰富越好。"

此外,译制片的翻译为了适应片子的风格、特色、让台词具有戏剧性、性格化,还必须懂得些影视剧的创作和表演,将人物台词翻译得既准确、生动,又具有特点。有时为了斟酌一个符合口型开合的词或具有神采的话,翻译往往需要反复推敲、修改。

在译制片中,翻译有两种情况:一种是没有剧本,只能听原片对白"听译";另一种是有剧本,可以直接将其翻译成本国语言。

在我国翻译有三种方法:一是直译,二是意译,三是转译。

直译:是将各种外语原封不动地按原意、语序翻译过来,不加任何润色修饰。这种直译的方法不适于配音要求。因为直译的句子多为倒装句,有时语言不顺,又与汉语的音节、字数不相等。此外,有的语言用词也不甚明了。

意译:是译制片翻译的主要方法。它是在遵循外语基本意思的基础上,根据需要,将外文翻译成中文的同时尽可能选用适当词汇,调整语序,使外文与中文的音节、字数相符。此外,还选择开、闭口型都与原片人物口型相似的汉语音节与词汇,译出人物语言的内涵及情趣。有的翻译为了适应原片人物的说话表情与动作,并不拘泥于外文的表层意思、语序及词汇,而是重新进行整合。这其实也是一种创造,这是译制片翻译所常用的方法。

转译：有两种说法，一是指将一种外语译成另一种外语；二是指在意译的基础上，按照某种需要将原外语中的意思稍加改变，以期适用。我们这里指后一种说法。一般译制片以意译为主，需要时也可以转译。

前央视著名配音导演吴珊曾向我们介绍了她所遇到的翻译问题。比如，"你们总会交上新朋友的，和自己观点一样"。这是"直译"。如改为"你们总会交上志同道合的新朋友的"，这是"意译"。

又如，将这样一句台词："你们可以相爱，但不要太认真。"改为："你们可以相爱，但要适可而止。"这是转译，因前者的意思为俩人可以玩玩，但不能结合，这不符合我国国情和道德观念。因此改为后者，意思有些变了，是指不要过分了，这样可以为我们所接受，转译的作用就在于此。

另外，有些译制片的电影名，就用了很精彩的"转译"。如众所周知的几部片子的片名：《红舞鞋》被译为《红菱艳》；《正游泳的美女》被译为《出水芙蓉》；《滑铁卢桥》被译为《魂断蓝桥》；《卡萨布兰卡》有的译为《北非谍影》。这些转译的意义在于脱俗、避实、更具吸引力。

译制片翻译是最早接触所要译制的作品的人，因而，他要通过自己的工作，看懂原片，了解、把握影视作品的主题、风格、时代背景、人物关系、人物性格及语言特点等，并用中文的方式翻译过来，完成一次"有限的创造"。

上海电影译制片厂已故厂长陈叙一对影片翻译有过精辟论述，他提出翻译片要"忠实原片"这一准则。要求对原片"上天入地，紧随不舍，拐弯抹角，亦步亦趋"，并阐释"忠实原片"并非忠实于原片的一字一句，而是要忠实于原片作者的创作意图，原片的主题思想、风格、样式等。为此，他要求在翻译外国影片时，不人为拔高或硬套影片主题。他还提出"翻译剧本要有味"，这点对于译制片翻译非常重要。因为外国影片的译制，不只是让人听出人物语言的内容意思，更要让人听出其文化、风俗、特点、味道等。陈叙一翻译、修改出来的剧本，既符合影片特点，又适应剧情、人物身份、人物关系等，尤其是在体现外国影片中人物语言的外国味及幽默感方面更是精湛。在具体翻译中，他对每一个词语都追求意思的准确与对味。如业内人士回忆，在《加里森敢死队》一片的翻译中，陈叙一考虑这是支乌合之众，是编外的队伍，他们称呼头目"加里森"中尉"sir"该怎么译呢？译作"长官"，无法凸显敢死队那种编外的草莽气；译作"领导"，又会产生一种上面是美式军服下面搭配八路军绑腿的不伦不类感，最后陈叙一译成了"头儿"，这个叫法，有一种心领神会的亲昵感，但隐隐之间更点出那种乌合之众的特质，为这支队伍烙上了一个醒目的标志。"头儿"的叫法，不但符合影片中言者的性格、身份、人物关系等，更使影片特点突出、语言形象深入人心，以至影响中国人至今都以此叫法体现自己的幽默感。

在对著名影片《尼罗河惨案》这部译制片台词的修改中，更体现出陈叙一翻译的高超水平。例如，片中大侦探"波洛"在分析案情中与杀害自己妻子的凶手"赛蒙·道尔"的对话：

波洛：是的，你当时一直受到贝斯纳大夫的监护，她必须说话，又没别的机会（改为：当时大夫一直在你身边，露伊丝不得不说，可又没有别的机会）

赛蒙:别过分荒唐了。

（改为:哦,简直太荒唐了）

波洛:过分(改为:荒唐)？我不认为我荒唐,你的回答我记得很清楚:我会照顾你,谁也不会控告你的。(改为:并没有人怀疑你,我会照顾你什么的)。这正是她所(改为:这也正是她)想要得到的保证(改为:许诺),她得到了。

以上几处台词的修改,表面上看出入并不大,但懂戏的人及配音演员会发现,这几处修改有以下几个优点：

1. 交代剧情、人物关系更清楚。
2. 语言更加口语化。
3. 语言更有人物态度与职业特点。
4. 语言表达更有戏。

译制片翻译具有相当的功力,不是外语能力强就能干好这一工作。原因是,翻译不仅需要较好的外语水平,掌握各种相关知识,还要懂戏,懂得填充口型规律(即字数、音节多少和开、闭口型等)。

又如某部片子的译本中有这样一句话:"这假期很短。"这个句子翻译并没有错,但听来没戏。如改为"这假期实在太短了",便可更好地表现出男女双方依依不舍、难舍难分的恋情,这其中的戏也就出来了。有时,翻译为了适应片子的风格,还要斟酌出适合片子风格和人物性格的台词。例如,一部外国喜剧警匪片,其中一个生性幽默的警探在生死关头仍对他的搭档出言幽默。原来的台词之意是"长命百岁",后经翻译润色,改为"爱活多久就活多久",这样的句子,更接近影片风格与人物性格。当然,台词字数也应合上人物口型。

还如,另一部外国片子中有这样一句话:"您说得轻巧。"这句话,不像是大饭店的服务员对一位贵夫人所说的话,人物关系不对。若改为:"您真客气。"便符合人物身份和关系了。即使一个简单的"Yes,sir"也不能千篇一律地翻译成"是,先生",可依不同环境与人物关系来翻译,如果在军队里士兵说这句话,可翻成:"是,长官。"这样比较有军人气质,语言也更有力度,更符合语境和人物身份。另外,在英语中有许多称谓都是同一个单词,也要依据人物关系准确翻译。否则"姐姐"成了"妹妹","弟弟"变成了"哥哥",人物关系错位,说话口气自然也不相同。

翻译要翻好一部片子是非常不容易的,往往需要有广博的知识,熟知与片子有关的历史、地理、风俗人情等,方可使自己的翻译准确无误。同时,还需做大量艰苦细致的工作。据《青年时代的马克思》一片的翻译华菁讲,她为了译好这部片子,特地看了马克思的有关哲学著作,并寻找查看了那个时代人的称谓,弄清了马克思的家庭成员及其关系,才保证了此片的翻译工作顺利完成。有时,为了讲清一个意思,翻出语言的情趣、特色,甚至为了口型填充的需要,翻译要反复筛选、精心选用每一个字、每一个词,这样才有了精彩、幽默又适合口型的配音台词。

在译制片的翻译工作中,好的翻译有时还可帮助做"口型校对"工作,在译本上画出简单的气口符号:如句子相连、短停、长停及人物的入画、出画、背镜、侧镜等连线、标记。他们为台词填充的口型长短、开闭口基本对位,与演员的表情、形体、动作基本相应,再经口型校对后,台词一经说出,似说"母语"一般,让人感到舒服。这些简单的"提示记号"可供导演和演员对片使用。清楚句子相连、停顿不长的气口、较长的气口;人物入画与出画情况;人物背镜、侧镜等。这些记号可以有效地帮助配音演员对准画面和人物口型,不至于前后错位,发生混乱,影响配音质量。

由于翻译工作能极大地帮助配音演员的创作,因此,每当人们称赞某位配音演员配音好时,他们几乎都会说:这主要是翻译台词翻得好。由此可见,翻译工作在一部译制片中的重要作用。

三、导演

配音导演(所有片类的导演)的工作也很重要,不是可有可无的,他们是一部片子配音的总体把控者,也是其核心,需要做的工作很多。

就译制片而言,配音导演首先要反复观看原片及与原片有关的文字材料、文艺作品等,了解原片的内容、时代背景、风土人情,把握原片的主题、风格、人物关系、人物性格以及语言特点等,以便对片子有较为全面的认识与把握。与此同时,译制片导演还要和原片翻译一起研究台词剧本并加以润色,使其更清楚、更有戏,也更适于配音演员对口型。此外,配音导演还要根据原片、译本(剧本)进行艺术构思,拟定导演计划。

陈叙一曾指出,"译制片导演的基本功,就是理解原片"。译制导演必须搞清影片是怎样的开头、结尾,哪里是高潮、哪儿是转折,原片的编剧、导演想通过影片表现什么,是通过怎样的方式表达的。从上译厂的老配音演员的回忆中我们得知,陈叙一规定每部影片译配前导演都要给译配人员讲戏,而且不允许有意思不清之处存在,也不能拔高、硬套、空讲,必须结合具体情况弄清每句台词的潜在语及准确意思。

如日本影片《砂器》,它表现了一名青年音乐家将音乐视为自己生命的全部,面对社会与命运的不公,他在矛盾、痛苦中沦为杀人犯,原片作者对此充满了同情与惋惜,这是原片作者的意图。陈叙一认为,在对该片的理解与表达中,不能完全按照我们的观点去任意拔高或硬套该片主题,而应忠实于原片的创作,按照其思路去还原原片。我们讲,也许这种还原更有意义与艺术性。同样,面对一部美国影片《恶梦》,有些人从习惯性思维出发说这部影片表现了美国当时还存在着严重的种族歧视,而陈叙一指出,"这种看法是不全面的,影片没有说在全美国都是如此。影片中的黑人女大学生假期与白人女同学一起乘着小轿车出游,从她的精神状态和她的一言一行都反映出,她从未因自己的肤色遭受过歧视。而且她还对南方黑人那种甘心忍受不公正待遇表示不可理解。所以说明在美国北方,特别是加利福尼亚这种有大量外来移民的城市并不存在种族歧视,至少不普遍"。我们说,这种阐释是大胆的,但也是细致的、实事求是的。唯有此,方可正确理解片中人物的每一句台词,准确表达。否则,有些台词的内容和人物行为会解释不通。

此外，配音导演要根据原片中人物的性格、气质、声音等条件构想出每一个人物的语言声音形象，选择合适的配音演员，既要有不同的人物声音造型，又要搭配出一个和谐的配音整体。在选择配音演员时，导演既要考虑到配音演员的声音是否接近原片人物，更要考虑到配音演员的气质、表演能力如何。如二者有矛盾时，导演往往宁可选择气质好、戏好、有理解力和表现力的演员来配，尤其是主要人物。而不选择只是声音接近原片人物，其他方面欠缺的人来配。导演选对了演员，可以说就成功了一半。

人员选定之后，按正规程序，一般导演要组织大家观看原片，明确每个人的配音任务与自己所配人物对号。同时对原片与人物进行阐释，统一认识，并指导大家排练（以前，配电影更注重排练这一环节）。排练的内容除了不要求大幅度的形体动作、舞台调度（但要知道）外，其他都与演员表演相同。期间，导演还要监督配音演员把握人物、使用声音、对准口型、运用话筒等，解决台词中存在的问题。准备阶段的排练目的，是为了让配音演员在了解全片和人物的基础上，靠近演员的表演，把握其心理动作、语言动作和形体动作以及人物性格、人物关系和语言特点、规定情境等，使自己的配音连贯、有机、准确、深刻、生动、贴合。

如著名配音演员"刘广宁"曾讲到配音导演对她配音的帮助。一次，她配一部译制片，是讲一个贫民大院里发生的故事。刘广宁配一个姑娘，那是个花痴，还要哼哼唧唧地唱，但当时刘广宁一点也抓不住所配人物的那种味儿。导演只说了三个字"猫叫春"，非常具体，非常形象，使她一下就找到了感觉。

又如，译制日本影片《侦探故事》时，一位当时参加配音工作不久的女演员配片中的女主角，有一场戏是她和男主角在侦破案件的过程中发现了新的线索，他们想录下对方在房间里的对话来作为案子的证据，可窗子太高，她只能踩在男主角的肩上去尽量靠近窗口。就在对方晃晃悠悠站起身子刚想抬头的一刹那，她马上说："不许往上看！"但她说的这一台词没能通过，经导演提示她才意识到，她所配的人物当时是穿着裙子呢，可在配音中没有体现出少女怕被对方看到，害羞的感觉。

再如，为了译制《拿破仑在奥斯特里茨战役》（上下集）这部影片，该片导演孙渝烽特意读了《法国大革命史》和《拿破仑一世传》（此书当时尚未出版，导演就借来书稿阅读），不但从中了解了拿破仑的人生经历与军事思想，还掌握了许多真实的生活细节，影片中都作了精彩的描写。如拿破仑爱泡在撒有香水的洗澡缸里，并在洗澡缸边上召开重大会议，所有的大臣、将军围在洗澡缸边议事。又如拿破仑跟情人约会是有时间的，就一刻钟，情妇为了让他早点离开还把钟拨快，等等。结合看片，导演把看到的史料告诉了大家，可让演员对自己所配音的人物更接近、更熟悉了，导演对人物在配音上也提出了具体要求。最后导演与老演员共同商讨，将拿破仑这个人物给出两个概念：狐狸、雄狮，进一步说明，拿破仑是个新兴的资产阶级革命家，他当时受到欧洲封建势力的包围，因此在外交上他也玩手段，如同狐狸一样狡猾；拿破仑又是一个军事家，他要靠武力来征服当时的封建势力，在海上要对付英国，在陆地上要对付奥匈联盟以及俄国沙皇，因此他要像狮子一样凶猛。

在录音阶段，配音导演一方面要对演员的台词进行把关，如内涵、语气、节奏、味道、交流等。另一方面,又要与录音师配合,提出声音处理的要求,以增强其表现力、整体感和层次感。

配音录制完成后,配音导演还要同录音师及音响师共同合成片子。配音导演要对语言、音乐、音响效果声的比例等方面加以指导、把关,使片子整体具有完美的效果。

四、配音

由于"配音"是重点内容,后面会集中阐述,在此仅对配音工作的条件进行简单介绍。配音工作是给原片人物配上台词,要求声音适当、感觉贴合、口型状态与原片人物完全吻合,这是一项"艺术"加"技术"的创造活动。配音工作不是每一个演员或从事播音主持工作的人都可以胜任的,它需要多方面的条件。

1. 要有较高的文化知识和艺术修养,否则不能很好很快地理解片子和自己所配的人物。

2. 要有良好的语言功力和造型能力,以保证具有较强的语言表现力。

3. 要有一定的表演素质。具有表演能力和语言内外部技术,才能活现自己所配的人物,不致被动地对台词,而是将整个人物的精神风貌、行为目的、人物性格与气质、人物身份、人物关系、人物的情感、思维、交流反应以及神情、动作等内容,从内到外一并融进台词中反映出来,使所配的人物准确、贴合、生动、有魅力。

4. 要机敏、反应快。因为配音演员需要在较短的时间内对原片人物有所理解、体验,又要尽快对上口型(不像一般话剧、影视演员接近角色有一个过程,从案头工作到体验生活,再演出或拍摄)。配音演员在工作中,除了要有娴熟的语言表达内外部技术,还要将自己的台词尽快熟悉起来,对准口型,以便在配音时,分得出一部分精力观看人物的表演和口型,更好地贴合人物感觉,使自己的台词处理得有机、自如。如脑子反应慢就会跟不上,难以应对较快的配音速度和兼顾多方面因素。

5. 要有填充口型技术与录音经验。配音演员要会修改台词,掌握填充口型技术,并具有良好的话筒前创作状态和一定的录音经验。否则,由于某一个人口型、台词对不上或不适应话筒前创作总出问题,抑或心理紧张,口腔、声音控制不好,导致出现杂音等各种问题,需要不断重录,就会影响大家的创作热情,也拖延了配音录制的工作时间。

值得提及,由于录音技术的进步,现在不少配音创作有所改变,主要角色的配音单独先录,对手戏是听耳机中的台词,不与对手进行"同时空"录音。有时口型稍欠,也用技术调整来对准口型。但决不能因此种操作而降低配音要求。因此,较强的配音基本功和配音特性把握是不可或缺的。影视人物配音,特别强调要有演员的素质和表演能力。但也不是只有表演专业出身的人才能从事这项工作,很多学习播音主持专业的人也有不少成为了配音大师。从实践角度看,只要掌握了表演元素、配音技巧便可加入影视人物配音这个队伍。

五、录音

录音虽多属于技术工作,但也有艺术元素,需要艺术感觉。在配音制作当中,录音师实际上也参加了创作。录音师除了要保证每个配音演员的声音不失真、符合人物的语言声音造型外,还需吃透剧本,了解原片的内容、剧情、基调、风格、人物的表演等,一起参加配音创作。

录音中,要兼顾片中"景别"的远近、"场景"的内外等,需要造成不同的"声面"(似镜头的不同景别)和环境感;需要录出配音台词的混响效果、场面的层次、人物的情感表现等。因此,录音师不能只懂技术,不懂戏和表演,只看仪器操作,将演员的声音都拉成一个平面,如在配激愤的台词时,简单把声音拉下来,这就会使整个戏显得平平,高潮推不上去,缺乏一种震撼力。因此,录音师应在配音中随剧情、人物表现的需要,伴随片中的时空感与人物语言的情感、距离、方位感,时而推大或拉小音量,时而加上混响,时而调试配音演员的声音,使之改变一些本体音色,更加贴近原片人物,形成动态操作及艺术表现。

六、合成

合成,是配制一部片子的最后一道工序,合成的好坏也会直接影响片子的质量。总体而言,合成是将语言、音乐、音响效果三个内容按需要、合比例地混录在一起。在合成的过程中需要做的工作也很多。

首先,要把音乐准备好。在有"国际声"的片子中,语言与音乐、效果是分开的,只要将配好的人物语言与原片声带中的音乐、效果合成即可,不用再单做音乐与效果了。而在没有"国际声"的片中,语言、音乐、效果都混录在一起,在这种情况下,就需要录音师将原片中的各种音乐从没有语言和效果声的中间一段一段、一点一点地摘下来,再接成完整的乐句。反复连接,直到够用为止。如某段音乐实在摘不下来,就要找相似风格、情绪、节奏的音乐来代替。如有条件的,可记下原片音乐的乐谱,请乐队演奏录制出来,供合成片子使用。

其次,要把效果准备好。在没有"国际声"的片子中,有的效果声较为独特,可摘出保留下来以供使用。但多数没有"国际声"的片子合成时,效果声需全部重做,这样做的好处是配音语言与效果声较为统一。有的片子在合成时,还要找一些效果资料一起合成。这三种不同的效果声——原片的、实做的、录音资料的要一起用于一部片子中,录音师就要进行一定的技术处理,使几种声音谐调统一。

合成的最佳效果是:该突出人物语言的就突出人物语言,该凸显音乐、效果的就凸显音乐、效果,使之有机、自然、鲜明。总之,在配音合成时,整个片子各种声音的大小、强弱、远近及声面的不同景深、方位、层次等,都要在导演的指导、把关和录音师、音响师的协同操作下,按照片子的需要而不断地调整、变化,与画面需要相吻合。

以上简单介绍了配制一部片子的工作程序及各个环节。

在译制片的配音中,其实还有一环即"口型校对",这一环在译制片中也至关重要。在正规电影译制厂,此项工作由较高水平的导演、演员专门担任。"口型校对"的工作,是将翻译好的台词"再润色",对上细致的"口型"及大小"气口",再交由配音演员配音。由"口型员"加工过的台词,再来配音非常贴合,它保证了配音创作的高水平。但目前除了正规电影译制厂外,大多数电视台或配音制作实体都缺少独立的这一环,这项工作分别由导演、配音演员自己承担。可以说,缺少了这重要的一环,难出专业的配音和高水平的译制片。

第三节　影视人物配音创作要素

一、贴合人物

贴合人物在配音创作中是核心要素,它是配音工作的关键。配音要受制于原片人物的表演,就像"戴着镣铐跳舞"。好的配音,与原片人物的神情、气息、声音、动作全面贴合,人物的整体面貌与具体表现,也都会从语言中透露出来。

(一) 与原片人物的语言、声音相贴合

这是指配音演员要在自己的声音条件和音色范围内使自己的语言声音尽量贴近原片人物,让人感到声如其人、言如其人。有时,配音演员也需要进行声音化妆或运用特殊语言声音造型手段来帮助体现。

比如,大家所熟悉的一部比较成功的译制片《办公室的故事》,片中女主角、女局长"柳德米拉·叶芙妮可夫娜"这一角色是由演员冯宪珍配音的。这个人物的配音之所以比较成功,不仅是翻译将台词翻得比较好,配音演员的表达功力较高,也和配音演员与原片人物的声音音色比较贴合有关。配音演员在配这一人物时,根据需要用了她声区的中、下部,因一般欧洲女性的声音音色较低,所以听起来与原片人物的声音很贴合。

一般而言,配音导演会尽可能找音色与原片人物相同或相近的演员来配该人物,这可给贴合原片人物打下良好的基础。但也有些译制片却不然。比如,墨西哥影片《冷酷的心》中那位美丽、善良的妹妹莫妮卡,原片中演员本人的声音又低又哑,但我国上海电影译制厂在译制这部影片时,却让著名配音演员刘广宁来配这一人物,她那甜美的女高音音色和柔美的语言,使中国观众感到这种声音正出自这位美丽、善良的女性之口,听来贴合、对味。这种情况在译制片中屡见不鲜。原因在于中外的审美欣赏与人的生理条件有所不同。一般来讲,欧美一些国家年轻女性的声音中低音色较多,她们也以这种音色为美。而亚洲一带东方国家,年轻、漂亮女性的声音多为清亮的小高音,人们也以这种音色为美。因此,这种音色的改换是有必要的,也具有实际意义,它符合中国人的审美与欣赏习惯。同时,也解决了一些实际问题,比如,年轻、中年、老年女性的音色搭配问题。男声也有此类情况。例如,上译厂著名配音演员童自荣所配的角色,多为英俊潇洒的小生,音色往往高于原片人物。这是因为亚洲一带国家的人,声音普遍高于欧美一些国家。

由此看来,与原片人物语言声音的贴合不是被动地贴合原片人物的音色,而应包括在符合我国审美欣赏习惯和生理条件的基础上主动创造的成分和内涵。这种创造是由配音导演与配音演员共同来完成的。因此,笔者认为(也有人认为配音只能被动地贴合原片人物的声音):准确地讲,配音演员与原片人物的语言声音贴合,实际上是来自两个参照:一是真正的原片人物音色;二是配音导演对人物音色的选择与把握。配音演员要做的是利用自身的声音条件,适当加以调整,更好地实现原片人物的语言声音造型,配出人物的神。

应当看到,与原片人物的语言声音贴合,不仅指人的声音的贴合,也指其语言习惯、说话方式的贴合。如果这些方面与原片人物有距离,可调整其共鸣、咬字、及使用各种特殊造型手段,如结巴、松唇、裹唇等方法来接近人物说话方式。例如,上海电影译制厂的一位老演员为某部外国电影中的一个国王配音,当他了解到这个国王是个昏君,而且身体虚弱,却要处处显示自己国王的身份时,就在其声音造型上用低沉、浑浊、嘶哑、发声时用力较大却底气不足,又在语言能听清台词的基础上带点含混的方式来处理这个人物的台词,使其贴合。他在为另一部影片配音时,为了贴合人物龅牙的外貌和说话特点,还专门戴了一副塑料牙套来配音,感觉也十分符合人物说话的生理特点。从而解决了自身条件与所配人物有距离的问题。

(二)与原片人物的性格、气质相贴合

这是指配音演员不仅要配与自己性格、气质相近的人物,有时也要配与自己有些距离或反差较大的人物,因配音也是艺术创造。

一般而言,配音导演多找与原片人物性格、气质相近的演员来为其配音,这样比较好把握人物,也容易表现,这在表演艺术中犹如"本色演员"。表演是一门艺术,这就要求演员在自身条件基础上有所发展,具有体现不同于自己性格、气质人物的能力,这在表演艺术中犹如"性格演员"。

配音演员也应如此,不仅能配与自己性格、气质相近的人物,也能配与自己有距离的人物。其实,再与自己性格、气质相似的人物也不会完全相同,终归不是完全的自我,何况还有不同时代、不同国家、不同地域和民俗的差异也渗透其中。因此,配音演员在性格、气质上无论是与原片人物相近或相远,都需要与之不同程度地去贴合。要贴合一个人物,就应分析这个人物的一切:除了对其外部条件如身材、相貌的了解外,更要对其出身、经历、性格、气质、职业、爱好等进行全方位的了解,把握其内心、思维、说话方式等特点,因为不同性格、气质的人,说话是完全不同的。例如,一般绅士说话不会粗俗,较有礼貌,文质彬彬;一位军人说话不会很文弱,往往比较硬朗、干脆;同样是少女,一个农村人与一个城里人或一个从小生活在亲人宠爱的环境中的人与一个从小就无亲情温暖的人,她们各自的性格、气质和语言方式也绝不相同,有较大区别。

比如,印度电影《真真假假》,这是一部带有喜剧色彩的片子,讲的是这样一个故事:一个聪明、活泼的男青年"拉姆"从学校财会专业毕业后,为求职听从舅舅的劝告,贴上了胡子,又从电影厂的朋友那里借来一套老式的衣裤穿上去应试。因这个公司的老板与其舅舅是朋友,舅舅了解他的观念:凡是不留胡子、穿着入时、爱好文体的青年工作上必不可靠。于是在考试时,拉姆装作除了本业务以外其他什么也不知道的人,老板对他很中意,于是他得到了这份工作。拉姆工作十分努力,很受老板赏识。但是有一次由于他按捺不住对体育的兴趣,听从了朋友的计策,由朋友打电话谎称他的母亲病了,让他回家(其实,他母亲早就去世了),于是他得到了老板的应允,如愿看了一场曲棍球比赛。谁知,事有凑巧,拉姆的老板也去看了这场球赛,他看见了穿着入时、没留胡子的拉姆。次日,当老板盘问拉姆时,他在毫无准备之下,急中生智谎称自己有个长相一样、爱好文体的双胞兄弟"拉克希曼"。老板信以为真,并要他把这个游手好闲的兄弟带到他家教他女儿唱歌。当拉姆以拉克希曼的面目出现,成为老板的女儿乌尔米拉的音乐教师之后,两人相爱了。但老板发现后不喜欢这个事实,又要拉姆教他女儿学习文化课,想取代他"兄弟"将女儿嫁给他。于是,拉姆不得不在老板与他女儿之间无可奈何地来回变换着形象周旋着。片子的结尾是拉姆的事情终于败露,虽然遭到老板和女儿乌尔米拉的误会,但最终却教育了老板,有了一个美满大团圆的结局。

因此,在这部片子当中给男主角配音的演员,就要同时配出兄弟两个的不同性格、气质和语言感觉:拉姆是内在、忠厚的,语言沉缓;而拉克希曼却是活泼、外露的,语言浮快。如果配音演员缺乏一定的语言功力,把握不住所配的两种不同人物的性格、气质,就表现不出他们各自应有的语言感觉,就会出现银幕上演员表演得淋漓尽致,十分充分,而配音却不到位,与人物不贴,从而严重影响影片的译配质量。

总之,影视演员演出了人物的性格、气质,我们配音也应从语言中体现出这种性格、气质,这样所配人物才对味,人物的"视觉形象"与"听觉形象"才能够统一。当然,贴合人物的性格、气质,也需要"人生经验"和"创造性模拟"参与,其关键在于理解和把准人物。

(三) 与原片人物的表情、动作相贴合

这是指配音要想真正贴合人物,不只要贴合原片人物的内心和语言声音,还得与其表情及形体动作相贴合。即贴合原片人物表情中的喜、怒、哀、乐等各种情态与变化,形体动作的走、跑、跳、卧、打等不同状态,这些都要通过配音语言显露出来。如片中人物哭着说话,边抽泣边说,我们配音也要把这种哭着的感觉糅合在语言中;片中人物边跑边说话,我们也要有这种形体运动中的语言、气息表现;片中人物边扔东西或边与人打斗边说话,我们也要与之贴上,这一切都应在配音语言的感觉、语气、节奏、气息状态、语言节律和气口上体现出来。即使是一些极其细微的表情和动作我们也不应放过。比如,片中人物的摇头、耸肩、摊手、面露难色以及眉头皱一下、眼皮耷拉下来、撇撇嘴等,这些细小的表情、动作都应在我们配音的语言、气息中有所体现。因为人物配音,除了有声语言以外,还有由体态语构成的副语言。副语言往往以其辅助、伴随功能,与人的有声语言共同构成人际交流的内容与形式。在广播剧演播中听众是看不到这些的,只能通过人物语言的声音、气息等表现方式想见。而在影视人物配音中却不然,人物内外所表现的一切,都要由配音语言完全体现出来,这样,我们所配的人物才活灵活现、十分贴合。要达到这种境地,就要一切跟着人物走。感觉到人物的内心世界、表情、手势与动作状态,好似这一切全是自己所为,再把它们融进自己的语言、声音、气息中表现出来,达到有机、贴合。

如台湾电影《晨雾》中,有一段戏是表现生性活泼的女主角"杜小梦"当她的女朋友问她为什么辞掉工作不干了时,她一边向墙上的挂盘投着飞镖,一边回答。因此,为她配音就得随其语言并带出一下一下投出飞镖的形体动感,才能配得形象、生动、贴合。又如,印度电影《真真假假》中女主角"乌尔米拉"误会"拉姆"的一场戏,由于拉姆忘了化装成弟弟再去见乌尔米拉小姐,结果遭到对方的厌恶与追打。在影片中,乌尔米拉一边用苍蝇拍一下一下打着拉姆,一边随之有节律地喊着:"你\这个\伪君子\流氓\无赖……"语言里既带有愤怒、厌烦,又融有相应的手臂挥打的动作感,这就与片中人物的情状十分贴合。

(四) 与原片人物的感觉、表演相贴合

这是与原片人物贴合的重要因素,指为一个人物配音,就要从生理、心理上"完全化为"或者说"极力靠近"那个人物,包括与他的每一思维、反应及表演处理相符。

配音能否贴合上演员的表演和片中人物在规定情境中的反应,取决于配音的语言感觉是否准确与贴合。也就是说,你要为一个人物配音,就要从心理上完全化为那个人物,具有那个人物在不同场合中所表现出的下意识:个性、气质、情感、行为,真正把握人物的一切心理与行为戏才对,配音才贴、才自然。因此,一名好的配音演员必须懂得表演、会表演、具有表演的素质。只不过,配音演员的表演是有限度的,是在别人表演基础之上的表演。因此,从某种意义上讲,配音是"表演加模拟"的艺术,也可以说是"创造性模拟"。表演,就必须全方位,从内心感觉到语言外化,从面部表情到形体动作。所以从表演出发去抓人物语言就不会流于语言本身,有了人物的整体风貌和具体语言动机及思维、情感的支撑,配音语言势必与人物风貌和具体情状相吻合。对此,原长影著名配音演员向隽殊曾说:"重要的是把握角色的内心世界和真实情感,才能以真切的语言、声调与角色的形象统一起来……。她挨了一拳,我也感到自己挨了一拳,这样发出的声音才有真实的痛感。"其实,是替片中人物去感受。

如前所述,笔者认为,表演是演员以自己的"有意识"表现出人物的"下意识"行为。因为演员通过阅读剧本,已经知道人物的来龙去脉,但他要通过内外部技术和自己的表演,表现出人物的"下意识"行为。也可以说,这是演员的"有意识"加"下意识"表现的结果。所以,配音演员在配音过程中,要真听、真看、真想、真交流,替人物思维、替人物感受、替人物反应、替人物表现。不能自己已经知道了人物的一切,就偷懒不去表现"过程",只表现"结果",这样的表演与配音不是艺术创作,因而难以成功。

与此同时,配音演员还要具备丰富的生活常识,方可对人物语言形成正确的判断,进行准确的表达。一些配音演员的创作体会证明了这一点,如著名配音演员刘广宁曾提到,她在为墨西哥影片《冷酷的心》中美丽、善良的女主角"莫尼卡"配音时,有一场戏是她被魔鬼胡安带到外地,生病后她很想洗个澡,她说:"我想洗个澡。"但当时的上译厂厂长陈叙一却不甚满意她的配音,说:"你以为是现在厂里发了澡票(当时,中国一般人家都没有浴室,要用单位发的澡票去外面的浴室洗澡),你的戏录完了,说'我想洗个澡'那么随意。莫尼卡是修女,她在跟一个男人说这话,是很难开口的。"当刘广宁再去看原片时,的确看到片中人物脸上有一丝尴尬的表情。这就是正确感知配音感觉,合理体现原片表演的意义,也体现出配音演员依赖于原片人物表演的重要性,以及生活常理在配音中的作用。

又如美国影片《逃出堕落城》(又名《少女精英》),这部影片的女主角"伊丹美"在影片开始时,是清纯甜美的形象,她对自己的男友"高丹尼"充满了真挚的爱。但当她因毒品走私罪(高丹尼与同伙将毒品偷装入雪橇内,让她带过境时,被发现遭逮捕)被判入狱,经历了一系列监狱内的黑暗迫害之后,她变了,她的眼里闪现着仇恨的冷光,说话也粗声大气、语言生硬,与前边判若两人。配音演员在配这个人物时,应化人物的经历为自己的经历,感同身受,理解并体验到这一切。注意抓住她前后两个阶段不同的人物气质、语言上的反差,与演员的表演相吻合,更好、更准地表现这个人物。如伊丹美在她与高丹尼两次狱中见面的内心感觉及表现就不一样。第一次见面时,她是充满热情、不解与求助感。第二次见面时,伊丹美已对高丹尼有些失望了,虽然当时高丹尼说:"你要坚守我们的秘密,再忍耐一下,亲爱的,我爱你。"她也回说:"丹尼,我也爱你。"但从影片中演员的表演来看,此时她眼中无光,语言平淡,说这句话的感觉不是全副身心的爱情表白,而是苦涩、失望之感,这符合伊丹美此时的心态。我们配音时就要表现出她前后两次见面的反差。

再如,《逃出堕落城》的另一个人物伊丹美的男友高丹尼,此人阴险、很坏。他害了伊丹美却还假惺惺地去狱中探望她。我们挖掘剧情便会看出,其实,他来探监的真实目的是想探听一下伊丹美是否将他和同伙供出来了,并想安抚对方,保护自己。所以,他第一次探监与伊丹美见面时,刚开始他的心情是紧张的,但当他得知伊丹美并没有供出他及同伙后,便稍安点心,哄骗伊丹美让她继续保持沉默。从影片中演员的表演来看,我们并没有看到高丹尼有明显的动作与表情,人物的这种表情,如换另一番台词也未尝不可。因此,他的内心感觉全凭配音演员将自己的理解和把握融于人物语言中表现出来。如果此时,配音演员对人物和戏的把握不准,必然导致感觉失当,缺乏开始时的紧张感及之后的哄骗感,只是淡淡、平平地在说台词,这虽与人物的表情表层相符,却没能准确表现出人物的深层心理与剧情内涵。此外,高丹尼与伊丹美的两次相见,都是在监狱里,还有狱警监视,所以他的交流要更加小心,不动声色,才能掩饰自己。因此这种"淡化式表情"的表演也符合剧情。

演员的这种"淡化式表情"的表演,在欧美国家的影视片中经常出现。因此,配音演员一定要合理处置这种表演中的台词。关键在于,配音演员自己也应化为人物去进行表演,感受到这个人物的内心和全貌,进而真正了解他此时的内心感觉与目的,便可知道他会用何种方式来表现、来反应,自然也就知道自己配音该有什么感觉、什么方式了。千万不可只跟着人物的表层表演走,因为配音重在表现人物的内心。否则,人物的表情、形体动作配得再贴也仅是外表,缺少灵魂的展现,不能称为好的艺术创造。因而,在配音过程中,应当抓准人物的行为逻辑去阐释、去体现人物的一切。由于配音有严格的制约性,要格外重视从演员的表演中细细揣摩人物的内心,使自己的配音与原片演员的表演更加吻合,表现人物更加准确、细腻、丰满。

二、贴合口型

贴合口型,在配音创作中最具特点,也是一种集"艺术"和"技术"为一体的配音技巧,它是配音创作所独有的。

(一) 与说话口型的长短相合

这是影视人物配音口型贴合的最基本条件。因为人们观看配音的片子,首先最直观的便是看配音与原片人物说话时嘴部动作的长短是否相合。如原片中人物的嘴还没动,配音语言却已开始了,或配音的话已说完,而原片人物的嘴仍在动,这便形成视听不统一,破坏了完整、逼真的配音效果。因此,人物口型的贴合,首先要做到与原片人物说话的口型长短相一致,形成同步。

要做到这一点,就要对准原片人物的口型位置,尤其是译制片。由于不少配音演员不懂外语或外语水平有限,因而,在对口型时分不清、把不准配音语言起始的确切位置,往往发生台词前后错位的现象,尤其在面对大段台词时口型很难对准。至于这个问题,在译本台词的音节大体一致的前提下,注意几点:

1. 首先找准一段话开口和闭口的固定位置,并同人物的面部表情、形体动作相吻合,不能对口型时很随意,一遍一个位置。

2. 要改变自己的本体语言节奏,去适应原片人物的语言节奏。

3. 跟着原片演员的表演走,冠以相应的心理与形体动作感。

配音艺术属于"四度创造",就是要全方位贴合原片人物,从内到外,从整体到具体。这也是配音艺术的"难点"与"特点"所在。配音的语言节奏要完全服从原片人物的处理。在对片当中,有时按自己的语言节奏走,难以对准口型,一旦调整自己跟上原片人物的语言节奏(从内到外),便可顺利对准口型了。

如前所述,配音演员在配音过程中应跟着原片演员的表演走,参考其面部表情、形体动作、手势以及语言表达等心理与生理状态,跟上其感觉,这样十有八九能对上口型。因为无论是中国人还是外国人,人们的眼神、面部表情、手势、形体动作等都是相通的,区别并不大,它们往往都与其语言的内容、色彩、意味相适应,对它们的关注和把握可以帮助我们进入人物内心,对上台词的内容与感觉。

如印度、巴基斯坦等一些亚洲国家的片子及某些喜剧片,演员表演较夸张,手势动作也较多。而一些欧美国家的片子,演员大多表演比较内在,表达台词时,面部表情较淡然、平缓,外部的参考性相对欠缺。所以,配音更应加强内部体验,自己也应跟着片中人物去感觉、去表演。如单纯地去对人物语言是机械的,也往往对不上口型。因你的注意力只在语言的速度上是表层的,只能对上总体速度,一旦遇到原片人物语言中有几个字因感觉改变了原速,你就处理不好,对不准口型,从而导致配音语言与原片人物语言不同步或变化不自然的局面。因为人们不可能说话总是一个语速,他们会时而思考慢说,时而兴奋快说,时而羞涩轻轻地说,时而气愤大声地喊叫,这些处理必将形成语言节奏的多变。此外,不同的人表达自己的情感方式也各不相同。因而,配音演员绝不能以自己的感觉、语言节奏代替人物的。这说明,对口型只对原片人物的语言速度、音节数是不行的,一定要从原片人物的内心出发,把握其总的性格、气质,心里有了人物总的语言节奏的特点后,再从其具体语境、心态、情感、思维以及表情、动作出发来说出他的每一句台词,而且要以化为人物后的感觉和模拟人物表达的方式说出来。毫无疑问,这时的人物语言在你口中便有了生命力,快慢、高低、强弱、刚柔、明暗等都那么有机、自然、贴合。这时,不但一段话的口型总体长短合适,就是在一句话中有两三个字需要拉长或加紧,轻说或重说,也会十分自如、适度。原因在于,你化为了人物,有了人物的灵魂、性格、气质、思维、情感和特点,不是一般地对口型、填台词,而是有情有意地表达台词。那么,人物在台词中所强调的东西,正是你此刻想拉开、凸显的内容。如此,配音与人物语言便可二者有机契合。

如果不是由于配音演员自身的问题,而是由于翻译一环出现的问题,导致口型长或短时,我们可以在台词的具体地方标上音节多或少的有关记号,加以斟酌,看加什么字或减什么字。(一般来说,这一工作应是翻译与导演来把关,但有时,他们的语速与配音演员不同;或在非专业译配制作实体中,为抢时间仅将台词大致对一下,根本对不准;也有的翻译水平有限或不懂配音,仅凭片子做中文直译;更有甚者,有的翻译不看原片,仅凭录音带来翻译台词,这样别说对上口型了,有的连谁说的话也搞不清。因而,修改人物台词、对口型这一工作便大多落到了配音环节)。上译厂"口型校对"梳理过的人物台词,都不能多一字或少一字,所以他们译配的台词似说"母语",让人听来很舒服。

在增减台词时,配音演员应与导演商量探讨,不可任意处理。因为通常导演对全片的风格、基调、人物、主题等都把握较准确、较全面,不能因自己对口型的方便而随意加、减台词,导致语意不清、意思不准,以致影响全片的质量。这种加减台词文字的工作,应在不伤害原意的基础上进行,这点要特别注意。

配音演员自己加减台词的操作,主要关系到两个方面:一是本人具备一定的文化艺术素养,知道自己在此加、减什么样的字或词较符合艺术语言表达规律,使台词准确而适当。二是有填充口型的经验和技巧。知道如何巧妙地处理台词会更加符合配音创作和人们欣赏的规律。比如,一般在译配当中,台词多了,可删去句子中的指示词、转折词等虚词词汇,并不会干扰主要意思,因这些词的意思有的可体现在配音的语气中。当台词少时,需加词,可加语气词等虚词。如日本电视连续剧《阿信》中有一句台词:"(那么)平平庸庸没有一点性格的人,阿信真的要嫁给他呀。"这句话稍微短了一点。配音时,加上"那么"两个字则语气很舒服,语意也更充分。当然,除去加、减虚词以外,也可以合理加、减一些有实在意义的具体词语,从而保证台词的顺畅、清楚、与说话口型长短吻合。例如,印度电影《真真假假》中的男青年"拉姆"为求职与老板帕瓦尼见面,在"考试"那场戏的结尾,帕瓦尼说:"……但我有个小小的请求,请你以后不要在谈话时使用这样深奥的语句,写文章另作别论,听起来很费劲。"就可将"写文章另作别论"这句话去掉。一来可使语意更连贯,二来也可更好地对上口型。

可以说,在配音创作过程中,除去专业译制厂有"口型校对"这一环节外,一般译配外国影视片,没有一部不需要配音导演与配音演员自己修改台词便能与人物说话口型的长短相吻合的。

总之,加减台词,一定要遵循语意清楚、语言通顺、有个性、口语化、生活化的原则。如果外文意思与中文意思实在对不上、太绕口时,也可按语意做适当修改。

(二) 与口型的开合相合

这点对于影视配音来说尤为重要。因为,配音当中除去说话的长短与原片人物的口型一致以外,口型的开合状态也要与原片人物的语言基本相合,这样的配音才能使外国演员说话像是在说我们的母语,那么合适,那么舒服,好似根本没有语言的转换。

在我国译制片配音发展初期,有一次配音现场遇到了口型开合的问题。那是早期翻译苏联电影《普通一兵》时,当时配音按照译本,战场上士兵都喊"万岁"(外语是"乌拉"),可口型对不上,因"乌拉"是开口,而"万岁"是闭口,后来配音导演研究半天,发现"冲啊"是最合适口型状态的,因此,就翻成"冲啊",很合适。

诚然,外语与汉语不同,通常一句话中的音节往往多于汉语,这就要求翻译首先要找准中心意思和关键词,按照中文的语法规律译出,按其音节多少转换为中文台词。一般,非专业译制片的翻译就仅做到此。而真正专业译制片的翻译,不仅如此,还会进一步揣摩、寻找适合原片人物口型开合状态的词汇,这样,配音演员只要台词位置对得合适,便可基本配上口型的开合状态。当然,在译制片中口型的开合状态不可能每一个音节都对得上,但在一段台词的头、尾,尤其在人物的近景、特写中,特别应当让二者相合或相似。这就需要配音演员在了解口型贴合的各种条件后,做一些行之有效的处理。

1. 若语言口型长短合适,只是开合状态不符时,可快速找出既符合原片人物口型开合的状态,又不伤原意的词或字换上,以使自己的配音口型既准又合。最简单的方法之一,是在不影响语流节拍与表达清楚的前提下,再加上一个正好合上口型开合状态的语气词等虚词与之相合。

2. 除去修改换字的方法之外,还可以做配音语速的快慢微调。所谓微调,是指在某些音节上语速加快或放慢,但不影响整段话的口型长短,需要时稍加调整即可正对上口型开合的状态,这也是行之有效的方法之一。

要做到以上两点,有一定难度,需要配音者具有较高的中文水平,知道较多同义词、近义词等,好按照口型需要去替换。

(三) 与筋肉的松紧相合

这也是配音口型与原片人物口型相合不可忽视的一个方面。所谓筋肉,它包括两部分:一是指呼吸肌,二是指咬字肌。

配音也需要与人物说话的筋肉感相合。这个道理很简单,试想,画面上人物由于激愤而嘴在用力咬字说话,而配音语言却没有这种嘴上用力的筋肉感,或画面上原片人物正处在轻松、恬静的状态之中说话,而配音演员却是以比较紧的筋肉状态来说话。那么受众不会认可,因为这两种说话状态很不相符,观众有着自己的经验参照。严格意义上讲,这破坏了配音创作中"贴"的原则,也是口型状态不贴合的表现。

要解决这个问题,不能只贴人物说话的外部长短与口型开合状态,还要极为重视其内心状态导致的筋肉的松紧感。从表演出发,跟上人物的种种心理与生理感觉与表现,适当调整自己说话的筋肉感,该松则松,当紧则紧。使人观之,内外统一,视听相合。

如巴基斯坦电视剧《罗比是谁的女儿》中,有一段戏是女主人公"莎吉达"与男主人公"恩瓦尔"因孩子问题争吵起来。这对夫妻原来感情很好,但妻子一直没能生育,丈夫也不愿再娶,(巴基斯坦法律规定,一个伊斯兰教男子可以娶4个合法妻子)他们的好友为了帮助他们,就想出一个办法,让妻子假怀孕,到时去医院领养一个婴儿,关键时候将丈夫派去外地工作就不会穿帮了。这一切妻子是知道的,但丈夫浑然不知。就这样领养的女儿"罗比"长到4岁,丈夫非常宠爱孩子,但妻子认为应当让罗比多跟周围的孩子玩,不要过于宠爱,这对孩子教育不好,但丈夫误会了。当莎吉达得知恩瓦尔误解了她正确教育孩子的初衷,反以为她是嫉妒孩子与恩瓦尔的感情好时,她被激怒了。原片中她是咬着牙一字一顿力度很强地说出了自己的心里话:"她不是你的女儿!"这时,配音演员随着人物的心态、情绪,内心也激动起来,贴合人物激愤的说话状态,嘴上也非常用力地说出每一个字来。这样,人们才会认为,这配音的每一个字都是出自女主人公那受伤的心灵。

(四)与说话的气口相合

这是配音与原片人物口型相合的重要条件。人们说话时不是一口气到底的,由于各种原因(有生理的,也有心理的)会有许多"气口"。这些气口的存在,必然影响到说话的语流,使其中间断一下(时间长短不一),再继续前行。因此,我们配音时要想口型十分贴合,必须驾驭好配音语言的气口。

一般国产影视片中,人物语言的气口都合语法和语意。但在译制片中,由于汉语与外语的句式和词语位置等的不同,即使翻译成汉语,有时为配上片中人物的气口也难以完全合上汉语语法、语意的停断点。尤其还要配合上片中人物的表情、手势、形体动作,这给配音气口的处理带来很大困难。如在《罗比是谁的女儿》中,莎吉达有这样一句台词:

"告诉你,今天／我给你／炒的苦瓜,还烙了咸饼。"

按照汉语语法,这个气口就不合适,但由于台词音节的多少制约,不得不在此形成气口并与人物的表情、手势感觉正相符。如果硬在"告诉你"处停断,语法语意都合适、清楚,但片中人物仍在说话,嘴还在动,气口就不贴合了,也与人物说话时的感觉、手势不相符。在此,也不宜用"语速微调"来处理,原因是片中女主人公正是大近景镜头,她的每一个口部动作都非常清楚。当然,在翻译的努力工作下,配音台词绝大多数气口还是符合汉语语法和语意的。

在配音创作中，欲想划准气口，把握气口，表现气口，应从两方面着手：

一是参考音节多少和语法、语意。二是参考演员的表演，紧贴其表情、手势和动作。通常，台词音节只多两三个字或少两三个字时，配音演员在允许的情况下，可加减合适的字。如不适合加减任何字时，则用放慢或加快一点语速的方法来调整。因为片中人物讲外语，可以不与汉语音节一对一相合，也不易被察觉。但在原片人物是近景、特写镜头，口型非常清楚时，则不适合用此方法，以免露出破绽。气口，在国产影视片中比较好划分，但在译制片中却有一定难度，尤其是在没有"口型校对"一环的工作时。

一般在台词气口无标记的译本中，配音演员不应在对片初始，就匆匆画上气口。而应再仔细揣摩片中人物的表演及其他相关因素，自己小声地跟台词走两遍，如有问题可以修改，如无大问题基本都对得上，再划上气口。然后，关上监视器对"默片"（即关上原片声音，只看图像），看是否对得准。因为跟着片中人物的语言走，往往可以对得很好，配音何时起、何时停、节奏如何都有参考声。若自己跟着无声的片子走时，却往往难于驾驭。原因是，也许你没记准原片人物台词开口和结束的标志；或以自己的语言节奏代替了人物的语言节奏；或对片时只一般地对台词，没有完全随片中人物的表演进入状态，导致语速不当；或对片时，随着片子人物的表演走了，但对"默片"时却心理感觉没跟上，导致气口对不上。凡此种种，都要调整，直到与原片人物的语言节奏、感觉、表演完全一致为止。从这个意义上讲，配音演员在初学阶段，应特别注意对"默片"口型这一环，因为配音是在默片的状态中进行的。所以在对片阶段一定要加上台词的表达感觉和语气处理，气口也可做些合理的处置。要知道一味平念一段台词与带有表达处理地说一段台词的语言节奏是不相同的。另外，对口型不能完全被动地跟着原片人物的语速走，也可对台词做些合理的小改动，使台词的表达更合理、更舒服。如有些极小或无甚意义的小气口，为了语意的连贯可不必表现出来，在语流中一带而过，不留破绽。

如著名配音演员张桂兰在处理日本连续剧《阿信》中的两段台词时，就很有经验，值得借鉴。其中一段戏是阿信做工东家的女儿"阿代"问她愿不愿意嫁给一个暴发户的儿子。阿信其实不愿意，但又有东家在旁边不好直说，便用比较含蓄的方式回答了阿代，她说："我只是刚刚才听说的。"看原片，阿信的口型是前几个字松，顿了一下有个小气口，后几个字较紧，如机械地按原片人物语言走，会显得很生硬，不舒服。张桂兰的处理是在其中的小气口处没有停下来，而是直接将台词说完，语气适度，结尾正好压上口型，让人听了很舒服。当然，这句话里的小气口并不是伴着片中人物的思考和特定心理而产生的，是两种语言的转换所致，所以可这样处理。在《阿信》中，还有一段戏是儿时的阿信喊小男孩阿义去睡觉。原片中人物口型是"阿……义"，中间拖得较长，如按原片处理太懈了，也不好处理。张桂兰根据片子当时的语境是晚上，又是阿信叫阿义去睡觉，便将台词处理成先打了个哈欠，再喊阿义，这样正好与原片口型相合，让人看了感到既舒服又符合原片语境。

配音演员在配音对片中，气口对上了，而且对得很舒服，配音时心里就会很有底，可以进入一种良好的创作状态。反之，气口没对好，只对个大概，也没有对默片，心中便无底。在录音时，心总提着，感觉蹭着走，或等气口，根本无暇顾及语言感觉和语言表达，这怎么会有高质量的配音呢？当然，要对准台词的气口，也要依靠一些相应的方法来记住气口的前后标志及气口的时间长短。要做到这些，需要记住画面镜头及人物的表情、手势、动作等有关情况。如原片镜头是人物的正面还是侧面；人物说话是在画外，还是中间入画；镜头是人物的远景、中景，还是特写；以及人物正在做什么、表情如何、手势如何、形体动作如何，等等。在对片时，初学者不妨将这些有关情况用简单的三两个字标在台词本上来提示自己。

如(87版)电视连续剧《红楼梦》中，"平儿"训斥婆子们的一段台词：

（走说）
"……她是姑娘家，不肯发威动怒，这是她尊重。果然她动了大气。撒个
（坐下）　　　　　　　（快说）　　　　　　（手指）
娇儿。太太也得让她一二分，二奶奶也不敢怎么样。你们就这么大胆藐视欺
（画外）
负她，可鸡蛋往石头上碰。"

实践证明，配音演员在对片时，如不对台词气口和人物处理有所标记，记性再好也难以记准。尤其是为主要人物配音和初学配音时，这点更重要。因配主要人物台词较多，时间紧；而初学配音还不熟悉配音创作，容易乱。当然，对配音台词的气口如何标记，无一定之规，可自行处理。此外，应真正跟着片中人物进入表演状态，注意人物的嘴，看他刚要动，自己马上就开口，但声音、气息要自如。在记忆气口的时间上也有一些办法。比如，当片中人物的嘴唇看不到、看不清，人物的镜头较远或较偏时，可以用内心数数来合上台词的节律。当然，这种数数应合上人物的呼吸节律，才有一种参照值。一般而言，真正进入原片人物的内心，跟其表演走，台词较熟，译本没问题，台词与气口就基本能合上。

人物台词是无规律可循的，需要我们在对片、配音时，眼、脑、口高度集中并跟上，才不会漏气口、对不准。但是，对片和配音时也不应太紧张、绷着劲、憋着气等着。这样，人物说话的感觉及呼吸节律便不对了。应在对片与配音过程中，始终自如呼吸，适应人物的情感运动、表情、动作及变化。

总之，与原片人物的口型贴合，只有兼顾了以上诸方面内容，加之气息贴合，方可真正、全面地贴合原片人物语言。

三、贴合人物气息

气息在配音创作中的作用异常重要。它是我们体现片中人物的内心感觉与外部表现的枢纽，也是贴合人物的重要元素。在影视人物配音中，无论是与原片人物的戏贴、还是与口型贴，都离不开与人物的气息相贴。气息乱，口型必然乱，也没有了语言节律。

著名配音演员肖南在他写的《一个配音演员的日记》一书中说："实际上，配音演员的工作，就是对原片演员的表演，逐渐理解、模拟、不断体会和认识的过程。"他又说："所谓模拟，

是指从动作出发,在深入理解人物的基础上,参照原片演员的语调处理、声音控制、台词的强弱起伏、感情变化,用汉语把它们再度表现出来。台词的外部表现形式是可以模拟(模仿)的,但情感是不能模拟的,它只能体会。不能光从表面上学,要从内心出发,要理解人家为什么这样说,不要只单纯从形式上学人家台词的声调,要有内心的体验!"①这些论述进一步揭示了配音创作的实质。在这当中,气息贴合是配音这门艺术的重要部分。

如前所述,配音创作是在原片演员表演的基础之上进行的,它有严格的制约性,但又不乏自身的创造性。这种有限制的创造独具内涵,体现于两个方面:一是通过片中演员的表演即外部体现形式来反推、体会原片演员的内在体验。二是从自己对原片、对人物的理解出发,跟上原片演员的体验并模拟出其外部体现的一切形式。也就是说,配音演员的创作要成功,必须做到两方面:一方面是在对片中人物表演的理解基础上有自己的正确体验。另一方面是有高超的模拟技巧,将原片演员的一切外部表现形式都通过自己的语言、声音、气息全方位体现出来。诚然,配音只通过语言、声音一个途径全方位展现人物的心理、生理与外部状态,气息无疑具有重要作用,它既有说话的生理支撑的"动力作用",更有体现思维、情感、形体状态的"表现作用"。可以说,在文艺作品演播中,气息的作用既重要又显而易见。对于"创造性模拟"的配音艺术而言,气息的作用更非同小可。片中人物的一切都在受众的视野中,他的一言一语、一呼一吸、一举一动都展现在大家的面前,若一点没贴上,都会影响配音的整体贴合。

影视人物配音中,如果配音的气息节律与原片人物的气息节律不相符,那配音语言的节律、气口就乱了,对不上。所以,凡有经验的配音演员都知道,配音时一定要合上片中人物的气息节律与变化,否则,人物语言和感觉就合不上。因为人物语言中的气息并不都是均匀、完整的,经常为了体现人物情感或配合人物动作,忽而提起气来再说话;忽而话说了一半便憋住断在那里;或边笑边哭边说等,气息散乱、变化多端。凡此种种,若配音演员找不到人物的气息节律便根本无法配准人物语言。若是片中人物有站起、坐下、走动、跑步等形体动作及思考中的不同情状,却没有气息的显露,只在人物开口说话时才有气息使用,那么,人们看了会很不舒服,会认为你配的这个人物不生动、不完整、不真实。因为生活中,人只要活着就有气息的运动,不管自己有意无意它都会显露出来,怎么可能说话时才有气息运动,其他时间却没有气息的显露呢?何况很多时候在没有说话时,人物在不同心理与形体状态下也会有气息的显露,表现为一提一松、一嘘一叹、一抖一颤、一喘一憋等不同气势与气状,极为清楚、生动地反映出人物的内心与外部状态,表现出人物一定的思维与情感、表情与动作。在此,气息显现出极强的表意、表情和表形作用。因此,配音演员的气息与原片人物不得有任何出入。

为了贴合上原片人物的气息,配音演员在配音的对片和录音过程中,应始终以原片人物的气息状态为依据,努力贴合,连一些细小的气息显露也不放过。如人在思考时,每每伴有轻微的气息声,可透出其思维的一些信息;人在坐下时,往往伴以出气或松气声;而站起时,

---

① 肖南.一个配音演员的日记[M].北京:中国电影出版社(1986.11)

又会发出提气的声音；快走或跑步时，往往伴以较促较重的喘气声。甚至人在开口说话前，也往往先有随内心相伴的气息显露。尤其是一些欧美国家的片子，由于他们注重片子的视觉性，因而人物的行动较多，语言相对较少，这就更要求配音演员紧紧抓住人物的气息状态来揣摩，细致入微、合情合理地体现人物的内外部情状，淋漓尽致地再现出人物。

从这个意义上讲，配音，当然包括配出人物的所有气息状态，包括说话与不说话时。做不到这一点，就没有完成好配音任务。

值得提及的是，由于每个人物的外化、表达方式有所不同，因而，有时配音演员再有准确的体验，也会与原片人物的表现形式稍有差别。因此，配音演员一方面要从自己的内部体验出发，另一方面又要去有感受地模拟片中人物的一切表现形式。如自己的体验与片中人物有距离，也应从人物的外部表现形式来反推、揣摩并靠拢人物的感觉及表现形式。在气息方面，更要严格贴合原片人物的气息状态，如长短、强弱、深浅与节律等。一般而言，只要配音演员跟上原片人物的心理和表演，气息就会基本相合，再仔细参看原片人物的具体处理便会贴合得更好。

总之，在影视人物配音中，气息伴随人物的一切行为和活动，将气息的运动和丰富多样的变化显露在配音语言中，我们就能配出鲜活、完整、有神的原片人物。

第四节　影视人物配音创作要求

影视人物配音与其他艺术语言创作及表演相比，有共性的一面，也有其特性的一面，它是"有限制的表演"和"创造性模拟"，在具体创造中必有其自身要求。

一、影视人物配音的任务

影视人物配音，首先要明确配音的工作程序和内容。一般而言，配音演员在接到一部片子的配音任务后，先要通看剧本或译本，同时，要了解全片和自己所配的人物，形成整体与具体把握。同时，要了解全片内容、背景、主题、基调、风格、样式、人物性格、人物经历、人物关系及发展变化等，全面、准确、深刻地把握所配人物的个性特点。然后，再开始对人物台词、对口型。

配音创作的前期工作很重要。通常，在这一阶段，导演会先组织所有参加配音的演员来看片子，告诉你配哪个人物。观片之后，导演会对全片各个方面及每个主要人物给以介绍和阐释，提出一些具体要求。配音演员在心里有底的基础上，再去对片，去从各方面接近、靠拢自己所配的人物。对片的过程，其实就是配音演员不断加深自己对所配人物的了解、体验，最终与其融为一体的过程。配音演员应从本体逐渐变为人物，具有其灵魂、内质与外形，在自我控制与融合下以人物的面目出现，进行"表演"。事实上，再有经验的配音演员也难于立即贴合上原片人物。因为你还没有完全认识他,不知道这个"第二自我"都有什么样的内心世界,不知道其特点、行为逻辑、合理性,对此人物自己应该融合多少"第一自我"。因为人与人不可能完全相同,若只以"类别"划分,则难以淋漓尽致地表现出每一个不同的人物,你的配音创作只能是一般化。如原片演员的出色表演,因你的配音再创造不到位,无法得以完美体现,减色了,这将是很大遗憾。因而,配音演员一定要重视配音的前期工作,对把握不准或理解不到的东西,及时请教导演或翻译。

影视人物配音中,一般为国产片配音比较好把握,因大家比较熟悉它的氛围。但有的片子,原片演员的表演不尽如人意,导演要求在配音上加强感觉与表现,这时,配音演员就要在配音当中适当、合理地实现这一点,以弥补一些原片演员的表演不足。但这毕竟是少数,绝大多数情况下,配音还是要贴合原片人物的感觉来表现。国产片的人物配音也有一个难点,即配音语言一个音节都不能错位,因为国人知道自己的母语,稍有错位便看出破绽了。因此,配音演员在准备阶段就要准确、自如地对好每一个字音。

影视人物配音中,译制片的配音准备往往问题较多。如不同国家和地区的历史、风俗习惯、思维意识等都不大相同,有的离我们较远。有时一点障碍都会影响到我们的理解、感受和语言的表达处理。因此,一定要将所配人物及其氛围完全弄清楚。

有不少配音演员都有这样的体会,刚接触到片中的一个人物时,对这一人物还比较生疏、有些距离。但随着配音的继续,便逐渐化为这个人物了,对他的思维、情感、表情、手势、动作、习惯及语言特点等都熟悉了,化为自己的了,表达起来就很自如。这说明,消化一个人物、化为一个人物要有一个过程。以前,正规电影译制厂配一部片子,用时较长,而现在电视台或配音制作实体配一部片子,单本的仅用两天(包括合成)。这就更需要配音演员重视化为人物的过程,不能只图快而放弃准备工作,粗制滥造。应当有责任感,并且有快速化为人物的能力。

重要提示:对于初学影视配音的人而言,能够真正化为配音的人物,最有效的办法,就是与配音对手一起,把配音片段真正按照剧情、环境、人物关系等规定情境在现场"演一遍",即"创造性模拟"。将人物的内心、思维过程、表情、动作等细致揣摩到位,再不漏掉一点信息地把台词有机、下意识地表现出来,这说明"本我"与"第二自我"已经融合了。能做到这一步,再去对口型。实践证明这样的训练,路子正、基础牢。虽然开始时繁琐一些,但熟能生巧,待有了较多实践经验后,这一环就可去掉。这对于非表演专业出身的配音者来说,尤为重要!

二、影视人物配音的对片

影视人物配音的"对片",绝不仅是对上人物的口型,而是通过这个过程,全方位地把握人物全貌,更好地表现人物,贴合人物。对此,许多配音演员都有自己正、反两方面的经验。其中,有只对口型、不研究人物的被动与失败;也有在研究人物、表现人物的基础上对准口型的自如与成功。如在苏联译制片《办公室的故事》中为女主角配音的冯宪珍谈到自己配音的体会时说:"对片不能光看口型,要根据他的表情、他的手势、他的一转身、他的一抬肩、他的一呼吸,这都要一遍一遍仔细观察,这样,每一遍下来,有不同的层次感觉,越来越丰富,最后就很准确了。你如果光看口型的话,那最后出来就只有个声音,没有别的,没有感觉。要看语气、神态、形体是什么样的,他当时周围的环境是什么,他跟什么人在说话,他都有不同的态度。单纯地对口型,那就是机械地对口型了,那录出来,也不会很精彩。如果一个配音演员不懂表演,那他就不是一个好的配音演员。"她又说:"看片子先甩开口型,看表演,化为人物了再对口型。有的戏把握不住时,唯一的办法就是反复看、反复琢磨。不能以演员固定的模式去套用每一个角色,而要让自己努力地去适应角色。要用千变万化的手段去表现不同形象的千千万万个角色。"她还说:"搞译制片最好的先天条件,就是善于用最快的速度捕捉到人物的个性。研究人物个性化的语言,我觉得不单纯地研究一个人物的语速啊、感觉啊这些,要侧重研究这个人物的表演。就是,他的出身是什么、身份是什么、地位是什么,研究他的这些以后,他的语言毕竟带着他的阅历、他的修养,带着他的气质出来。人物的(语言)声音造型来源于什么呢?从对方的台词中找其他人和人物的关系,从其他人物与他(她)的关系中找到这个人物在片中的位置。比如《办公室的故事》中,为什么那瓦谢利采夫那么惧怕她,为什么所有人都惧怕她,说她是个老太婆、母老虎、女光棍,全都躲着她,在研究了别人的台词以后,才能得出自己这个人物的语言是个什么性质的结论来。不要光去琢磨自己的台词,不去研究对方的台词,这是打无目的之仗。"从以上的内容中,我们可以看到对片的内容和如何化为人物的途径。著名配音演员乔榛也说过:"……用全身的每一个感官去吸取原片所赋予的'零碎'中包含着的人物极其细腻、复杂的感情,决不可轻放。"这些细节都是著名配音演员的成功秘诀,我们应当认真汲取。

　　如前所述,对口型时,首先要确定下台词,找准位置。其次是带原片声音对,待人物语言的节奏、气口和戏都对上了,便可"默片"对口型,连一些"零碎"也不应放过,这样录音时,心里才真正有底。当"默片"也对准了之后,还有时间,可以背背自己的台词。如时间不允许,也要多上口念熟些,尤其是那些语速很快的台词以及拗口的人名和专业术语等,形成"肌肉记忆",以免录音时出错重录,遭其他配音演员、导演和录音师的不满。因此如有条件,实录前,配音演员应尽量快速将台词背下来,即使不能百分之百背出,也要背下重点台词或十分熟悉它们。只有你对自己的台词内容、口型、气口甚至"零碎"都很熟悉,有把握了,配音时才能把注意力多投入到台词的表达处理和观看片中人物的表演上,使自己的配音更加自如、贴合、完美。反之,对这一切都不熟悉,心中无底,那就总想看台词,提着心等片中人物的语言气口,或只是顺着说台词而不能充分地表现感觉。这样配出的语言,必然紧巴巴、浅、白、不贴、不深刻,无细腻可言。很明显,没有自如的心理、生理感觉,配音难以成功,仅是对上口型而已。对于初学者来说,在对片阶段,除了强调观看原片演员的表演化为人物、对上"默片"、多背台词以外,还应尽可能与配音对手一起对台词、找感觉,增进交流,这对初学者很重要。

　　目前,很多影视配音,都是将一个角色的台词集中录完,对手来录音也是自己录自己的,这样对于演员来说可以节省不少时间,但对配音而言难度更大,想象的作用也更大。

三、影视人物配音的操作

在影视人物配音的录音阶段，具体操作时，一般在录音间，导演会先请录音师将所要配的一段片子，先放一遍原片，再放一遍"默片"（有的只放"默片"），配音演员可跟随片子再过一遍自己的台词，对手之间相互找找感觉，导演提出录音要求后，便开始实录。

录音时，对话筒的使用与录广播剧基本相同，配音员也不能总低头看剧本或将剧本挡在自己的嘴与话筒之间，这样录出的声音发闷。应将剧本拆开来，只拿有自己这段戏台词的几页纸，用手将此侧举至头前，不挡住话筒和前方的屏幕。录完一张台词后可稍蹲下，将这张纸轻放地上，不能出纸声。录音过程中，一般是半看剧本，半看画面。在基本背下台词的地方，以看画面为主，可趁对方说话时，再快速看一眼自己下面要说的台词，待轮到自己说话时，则可只盯着屏幕上自己所配的人物，跟上他（她）的表情、动作和口型，全身心地投入表达；在背不下台词的情况下，就要剧本与画面兼顾了。但在每段台词的头尾一定要看画面，对准口型。此外，在看剧本时应注意，嘴里讲着这一句话的尾，眼睛就要看到下一行字了，耳中还要听着配音对手的台词，接受其刺激，给予反应，这样才能保证台词完整顺畅地表达。

在配音当中，由于既要顾口型，又要看剧本，还要注意戏，有的初学者就忙不过来了，配音变得本末倒置。于是他们为了合上口型，便放松了感觉的投入，一心只在口型上。虽然口型对不上是最容易被人看出来的，但内心情感及感觉跟不上，语言出来是白的、平的，不能贴上人物细致入微的感觉、没有表现力，尽管口型对上了，也没有完成配音任务。这样的配音也不能通过，还得重来。

在配音实录时，因口型在之前已基本对好了，配音员就应该把注意力多放在原片人物的戏上，再兼顾口型。实际上，此刻你只要真正从心里跟上片中人物的感觉，替他生气、替他发怒、替他哭、替他笑、替他跑、替他跳，将他的一切内心感觉与外部形体、表情神态都化为自己应有的，注意银幕上的"自己"与交流对手、配音对手给予自己的刺激，以片中自己所配人物的行为方式来做出准确的反应，那么，这种配音就会舒服、自然，而不是机械地模仿了。因为，此时片中人物的话正是你要说的，他的发怒正是你内心的感受。配音时，如真正听对方讲话然后自己再出口，心理感觉跟上，口型就比较容易对上。否则，不是早了，就是晚了，或语言感觉不对。

关于配音时的状态，著名配音演员乔榛还说："在话筒面前，要驱除杂念，保持一个符合角色情绪的松弛的自我感觉。方法有多种，我往往是回忆一下上下段戏中这个人物的精神状态，注意衔接。再认真地体验一下这个角色此时此景的情绪，他想做什么？想说什么？达到什么目的？总之，使自己的注意力集中到戏里，气沉下来，……这样，便可得到一个良好的自我感觉。"配音演员劳力也总结出这样的配音口诀："思想要集中，心理要放松，口型要看好，话筒要对正，声音要合身。"

配音中还有一个现实问题，即配时一定不能看着字幕配音。因为字幕是给观众看的，不是配音脚本,存在不匹配的地方。更主要的是,如果看到字幕再开口配音一定会慢的,对不上口型。

四、影视人物配音的处理

指影视人物配音要适应原片表演、镜头处理,适应配音的用声、咬字、形象造型。

(一) 影视人物配音的镜头配合

这里指片中切换所配人物的镜头画面时,人物语言和反应要始终贯穿自如。不能有自己所配人物的画面时说台词就有感觉,没有人物画面时,就缺乏人物感觉,或反应缺乏合理性和贯穿感。

影视人物的配音,语言不会始终都附着在人物的镜头画面上。有时为了拍摄角度的丰富和某种蒙太奇需要,片中人物的语言往往会几句话在自己所配人物的画面上,几句话在他人所配人物的画面上或其他画面上,然后,又跳回到自己所配人物的画面上,镜头是画内画外、跳进跳出。于是,有的初学者配音便不得要领了,他们在配自己所配人物的画面和口型时较从容、贴合,一旦镜头跳出人物画面时,配音感觉就失当。有的似旁白,脱离了人物感觉;有的为了接上跳回画面的人物口型而语速不当,或赶、或押,缺乏有机、自然的衔接感。应当说,要想配好这样的口型和语言有相当难度,除需要跟上人物的感觉外,还要合上人物的呼吸节律及语言节律,才能使跳进跳出的人物口型对得准,语言感觉适当。

在配音中,当不是自己所配人物的画面时,也应保持特定人物感、特定情状感,把握画面内外的人物反应。

如有一部译制片中的一段戏:一位在美国越战时心灵受过刺激的丈夫,此时在轮船上又发作了,他跑向船舷想跳入海中。这时,他的妻子见状大声呼叫想制止他。但片中画面,先是妻子喊叫的镜头,继而转切到她丈夫正冲向船舷欲跳入海中的镜头,这时这位妻子的配音演员却不出声了。配音导演当即指出:此刻即使画面上没有你,你也要反应,继续叫喊,这才合理,否则,你丈夫就真的跳入大海了,虽然现在的镜头画面不是你,但你正追赶过来,就在旁边呢,所以,这时你不能停止出声叫喊,还应当更拼命地喊,叫住你丈夫才对。经过导演的一番提示,这位配妻子的演员才理解了配音的这一要领,又按导演的提示配了一遍,这回配得有机、合理、完整了。

又如,电视剧《红楼梦》(87版)中,有段"平儿"的配音非常难,原因在于她一边喂鸟一边与王熙凤对话,鸟儿在笼子里蹦来跳去,时而挡住口型,导致人物的配音口型时有时无,而配音还得流畅、戏不断。这就要求配音者始终入戏,还要记住语言的气口与节奏并从容说话。

如前所述,配音的初学者应当懂得表演的原则:演员在场上,即使不是主要人物或没有台词,内心也要始终跟着场上的情节、气氛走,表情、动作、语言也要始终有相应、合理的反应。配音也是这样,不能有自己所配人物的画面出现才有反应,应始终有准确、合理的人物内心感觉及外部表现,不能出戏。

(二)影视人物配音的动作与造型

影视人物配音与广播剧演播相同,也要在表达台词时加上一些相应的手势、动作,也要有相应的表情神态和造型手段相伴,这样才能更好地体现角色,贴合形象。

如有的配音演员在配动画片中的大雁时,便自己张开双臂做扑扇翅膀的动作以表现大雁边飞边说的感觉。还有的人在配呲着两个大门牙的小动物时,自己也呲着牙说话,这样配出的语言便惟妙惟肖,很贴合。当然,对于大多数剧烈的形体动作,还需要配音演员利用运动记忆来发挥作用,调动起自己相应的肌体感觉,渗透在语言中,来保证配音感觉的准确、逼真。

(三)影视人物配音的用声、咬字

影视人物配音的用声、咬字处理也有相应要求。一般配音演员要用自己的自如声区说话,根据需要可有一些语言声音造型。在一部片子中需要为两个以上人物配音时,也可通过用声、咬字的化妆,尽量拉开人物距离。

配音中的"用声"还应注意:

1. 配音用声要保持统一。这有两种情况:其一,当配音不是一天完成时,更应注意此问题。不能前几段戏配的是一种声音,后边又是另一种声音,会让人感到莫名其妙。其二,有时录音会出现人物声音相靠的问题。这种现象往往是由于配音者不知不觉地与配音对手的声音相靠而造成的。因此我们在配音时,要时时提示自己把握住自己的用声。

2. 配一些特殊语境、内心独白或谈情说爱的台词时,用声不能太虚,也要用气息支撑声音,这样说出的话才听得清、感觉才深。在配激情戏时,也要情浓声控,既保证台词感觉到位,又不会"炸"话筒。

3. 配音用声应根据戏的需要,不能每句话出口声润、气足。为表现人物,有时可声嘶力竭,有时可声颤气弱,以表现人物的特定情状。为此,要有很好的基本功作保证。

配音中的"咬字",也应注意:

1. 要根据片中人物的生理特点、说话方式以及身份、职业、言语情状等情况,来适当变化。如片中人物说话嘴唇很松,配音也不能紧绷嘴唇,要适应所配人物的说话感觉;若片中人物咬字口型较小、较扁,而配音却给人感觉咬字较大、较圆,诸如此类都不行。这会让人感到这一语言不是出自片中人物之口。

2. 配音时,"说快词儿和轻词儿时,要特别注意唇、齿、舌部位的弹性,吐字要清晰,注意个别字不要含混过去"(乔榛语),以保证观众听得清楚。

第五节　影视人物配音提示

一、不追求翻译腔、配音调

所谓"翻译腔",即不管原片台词内容如何,不从理解、体验和人物心理出发,而是机械、表面地模仿原片外国人的语言腔调。

有不少初学配音的人,以为配音要求贴合原片人物,就要与原片人物的腔调越像越好。于是他们便在配音时完全照葫芦画瓢,模仿原片人物的说话形式。这种配音,表面听起来与原片人物的语言音色、语气、语调相同,实际上只是表面声音上的相同,并没能很好地揭示其语言内涵。汉语与外语在表达上有所不同,汉语有四声,表达规律决定其语势起伏较大。很多时候,我们听外语的台词表达,感觉语调平淡、语速很快。如我们不顾其内涵,原样照说,就会形成只有声音外形的"翻译腔"了。这种配音,谈不上创作,它只起到翻译内容意思的低层次作用。因而,配音中的"翻译腔"不可取。实际上,我们理解配音的"贴"和把原片人物"原汁原味"地再现出来,应以汉语的表达规律去适应原片人物的表现方式,而不是被动地去贴原片人物的口型和声音形式。

所谓"配音调",即用说话声调的扬起、飘、甩等方式来表现外国人的语言洋味。配音演员如果不注重语言内涵的表现,只注重声音、声调上的洋,就容易在表达上"固定化"。所以,目前很多人反感配音,其实就是在反感这种拿腔作调的"配音调"。

那么,译配外国影视作品,片中的人物需不需一点洋味来与配国产片相区别呢？回答是肯定的,但它又绝不是单纯在声音形式上着手所能达到的效果。它应首先化为特定人物,从心理感觉上"洋"起来,自然而然地反映到语言声音中去。其实,配音演员只要真正从所配片子的地域、民俗特征、思维意识出发,真正跟上片中人物的表演,以他的感觉和反应方式去表现,便可以与纯中国式的表达拉开距离、有所区别,产生相应的味道。这也可以避免配哪个国家的片子都一个味的问题。

如配西亚、中东的女性就与配欧美国家的女性有所区别,配日本男性也与配欧美男性不同。原因是,西亚、中东的女性受其宗教信仰的约束与限制,一般比较传统,风俗决定其表现方式不能太放,而欧美国家的女性一般都很开放,二者的语言感觉当然不能一样。而配日本人,一般女性说话较温柔,而男性说话却比较直硬,因其民族性所致。而配西方男性又不同于配日本男性,他们大多语言幽默,风度潇洒。此外,不同国家和地区的人,面对同样的意思,表情、动作、手势等也有区别。因而,配音的洋味应重其内在感觉,且各有其味,不能只在声音表层上做文章。

二、配音要生活化、个性化

配音语言与广播剧演播的语言要求是相同的,都需要生活化、个性化。所不同的是,广播剧中的人物塑造是"创造性"的,是演员根据剧作的"一度创作"依人物的各种条件自己想象创造出来的特定语言形象。而配音是"再现性"的,是在别人已有的表演性语言基础上的再创造,受其口型、表情等的严格制约,以片中人物的语言方式去表现人物的个性。

配音语言应有两个层次的把握:一是生活化。二是个性化。生活化的语言是既不夸张,也不是大自然状态,是经过训练的。它是有控制的咬字、发声、气息运用与生活语言的有机结合。进一步讲,生活化的语言是"说"的样式,不是念、不是播,也不是拿腔带调地说或夸张地说,而是体验充分、细致又自然地说。只有这种语言才会使人听起来舒服又真实。

个性化的语言是有艺术性的,能很好地展示人物个性,使其具有独特魅力,给人留下深刻印象。在配音中,只靠模仿原片人物语言的形式是表现不出人物个性的。个性化的语言,需要有准确的内心感觉与较高的表达技巧。著名配音演员李梓曾说:"人物没有性格就没有色彩。"她还说:"要抓住一个人物的特征,首先要给他定下一个基调,防止跳……用形象化的东西来代替抽象的概念,比如'带刺的玫瑰'。配'叶塞尼亚'和'艾斯米拉达'时,要掌握'野味'这个总基调。……配《白夜》中的小姑娘,她的基调要走'轻步子',像蜻蜓点水似的不太重,但重点准……"由此可见,人物的基调很重要。把握了人物的个性,就能产生人物的基调,有了人物基调,又兼顾人物特点,就易产生个性化的语言,产生极高的艺术魅力。因此,配音不仅应做到生活化,更应具有个性化,追求配音创作的高层次。

三、配音应与导演配合

在影视人物配音的创作中,有时会出现演员与导演的看法不尽相同的情况,有时若处理不好双方会很不愉快,影响到配音气氛与配音质量,这个问题也值得注意。

配音导演是配音创作的指挥者、组织者和艺术监督者,他虽不亲自去配某一个人物,但他却对所有人物的声音、气质及全片都很了解;他虽不亲自动手去录音、合成,但却对其技术、艺术都在掌控之中,并有自己的理解与艺术思维,他的视点立足于全片整体效果。而演员大多站在自己这一人物的角度去考虑问题,因而有时对声音的运用、台词的处理会与导演有所不同。除去导演水平有限、把握失当之外,大多数情况下导演的意见是正确的。因此,配音演员与导演的意见不同时,可以陈述自己的看法与导演探讨,但如说服不了导演时,应尊重导演的意见。因为对方毕竟是整体的驾驭者,当你说服不了他时,恐怕就有他的充分理由,这时就应按他的意见去执行。

如导演认为你的声音应再沉下来些,而你却认为,你配的这个人物很帅,故声音应当更漂亮一些、感觉更飘一些,这恐怕就不符合导演对配音的整体构思了。因为,这样你的声音就会与另一个人物雷同,而那个人物的气质可能更适合这种声音。对戏的理解也是如此。

因而,在配音创作中,配音演员一定要尊重导演的意见,与其合作好。尽管有时你的意见不无道理,但也不应与导演怄气,不听从导演的指挥,以致影响到配音气氛与配音质量。这里也有人格与艺德的问题,一个配音演员应多虚心求教、尊重他人,才会进步更快,也才会受到他人的尊重。

四、把握不同片类的配音

在影视人物配音领域中,除了有国产片、译制片两大类之分,还有故事片与动画片之分。对此,我们应注意其不同之处及各自的配音要求。

一般故事片的口型要求较严,好的配音创作,音节、口型都能合上,否则会露出破绽,影响配音质量。具体而言,一般国产片,每一个音节都要配得十分贴合,长短精准,否则观众会不认可这是片中人物在说话。因为中国观众对自己的母语很熟悉,所以配音语言有一点不符,哪怕是某个音节的音程稍长一点或不足都会露出破绽。而译制片配音,一般无"口型校对"环节时,就不可能将每一个音节都对准。但必须将人物台词的开头与结尾口型对准,气口合上,停、接准确,而语句中间的音节大致合上即可。

此外,还应把握故事片的不同风格及不同片子的配音感觉和方法。例如正剧和喜剧之分、战争片与言情片之分等。

动画片的配音要求稍有不同。由于它的配音口型(不分中外)只有嘴的一开一合的机械动作,没有细微的口型形状与变化,音节数量也不严格,因而一般情况下,配动画片时,一句话只要开口、闭口对上嘴部的开、合动作及长短即可。动画片的口型要求不高,但配音表达不能因此而机械、平白,也要符合其表现的角色(动物、植物等形象)的性格、情绪等。它在配音表达上要比故事片夸张很多,因片中形象的动作、表情等都较夸张。根据片子内容的不同,夸张幅度也有所不同。通常,动画片的配音都有不同程度的声音化妆。如表现的角色是动物,有时还要配出动物特有的叫声,并且伴以不同的环境、情绪,叫出不同的声音。如表现出高兴时怎么叫,生气时怎么叫,着急时又怎么叫等。

总之,在配音创作中,应具体把握不同片类的配音要领。

五、模拟动作、有环境感

影视人物配音创作,不要求有外部动作,但却要求台词中说出有外部动作的感觉来,配音者身处录音间,却要在台词中带出身处不同环境中的感觉。这就需要有对人体动作的模拟及环境感。

配音与广播剧一样,都应有对人物形体动作的模拟。所谓"模拟",就不是真正照原样去做,而是以相近或幅度较小的象征性动作来代替真正的动作,以追求相应感觉的逼真。即为使人物台词具有相应的形体动作感,在配音时,使用一种能产生相应感觉的模拟动作来帮助。这样,人物的台词会表现得更真实、更生动,也更有生活气息。

如原片中有人物拥抱、打斗、抬重东西及游泳、爬山等情景。表现这些动作与环境感的台词,就需用一些相应的手段达到感觉的相似与真实。如表现拥抱时,我们可以用自己的一只手握住另一条胳膊似真地拥抱着对方,同时说出相伴的台词,给人一种真实感。又如,表现与对手打斗时的台词,可用手握成拳头,朝自己的前下方随着片中人物的动作一下一下地杵向地面,以形成拳头出击的感觉。在表现抬重东西时,也可用一只手攥紧拳头,整条胳膊用力向下压,而另一只手却从下托住这条胳膊用力向上抬,形成力量的对抗。这种动作必然引起气憋、心跳加快的反应,此时再说台词便有了真抬重东西的感觉。此外,如表现在冰天雪地寒冷环境下的人物语言,配音演员可全身肌肉收紧,哆嗦着说话,表现寒冷给人带来的肌体反应。这样的处理必然带来气息的不匀、发紧和气短等表现。同样,用这种方式也可表现出人在一种恐怖环境下的感觉。

以上种种动作模拟与环境表现,都是极为必要、不可忽视的。否则,配音者不可能淋漓尽致地表现出原片人物的形体动作与环境感。

值得提及,目前,有不少配音与以往不同,首先导演不讲戏、不排练,更有甚者,配音演员不看完整剧本与全片,对人物台词的处理有的只全凭导演的临场指挥,致使配音演员成了一部"说话机器",这样的配音效果可想而知。面对这种现状,不少知名的配音演员都惊呼:配音艺术不存在了!其次,随着录音技术的进步,现在许多配音实体大多使用多轨录音,还有的用个人集中录音的方式。这种操作可以大大节省录音时间,在录音中如果感觉还对,即使口型不能完全对上,也可留待后期合成时再做技术处理,将口型对准。但是,配音演员只配自己的台词,不与对手"同时空"交流配音,这种配完自己的台词就走的配音方式,怎么能很好地体现原片人物的表演与交流?怎么能有效产生具体、真实、有机、深刻、对味、精湛的配音?不免让人担心。

虽然存在问题,一些成熟的配音演员也在运用自己的表演技能、配音经验这样适应着。而那些配音的初学者却不应一开始就这样做,还是应当按照配音这门艺术的正规要求循序渐进。否则永远不知道什么是配音艺术。

当前人们都生活在快节奏、激烈竞争的环境中,先进的设备可以使我们的配音速度加快,也不同程度地减轻了一些配音演员对口型的难度,但这并不等于就要放松对配音的要求。怪不得人们至今仍然怀念以前的译制片配音,称欣赏它们是一种极高的艺术享受,就是不看片子只听配音,也能感到强烈的艺术感染力。

我们呼吁配音艺术的复苏!这要靠从业的后来人。所以,了解传统的配音创作,建立正确的配音意识,打下良好的配音基础是非常必要的,即使面对现在"发展"的配音程序与操作,也可以胜任。具体讲,就是当我们不得不按照当前的"快餐式"方法配音时,自己也要想方设法尽量按照正确的创作程序和方法,提前观看全片、了解相关资料、贴近所配人物。这样,即便配音时不与对手"同时空交流",也能了解对方的台词内容与表达方式,与之较好地衔接和有机交流。

第六节　影视人物配音训练

电视剧《你好，旧时光》（片段）

原著　八月长安

导演　沙漠

剧情介绍

　　每个人都有一段难忘的青春时光，在这逝去的青春旧时光里，总有一些人是你避不开的，也总有一些事，是你忘不掉的。林杨与余周周就是一对儿时相识，青春相伴的青春使者，他们的经历曲折而又美好，不禁引来不少女生感叹：高中时欠我一个"林杨"。

　　"林杨"出生在一个知识分子家庭，父母都在教育局工作。他聪明、帅气，却不高冷，从小就有自己的主见与追求。小时的一次偶遇，让他结识了很有灵气的女孩"余周周"。之后，虽因余周周家的流言，林杨不得不屈从家人与周周分开，但高中时他们又同时考取了省重点高中"振华中学"，再次相遇。林杨对周周由一种孩子的本能保护，不知不觉演变成了一种美好纯真、带有爱意的默默守护。他是余周周的"小太阳"，是真正的高帅暖男。守护者的选择与接近是为了走远，追随不已才更见真情。

　　"余周周"是在单亲家庭长大，从小跟妈妈相依为命。她聪慧、善良、乐于助人，幸好在她成长的岁月中，小太阳林杨一直在温暖着她，这是一次最长的陪伴与守护。林杨从幼儿园时的纯真走近，到高中时的真心守护，以至于将周周当成自己人生梦想中的一部分。有人说：选择最需要的是无悔，时光最可贵的是品味。

　　林杨对余周周的另眼相看，不是因为其外表，更多的是因对方的聪慧、灵气与不幸。

　　林杨为什么要这样追随余周周呢？还有一个原因，就是为了心中的愧疚。那是他和周周高中前再次相遇，想请她去参观难得一票的"海洋馆"，本来周周是要和新婚的妈妈和继父出国旅游，但善解人意的继父知道后决定将他们的出游延后，成全林杨的邀请，也满足周周的心意。不想父母却出了车祸，双双离世，这让周周对林杨很有怨气，她搬去舅舅家生活了，这让林杨心生愧意。经过一番波折，余周周与林杨和好了，他们一起学习、互相帮助、参加高考。在林杨的真诚关心和陪伴下，他们一起考到了北京，分别进入了北大、清华。毕业后，他们继续在各自的专业领域中奋斗、留学，林杨一直在等待与陪伴着余周周。终于在高中母校一次活动后，林杨等到了余周周主动对他说："我愿意"。于是，兴奋的林杨当场找了一个易拉罐环当做戒指，戴在了余周周的手指上。

《计划刷票》

人物： 林杨、蒋川
地点： 学校食堂

林杨： 早晨我看了啊，帖子还没删呢。

蒋川： 知道我为什么没删吗？这个 IP 地址每天都去贴吧，并且对余周周的事情非常关注，而且在我的帖子下面投上了庄严的一票。

林杨： 故弄玄虚。

蒋川： 后来我询问了一个在电话局上班的表哥，他帮我查了一下，你猜地址指向哪儿？

林杨： 哪儿？

蒋川： 余周周的大舅家，也就是说呢……

林杨： 也就是说余周周一直在关注形象大使这件事情，并且给自己投了一票。

蒋川： 确切地说是投你们俩一票。

林杨： 哈哈哈。

蒋川： 这回可是余周周想要参选，你可没话说了吧？

林杨： 你消息准确吗？

蒋川： 我如果说千真万确的话，你是不是要马上出动了？

林杨： 必须的呀！如果我和余周周当选了形象大使，那也就意味着我们要一块儿拍宣传照，哎，我跟周周还没有拍过照片呢，而且还是放到学校的网页上。以后人们一想起振华，就会想到林杨，一想到林杨就会想到余周周，一想到余周周

蒋川： 哎，哎不好意思打扰一下，我记得昨天晚上有人冲我嚷，让我删帖来着，不行，我得删呐。

林杨： 哎，别删！

蒋川： 不行，得删得删。

林杨： 哥，哥我错了，错了，

蒋川： 不删也行，魔兽点卡一张。

林杨： 不带你这样的啊。

蒋川： 两张，

林杨： 坐地起价啊是不是，

蒋川： 那就三张，

林杨： 坐！咱们赶紧商量一下，怎么把这个票刷上去啊。

蒋川： 我已经研究过了，潘主任不是说公平竞争吗？但是在贴吧上投票存在着漏洞，一个 IP 只能投一次，但是如果你想要存心刷票的话，多注册几个不就完了嘛。

林杨： 今晚别睡了。

蒋川： 干嘛？

林杨： 帮我刷票啊。

背景介绍

为了提升学校影响,"振华中学"要评选一对男女学生担任"形象大使",将照片放在学校的官网上。学校要求学生也投票参与评选活动,开始得票最高的是校学生会主席"楚天阔"和"凌翔茜"。凌翔茜是林杨、蒋川从小的玩伴,形象不佳的蒋川一直在追求凌翔茜,但对方对他没有感觉,却对高大帅气、学习又好的楚天阔很有好感。所以,蒋川并不希望凌祥茜与楚天阔当选,于是他很想促成"林杨"与"周周"当选,因此他对此事很上心。

配音提示

1. 此段配音,要抓住林杨心理的两个阶段、两种感觉:前段是漫不经心,后段是积极进取。

2. 也要充分表现蒋川的心理:引诱、鼓动、故意为之。

3. 此段的人物表演有层次、有转换,人物口型多近景,很清楚,必须准确贴合。

《试探林杨》

人物:林杨、辛锐

地点:补习班教室

老师:今天呢,咱们的课呢就正式结束了,希望大家在这里学到的所有东西能够在今后的学习当中有所帮助。同学们,再见!

林杨:你还不走啊?

辛锐:我想再待会儿。

林杨:哦。

辛锐:你能陪我吗?

林杨:我觉得要不我还是先……那我陪你会儿吧,反正现在车多人多。

辛锐:上次你来我家替我说了好多好话,我妈对我态度都变了,谢谢。

林杨:哦,谢什么,我觉得我都说的是实话吧。

辛锐:你带 CD 了吗,我想听听。

林杨:哦。

辛锐:其实我之前听的都是借余周周的 CD 机,你看我妈就知道,她不会给我买的。你推荐我的那首歌,我想听的时候,就会去新华书店的试碟机去听。

林杨:怎么,余周周她不借你了?

辛锐:自从上一次考试之后,她就不怎么跟我说话,看见我也不是特别自然,我也就没好意思去问。

林杨:不会不会的,我觉得你肯定误会余周周了,她长这么大我从来没有见过她妒忌过谁。

辛锐:你很了解她?

林杨:我们从小就认识了,估计全世界就我最了解她了。

辛锐:听吗?

林杨：哦，不用了我就。
辛锐：我感觉最近你们的关系不是特别的好，我是乱猜的。
林杨：你也看出来了。
辛锐：是真的，是不是上回在电影院？要是我不在就好了。
林杨：哦不是不是不是，这个跟你没关系，是我们俩之间的问题。
辛锐：你人这么好，肯定不是你的问题呀。
林杨：不不，是我的问题，要不是我说话没让着她，估计这次冷战早就结束了。
辛锐：你已经很让着她了。
林杨：可能还不够吧，我一见着她脑子里好像就有一个开关打开了，然后做什么说什么都不经过脑子，是我总让她失望。对，对，是我的问题，哦不好意思不好意思，我胡言乱语了。
辛锐：明天你生日，她来吗？
林杨：我也不知道。

背景介绍

1. 假期林杨报了"补习班"学习，碰上周周同班的转校生"辛锐"。对方刚转来时，学习很差，打扮土气，家庭条件很不好，人也不自信。善良的周周给予她很多关心和鼓励，不但在学习上热情相助，还将对自己有很大帮助的"主角游戏"也教给了她。从此之后，辛锐夜以继日拼命学习，也上了补习班。她与林杨一起去图书馆占座学习，林杨热情地将自己刻的英语课文的光盘借给了她，所以她的英语进步很大。其实辛锐是有心机的，她在主动接近林杨，但林杨对她并无他感，还婉拒了她邀请自己看电影。

2. 此段戏，辛锐故意让林杨留下陪自己，又借机试探林杨对自己的感觉，还不失时机地想挑拨林杨与周周的关系，但这些都没引起林杨的注意，他心中只有周周。

配音提示

1. 此段配音，应抓住辛锐的有意为之、试探对方的心理与行为，她说话是察言观色的。
2. 林杨的感觉却是一直沉浸在自己和周周的关系当中，他还不时检讨自己，很真诚、很可爱。

《和好谈心》

人物：林杨、周周

地点：路上

周周：我翻译完"雷吉·米勒"的自传之后我还挺开心的。
林杨：必须的呀，替我翻译的。
周周：林同学，你脸皮能再厚一点吗？
林杨：如果有必要的话，可以。
周周：我看完书我也知道你为什么喜欢他了。
林杨：是吧，而且他在赛场上的魅力，不管对手是谁丝毫不逊色。

周周：我记得你原来跟我说过一句话："真正的英雄主义是在看清生活的本质之后依然热爱生活的人。"

林杨：这句话是我中考之后，咱俩一块学习的时候说的吧，你还记得呢？

周周：我看了书才知道，米勒小时候腿也有毛病，他要靠腿部支架才可以行走，所以他才会那么的孤僻，所以才会成长成那么不一般的人。

林杨：《阿甘正传》的现实版。

周周：我给你的翻译版里，后期有一段话是我自己查资料加上去的。

林杨：哪句话呀？

周周：你要明白，我不是不接受上帝，我只是不接受上帝创造的这个世界，更不能去答应接受它。

林杨：可以呀，二度创作！

周周：林杨，你知道我为什么这么信任陈桉吗？

地点：小公园

周周：小学毕业的时候，就是在这个公园里，陈桉哥哥教给了我"主角游戏"。

林杨：主角游戏？

周周：就是把自己想象成一个可以呼风唤雨的大侠，哪怕是身负重伤口吐鲜血，也会有冲出江湖的那一天，我当时就是靠着这个挨过来的。

林杨：所以就是因为这个，你当时一个人考了那么好的成绩，还是放弃了去重点初中，去了十三中。

周周：米勒的自传叫什么？

林杨："与世界为敌"啊。

周周：没错呀，我当时也接受不了自己所处的这个世界，小时候因为家里的事情吃了不少的苦，就因为这个主角游戏给了我一条出路，一个振作的理由。

林杨：所以你既然不喜欢这个世界，不接受它，就自己创造一个，并想象着在这个世界里杀出一条血路。

周周：嗯，所以我才杀到了振华。

林杨：如果，我是说如果，如果你当时选择和我在同一个初中 也许……

周周：也许什么都不会改变，也许我真的会一蹶不振。

林杨：也是，现在想这些"如果"已经没有用了，至少那些阴霾已经过去了。不过周周你真是爱幻想，这么鬼扯的设定，也只有你能认真投入了吧。

周周：其实这个主角游戏帮到的不只我一个人，还有一个。

林杨：谁呀？

周周：当时我看她被欺负得太可怜了，那个状态都有点吓人了，就把这个主角游戏告诉了她，觉得至少有个目标日子能好过一点。

林杨：所以她才在短短的一个学期之内进步这么吓人。

周周：嗯,你不是也对她心动了吗?

林杨：我心动?

周周：你不是还专门送人家你自己刻录的CD吗?

林杨：(笑)

周周：笑什么呀?

林杨：我说你当时的状态怎么跟磕了枪药一样,原来是因为这个CD呀。

周周：我没有,我就问问。

林杨：想不到你还是蛮在乎我的嘛。

周周：真不要脸。

林杨：哎周周,

周周：干嘛呀?

林杨：其实就算要与全世界为敌,我也选择站在你这边。

周周：谢谢!

林杨：对了,明天早晨记得早起跑步。

周周：那你还是别站在我这边了。

背景介绍

1. 林杨的生日前夕,周周看到他对喜欢的NBA球员退役很动心,便到处找相关的书想送给林杨当生日礼物。但最后只找到一本外文版自传,周周就自己翻译出来送给了林杨。林杨很高兴,他觉得周周心里有他了。

2. 此段戏,当林杨和周周二人和好后,他们一起聊了很多有意义的话题,也解开了双方心中的误解。

配音提示

此段配音,双方热情友好、真情流露,但其中也有一点周周的小醋意。配音时应注意前半段二人是边走边谈,所以语言与形体要相合、有动感。后半段,人物画面有背面、侧面、根本看不到口型,但配音也要合上语言节律。

《比翼双飞》

人物：林杨、周周

地点：图书馆

林杨：基本上可以判定在南半球,赤道的线速是1670米每小时,30度是1447千米每小时,图中的数值刚好介于两者之间,也就基本上可以判定为在南半球的低纬度。

周周：你一个理科生,怎么把地理学这么好的?

林杨：也许这就是天赋吧。

周周：你这题有简单做法。

林杨：不可能!张峰老师说了,这道题有且只有一种算法,就是我这种。余周周同学你不至于啊,在地理上跌了分,就得在数学上找回自信。数学靠的是能力,不是虚荣心。

周周:看看,正确吗?

林杨:正,正确。

周周:叫我一声"师祖"。

林杨:周周师祖。师祖,你作为一个文科生,是怎么把数学题做得这么出神入化的?

周周:哎呀,反正不是天赋。

背景介绍

林杨、周周二人和好后,经常一起学习,取长补短。林杨从文科班又回到了理科班,而原本数学拔尖的周周还留在文科班学习。

配音提示

此段配音应配出学霸的自信及二人相处的轻松、自然、愉快。因为此段画面都是近景,还应配出非常贴合的表情与口型。

《毕业坦言》

人物:周周、辛锐

地点:车站

辛锐:19路走了。

周周:我知道,我等下一辆。

辛锐:余周周,我知道我欠你很多,但是我没有办法,我也不知道用什么去还,因为……我到现在还在妒忌你,毕竟,我是真的喜欢过林杨。

周周:辛锐,你看你都到现在了还这么不诚实,其实你谁都不喜欢,也谁都不妒忌,你也没有真的喜欢过林杨,你只是因为讨厌我。

辛锐:是你教我的,要做主角就要学习好,向前看,这样所有的宠爱和光环都会来的。

周周:对啊,你做到了。

辛锐:并没有,我像你一样地努力学习,像你一样地交朋友,一样地去喜欢一个人,可到头来,你还是主角,所有人都围着你转,而我做什么都是徒劳的,因为大家都喜欢你,视我不存在。

周周:我想教给你的主角游戏,只是做自己。

辛锐:余周周,你知道你最让人讨厌的地方是什么吗?你永远是对的,居高临下地去帮助那些不如你的人。而我,只是你展现你无聊同情心的一个方式而已,在你心里,我……永远都是那个抬不起头的辛锐。

周周:你错了,就连辛锐,你都没有做到。

背景介绍

1. 在高三"保送大学"的考试中,凌翔茜因为受一些事的影响复习不够,在考试中试图作弊,她刚拿出小纸团还没看,不经意掉在地上,被旁边的辛锐看到了,凌翔茜非常紧张并用恳求的目光看着她,想让她帮忙掩饰。辛锐倒是用脚踩住了纸团,但当监考教师走过来的时候,她却将纸团踢到教师前面的地上。凌翔茜被抓住了,学校也请她妈妈来到学校,其实,学校当时决定虽然这次保送考试断送了,但不影响高考。可她妈妈还是抓住她的头发让她向学校认错,再争取一下保送机会。凌翔茜羞愧难当跑出校门,她妈妈的叫喊声,惊动了考场内她的好朋友林杨、周周、蒋川,他们一起放弃了考试,追出校门寻找凌翔茜。在朋友们的关心下,凌翔茜没出意外,并和大家一起参加了高考,最后他们一起考到北京上大学。

2. 由于这一事件,最有可能保送上大学的林杨和周周失去了这个机会,毫无疑问,这个名额就落在了"楚天阔"和"辛锐"的头上,文科、理科各一名。当辛锐回到班里收拾东西准备离校时,觉得同学的话刺耳,就发飙指责同学们看不起她,只喜欢余周周。其实,之前辛锐还给学校写了匿名信告发林杨与周周交往密切,惊动校方,好在林杨机智应对,没造成影响。

配音提示

1. 此段配音,双方都心照不宣,准备有一场内心的交锋,公共汽车来了,周周没上车,就为这最后的交流。

2. 配音应表现出辛锐的小家子气、嫉妒心理;周周的不满及最后的提醒意味。她们的台词很有层次,也触及到内心。其实,辛锐对周周的妒忌是显而易见的,她对林杨的喜欢也是真的,她的处境就是残酷的现实存在。

电视剧《人世间》(片段)

编剧 王海鸰

导演 李 路

电视剧《人世间》,表现的是中国东北某城的一个平民区"光字片"中姓周的三代十几口人、几十年跌宕起伏的人生经历,展示了中国改革开放的社会巨变,也歌颂了劳动人民勤劳正直、自尊自强的美好精神。

在那特殊的年代里,周家的男主人在西南"大三线"工作,老婆在家带着三个孩子。中学毕业后,大儿子"周秉义"去了东北兵团,女儿"周蓉"去了贵州插队追寻他崇拜的诗人"冯华成"。按当时的政策:一家只能留下一个孩子,所以只有小儿子"周秉昆"在家陪伴着妈妈。周秉昆长大后进了工厂成了工人。一个机遇,他遇到了美丽、坚强、善良、不幸的"郑娟",周秉昆的正直、善良打动了对方,后来成了他的伴侣。但这个女人的孩子却是之前被人酒后欺负所得(当时,因无法开证明所以没打掉)。然而,周秉昆冒着"婚前生子"的恶名与丢掉工作的危险、家人的反对,勇敢地承担了孩子父亲的责任。他对这个男孩视如己出起名"周楠",并且非常爱护他们母子。

改革开放的大潮,给周家人带来了很大变化:周秉义和周蓉如愿考上了北京大学。周秉义毕业后从政走上了领导岗位。周蓉毕业后当了老师,但她和丈夫因为房子没解决,所以一直将女儿冯玥放在周秉昆家和老人那里长大,因此,女儿玥玥跟父母始终不亲,却和哥哥"周楠"感情很好。渐渐长大的两个孩子还产生了朦胧的感情。周楠的亲生父亲"骆士宾"改革中也去南方发展创下了不小的产业。由于他曾受过伤不能生育了,就闯进了周楠的生活,试图带走他的孩子,送其出国留学,回来后接手自己的产业。他的拜访给郑娟、周秉昆、周楠甚至玥玥的心里都带来了很大冲击。

本剧所选的这几个片段,主要是围绕着周家的第三代人周楠与冯玥之间的理想、情感生活而展开的。

《误会》

(菜市场)

玥　玥:妈,你给我讲讲你年轻的时候。

周　蓉:关于——感情?

周秉昆:土豆咋卖的?

卖菜妇:要得多吗?多给你便宜点。

周秉昆:黄瓜咋卖?

卖菜女:便宜着呢,新鲜,看看。

周秉昆:行,捡几根。

周　楠:爸,到底啥事啊?我作业还没动呢。

周秉昆:昨儿你姑来电话了,咋的,说玥玥喜欢你。没让你姑告诉你妈。你咋想的?

周　楠:你们这些大人真是无聊透顶,背地里净说这些有的没的。行,我还未成年,还得归你们管,还有义务回答你们的问题。我怎么想的,跟我妈无关,跟你也无关,跟玥玥也无关。

玥玥:什么事啊,哥。

周秉昆:姐

周　楠:姑。玥玥。

玥　玥:小舅。哥。

周　楠:嗯。明年高考,我想集中精力好好学习,考清华。

玥　玥:你不去美国了?(周楠摇头)为什么?看来那个骆士宾犯了跟我一样的错误,自作多情。你一直都这么有理想,有追求。小舅,我哥跟您说过吗,骆士宾的那个什么帝国压根不在他的眼里,他的目标是整个世界。所以你们多余担心了,像这样的一个人,怎么可能为了什么儿女情长所左右。更何况,这所谓的儿女情长,也只是一个误会。

周　蓉:玥玥!

周　楠:买菜。

背景介绍

由于骆士宾的到来,玥玥很怕哥哥离开,所以她一直在关注着周楠的行踪,一次因时间很晚还差点出了危险,恰巧被周楠解救了。之后,当她从妈妈周蓉与大舅妈郝冬梅的通话中知道了哥哥周楠的身世后,反而高兴她和周楠没有血缘关系。但她还是拿不准周楠对自己是否也有同样的感情。其实,周楠知道玥玥对自己的感情,但为了不让妈妈为难和面临高考,他理智地压抑自己,全力以赴投入学习当中,立志要考上清华大学。

演播提示

1. 玥玥的心理是急切地想了解周楠的真实内心,当她听到周楠不冷不热的回答很失望,便用嘲讽的语气发泄自己的不满。

2. 周楠知道玥玥的心理,也知道大人们的担心,更关心妈妈的处境,所以现在他什么也不能说。因此,他的表现是压抑自己,委屈但不能吐真言,表面还要无所谓。

《经验》

(路上)

周　蓉:玥玥,你才17。

玥　玥:各方面都不成熟,感情上也是。

周　蓉:你们还小,等得起。

玥　玥:等什么?

周　蓉:变化。

玥　玥:那要是到时候他也变了呢?

周　蓉:他要是真变,现在跟你海誓山盟也没用。玥玥,做好咱们自己,具体到你,不提这事也不逼他,不逼他现在做非此即彼的选择,你这样逼他只会把他逼走。这事往根上说,还是怪我。你可以做到为他抛弃一切,但他不是你,因为他的妈妈,比你妈我做得好太多,所以你很难理解他对她妈妈的感情。从我的角度来看,楠楠的反应很正常,如果他不是这样的,他反倒不值得你喜欢他。

玥　玥:我就是想问问,到底喜不喜欢我。我不问了。

周　蓉:没意义。你只要记住两点:第一,多为对方想。二,做好自己。

玥　玥:我刚才不该冲他发脾气。

周　蓉:没事,向前看。哎,玥玥,告诉你一个我的人生经验吧,对于咱们女的来说,吸引对方,比追求对方重要得多,也管用得多。所以我刚刚说要做好自己。傻样儿,比你妈还傻。

背景介绍

冯玥之前很怨恨、反感自己的父母,觉得他们不关心自己,总把自己丢到亲戚家里。小舅家住不下了,就被放到大舅妈家去。但当她听到妈妈与大舅妈的通话后,她觉得妈妈肯从自己的角度思考问题,是理解自己的,于是她同意回到妈妈新分的房子去,回到新家与父母同住。面对当前的情感问题,她也很想从过来人的妈妈那里得到些什么。

演播提示

1. 玥玥的妈妈周蓉是个聪明、漂亮的女性,她从小学习就好,也有自己的理想与追求,很多人都喜欢她。中学毕业后由于当时的政策原因,虽然哥哥已经"上山下乡"走了,但她和弟弟却只能留下一个在家,加之她崇拜比她大的诗人"冯化成",便留给家人一封信,追随冯去了贵州插队。后来周父去贵州看望女儿,也认可了冯。谁知现在他们的感情反倒出了问题,周蓉也认识到自己年轻时"爱情至上"想法的天真。身为知识女性的周蓉现在对人生、情感已有很多很新的见解,作为教师的她也懂得年轻人的想法。所以她与女儿交谈时像朋友一样,没有一点强加与不屑。因此,她的语言是关切、温和、引导的。

2. 一向自视较高的玥玥,喜欢与妈妈这样的交流,对于妈妈的建议也心悦诚服。她的话不多,乖乖地听着妈妈讲话,吸收着妈妈的人生经验和引导劝慰。

《交心》

(江边)

玥　玥:上课不听讲,下课不学习,放了学我就出去鬼混,作业我是绝对不做的,考试成绩一次比一次差,最后这一次倒着数。老师说得都对,我妈也绝对没夸张,我比她们看到的、了解的,有过之无不及。你别告诉她们啊,我不想听她们啰嗦。

周　楠:清华呢?

玥　玥:清华是啥呀?

周　楠:你真让我失望!

玥　玥:失望是因为希望,你压根就不该对我抱有希望!我就是个垃圾,亲爹亲妈都不要的垃圾!

周　楠:你妈刚才都哭了。

玥　玥:早干嘛去了?小时候把我扔你们家,你们家住不成了扔大舅母家,现在呢,家都没了。既然我都说到这儿了,我还要谢谢你呢,这些年幸亏有你这么个人在。你不知道呢吧,楠楠哥哥,你一直是我的精神支柱呢。

周　楠:玥玥,我还是我。

玥　玥:是,你还是你,我也还是我,但又都不是了,咱们都不是小孩了。周楠,你有理想、有追求,你肯定前途无量。我之前一直以为我跟你一样,压根不是。我这个人吧,又自私、又软弱还虚伪,我连人都做不彻底,我谈什么理想追求呀!我自以为自己是稀世珍宝,到头来不过一团茅草!

周　楠:说完了?你说你自私、虚伪、软弱。但在我眼里,你一直是一个聪明、真诚、有主见、没小事的人,这也是我最喜欢的女孩的样子。冯玥,我知道你在想什么,我明白你对我的感情,其实我也是一样的。但你再这么下去,你觉得我们还能完成在清华相见的约定吗?我们还能有更多可能性吗?!

(冯玥家楼下)

周　楠:冯玥,走一步,看一步,走一步走好一步。苦是嘛?嚼嚼咽了,我们一起。

背景介绍

周蓉从北大毕业回来当了教师,但与丈夫因分房、送礼等一些问题产生了分歧出现了裂痕,对方很失望,觉得周蓉不再仰视自己了,很伤心,因此,他没抵御住一名年轻女生的崇拜与追求而出轨了,于是他和周蓉离了婚。虽然周蓉之后接受了从同学时代就一直爱慕自己的同学"蔡晓光"的感情,但家里的这些变化,严重刺伤了女儿玥玥的心,加之周楠最近只拼命地学习,做高考前的最后冲刺,没与她见面交流,因此她又回到失望的境地,她放纵自己,不学习、出去混。周蓉从家长会老师那里得知这些后,非常着急,但她知道玥玥根本不听她的,就只得去学校等候下晚自习的周楠,求他拉玥玥一把,不想让玥玥就这么滑下去了。周楠听后也很着急,立刻找到玥玥去的舞场,把她拉了出来。

演播提示

1. 这个片断中玥玥的语言较多,她在周楠面前毫无顾忌地敞开了心扉,她的语言带有点玩世不恭的味道与无奈,更有极大的失望。

2. 周楠的心情一直很痛,他了解玥玥的内心与痛苦,此时,也只能提前打开自己的心扉,告诉了玥玥自己的真实想法。他尽最大努力一定要把玥玥拉回来!他还激励玥玥努力学习,实现他们的约定:在清华相见!他的真情与激励终于唤醒了玥玥。

《如愿》

(清华操场)

周　楠:快点!

玥　玥:这儿太美了!哥。

周　楠:哎,食堂和图书馆的位置记住了吗?

玥　玥:嗯,我都记住了。

周　楠:小时候来北京的印象都没了吧。

玥　玥:是有点记不清了。

周　楠:(笑)这回好了,回头一有空,我就带你到天安门、人民大会堂去转悠。哎,全聚德你知道吗?回头我就带你去吃。

玥　玥:哎,小点声。这都是我未来的同学呢,被他们听到了以为我是土包子。

周　楠:你什么时候变这么虚荣了。这有啥,全聚德!全聚德!全聚德!哎,你高考那天,我还去了北京的一个考点,(玥玥:呦)紧张的我呀,比我自己考的时候还紧张。

玥　玥:感动死我啦!

周　楠:不要自作多情嘛,说好了在清华等你,你说你万一要是考不上,我咋走啊。

玥　玥:走?你去哪?

周　楠:玥玥,你知道当初我为什么放弃清华特长生奖励,非要自己硬考吗?因为如果要了那个奖励,我就必须留在清华读完本科。可我得尽快出国留学。

玥　玥:我来了你走?

周　楠:你成熟了,我走。早去也是为了早回。

玥　玥：然后呢？

周　楠：然后，学成回国，干一番事业，把爸妈接到远离光字片的地方。

玥　玥：嗯。只要离开光字片，所有的障碍就不是障碍。然后我们就能生同枕，死共眠。

背景介绍

在妈妈和周楠的真诚帮助下，玥玥又回到了以前好学生的自己，她努力学习，终于在清华园与周楠相见了。他们畅谈着相见的喜悦和今后的打算，憧憬着美好的未来。之后，周楠去了美国留学。本来已经放假，他在从机场回家的路上遇到抢劫，为了保护开车送他的同学，他被劫匪开枪夺去了年轻的生命。令人无尽惋惜！一个聪明、懂事、正直、向上的鲜活生命就这样离开了我们，但他短暂的一生给多少人留下了思考。玥玥后来大学毕业，工作也不错，她还实现了妈妈当年的理想，帮助她插队所在的贵州山区办学。她告诉妈妈，周楠从来就没离开过她。

演播提示

1. 周楠与玥玥在清华园相见后非常高兴，他的语言是明朗、兴奋的，不同于以前总收着说话。现在的周楠阳光、自信。

2. 周楠终于帮助玥玥也跨进了清华园，玥玥的语言同样充满了兴奋与快乐，还有点小虚荣。她一直希望和周楠能像姥爷、姥姥一样，"生同枕，死共眠"。

电视剧《以家人之名》（片段）

编剧　水阡墨　王雄成

导演　丁梓光

剧情介绍

电视剧《以家人之名》讲述的是三个没有血缘关系的孩子从小到大的故事。哥哥"凌霄"的爸爸是位民警，工作非常忙所以顾不上家，妈妈陈婷生育了女儿后不工作了，在家照顾孩子，但她怨气十足，心理有些问题，因此经常跟丈夫吵架。一次妈妈出去打麻将门反锁，导致小凌霄给妹妹吃核桃时被卡住，出不去，无法找人施救，最后妹妹死去。邻居的女孩"李尖尖"从小妈妈病逝，爸爸开面馆陪伴着她。李爸也很喜欢小凌霄，一直照顾着他。这更加剧了妈妈的心理问题，最后在一场激烈的争吵后，父母离婚了，妈妈走时没带走凌霄。小哥"贺子秋"父母都是农村人，父母离婚后，妈妈来到城里独自打工带他生活，一系列灾难导致妈妈再无力抚养儿子了，就将子秋送给了之前的对象李爸抚养。就这样三个没有血缘关系、在原生家庭遭遇过不同伤痛的孩子，机缘巧合凑在一起成为了兄妹。李尖尖很高兴自己得到了一直想要的哥哥，他们在"李爸"和"凌爸"的共同养育下幸福、健康地成长。而凌霄、子秋在原生家庭遭遇过不同伤痛的孩子，心理问题仍如影随形。

凌霄的妈妈离婚后在新加坡再婚，还生了个妹妹，但遭遇车祸，丈夫去世，自己也严重受伤，所以凌霄不得不去新加坡上大学照顾她。凌霄本想大学毕业就回来，但自私的妈妈伤基本好了也不让他回来,他忍受着内心的煎熬,睡不着觉靠药物支撑,自己心理上也出现了问题,他只靠想念自己的新家和李尖尖来支撑自己。学习好又帅气的凌霄,本来可以有很好的人生前途,但在这样的原生家庭,情感方面他已经没有能量再去认识陌生人了。当他终于找机会回来了,也有了不错的工作,就紧紧抓住了李尖尖,否则自己就会沉下去了。而他妈妈试图拆散他和尖尖。最后在事实面前,他妈妈羞愧自杀但被救,便又回到新加坡,凌霄也和尖尖结合了。

贺子秋在李尖尖家从小就很懂事,善良的李爸更心疼他。长大后子秋还一直为李爸帮厨、做家务。子秋不但像妈妈一样长得漂亮,还很善良,他从小就带着顽皮得像男孩子一样的李尖尖玩,对方出错他来顶。但在高中毕业前夕,他那没有责任心的亲生父亲来找他,要带他去国外留学,因为亲爸再婚,女方家里很有钱但他们却没孩子,子秋坚决拒绝。后来因怕对方再来给李爸的面馆捣乱,也怕他们加害李尖尖,还为减轻李爸的经济负担,子秋只得走了。在国外,由于子秋坚决不改姓,亲爸就经济制裁他,只供他一年学费。他就边上学边打工,毕业后,又打几年工,学艺攒钱回国创业。他就是想报恩收留他、关爱他的李爸和尖尖。当他知道尖尖与凌霄走到一起后,心有不解,其实他也很喜欢尖尖。最后,子秋终于打开了心结,知道了当年妈妈不再管他的真正原因,那是一种无奈。经过一番交流与接触,子秋的妈妈终于和善良的李爸结合了,子秋也终于和李尖尖在一个户口本上,成为一家人。

面对生活中的各种磨难,三兄妹选择了理解与相助,他们终于勇敢地走出了过去的阴影,让彼此成为了更好的自己,也让不靠谱的父母直面了自己的问题。然而,原生家庭的问题,太应当引起当代人的重视了!

《庄北破解》

人物:子秋、庄北、郑舒然

地点:子秋店

贺子秋:赶紧吃吧,又熬夜了?

庄　北:昨儿写了一宿诉状,累死了。

贺子秋:那你先写吧,我去忙了啊。

庄　北:啊。

郑舒然:小哥!

贺子秋:你怎么又来了呀!

郑舒然:我今天约了朋友见面。哦今天没什么人啊?正好,没什么人我聊天儿更方便。

贺子秋:哼,哼哼

庄　北:谁呀?

贺子秋:没谁了,我最讨厌那个。

庄　北:李尖尖她男朋友啊?

贺子秋:哼!

庄　北:这看着还行呀,没像你说的那么变态呀。

贺子秋：这叫还行啊？你瞎吧，这叫还行啊？！

庄　北：那你觉得李尖尖得找个什么样的你才满意啊？

贺子秋：李尖尖找什么男朋友哇？不是，我的意思是说她还没到年纪她又不大，她先事业为重。

庄　北：那你的意思就是她不需要找人陪啦？

贺子秋：有人陪她呀，我、贺凌霄以后都陪着她。瞪着我干嘛？

庄　北：你在国外没交个女朋友？

贺子秋：开什么玩笑，我哪有时间交女朋友呀。

庄　北：也没有喜欢的？

贺子秋：我哪有时间喜欢别人啊。

庄　北：就等着回来找李尖尖？

贺子秋：对。

庄　北：破案了。

贺子秋：破什么案，你把话说清楚。

庄　北：你，喜欢你妹。

贺子秋：我怎么可能喜欢……

庄　北：别急着否认啊。我问你，你是不是无时无刻都在想着她，然后对未来的规划里边也有她，而且只有她，除了她别人都不行？

贺子秋：去你的，那能一样吗？

庄　北：这有什么不一样的？我都觉得挺好的呀。你要跟李尖尖结了婚了，你俩就在一个户口本上了。你不要把自己局限在固有的思维里边，你换个角度想想，你所有重要决定的动机，是不是单纯的？

贺子秋：我，我有什，什么，什么动动机呀，我就是单纯地对她好。

庄　北：合着他们说你是倒插门的童养夫，这不是开玩笑哇？这是你人生定位啊，兄弟。

贺子秋：你怎么话这么多呢！你，写，写个东西写不死你！写，写死写死你，烦死了！

郑舒然：嗨，

……

背景介绍

1. 凌霄和子秋学成回国后，发现李尖尖对他们明显冷淡，并且二人都想让李尖尖与其雕刻网友"郑舒然"分手。理由是对方啃老、思想前卫、不靠谱。

2. 此段戏，子秋的好友"庄北"大学学习的是法律专业，他看到了子秋对郑舒然的表现，判断出子秋对尖尖有另一种感情，但子秋自己还没弄清是亲情还是爱情。

配音提示

1. 此段配音，应抓住子秋的极力掩饰，语言有躲闪感。

2. 要配出而庄北的语言步步跟进，内心感觉积极。

《子秋表白》

人物：子秋、尖尖
地点：李尖尖家

李尖尖：啊,小哥。

贺子秋：吓我一跳。

李尖尖：你吓死我了。

贺子秋：哦对了,我看见凌霄上楼了。

李尖尖：哦你别管他。快快快过来,帮我涂一下这个风油精。

贺子秋：哎好。

李尖尖：我被蚊子咬死了!

贺子秋：怎么这么招蚊子呀?

李尖尖：哥说我体温高。

贺子秋：怎么?还在生凌霄的气啊?我听爸说了,凌霄回来那天,就立马去给慧颖阿姨上香了。

李尖尖：不是,不是,没生气。哎哟,我还是觉得跟你在一起舒服呀。

贺子秋：啊,真的嘛?

李尖尖：嗯。我这,这里痒。

贺子秋：你别挠,我拿风油精给你好好揉揉。

李尖尖：还有

贺子秋：知道啦,知道啦。别挠,别挠啊。哎,李尖尖,我这跟你商量个事啊,你看你答不答应。

李尖尖：说。

贺子秋：你说跟我在一块不是挺舒服的嘛,要不咱俩就在一起呗。

李尖尖：什么在一起啊?

贺子秋：我不想当你哥,我想当你男朋友。

李尖尖：哎呀!

贺子秋：你听我说完!我已经想得很清楚啦,

李尖尖：你你你,

贺子秋：我不放心把你给任何男人,这个世界上,而且没有任何男人比我更加心疼你。

李尖尖：啊!

贺子秋：我必须亲自照顾你我才能够放心!

李尖尖：你要干嘛呀!

贺子秋：等咱们结婚了之后,咱们就跟以前一样,我等于入赘了,家庭结构内没有任何的变化。而且以后咱们生了孩子,我也可以照顾他。

李尖尖：你有毛病吧?贺子秋你是不是有毛病!

贺子秋：你冷静一点！

李尖尖：我冷静个屁呀！我冷静个屁呀！我把你当哥哥，你要跟我生孩子？！我告诉你，这事儿我爸知道了，你让他怎么想？！

贺子秋：我已经跟爸说了！他让我想清楚，我已经想清楚了。

李尖尖：啊！哎呀！

贺子秋：李尖尖，李尖尖！

李尖尖：坐下！坐下！

贺子秋：我跟爸说，是因为这事总不能偷偷摸摸的吧？

李尖尖：你还告诉谁了？

贺子秋：就庄北，他还是自己猜到的。你放心，我不会把这件事情弄得人尽皆知，让你为难的。你就找点时间，找点空闲好好思考适应一下。

李尖尖：那我是不是还得跟你常回家看看，我谢谢你啊。

贺子秋：不用客气。

李尖尖：千万千万不能告诉哥！他现在……脑子有问题。你千万不要再给他添毛病了。

贺子秋：我知道，他脑子一直不好使。等咱们俩在一块……

李尖尖：咱俩就不可能在一起。

贺子秋：我会加油对你好的。

李尖尖：一堆堆乌云，像青色的火焰，在无底的大海上燃烧。大海抓住闪电的箭光，把它们熄灭在自己的深渊里。

贺子秋：不是，我跟你说正经事呢，你给我念《海燕》干啥？

李尖尖：这些闪电的影子，活像一条条火虫，在大海里蜿蜒盘旋。

贺子秋：蜿蜒游动。

李尖尖：蜿蜒游动，一晃就消失了。暴风雨，暴风雨就要来啦。这是勇敢的海燕！在怒吼的大海上，在闪电中间，高傲地飞翔！这是胜利的预言家在叫喊：让暴风雨来得更猛烈些吧！哈哈哈，哈哈哈，哈哈哈

贺子秋：海燕，你鞋没拿！我会加油的，好好对你！那我回屋了啊。

背景介绍

1. 李尖尖与郑舒然分手之后，凌霄已经向尖尖表白了自己的心意。但到此为止李尖尖还没有领悟到这到底是怎么回事？她认为这种想法不合情理，也很反感。但凌霄患有焦虑症，睡眠非常不好，她又不好执意拒绝。

2. 此段戏，是子秋在与李爸讲明了自己想和尖尖在一起的想法并得到李爸的认可后，他也来向尖尖表白了，吓得尖尖想起了《海燕》，惊恐一场暴风雨不可避免了！而子秋还是抓住机会不放，执意表白自己的心意，这就构成了一个矛盾高潮，很有戏。

配音提示

1. 此段配音,应抓住子秋的积极与执着,尖尖的惊恐与拒绝。

2. 二人的语言表达都情感饱满,交流积极。语言有不少叠合部分,注意吐字清晰,语流顺达。要表现出意思清楚,气氛热烈。

《凌霄心理》

人物:凌霄、尖尖

地点:凌霄屋内

凌　霄:喂,妈。噢,在客厅玄关处,第三个抽屉的透明盒子里。噢,吃过饭了,和尖尖聊天呢。

陈　婷:那让我和尖尖说两句呗。

凌　霄:不好吧。

陈　婷:这有什么不好的呀。

凌　霄:我妈想跟你聊天。

陈　婷:快点,快点。尖尖啊,你好!我是陈婷。

尖　尖:哎,陈婷阿姨,您好!您身体还好吗?

陈　婷:挺好的。我现在可以自己照顾自己了。你爸爸身体也挺好的吧?

尖　尖:呵呵,我爸爸也挺好的。谢谢你的关心。

陈　婷:我听说,你凌霄哥租在你对面了是吧?你们现在能互相照顾了,我也放心。

尖　尖:哎,嘿嘿嘿,啊。

陈　婷:要是没别的事就这样啊。下次见啊,再见!

尖　尖:噢,阿姨再见!啊,你妈变异了?

凌　霄:我也不知道,她可能自己已经想通了吧。

尖　尖:我之前还考虑过你妈的问题呢。

凌　霄:考虑什么?

尖　尖:你妈跟你妹都不喜欢我,那如果我们在一起的话,她们肯定是极力反对的。如果我们宣布恋情,那就是火星撞地球的效果。

凌　霄:你这么在乎她们的看法?

尖　尖:我在乎不在乎都不重要,重要的是它一定客观存在。

凌　霄:我本来还担心你没心没肺的,什么都不想,原来你想那么多。

尖　尖:对了,嘿嘿嘿,你是从什么时候开始,对我有这种想法的?

凌　霄:很早,高中的时候,所以,我不让你进我房间。

尖　尖:这么早熟啊!

凌　霄:是你太晚熟了。

尖　尖:那,那你要是在新加坡的时候,我结婚了怎么办?

凌　霄:想过,你要是结婚了,我就等着你,等着你离婚,或者帮你照顾孩子之类的。要是你不离婚的话,我就一辈子做你哥哥。

尖　尖: 你等我?这个想法太悲观了,好女孩到处都是。

凌　霄: 你不明白,像我这样的人,已经没有重新跟陌生人建立感情的能量了。跟你在一起,是我的本能,是自救。如果你不抓住的话,我就会沉下去。

尖　尖: 不太明白。虽然我不太明白,但是不管什么时候你向我伸出手,我都会抓住它的。跟陌生人建立情感的能量,我也没有了,在你跟小哥身上,已经透支了。

背景介绍

1. 在这之前尖尖对凌霄为什么对自己产生这样的情感不太明白,她只是有对哥哥的爱。这次深入的谈话,使她真正了解了对方的内心,这是一种本能与自救。

2. 此段戏,分为两部分,前一半是凌霄妈妈的主动交流,让尖尖惊奇与尴尬;后一半是尖尖一直想问的"为什么"?从凌霄坦率的话语中,我们看到了原生家庭给一个人带来多大的影响。这是一种无奈与自救。

配音提示

1. 此段配音,要表现出尖尖与陈婷的通话,感觉上的被动和语言上的敷衍,以及尖尖向凌霄提出自己心中疑问的不好意思。还要表现出凌霄回答尖尖疑问的坦率与压抑。

2. 特别要注意尖尖与凌霄妈妈通话交流时尴尬的语言气口处理:"呵呵,我爸爸也挺好的。谢谢你的关心。"按常理是应这样处理的。但为了表现言者的无奈应付,气口竟在"你"字后,将"的关心"三个字相连,使这种感觉更鲜明,也更有戏。

3. 特别要体现出凌霄说"你不明白"这几个字的内涵,这几个字绝不能轻松出口。因为这里有凌霄的心酸与无奈。虽然凌霄的个人条件很优秀,但他明白婚姻不只是两个人的事,也是两个家庭的事。通常离婚家庭出来的孩子不自觉地大多都有这种自卑心理。这里凌霄的话也体现了本剧的立意。

《子秋坦言》

人物: 子秋、尖尖

地点: 银行取款机处

李尖尖: 走吧。

贺子秋: 你和钱婆婆说什么呢,神神秘秘的?啊?这事瞒着他不太好吧。

李尖尖: 哎呀你别管了,走,打车去。

贺子秋: 我先去取点钱去。

李尖尖: 行!

贺子秋: 你这搞得跟我偷钱你放风似的。

李尖尖: 你怎么取这么多钱啊?

贺子秋: 哦,给员工发工资。

李尖尖: 你给员工发工资转账就好了呀,现在谁还取现金啊。

贺子秋：我下个月再转。

李尖尖：你用信用卡取钱?

贺子秋：是吗? 我没注意。

李尖尖：你为什么要用信用卡取钱? 你没钱了吗?

贺子秋：就是资金周转,出了点问题。

李尖尖：那你找赵华光要啊。

贺子秋：我为什么要找赵华光要钱?

李尖尖：你的钱不都是他给的吗?

贺子秋：不是。

李尖尖：哎等一下,等一下,等等等! 哎呀什么意思? 那,那你开店的钱谁给的?

贺子秋：不是谁给的,是我自己的。

李尖尖：你自己的是什么意思啊? 你哪有那么多钱?

贺子秋：我自己赚的呀! 我从开店到现在用的每一分钱,都是我在国外一分一分自己攒的,跟赵华光一点关系都没有! 我这么说你能明白吗?

背景介绍

1. 子秋回国后从来没讲过他在国外真实的经历,周围的人还以为他是"富二代",以前嫌弃他的亲戚们,现在都上赶着要给他提亲。当他二姨因家人生病借钱时,要借2万元,他却好心地给了4万元(借条只写了2万)。后来,子秋由于开业地点不适,生意不景气,所以资金周转出现困难。

2. 此段戏,既要表现出尖尖发现子秋秘密时的惊奇与关切,也要表现出子秋实在瞒不住自身秘密后的无奈坦言。

配音提示

1. 此段配音,应配出尖尖发现、追问的情绪,语言动作积极,还要兼顾形体追跑的动态和语言的相合。

2. 要配出子秋的掩饰、无奈、被逼坦白的情绪。这之中有小层次及感觉的变化,语言音量、音色也有变化。

《凌霄受伤》

人物：凌霄、尖尖

地点：饭馆

李尖尖：哥,以后我们在小哥面前,我们也保持一点距离。

凌　霄：为什么?

李尖尖：我怕他一时之间,不好接受。

凌　霄：他不接受就不接受,他自己消化。

李尖尖：不能这么狠心。

凌　霄：还是你要重新选？选他？

李尖尖：你怎么跟个刺猬似的？

凌　霄：你可怜我就可怜到底！不要看到别人更可怜，就转头可怜别人，行吗？

李尖尖：什么叫可怜啊？你到底看不起谁？

凌　霄：你难道没有一点可怜我吗？

地点：街上

李尖尖：哥！谁可怜你啊，你别闹了行不行？

凌　霄：郑舒然跟你分手的原因，我知道。要不要重新验证一次。

李尖尖：验证？在这种氛围下，我完全不想亲。

凌　霄：没关系，你不想也没关系，我们之间十几年的感情，早就已经是家人了，比纯粹的爱情更加牢固，你跟我在一起就好了，我不在乎。

李尖尖：我在乎，你怎么能这么想呢？

凌　霄：你要我怎么想？！

李尖尖：我要是不喜欢你，我怎么会答应跟你在一起？

凌　霄：你说过如果我掉下去，你会抓住我。

李尖尖：那不一样！

凌　霄：我知道不一样！我不强迫你接受的话你会选我吗？你一个人可以活得很好，你有很多朋友。我不行，我没有，我必须有你，你必须在。

李尖尖：哥，你的生活不只是有我呀，你没有别的喜欢做的事儿吗？那你在新加坡，除了照顾陈婷阿姨和妹妹，还有上学，你都做什么？

凌　霄：想你，想家，做白日梦，想象在你身边生活，想象着回来见你，跟你结婚，得有个孩子，一家人开开心心，我连孩子名儿都想好了。

李尖尖：哥，你怎么了？你是不是病了？怎么都没有人发现你生病了？

尖尖旁白：我珍爱的人，我远远地看过他一眼，他在远方，还在光芒的中央，那么耀眼，那么完整。可在我不知道的地方，他被打碎过，我更不知道，他在深夜里，是怎样地痛过，又是怎样将自己一片一片地找回来，拼成完整的、耀眼的样子。现在我走近了，终于看到了他满身的裂痕。

背景介绍

1. 自从知道了子秋在国外的艰辛生活，尖尖再也不怨他没早回国，她既心疼凌霄也心疼子秋，尤其在她选择了与凌霄在一起后，更不想伤害到子秋。凌霄也知道这一点，但他的心理问题不能不让他必须抓住尖尖，理性告诉他尖尖的爱心没错，但感性与现实又让他不得不"自私"一点。

2. 此段戏，前半部是尖尖与凌霄闹矛盾，后半部是通过了解，尖尖进一步看到了凌霄的痛苦与心理问题。

配音提示

此段配音,前边要抓住尖尖的劝说与不满,后边要表现出尖尖的理解与动情;还要抓住凌霄内心的惶恐不安与坦率直言。

电视剧《锦衣之下》(片段)

编剧 胡 娜 林雅婷
导演 尹 涛

剧情介绍

明朝嘉靖年间,严嵩、严世蕃父子黑暗当道,陷害忠良,权倾朝野。锦衣卫指挥使"陆廷"的儿子"陆绎",年轻正直,忠于职守,是无情的"锦衣卫"佥事。(锦衣卫,作为皇帝侍卫的军事机构,还从事巡查缉捕、审问等活动,也参与收集军情、策反敌将的工作。其首领称为锦衣卫"指挥使",这一重要职位一般由皇帝的亲信武将担任,直接向皇帝负责。锦衣卫可以逮捕任何人,包括皇亲国戚,并进行不公开的审讯。)

嘉靖三十七年,以汪直为首的倭寇猖狂侵袭明朝沿海城市,同年兵部沿海布防图失窃,陆绎奉旨调查。陆绎的逼供手段狠辣,但很快就从知情人口中得知是谁偷走了布防图。陆绎奉命联合"六扇门"一起办案(六扇门是个集武林高手、密探、捕快、杀手于一体的诡异组织,与锦衣卫一样也是朝廷之官,但又直接与黑道、江湖人士打交道,办案效率很高)。在办案中,陆绎认识了天赋异禀的六扇门女捕快"袁今夏",她武艺了得,是探案高手,深得信任。此案合作之初,陆绎与袁今夏并不和睦。之后,陆绎又奉命调查"扬州修河款失踪案",再次与六扇门首领杨程万、杨岳父子及袁今夏合作。在复杂的破案过程中,陆绎看到了袁今夏的能力和为人,袁今夏也看到了陆绎的能力与人品,二人加深了解,冰释前嫌,逐渐产生了好感。在出生入死的办案合作中,陆绎以身挡毒箭保护今夏,今夏也以身养蛇毒救陆绎,二人患难与共,情感深厚。(在这个过程中,他们二人还与陆绎的手下"岑福"、今夏儿时的伙伴"谢霄"、医术高手"林菱"、林菱的师兄"丐叔"、乌安邦朱雀堂主"上官曦"及出家人"蓝青玄"一起为破案而战)。

当陆绎、今夏一行人完成了所有破案任务回到京城,陆绎去今夏家提亲,他们的恋情却出现了波折。原来今夏是前首辅"夏然"的孙女,当年夏然被陷害满门抄斩,只有今夏被巧妙留下,后来被袁大娘从孤儿院领走收养。其实陆绎的父亲陆廷与夏然的被害有牵连,当陆绎通过调查知道了此事后,不得不先假意与今夏分手,实则是在保护她,怕严家知道后会加害于她。但严世蕃也已经知道了今夏的身份,他为了打击了解自己诸多犯罪底细的陆绎,将今夏抓走折磨她,想让陆绎去救她,从而抓住陆绎的把柄将其击倒。当时,陆廷病得很重,但他叫来今夏,给了她自己保存多年、今后如为夏家翻案所需的材料,还特别叮嘱不能急,一定要等到下一任皇帝登基时才能行动,现任皇帝在位时是绝无可能翻案的。陆廷也给了陆绎他所保留的严世蕃的罪证,欲帮助儿子最后取胜。当陆绎与蓝青玄联手借皇帝之手打掉了严家之后,陆绎急于替夏家翻案遭到皇帝的封杀,将他投进大牢。今夏想尽办法凑钱给看守,获得进入监狱看望陆绎的机会,她流泪嘱咐陆绎不要灰心,要好好吃饭,挺住!她一定想办法救他出去！之后，今夏冒险闯进了当时的次辅"徐敬"家里，她亮明身份请求帮助。徐敬知道"夏然案"的真相，他也是陆绎的朋友，最后他冒险进言，皇帝暂时没杀陆绎。最终，新皇帝登基，大赦天下陆绎被释放并官复原职，他与今夏终于走到了一起。

《陆绎审案》

人物：陆绎、被审者

地点：锦衣卫诏狱审讯室

（打人声与哀嚎声交替）

被审者：啊！——啊！——啊！哎呀！——哎！——哎！

部　下：（打人）嗯！嗯！嗯！——嗯！

被审者：你们有何证据抓我，抓我入诏狱？啊！啊！我要面圣，我要弹劾你们。啊——啊！陆绎，你为何要抓我？

部　下：大人，大人。

被审者：你们北镇抚司也敢动我们兵部，你就不怕……啊！你到底要干嘛？

陆　绎：我给你个机会，问我三个问题，以此来猜一猜你为什么会在这儿。

被审者：我不问。啊！哎……哎——我问，我问，哎……哎，是不是跟兵部司务厅有关？

陆　绎：对，下一个。

被审者：司务厅又丢东西了？

陆　绎：对，下一个。

被审者：丢的是什么？

陆　绎：丢的是什么？我也很想知道。

被审者：呵……呵呵……真、真是幽默，我不知道。啊！哎……哎我真的不知道。

陆　绎：一个无辜的人，根本不知道从何问起，而你明显心知肚明。啊?!

被审者：我真的不知道。

陆　绎：还不知道，还不知道！

被审者：我说，我说，是沿海布防图，兵部怀疑，是曹昆偷走了布防图。

背景介绍

兵部"沿海布防图"失窃，事关重大，对明朝非常不利，当时倭寇对我沿海城市屡次骚扰。陆绎奉旨调查此事。

配音提示

1. 此段戏，表现出锦衣卫的职责和陆绎狠辣、干练、智慧的一面。

2. 配音要表现出陆绎语言的老辣、刚毅，语言节奏变化较多。还应使语言与陆绎钉刺犯人手脚的快速、狠辣行为相合。

3. 配音还要将打人与哀嚎两者的反应配合好，不能有分离感。

《执行任务》

人物：陆绎、今夏、杨岳、丫鬟
地点：扬州湖、游船上

杨　岳：行了，你有完没完，我告诉你。
陆　绎：嗯，斟酒。
杨　岳：快去去去，快去呀。
今　夏：大人，请慢用。
陆　绎：袁捕快，这扮丫鬟也要有个丫鬟的样子，你这莽莽撞撞的，很容易就被人识破了。
今　夏：大人您请慢用。大人您看这样行吗，大人？
陆　绎：一般吧。你这个姿色啊，真的是。
今　夏：卑职的姿色是差了那么一点点，不过是为了办案嘛，您就将就一点吧。
陆　绎：凑合用吧。
今　夏：您欢喜就好。哎呀，也不知道这下雨天，翟兰叶会不会出来游湖啊。她要是不出来，这银子可就白花喽。大人吃点，您怎么不吃呀？
陆　绎：你好好吃吧。
杨　岳：哎。翟兰叶的船好像到了，现在怎么办啊？
今　夏：果然是她，我打听过，翟兰叶颇通音律，擅长琵琶。
陆　绎：人到了，撞船！
杨　岳：啊。
丫　鬟：谁家的船，怎能如此冲撞！伤了我家小姐可怎么使得！
今　夏：哎呀，对不住，对不住，对不住，实在对不住了！我们家公子说了，想亲自登船，向你家主人道歉。
丫　鬟：我家小姐，岂是谁人都能见的？
翟兰叶：桂儿，不可造次。请对面船上的公子过来一叙。
丫　鬟：是，请吧。
今　夏：稍等。大人，果然如您所料，她答应得倒是爽快。
陆　绎：你白在六扇门混了这么久，你想想，是她更想见我，还是我更想见她呀？
今　夏：哎哟，那可说不准。
陆　绎：你说什么呢？
今　夏：大人英明。

背景介绍

1. 为了调查"扬州修河款失踪案"，陆绎他们了解到此案与一个叫"翟兰叶"的女人有关。于是陆绎假扮富家公子，迎合这个女人和她的身后人想"钓金龟婿"的想法，借此查案。

2.此段戏,陆绎与今夏化装配合查案,但陆绎看不惯穷人家长大的今夏见吃的就没命的样子,今夏也没看上他,两人不太对路。

配音提示

1.应配出陆绎看不上今夏,今夏也看不上陆绎的心理及语言感觉。但陆绎说话的语气点到为止,要有分寸。

2.应配出今夏的语言大大咧咧,稍有不屑。

《谢霄误会》

人物:今夏、陆绎、谢霄

地点:丹青阁、今夏房内外

谢 霄:袁大虾,袁大虾,袁大虾,袁大虾。今夏,今夏,袁大虾,今夏。

今 夏:怎么了,谢圆圆,你大清早的让不让人睡觉了?

谢 霄:我特地早起下山给你买的你最爱吃的葱油饼,开门啊!

今 夏:我不要。醒醒,醒醒。

谢 霄:哎呀,不要哪行啊,可好吃了。

今 夏:哎呀!你怎么能擅闯女孩儿的房间呢?

谢 霄:我不是着急嘛,想让你吃口热乎的,哎别洗漱了,赶紧来一口。

今 夏:我不要,你快点,饼,放下,你,走。快,出去,快!

谢 霄:奥。

今 夏:快点!

陆 绎:哎呀,这么吵啊?

谢 霄:啊?啊!

陆 绎:姐姐,你怎么醒了?

今 夏:不是,我和他……

陆 绎:不接着睡啊。

今 夏:不,不是,不是,不是,不是不是这么回事,不不不不不。

陆 绎:姐姐,你昨晚一直打呼,你知道吗?

今 夏:你瞎说,我睡觉从来都不打呼。

陆 绎:没有瞎说,你不仅打呼,还磨牙。

谢 霄:磨、磨牙?

陆 绎:对,你还说梦话,梦话里说什么,想把我吃了。

谢 霄:啊?!

今 夏:没有没有没有没有没有,童言无忌、童言无忌、童言无忌、童言无忌。

谢 霄:我跟你没完!

今 夏:童言无忌。

谢 霄:姓陆的,我跟你没完!

今　夏：谢霄你走开，别打，不准打，你放下，童言无忌。
谢　霄：我告诉你姓陆的，我跟你没完！
今　夏：不是这么回事，你给我出去！
谢　霄：姓陆的，我跟你没完，你怎么能这么对今夏！
今　夏：出去出去，你出去！我跟你说。
谢　霄：姓陆的，你给我出来，我跟你没完！
今　夏：别出去乱说！
谢　霄：姓陆的！
陆　绎：什么呀？

背景介绍

1. 这是另一起案子，丹青阁上供给皇上的丹药出现了问题，陆绎奉命押解"元明"大师进京受审。元明请求再给他几日处理阁内事务后再上路，因他是"蓝青玄"的师傅，小蓝也曾与陆绎和今夏共同患难过，他相信他的师傅是无辜的，陆绎同意明日走。但是这里接连有人莫名其妙地死去，他们便没有出发，留在这里进行调查。当陆绎刚发现些线索时，他被请去元明大师的房间，没想陆绎去后与元明斗智忽然晕倒，醒来变成8岁孩子的心智。谢霄是今夏儿时的伙伴，多年不见，这次今夏来南方办案，二人正好相遇。谢霄很喜欢今夏，跟她提亲，但现在今夏心里已经有了陆绎，没同意，可谢霄还是不死心。

2. 此段戏，昨夜风雨交加，雷声不断，心智只有8岁的陆绎害怕，跑到今夏的房间，他非要与今夏一起睡觉，今夏无奈只得留下他。早上谢霄来给今夏送她最爱吃的葱油饼，不巧遇上陆绎在这里，就发生了误会。

配音提示

1. 应配出今夏的慌乱，语言急切。
2. 应配出谢霄从满心欢喜到愤怒不已的感觉变化，语言前后反差很大。
3. 应配出陆绎的无辜与萌态，语言上带着睡意朦胧加上懵懂，语慢、稍含混。
4. 还应配出谢霄要打陆绎，今夏阻挡的形体动感跟语言节律。

《陆绎恢复》

人物：陆绎、今夏

地点：丹青阁屋内

今　夏：快快快！我看看，哎呀还好没受伤，不然岑福该削我了。我叫你乱跑！
今　夏：看什么看，还乱不乱跑？还让不让人担心了？要听话知不知道，嗯？
今　夏：看什么？姐姐说得不对吗？
陆　绎：看来袁捕快最近很喜欢以下犯上啊。
今　夏：啊？大，您是陆大人吗？
陆　绎：怎么？需要我证明给你看吗？

今　夏：您好啦！您什么时候恢复的？

陆　绎：去元明大师房间那儿之前，我就已经恢复了。看来袁捕快很喜欢在我生病的时候占我便宜啊。

今　夏：不不不，卑职不敢，卑职不敢，卑职只是担心大人的安危嘛。只不过，大人伪装得也太好了。嘿嘿，大人您好了！我去告诉林姨他们。

陆　绎：等等，这件事先别跟任何人说。

今　夏：为什么？

陆　绎：哪儿有那么多为什么！

今　夏：好，嗯，又是一张阎王脸，还是小时候可爱。

陆　绎：你在嘀咕什么呢？

今　夏：嘿嘿，我说大人小时候很可爱的。不过话说回来，大人，您还记不记得是谁给您下的毒？

背景介绍

1. 在丹青阁的一个房间里，谢霄还在吃醋陆绎在今夏的房间出现，他不依不饶，推搡了陆绎，被侍从岑福看到，他跑进来气愤地怒斥谢霄。正当他们争论中，陆绎看到了一枚围棋棋子，耳边又想起了哭喊声，他忽然恢复了记忆，想起来自己是在元明大师的房间里被熏倒的。于是，他悄悄离开了房间，去查看元明大师的秘密。

2. 此段戏，恢复记忆的陆绎正常地看着今夏的表现，然后叮嘱今夏不要声张他已经恢复正常的事，他有自己的调查计划。

配音提示

1. 此段配音，前边要表现出今夏已习惯充当姐姐的角色了，她的动作和语言都是姐姐的身份与心理。

2. 后边要配出她不满意陆绎恢复心智后又对她指手画脚。但她的话又不敢明说，只能不张嘴、不打牙关、含混地嘀咕着，当陆绎问她时，她还得掩饰过去。

《两情相见》

人物：陆绎、今夏、谢霄、岑福、小贩

地点：杭州城、集市

今　夏：哎，哎！

小　贩：哎，公子，买个闹嚷嚷戴。

今　夏：这个叫什么？

小　贩：闹嚷嚷。

今　夏：哎，我在京城没听说过哎。

陆　绎：这个是宋时闹蛾之遗，多为年时庆贺之物，在南方比较盛行。

今　夏：可是现在是盛夏时节，离过年还远着呢。

小　贩：公子有所不知，我们杭州城啊，最是热闹，这里的闹市，更是日日赶上过年呀。

今　夏：哎，大……哎陆兄，你也插一个。

陆　绎：哎，不用了。

谢　霄：哎，哎我戴呀，你看，这鱼和这鸟一看就是一对，因为是一张纸做的。

（回忆）

今　夏：鱼啊。

谢　霄：一条鱼？

今　夏：这可不是一条普通的鱼，它是一条会飞的鱼叫鲲。我是觉得，我们自打下了扬州，老是上天入地的，如果真有可能，我还真想当一只会飞的鱼。

小　贩：公子好眼力啊。

今　夏：你知道的还挺多嘛。

谢　霄：那是。

今　夏：哎，戴上还挺好看。

谢　霄：我可是风度翩翩少年郎。

陆　绎：你不是说送给我了吗？

谢　霄：不给。哎哎，这是我的，我已经戴上了，我……

今　夏：给您带上。

谢　霄：还给我，姓陆的，你还给我。

今　夏：哎，谢霄，谢霄，这个适合你，来，我给你带上。（笑）

谢　霄：我一个大男人，头顶个小白兔，真的好看吗？

今　夏：非常好，相信我，真的。

谢　霄：那好吧，那就这个了。

今　夏：嗯。

陆　绎：岑福，我是让你也挑一个戴上。

岑　福：大人，我就不用了吧？

今　夏：就是啊，戴一个，戴一个，多好玩呀。

岑　福：给。

小　贩：多谢各位公子。

今　夏：哎，戴上。

小　贩：卖闹嚷嚷喽。

今　夏：（笑）走走走走走。

小　贩："闹嚷嚷"！

背景介绍

1. 丹青阁案破了。原来是元明大师，他得到了林菱医药世家失窃的秘方后，为了炼成"长生丹药"，他自己在丹青阁的地下室里偷炼，他觉得马上就要成功了。为了防止暴露，他将发现自己行为的两个徒弟和小蓝领回的孤儿"小新"先后用自己手中的秘药杀害了,并且毁尸灭迹。但这些都没逃过陆绎的眼睛,当元明听出陆绎的怀疑后,就让小蓝将陆绎请过来,然后用熏炉药烟将其熏倒,使其心智变小,好赢得时间完成自己的炼丹计划。

2. 此段戏,丹青阁案破了,陆绎一行人去了杭州,在热闹的集市上,一种叫"闹嚷嚷"的头饰引起了今夏的兴趣,知识丰厚的陆绎给她讲了这"闹嚷嚷"的由来,今夏从小贩那里顺手取来一只鸟,又拿下一条同色纸做的鱼,要给陆绎插头上,对方没接受。哪知谢霄抢过来插在自己的头上,还说出这同款之意。这提醒了陆绎,于是他又向今夏要此物,谢霄不给,但今夏硬抢下来给陆绎插在头上。这一举动让我们看到了今夏与陆绎的情感。

配音提示

1. 此段配音,既有人物相互之间的小矛盾,又有真情的流露。

2. 今夏的语言感觉是极力哄着谢霄,因此她的语言是声朗语快。

3. 谢霄的语言感觉是无奈与服从。

4. 陆绎的语言是声低语轻却很有分量,因为他了解经过一番生死磨难,自己在今夏心中的地位以及自己对今夏的感情。

《今夏相亲》

人物:今夏、陆绎、易公子、袁大娘

地点:酒楼

易公子:袁大娘。

袁大娘:易公子,啊这就是我女儿今夏。今夏,这位就是易公子。

袁今夏:嗯,你好。

袁大娘:我,我还有事,你们先聊啊。说话轻声细语,笑不露齿,嗯。

袁今夏:快走吧。易公子?嗨,易公子!

易公子:啊,袁姑娘,请坐。

袁今夏:啊,你也请坐。

易公子:来

袁今夏:你也喝。

易公子:好的好的。袁姑娘,按照嫁娶之俗,今日本不该你我在此相见,但念及我易家是书香门第、尊师重教,有些规矩……

袁今夏:啊……啊——噢,噢

易公子:有些规矩,入门之前还是要讲清楚的。

袁今夏:你说你说。

易公子:若入我易家,必先熟背《女诫》,日后也不必抛头露面到六扇门当值,安心在家即可。

袁今夏:哎……噢,噢,我昨天喝大了,头有点疼,别介意啊。

易公子:不会不会。

袁今夏：哎哟，什么时候上菜，饿死了，我要饿死了。

易公子：噢，马上马上！小二！

小　二：哎！

易公子：上菜！

小　二：好嘞！客官，菜齐了，请慢用。

易公子：嗯。

袁今夏：开饭！哎呀，饿死小爷了。

易公子：请，慢点慢点。

袁今夏：哎呀，饿死我了，饿死我了。你吃，你怎么不吃？别光我一个人吃呀。

易公子：你？你，《内训》有云，贞静幽闲，端庄诚一，女子之德性也。女子吃东西怎能有如此行为呢？

袁今夏：怎么了？小爷我平时都这么吃饭。嗯，我在当差的时候，旁边就算有尸首，我还得这么吃，因为你不吃饱没法干活啊。

易公子：哎呀，择辞而说，不道恶语，时而后言，不厌于人，是谓妇言呀。唉，好，没关系，规矩嫁入门后再学也可。盥浣尘秽，服饰鲜洁，沐浴以时，身不垢辱，是谓妇容。

袁今夏：嗯？什么妇什么容？你说这些我都不太明白。那个，易公子，你是真的要娶我啊？那有件事我就必须得让你知道。就我这双手，经常都会解剖一些尸体啊，我这个脚也是经常会踩到尸水，有一次呀，我当差太累了，回到家里我衣服也没脱，也没有洗漱就躺在那睡着了，结果第二天醒来你猜怎么着？哎呀！那满床全是尸虫啊！好恶心啊，我自己都觉得好恶心啊。

（回忆）

袁今夏：那天让我跟大杨去把里边儿那个蛆虫给挑出来，我们整整挑了两个时辰啊，事后三天都吃不下饭。大人，我跟你说，那个蛆虫当时泡在血水里，又白又胖，还在那儿一拱一拱的。

袁今夏：一拱一拱，唔……我都觉得好恶心的呢。

陆　绎：岑福

岑　福：嗯

陆　绎：你先回北镇抚司吧，我一会儿就回去。

岑　福：是，大人，我这就回去。

袁今夏：不过呢，如果易公子不在意，那便是极好的。我跟你讲，我娘每次给我找相亲对象，我一跟他们说起我的差事啊，个个都跑了，吓得屁滚尿流的。像你这么镇定的还是第一个，嗯，有前途。

易公子：女子之大德，而不可乏之者也，然为之甚易，唯在存心耳。古人有言，仁远乎哉，我欲仁，而仁斯至矣，此之谓也。嗯我想，我们的认识到此结束吧，告辞了。

袁今夏：哎您等一下，就这么走了？

易公子：还有何事啊？

袁今夏：这一桌子的菜，您不付银子的呀。

易公子：我一口未吃，为何要付银两啊？

袁今夏：这是你请我来的，理应你付。哎行，就算你一口没吃吧，那你付半份。

易公子：你无理取闹！

袁今夏：银子！

袁今夏：切，这桌菜又不是我想来吃的。哎呀，不过这样，他应该也不会想要娶我了。（笑）行吧，就当花个银子买个开心。嘿

袁今夏：大人！您怎么在这儿啊？刚刚，这……

陆　绎：刚刚我可全看见了。

袁今夏：不不不不不，你看到的都是假象，我平时不是这样的，这不是……

陆　绎：你用这样的方法，打发了多少人？

袁今夏：相亲对象啊？几十百把个吧。

陆　绎：这么多人，你都没有中意的？

袁今夏：别人中意我的倒是挺多的，我就没有中意的了。

陆　绎：你就这么想找个人嫁了？

袁今夏：那得看嫁给谁了。

陆　绎：你想嫁给谁？

陆　绎：好。

袁今夏：好？是什么意思？

陆　绎：我知道了。

袁今夏：啊？啊啊，嘿嘿，啊啊，我摸过猪蹄儿的。嘿嘿……啊……啊……啊

背景介绍

1.陆绎、今夏一行完成公事回到京城。袁大娘迫不及待又要给今夏介绍对象，是"易家公子"，今夏拗不过养母只得前去赴约。但此时她的心里已经放不下陆绎了，其实陆绎也知道她的心意。

2.此段戏，今夏赴约相亲前，便打好主意怎么对付人家了。所以见面后，她就极力表现自己的大大咧咧、没规矩和工作行当的特殊性，吓退了对方。这正巧被路过的陆绎所见，他对今夏明知故问，两人的交流轻松愉快，心领神会。

配音提示

1.此段配音，有些轻喜剧的味道，语言和感觉都有些夸张。

2.易公子是被今夏的容貌所吸引，对她的举止"粗俗"已经尽力包容了，但最后还是被气走了，他的语言和感觉是迂腐、文绉绉的。

3.今夏的语言和感觉是夸张、造次却又假装正经。

4.陆绎的语言和感觉应是暗喜却佯装不知，故意逗今夏，以得到证实。

电视剧《周生如故》(片段)

编剧　墨宝非宝

导演　郭　虎

剧情介绍

该剧根据"墨宝非宝"的小说《一生一世美人骨》改编,此剧是该小说的古代篇。剧中透露着古风古韵,由内而外散发出那种"爱而不能"及"英雄落难"的悲剧品格,看过令人"意难平"。这部剧具有主流导向价值。鲁迅说过,悲剧就是将美好的东西毁灭给人看。

故事发生在北魏时期,皇家子弟"周生辰"相貌绝美,既有皇族气场,又是骁勇善战的将军,他对皇兄忠义,对弟子将士怜爱,他的梦想就是保家卫国。周生辰是皇子但不是皇后所生,为了不让皇室对他忌惮,为了证明自己并无谋反之心,周生辰少年时就在殿中立过誓:愿舍弃王姓自守西州,从此不再踏入中州半步,一生驻守边关,不娶妻生子。当年周生辰离开中州时,是战功赫赫的少将军,他一路招兵买马连战连捷,让"小南辰王"的名号响彻天下,其中艰辛不言而喻。周生辰始终有种战死沙场,死在哪儿葬在哪儿的悲壮。

"漼时宜"出身世家名门是漼家独女,她一出生便被指认为未来的太子妃。漼时宜小时,她的父亲得罪了高太后,皇上要求漼时宜的母亲"漼三娘"和她父亲"和离"。父亲走后,漼时宜非常难过晕了过去,受到巨大刺激的她从此便不再开口说话。数年后,漼时宜已成长为一个亭亭玉立的大姑娘,漼家送她去了西州周生辰驻守边关的"小南辰王府"学习,拜周生辰为师,由于周生辰已有十个徒弟了,就叫她"十一"。

漼时宜喜爱读书,她胸襟开阔,仰慕周生辰保家卫国,从无败绩。日复一日,年复一年,时宜经常日夜挂念去征战的师傅,师傅也想尽办法到处找药为她治疗,终于,时宜可以开口叫师傅了。这些年来,时宜得到南辰王军的捷报连连,她看到过周生辰作战受毒箭伤,还看到过他爱民宽待人,她知道王军与民众都夸周生辰是一个有骨相、有皮相的人,比帝王的骨相还要稀有。

因为皇室的变动,漼时宜的婚约曾被取消过,后阴谋者新帝上位,坚持又将时宜的婚约重提。为了大局,时宜的母亲不得不接受、从命,随宫廷的人来到"小南辰王府"要接走时宜。其实,时宜之前已经给母亲去过信,讲明了她要一生于西州修撰经史,她想一生陪伴周生辰。漼三娘知晓女儿对周生辰的心思,但她告诉女儿阴谋者散布周生辰与时宜的流言,关系到漼氏与南辰王府,说他们要联合称王,为了周生辰的安危,时宜注定是无法与周生辰相守一生的。明白了这一点,时宜只得忍痛答应离开。

最后的相聚,时宜轻抚周生辰的美人骨,不知骨头究竟有何特别,不仅能让世人传颂,更让王室忌惮。时宜来西州多年,从未完整地看过西州城,周生辰便带着时宜逛遍西州城的所有角落,在一直紧锁着的阿房宫里,时宜要留下"辰"字,而周生辰却写下了"时宜"二字,出了这道宫门,二人的这个秘密将会一直被锁于这里。

时宜启程回中州,周生辰独自站在城墙上看着时宜离去,他以一队小南辰王军护送时宜回京,为的就是告知世人,南辰王府永远是时宜最坚强的后盾,永远是时宜的家。

周生辰帮助现在的皇室打败政敌,晚上,周生辰带着弟子们一同赴行宫的宴席,过了这顿宴席他们将启程回西州。殊不知,这场宴席暗藏杀机,周生辰饮过几杯酒后便想离席,新皇帝却下令将宫门紧锁,重兵把守,以周生辰行刺谋反的名义拿下他。南辰王军也被诬造反,周生辰被诬谋逆篡位,被判死罪。忠贞大臣哭喊着"陛下蒙冤!",纷纷表示要随他而去,周生辰阻止了众人,愿意承受"剔骨之刑"。梦中的漼时宜似乎感知到了这一切,只觉得痛苦难忍。

利用罪恶手段上位的新帝虽然钟情时宜,但被逼还"人情债"只得将皇后的名分给了别的女人。登基不久,他就将漼时宜册封为贵嫔,还要以皇后之礼册封她。此时,时宜受刺激已再次变成了口不再言。漼三娘前往软禁时宜的东宫与时宜见面,她告诉了时宜周生辰受"剔骨之刑"的消息。时宜崩溃、痛哭、晕了过去。漼三娘再次来看时宜,临走前,给了时宜周生辰写的血书:"辰此一生,不负天下,唯负十一"。时宜看到血书再次崩溃痛哭。之后,她翻出周生辰在"小南辰王府"给她的所有捷报和这血书一起烧掉。

在时宜正式进行册封礼之前,漼三娘再来看她,把出逃计划告诉了她,让她去了"南萧"不必再回头,时宜跪下向母亲辞行,两人痛苦泪别。

第二天举行册封礼时,时宜来到宫门口,看到了要冒死救她的平秦王等人已在外等候,她不愿连累众人,向大家行过礼后,转身回去,一步步登上宫门楼。她扔掉手牌与头饰,周生辰蒙冤而死,她是不会嫁给仇人的!她相信,终有一日会还南辰王军清白的。漼时宜登上宫门楼,最后笑着说来嫁周生辰了,如有来生,希望他先娶自己。说完她身着一身红裙一跃而下。

《时宜被嫁》

人物:漼三娘、漼时宜
地点:小南辰王府

侍　女:三娘子。

母　亲:退下吧。

侍　女:是。

母　亲:还好,掌心不易留疤。

时　宜:阿娘可看到我的信了?

母　亲:你是希望我看到,还是希望这封信如石沉大海,你我都不再提起。

时　宜:女儿想知道,娘究竟如何想的。

母　亲:你说想一生于西州,修撰经史。是不想嫁人,还是想嫁的人你不能嫁?

时　宜:阿娘想听实话吗?

母　亲:你什么都不用说了,刚才我已亲眼所见。

时　宜:女儿从未有过妄念,只是想要留在西州陪着他。

母　亲:你如此聪慧,应该知道此路行不通。自你回西州,坊间就有传闻说漼氏之女和小南辰王行苟且之事,罔顾师徒名分,罔顾纲常伦理。

时　宜：是何人这样传？女儿和师傅绝没有，也绝不会。

母　亲：还有传闻说，小南辰王意在举兵，将天下改姓自立，灌氏和小南辰王府将联手，美人天下双手供上，意在分裂疆土，由望族一跃成王。天下的名门望族和王府的政敌，都在盯着你们，不会放弃一切摧毁和中伤王府和灌氏的机会。

时　宜：怎么会有人信这些。

母　亲：世人喜颂英雄，但也惜英雄落尘土，从古至今向来如此。

时　宜：再也没有转圜的余地了吗？

母　亲：为了他，不是为了我们，你必须离开。

时　宜：见娘之前，我想了无数的话，无数说服娘的话，可是都没有用，我连自己都说服不了。

母　亲：这一痛我经历过，你哥哥更经历过。我曾想过，无论如何，不让你经历这样的痛苦。我甚至想过，假如你和哪个师兄情投意合，我将放下门第之见，成全你们，顺了你的心思，可唯独你心里的这个人万万不能。

时　宜：女儿明白，女儿从未有过奢想，女儿真的是想要陪在他身边，只是在他身边就好。（小南辰王画面）女儿求娘，再多给女儿几日，女儿想在西州多留几日。

母　亲：灌侍中和孟内侍就等在驿馆，最晚明日。

时　宜：好。

母　亲：此处是南辰王府，你我住着不方便，今晚我们就去住驿站。让时宜跟她的师兄姐妹作别，明日再走。

背景介绍

1. 灌时宜在边关的"小南辰王府"愉快地生活着，周生辰教她弹琴，她喜欢看书，周生辰就将藏书楼的钥匙交给了她，她还频频收到王军的捷报。时宜从小被定的"太子妃"婚约虽因宫廷变动被取消了，但新上位的皇帝又坚持重提。时宜的母亲灌三娘只得从命，跟随宫廷里的人，来到了小南辰王府要接走时宜。

2. 此段戏，灌三娘来到时宜房中，看到女儿如此痛苦，她却无能为力。时宜向来懂事，听了母亲的分析，她知晓此事已无法挽回，只恳求再允许她多留几日。但因宫中来人已在此地驿馆等候，灌三娘只能给时宜一天时间，让她与小南辰王府的人好好道别。

配音提示

1. 此段配音，灌三娘是爱女心切但又不能违背太后的意思，只能给女儿分析并劝说，她之所以能说服女儿是她的话有情有理，具大家风度。因此她的语言饱含了浓浓的母爱深情，还有对报国英雄周生辰的关爱与担心。配音语言应大气、沉稳、深情，内涵极深，压抑泪水。

2. 时宜的配音语言，有请求、有哀怨、有无奈，语言多伴着哭泣而出，所以用声、咬字、表达的处理应丰富：有时是泣声衬着话语相伴而出，有时是抽泣声切断词语，有时说话似吞字伴哭音，气声偏多，气息精准、真实、自然。不能多追求用声、咬字的圆与实和语言的规范，因为这里的配音语言是主体的生理、心理共同发挥作用，才有艺术的表现力与感染力。

《周生辰遇难》

人物：漼三娘、漼时宜
地点：官里、时宜房内

母　亲：时宜。不肯说话？让娘好好看看你，真像你去西州之前的样子。周生辰起兵反叛了。

时　宜：（无口型）不可能，不可能的，娘，不可能。

母　亲：你要冷静，你想听我把话说完，就必须冷静。在行宫，殿下起了反叛之心，幸被漼侍中识破奸计，周生辰被俘，陛下赐了他"剔骨之刑"。行刑三个时辰，他无一声哀号，拒死不悔。

时　宜：（无口型）剔骨之刑？

母　亲：时宜。

时　宜：（无口型）剔骨之刑。

母　亲：时宜呀，时宜，你哭出来啊，娘知道你受不了，娘在这呢。你哭出声来，时宜！时宜，时宜，时宜。

（第二天）

母　亲：时宜，时宜呀，宫中规矩繁多，我来看你一次也是不容易，照顾好你自己。

时　宜：（无口型）阿娘，他不会谋反，他不会谋反。

侍　从：三娘子，时辰差不多了。

背景介绍

1. 周生辰拥有着绝世美貌，也是个有才能的人，他是一个战功赫赫的皇家子弟，却一直心系天下百姓，淡泊名利。他是一个稳重、温柔、又隐忍的人，从来没有谋反之心，可还是被功名所累。周生辰被宫廷阴谋者所害，诬陷他谋反，被施以"剔骨之刑"。

2. 此段戏，周生辰已经被处死了，但时宜还不知道，母亲漼三娘找机会来告诉她。当时宜知道了周生辰被害后痛苦万分，晕倒。第二天母亲来看时宜时，憔悴的时宜从床上爬起来，哭着用手比画着告诉母亲："他不会谋反"，母亲点头示意她知道，临走时塞给她周生辰的血书。

配音提示

1. 此段配音，母亲是带着"任务"来的，窗外就有宫里人在听着她说话。所以，此时她不能说出真相，只能隐忍，对着窗子故意说出"官样文字"栽赃周生辰谋反被抓处死。母亲的配音眼含泪水，语言貌似平静，但却透着歌颂周生辰的悲壮感。

2. 听了母亲的话，时宜根本不相信这是真的！因为她跟着周生辰多年，太了解他了。所以，虽然此时她不能说话，但她的眼神扬起、痛苦摇头等表情语却清楚地让我们读懂了她的内心：什么？！太残忍了！悲痛欲绝！这里时宜的配音虽然没有口型，但她的语言仍要与她的眼神、表情、内心情感紧密相贴，语言感觉要非常准确、精细，气息状态、抽泣声也要十分吻合。特别是时宜的痛哭不能释放出声音,但却有气声的冲击力透出。此时,母亲每一个"时宜"的呼唤,都有细微的不同:心疼、劝慰、理解,语言声音由亮音到气声,感觉深到心底。

3. 第二天母亲再来看时宜,此时的配音,母女俩都是悲从心来,痛苦难忍。时宜的配音还没有口型,但语言仍要与内心、情感、表情、动作融为一体。

《时宜离去》

人物: 漼时宜、周生辰、杨邵等

地点: 宫门外、宫门城楼上下

侍　　从: 大夏门外,已汇聚京师外的世家文人两千余人,等着叩拜漼贵嫔。

杨　　邵: 末将参见贵嫔。平秦王就在文人之后等着姑娘。稍后行叩拜礼时,姑娘只管沿着中道往外跑,文人不知真相不敢阻拦,此处兵士皆为我心腹,今日末将定为姑娘杀出一条生路。——陛下有旨!漼贵嫔出身名门,得天下文人之心!今逢册立之喜,特恩准北陈百氏于宫城外拜贺!

众　　人: 参见贵嫔!

平秦王: 姑娘一会儿走出来,我们就立刻冲进去。

士　　兵: 是。

杨　　邵: 啊?姑娘!

士　　兵: 姑娘为何回去了?

平秦王: 她是不想连累我们。

侍从甲: 贵嫔为何要登宫门?

侍从乙: 该是想看清楚些中州城的百姓吧,女人这一辈子,能登上宫城受万民叩拜,也算是不枉活了。

时　　宜: (无口型)女儿知道娘是想以自己的命,换我一命,但女儿无法逃,我不能让娘替我死,更不能连累清河郡上千族人。

杨　　邵: 杨邵,送姑娘。

时　　宜: (无口型)我自入王府,得师傅教诲,得同门爱护,未曾有过半分报答,而今师傅蒙冤惨死,同门惨遭屠戮,仇人近在咫尺却不能杀,已是痛苦至极!绝无可能再与其成婚。今日女儿不孝,叩谢娘的养育之恩,请娘恩准女儿,舍去漼姓,自族谱除名,自此漼氏再无不孝女,时宜只是南辰王府的十一。

(回忆)

周生辰: 我还没有想好如何教你,因为你是我正经收的第一个徒弟。

时　　宜: 拜师时,十一没能唤一句师傅,今日补上,师傅。

周生辰: 下次回来的时候,试着叫一声师傅好不好,或者叫一句周生辰也可以。

时　　宜: (无口型)我有一个自少时喜欢的人,从来没有和任何人讲过,除了我阿娘无人知晓,我不敢告诉别人。南辰王军从主帅到军中每一个兵卒,都赤胆忠心为国为民,天理昭然,终有还我王军清白的一日。(有口型)周生辰,我来嫁你了,若有来生,换你先娶我可好?你不说话,我当你答应了。

背景介绍

在时宜正式进行册封礼之前,漼三娘再来看她,母亲含泪对她说:"昨夜梦见你阿爹了,他自跟我成亲到生下你,到被迫离开,从没有跟我说过半句重话。但是昨夜他怪我,怪我不该送你入宫,他说若你还留在王府,定当活得自在。……桓先生在'南萧'等你,到了南面,不必再回头。"当母亲告诉时宜出逃计划时,她就懂得母亲是要舍命救自己,她也知道平秦王、杨邵等将士都将会为了救自己而面临危险,她还不愿漼氏族人受到牵连。于是漼时宜选择了离开,去寻周生辰。

配音提示

此段配音,虽然时宜的语言除去最后有一点口型外,大都无口型,但演员的眼神、表情和动作都跟语言紧密相贴。这是独白,更是表演,所以语言节奏、气息、声音都要吻合。表达不必凸显重音,不必刻意断句,重要的是极为自然,娓娓道来,情浓声控,是心底声音的自然流淌。听之舒服、震撼、情自难抑。

电视剧《士兵突击》(片段)

编剧 兰晓龙

导演 康洪雷

剧情介绍

优秀军旅剧《士兵突击》,记录了普通士兵的心路历程和成长经历,剧中没有一名女性,完全是男人的情感世界和军旅生涯。其实,这部剧不只表现了许三多这一个士兵的成长经历,应该说它表现的是剧中一个军人集体的成长:还有成才、伍六一、马小帅、拓永刚、吴哲,甚至高城连长等。剧中提出的"不抛弃,不放弃"精神,在社会上引起很大反响,成为人们励志的口号。这是一部很棒的军旅剧,虽然不是近期的作品,但经久不衰,具有极高的主流导向价值。

许三多是一个有着性格弱点的普通农村孩子,他喜欢读书学习,但家里贫穷,父亲非让他去参军好有个出路。因为他已有两个哥哥,父亲又嫌弃他笨,就总叫他"龟儿子"。某装甲兵部队来他们村招兵,班长"史今"来到许三多的家进行家访,由于部队要现代化,招兵要高中生,许三多只是初中,条件不太够,人也显得不够机灵。为了安慰许三多,史今班长与他聊了很多,也从中看到了他的单纯、善良等好品质。许三多从与史今班长的交谈中,也萌发了想去部队,离开父亲打骂的想法。正当史今结束工作要走时,父亲又打骂许三多,骂他"龟儿子",这让史今班长愤怒、不忍,从而下决心将许三多带进部队,将他培养成一个堂堂正正的兵。他知道这将会给自己带来多大的困难。与许三多一同参军的还有村长的儿子、高中生"成才",此人很精,比许三多心眼儿活。

到了部队,负责新兵训练的钢七连连长"高城"(军长之子、军校毕业),看不上什么都不行的许三多,新兵训练结束后,高城不顾史今班长的请求,只要了成才,许三多被分配到偏远艰苦的后勤油库"草原五班"。五班有三个兵,一个班长,那里被称为:落后士兵的天堂,先进班长的坟墓。许三多没来之前,他们过着没有目标的日子,失去了人生方向,每天打牌、混日子。许三多单纯而执着,他来了之后,坚持出早操、整理内务,还捡石头、铺路,在道路两边种上花草。战友们从刚开始的不理解甚至阻挠,到和许三多一起修路,是许三多的单纯与执着触动了他们。修路的举动惊动了团里,于是许三多被调到团里进入了钢七连。这次班长史今再次向连长高城争取让许三多来到他所在的一排三班。没想到来到钢七连后,许三多越来越没信心了,因为周围的人都比他强,如作为装甲侦察兵,他竟然还晕车。与许三多是老乡的副班长"伍六一"因他的笨拙、训练拖后腿,班里、连里都受连累,将他视为眼中钉。连长高城还提醒史今不要为了一个木讷的许三多而影响了自己的前程。但史今班长仍忍受着巨大压力,处处耐心、真诚地帮助许三多适应真正的部队生活。在班长的鼓励和带领下,许三多刻苦训练,渐渐地成了训练和比赛的尖子、兵王。后来,史今班长复员,许三多被提拔为代理班长,这让为了将史今班长留下而拼命训练出成绩的许三多蒙了,他痛哭,非常不舍!

在离别的痛苦和艰苦的训练中,许三多成长了。然而,由于我军传统的机械化部队要向新型信息化现代作战部队转变,有着光荣历史的钢七连奉命被改编了。一个个战友都走了,有的复原,有的调到别的连队,连长也调到师侦察营任副营长。一直依附于史今班长和战友的许三多成了钢七连的最后一个兵,独自留守看护着以往充满青春活力的营房。他承受着孤独,时间长了有时甚至自言自语。但他靠着自己的执着和坚持,每天仍一成不变地出操、打扫卫生、饭前唱歌,坚守一切军纪、班规,一个人默默地坚守在岗位上。

集团军的特种兵大队"老A"是从各个部队、不同兵种的兵王和技术人才中选人,有过实战经验的袁朗中校受命组建,他想到了之前在一次演习中,坚持不懈终于抓到了自己的许三多,便特意邀他参选。由于"老A"任务的特殊性,选人条件非常苛刻:两天之中只有一小袋饼干,他们吃生田鼠肉、野菜;一路上还要遭到"老A"和高城所在侦察营的围追堵截;路程远、方向不明,还要寻求生存和战斗胜利。在艰苦的选拔中,大部分人都被刷掉了。在即将到达目的地的时候,和许三多、成才一组,已经离开钢七连的伍六一因为腿部严重受伤不能独自行走,许三多和成才开始时扶他一起走,但当看到只剩两个选拔名额时,成才独自跑向目的地。伍六一让许三多不要管自己了赶紧跑,但许三多坚持不丢下战友自己跑,于是伍六一毅然放出信号烟自动弃权。许三多这才跑向目的地,得到了最后一个选拔名额。伍六一为选拔而受伤,腿部残疾,但他没有接受部队安排他担任司务长的特殊照顾,坚持不给部队添麻烦而主动复员。

许三多和成才进入了"A大队"特训,这与他们以往的部队不同,这里没有理解、没有关爱,只有冷血、只有艰苦的训练。袁朗中校为了锤炼他们符合部队的特殊需要,用尽了各种手段艰苦实训,让所有队员为了这支部队的特种使命重新打造自己,以符合现代化特殊作战的需要。新的作战形态与要求,需要许三多的头脑不能太简单了,需要喜欢依赖别人的许三多能够独立判断和决定自己的行为。在一次又一次挑战生理和心理极限的训练中，许三多坚持了下来，而心眼儿太活的成才却被"A大队"淘汰了。

在"A大队"里，一次在与境外贩毒武装的实战中，许三多杀死了敌人，但毒贩临终的眼神和第一次杀人对许三多的心理冲击很大，让他的精神难以恢复，善良的许三多甚至开始怀疑自己是否还能继续干下去。袁朗作为一个多次经历生死的老兵，做出了别人一时难以理解的决定——让许三多暂时离开军营，去他想去的任何地方看看，以缓解心理问题。许三多回到了老部队，遇到了当年伴他成长的战友们，作为军事机密，他不能说出自己现在的境遇，但军人的理解让战友们看出了许三多的痛苦和挣扎，许三多寻找着一个答案、一种解脱。终于老连长高城了解了他的内心，带领老战友帮助了他，使他勇敢地走了出来。

谁知一波未平一波又起，许三多的家庭此时发生了重大变故。许父办了个石灰厂，储存的炸药却炸塌了自家的房屋，还波及邻居，为此被关押。大哥跑出来，到许三多的部队告诉了他，二哥则守着家里的残垣断壁对付讨债的人。许三多回到家乡，他去关押的地方看了父亲，现在的他已不再懦弱。许三多给袁朗去了电话讲明家里情况，请求借款重振家园。在袁朗和战友们热情的集资帮助下，许三多接回父亲，让亲人们有了新的前景。许三多说他一定会还上这些借款的。

许三多回到了"老A"，成才也在高城的推荐下又一次参加了"老A"的选拔，起初袁朗不愿再接受成才了，但许三多执着地多次请求，因为他看到成才真正认识到了自己的问题，在原来自己待过的艰苦岗位草原五班担任班长，他踏实工作，苦练射击，成绩优秀。最后，在"不抛弃，不放弃"的钢七连精神下，成才经受了高水平的实战演习，得到了肯定，他也终于加入了"老A"的行列，与许三多、吴哲、袁朗等军中精英并肩前行。

《班长招兵》

人物：史今、许三多、许父

地点：许三多家院子

史　今：过来，来，来。咱俩谈谈。

许三多：是他，是他自己要生的。

史　今：啥玩意儿？

许三多：他，他自己非要生，他说儿子越多越好。生我那会儿，他恨不得在喇叭里边广播，说你看我有三个儿子。

史　今：我知道了，小兄弟。那我问你，小兄弟，你想当兵吗？你想当兵吗？

许三多：想。

史　今：为啥？

许三多：当了兵，俺爹就不会叫我龟儿子，想踢我，他也踢不到我。叫我啥，我也听不见了。（门外，许父和成父争辩）就初中毕业那会儿，老师说学得特别扎实，是真学。那成才初中毕业那会儿，就根本不好好温课，他初中那会儿还净打我小抄。

史　今：呵呵

许三多：其实，我胆根本就不小。成才那时候光在坟地里吓唬我。

史　今：坟地？

许三多：啊，我根本就不害怕，有时候，有时候看着是吓着了，其实我那是装的，要不然他光没完没了吓唬我。我不是不敢看杀猪，就是我看杀猪吧，看完之后，我心里边就，我心里边可啥那个，就是，就是……

史　今：不、不忍心？

许三多：嗯。

史　今：哎你坐着，你老戳着干啥玩意儿。你看啊，我现在就发现你好多优点：人好、心善、见不得别人受苦、见不得猪受苦，是不是。

许三多：其实，其实我还是想上学。

史　今：咋？

许三多：书里边有好多可有意思的事。真的，可是，可是我爹说读书跟我一点关系都没有。

史　今：你爹说的？

许三多：嗯。

史　今：那我就知道你爹他们是咋想的了。几年兵役，复原回家，弄好了找个工作，安排在那个县城里，还不是在你们这山里边，这就叫走出去了。

许三多：嗯，你也是这么想的？

史　今：咱俩呀，是半斤对八两。你看，我搁家我排行老四，一吃饭的时候呢，我家也给我一个碗，比你这碗大多了，插俩筷子，我哥呢动不动就骂我：你瞅你瘦得那个样，傻呵的你，给你个猪食槽子再给你个搅料棍，你一边给我长膘去。啥玩意儿，你说。哎呀，我能念完这个初中啊，那是靠扛揍扛出来的，每买个作业本，都得拿一顿笤帚疙瘩来换的。

许三多：我二哥叫那个叫老竹笋炒肉。

史　今：可不咋的，你们这称竹子，我们那有啥，就剩笤帚疙瘩了。

许三多：你上过高中没有？

史　今：不当兵了嘛。我爸反正现在是不再打我了，岁数大了，好絮叨，动不动就爱说，哎呀，老四是咱老史家最有出息的啦。

许三多：真的？

史　今：哎，许三多，不是，我不是说咱那个不挨打就当兵，就为了不挨打，不是……

许三多：我，我能不能像你这样。

史　今：你，你能不能像我（这样）。不是，我不是说我有多好啊，我肯定不算什么好兵。我没当兵的时候我比你还（傻），我不是说你傻，我是说，哎呀，我就是说呀，你不是像你爹说的那样的，你将来能有很多条路可以走，你不一定非得走这条路。咱不能说因为不想挨打这个原因就当兵，是吧。当然这也算客观原因了。你是个好人，许三多。但是好人不一定就能当上好兵啊。你说你非得当这个兵你图啥玩意儿，不是，我跟你说这些呢，我征兵的时候绝对不带跟你说的，因为咱们这个家访工作已经结束了。你，你不适合当这个兵的，这是个人都能看出来。

许三多：我，我这，我……

……

史　今：你问他干啥玩意儿！关键是你自己怎么想的嘛！许三多，其实咱不当这个兵，一样可以做很多很多，很多有意义的事啊。

许　父：你，你呀！一个兵你都当不成！我，我，哎呀！

成　父：瞧瞧这一家子算是什么人哪，啊解放军同志。

许三多：哎！哎呀！哎呀！

许　父：龟儿子！再给我跑，往哪跑呀！连个兵你都当不上！我打死你！

许三多：啊！——啊！

许　父：我打死你！

史　今：哎！老前辈，你跟我来。老前辈，你这个儿子，不错。

许　父：嗯

史　今：我也很想要他，我不要他，有我不要他的道理。你不要以为说我穿了这身军装，我就不知道什么叫前途，什么叫作一个人的前途，什么叫作你儿子许三多的这个前途，我知道。可是这个军队不是我们家开的店，你非逼着我干啥玩意儿！我就不明白了，我告诉你这是军队的需要，这是，急，没时间了！

成　父：哎，哎，走吧，走吧！解放军同志没时间，时间到了。

史　今：不是说我没时间！我时间到了！是那个军队没有时间了！没有时间给他适应，没有时间给他学习，也，也许能成为好兵，但是，他就得玩命！玩了命的话，他要能玩这个命，干啥玩意儿不成啊？！你非逼着我干啥呢！

许　父：哎呀，我，不是

史　今：老前辈，你这个儿子啊，不错。他不是说龟儿子，他，他就，就是不错嘛！哎呀！别扶我！看谁敢扶！别扶，谁都别扶。老前辈……

许　父：啊

史　今：哎！——许三多交给我了，是不是？

许　父：可是你，你不要啊。

史　今：我要了！我要了他，他就是我的兵。你打你儿子，骂你儿子，我管不着，从今天开始，你要是敢打我的兵，骂我的兵是龟儿子，我一百八十个不行！许三多，我要你了，我要你了啊，我要他了！你别以为是好事，我要了你，你就得给我争口气，你玩了命，班长就得陪着你玩命！一年，一年，一年，一年的时间！我把你，我把你这个龟，我把你儿子，我，我把你儿子带成一个，堂堂正正的兵！

许　父：啊——

背景介绍

1. 史今班长是中国人民解放军装甲兵某部的优秀班长，他带出了不少优秀士兵，如也是来自这个招兵地区的现任三班副"伍六一"。这次出来招兵,领导很信任他,说他看兵的眼光好,所以让他单独去"下榕树村"招兵。史今班长知道目前部队要紧跟时代,实现信息化、现代化,要全面提高战士的文化水平,他所在的"钢七连"也要实现"高中连"。

2. 此段戏,史今班长先去了"成才"家,成才的父亲是村长,成才本人是高中生,还能说会道,人也机灵,毫无疑问是招兵的对象。接着史今班长又来到了"许三多"家,为了能当上兵,许父先带儿子去了老师家,讨来一些有可能被问到的题目,让许三多临时死背答案,许三多的记忆力不错,他的背功较强,但脑子较死,没背好。当看到史今班长不太满意许三多,儿子当兵马上就要黄了时,许父用打儿子泄愤。史今班长十分不忍,在这种情况下,史今班长下定决心要带走许三多,不惜花大力气,将他带成一个真正的兵。

配音提示

1. 此段配音,应把握史今班长对许三多的自然聊天、亲切诱导、好心安慰的感觉及对许父的不满与无奈。他的语言对象感很强,不同对象不同语态。尤其是最后他返身回来、喝酒、发誓时的语言,虽有些酒意、重复,但每一句、每一处都有特定的内涵与戏,情绪饱满。配音表达要与演员的表演完全吻合,无论是形体动作还是语言处理。

2. 许三多的配音可以用普通话配,但那种被动、木讷的表现却要完全保留下来。他的语言应配出老实、积极和期盼的意味来。

3. 许父的打人与许三多的哀嚎声都要配出来,要有机配合。

《班长培养》

人物:史今、许三多、伍六一
地点:步战车拆装区

许三多:呵呵。

史 今:啊

伍六一:这活没法儿干了,你看,你抱着它干什么?!放下!放下!

史 今:来来,许三多,咱们这个速度确实得加快了。这个步战车的维护保养啊,它是步战车的维护保养,它不是窗玻璃,啊。

伍六一:许三多,你呀,你还是跟班里人玩去吧,好不好?我还想去呢,这一副履带到现在拆不下来,往常多大的事呀。

许三多:他们打扑克牌。

伍六一:打扑克牌好啊,我都一个多月没拉耗子了。

许三多:打扑克牌没意义。

伍六一:呵,意义?哎,我求求你告诉我,啥叫有意义?

许三多:我,我爹说好好活有意义,有意义就是好好活。

伍六一:奥。哎,那啥叫好好活呢,许爷?

许三多:好好活,好好活就是做很多,很多很多有意义的事。

伍六一：真理啊,同志,真理呀！同志们！我今天不小心碰到真理啦！

史　　今：许三多,要不咱们这样,你呢,你站着,你跟我们学学保养,啊。好,步战车的维护保养啊,是一个重活,也是一个技术活,你说这一副履带一吨多重,得砸下一节来,然后一节一节地清洗,那负重轮,你得往里边打机油。总之呢,装甲兵人人必学。你呢,你就先,你站在那块跟我们学,啊。咱们先从这个打履带开始,啊。

伍六一：哎！你不能这么看啊,看得我起一身鸡皮疙瘩。

史　　今：废话,干活。

许三多：嘿,嘿嘿,嘿。

伍六一：啥意思？我们特可笑？

许三多：不可笑,这,这有意义。

伍六一：啊哈,有意义。但是你干不来有意义的事。

许三多：我,我能干,不信,不信我干给你看。

伍六一：你歇歇歇！

史　　今：哎哎哎哎,许三多,那这样,你来替我,你来掌钎,来。

伍六一：开玩笑吧,他懂得配合啊？没事他都瞎抖,我砸了他怎么办？

许三多：掌,掌钎没意义,抡锤才有意义。

伍六一：嘿嘿,嘿

史　　今：哎,那这样,我来掌钎,你来抡锤。来来来来

伍六一：玩大发了吧,玩笑没有这么开的啊。

史　　今：许三多,你来试。

伍六一：等他砸了你就知道是真的了。

史　　今：哎我给你掌钎的时候,有人这么捣过乱吗！来,预备,三、二、一,开始。啊！

许三多：啊！

史　　今：过来扶我！

许三多：啊！

伍六一：我不揍你,我不揍你,我不揍你。

史　　今：没什么大不了的啊,许三多。许三多,是班长让你干的啊,是我太着急了,我不对啊,你没没什么大不了的,你你再来试一次,好不好？

许三多：我不行,我什么都做不了。

史　　今：许三多,我可失望了,我从来没有看见一个人像你现在这么,你,你自欺欺人,你,你逃,逃避现实你！我很失望许三多,你知道我有多难么现在,啊？我从来我没有像现在这么难过,你知道吗！

伍六一：医务室,医务室。

史　　今：许三多,我,我自作自受！

伍六一：医务室,医务室。

史　　今：我,我自作自受！我自作自受！我自作自受！

许三多:(独白)那天,我发现战车的另外一个用处,你可以把自己关在里边,假装世界上除了你没有别人,假装你已经死了。我不再想爸爸、哥哥、班长、老马,像我这样的人,就算想想他们,也会造成他们的负担。我后来常想起那个失败的晚上,我想如果我不出来,我的人生会是另一个样子。

伍六一:让我看看啊,让我看看!

史　今:别让别人知道。

伍六一:是,这事儿是不能让别人知道,这是工伤,可这是没什么光彩的工伤。你伤够住院的,可那浪费时间呀。

史　今:能不能别说了。你知道吗,我现在,我很轻松。

伍六一:对,甩掉了早该甩掉的包袱,轻松了,早该轻松了,可算轻松了。

史　今:你能,给我根烟吗？点上！你说我有得选择吗。

伍六一:你魔障了,啊？你疯了?!干啥呀？你干啥呀！哎

史　今:你给我滚出来！钢七连的战车不是给你干这个用的！你给我滚出来！出来！去,把家伙给我拿起来,我让你干什么,你就给我干什么。走！拿好,拿稳,啊。砸不着目标没关系,你至少把它给我拿稳了吧！

伍六一:你又在自作自受。

史　今:那你就跟我一块儿作,一块受！许三多,来,还是这个点,还是这个方向,你尽管砸,你砸着人没关系,今天班长豁出去了,总有一次你能砸准。

伍六一:你敢砸,你敢举起那个锤子,我就打死你。

史　今:他打你,你打他呀！我告诉你,不是他比你强多少,也不是你比他差到哪儿去,他打你,你就打他。我保证不让人知道！你,进来！

伍六一:我不想跟他站在一个天花板底下。

史　今:那你就站在外边！我告诉你,人家已经是钢七连的人了,你爱咋咋地！

伍六一:我要他滚,全连人都让他滚。

史　今:让他滚就站进来！许三多,许三多,抢锤,抢锤。

伍六一:你敢抢,锤子起来,你就躺下。

史　今:他不敢,他要敢你就抢他。我告诉你,今天这个房里边就咱仨人,跟连队没关系啊。

伍六一:对,我不敢。

史　今:许三多,抢锤。许三多,到了这儿你没退路了,当初征兵的时候我不想要你,是你自己死乞白赖要来的,你来干啥玩意儿？很简单,就一条路,抢锤。

许三多:班长,我不敢。

史　今:你想拖死我啊,许三多！为了你我已经跟连长掰了！我把全连都得罪了,你没看见啊！我今天跟他也掰了,我最好的朋友,我带出来的兵,你不知道啊！许三多,咱们三班现在总分排全连倒数第一,你还想咋的！你再这么干下去,明年我就得走人啦！(伍六一:哼)就因为一个,一个龟儿子,啊？我招了一个我看走了眼的龟儿子,你以为你穿这身军装,

你混进部队你就是兵啦?你连个铁砣你都抢不起来你就是个兵啦!你啥玩意儿也不是!我看透你了,你还是那仨字:龟-儿-子!别再让你爸叫你龟儿子!砸!砸呀!

伍六一:你又在自作自受。砸!

背景介绍

1. 许三多来到钢七连,战友们都比他强,他更没有自信了。他的处处不行,不仅拖累了三班,还有连里。于是钢七连上下都讨厌他。

2. 此段戏,史今班长面对许三多的现状也很无奈,但他还是耐心地帮助他,维护他,教他,许三多也每天紧跟着史今班长。这让班副伍六一更讨厌许三多了,他知道善良的史今班长看到许三多的弱小,会花更多时间和精力给他,这不但会严重影响班长的前途,还让自己都没机会与班长相聚了,心中很是不爽。

配音提示

1. 此段配音,史今班长对许三多的语言感觉有期盼、有压抑、有劝导、有愤怒,语言处理很有层次与表现力。而他对副班长兼好朋友伍六一的语言感觉是好朋友的呵斥与交心。

2. 许三多的配音感觉是从不动心到心被真正触动。开始时,他就是跟屁虫似的跟着史今班长来看他们维护战车,当他砸中班长的手出事后,既怕伍六一的威胁,又怕再出错,所以不敢再抢锤了。当史今班长动情并愤怒地讲出自己的处境和为他着想,不想让他父亲再叫他"龟儿子"时,这一强刺激真地唤醒了他,让他的心理起了巨大变化,演员的表演也让我们清楚地看到了这一点。这一切来源于史今班长的话语内容、情感发泄,让许三多知道了严酷的现实,不拼一下不行了!人的心理是支撑和改变主体的关键。

3. 在这段配音当中,许三多的独白也很到位,既有人物感,又区别于对白感,似在念自己的日记,又不是纯念东西的感觉,有念和说的较好融合。

4. 在这段配音当中,伍六一对许三多的语言感觉是讨厌、嘲讽、压抑、愤怒。伍六一的配音内涵较丰富,既有对许三多的讨厌、嘲讽与愤怒,也有对班长的心疼、压抑与无奈。他或大声讽刺,或出言威胁,或好言相劝,或压抑愤怒。

《班长复员》

人物:许三多、连长、众战士
地点:战车库

连　长:今天钢七连的第四千八百一十一个兵,就要离开我们了。四千八百一十一是他记在心里的一个数字,但记在我们心里的就是一个名字,史今,一排三班班长。我没有权力评价三班长什么啊,因为他一向做得比我,比我要好。而且我相信啊,他的人生才刚刚开始,在复员后……好,下面就由熟悉三班长的人,对他做出评价。由七连的人对七连的第四千八百一十一个兵,一十一位成员,做出评价。

伍六一:好!

甘小宁:好!

白铁军：好！

战士们：好！好！好！

许三多：不好！不好！你说好了你不走！为什么要骗我！为什么要骗我！（痛哭）

连　长：他不说他后天才回来么？

人物：许三多、史今、连长、政委、众战士

地点：营房里

几战士：哎——哎呀！

白铁军：我真是够了！

甘小宁：三多，我，我，我们不想伤你！

白铁军：你说你这样有用，我们不早做了！还用得着你！你就算现在把他留住了，下趟车他不还得走！那不废票钱么！

指导员：许三多，你说咱钢七连有你这样的兵么！

连　长：站着看什么呢，再上几个！

几战士：上，上，一二三！

许三多：啊！——啊！——

连　长：完全是肆意妄为，自我放纵。

许三多：啊！——啊！——啊！混蛋！

几战士：混蛋！抬起来！一二三！一二三！

许三多：啊！——啊！

连　长：这么废物啊！

几战士：用力！上！呀啊！——呀！——呀！——拽！——呀！——

白铁军：三多，我求求你了，你看我都受伤了。

甘小宁：三多，咱商量商量，谈谈行吗？

连　长：谈什么谈！去去去，通知保卫股！

指导员：这不合适。

连　长：什么不合适？我现在根本没法用军纪要求他了！你看他像个兵吗？像个兵吗？这连心都散了。

史　今：还给我，许三多，你看你现在都驴成什么样了。

许三多：你滚蛋！

史　今：对，你班长本来就该滚蛋了。行，我知道了，你这都学会了啊。你想死守护住什么东西，谁也拿不下。就是反坦克炮轰你，你也能守住这个破包啊？

许三多：你的票在里边。

史　今：对，没错啊，票在里边啊。三多啊，我看你这张脸啊，我就想起来你在下榕树时候那样。

许三多：我记不清了。

史　　今：那天我跟你爹保证了，我说我要把你带成堂堂正正的兵，你记不清了？我喝高了你记不清了？我把你带着一块穿了这身军装，你跟着我一块玩了命，你选择了这种生活，到该走时候就得走。一个破包能拦住你班长？你忘了咱是步兵了，我爬都能爬回家。

　　许三多：你骗我，你骗我，总拿我当笨蛋，骗我好好活，骗我做有意义的事。现在把你都给挤走了，这就是有意义的事？我不想做尖子，做尖子太累了！你们走光了，跟你说话的人越来越少，离开你的人越来越多。我要做傻子！傻子不怕人走，傻子不伤心。

　　史　　今：三多啊，你别老把这个想法，寄托到别人身上，你自己心里边就开着花呢，一朵一朵的，多漂亮啊。我走了，能帮你割掉心里边最后一把草啊。许三多，你该长大了啊，该长大了，我走了。

　　许三多：班长啊！班长啊！（痛哭）班长啊！

　　史　　今：包！

　　许三多：班长啊！班长啊！班长！——

背景介绍

　　1. 在史今班长的鼓励、帮助下，许三多各方面都进步很大，为了克服晕车，史今班长让许三多练习"腹部绕杠"，在坚定信念的支持下，许三多竟然一次翻转了333个！虽然事后他晕得很难受，但打破了集团纪录，这让他终于在班里、连里有了自己的地位。为了鼓励他，史今班长还推荐他为班里的优秀。这以后许三多的训练更加突出，比赛连连获奖，成为了"兵王"。这次，本来应是让史今班长去团里讲训练课的，但忽然换成了许三多，他不太明白是怎么回事，但史今班长知道他快要走了，因为他已经是老兵还没提干，而且自己又是初中生。当连长和指导员问史今班长复员有什么要求时，他说没有。在连长、指导员的一再追问下，要他提出具体要求，他只说：一直说保卫首都，自己想看一看北京啥样。于是连长要了车陪着史今去了北京，到了天安门广场，史今看到了天安门城楼、人民大会堂、中南海，他再也抑制不住自己的感情，泪流满面地痛哭，因为他要离开部队了。

　　2. 此段戏，史今班长离别的日子终于到了，连里集合在战车库里，史今班长最后擦着自己心爱的战车，战士们整齐排列，连长讲话，他难过讲不下去了，就让熟悉三班长的人做出评价。当三班的战士们纷纷喊出"好！"，大家一起喊出"好！"时，许三多突然冲进来了，他大喊"不好！""不好！""说好了你不走！为什么要骗我！为什么要骗我！"原来许三多在团里讲完课，今天提前赶回来了。

　　在宿舍里许三多死死压住史今班长的包，众战士无法拿出来，最后还是史今班长的一番开导，才让许三多松了手拿出了自己的包走了。

配音提示

　　1. 这段配音有很强的震撼力，也有人性的张力。许三多发自内心对班长的不舍与肺腑之言，让人动容！他的语言朴实、自然、真挚、表现力极强；语言处理有层次，也有主次之分；尤其是他的哭声与呼喊很真挚、很有感染力。这是真动心，真有情啊！配音时应当真正化为人物，进入人物的内心与情感，不要模仿别人，要自己与人物同感。该喊就喊，该哭就哭，要真实、自然。另外，配音时，连许三多用力把持住身体，战士们合力往起抬的用劲儿声，也要配得贴合、给力。

2.需注意，连长高城在史今班长退役时在车库里讲话的配音气口："好，下面就由熟悉三班长的人，对他做出评价。"通常，语言习惯将完整意思说出，而这里却是语言很碎，变成："好，下面/就由/熟悉/三班长的人，对他做出评价。"这就是需要配音者改变自己的语言习惯，特别要配出这几个小气口，否则口型对不上。

《马小帅守纪》

人物：高城、马小帅

地点：埋伏地

高　城：你还挺能挺啊，脚都露出来了。哪个团的？

马小帅：连长，您的要求，伪装潜伏第一要点，没被敌人发现时，绝对不能暴露。

高　城：马小帅吧？

马小帅：嘿嘿，连长，你还认识我呀？

高　城：认识，你们每一个人我都不会忘的，你是钢七连第五千名士兵？

马小帅：嗯。

高　城：也是最后一名。

马小帅：嗯，连长，你给我主持过入连仪式后，连队就散了。

高　城：来，听我命令

马小帅：是。

高　城：卧倒，继续隐蔽。

马小帅：连长，连长！

高　城：你喊什么你，隐蔽！

马小帅：你为什么不把我带走啊？

高　城：去去去！

马小帅：可是你发现我了。

高　城：我碰巧了我是！我瞎猫撞死耗子了，懂吗？

马小帅：这违规了，连长。

高　城：有什么规则？整个装甲侦察营加整个老A扫你们一小股溃兵，有什么规则？有屁的规则，规则。

马小帅：可是我来了我就认了。

高　城：老七连兵活得不易！你别以为这个碰巧，卡掉你机会，知不知道你。

马小帅：七连的人不干这种事！

高　城：你怎么那么幼稚啊你！

马小帅：别以为我来七连没几天，就长不出七连的骨头！

背景介绍

1. 钢七连刚被改编时,一些战士复原了,另外一些战士和干部被分到其他各个连队担任骨干。连长高城宣布完分配名单后,看着他曾挑选的一个个战士分别上了不同的车奔向了不同的连队,他心里很不是滋味,战士们也依依不舍。当天晚上,七连营房整个楼都黑灯了,往日里散发着士兵们青春活力的钢七连只有三班长许三多和连长高城了。连部音响中传来响亮的苏联卫国战争时期的歌曲《神圣的战争》伴着连长的痛哭声。

马小帅是军校高才生、学员兵,是钢七连的第五千名士兵,也是最后一名士兵,他从电子营调来,被分配到钢七连一排三班,连里为他举行了震撼人心的入连仪式,这个入连仪式,让马小帅的心里深深地烙下了钢七连的印记,从此他有了钢七连的魂。连队被改编时,马小帅被分配到了B团机步三连。

2. 此段戏,马小帅在原钢七连战友的鼓励下,也报名参加了"老A"的选拔,他又见到了昔日的战友,很高兴,但由于经验不足,选拔刚开始不久就与战友跑散了。他就自己找个地方隐蔽起来,不想被老连长、现在的侦察营高副营长发现了,当他看到老连长没想带他走时,就勇敢地喊出:"别以为我来七连没几天,就长不出七连的骨头!"随即放出了信号烟,表明自己已被发现。他的行为触动了高城,他又开车退回来,带走了马小帅这钢七连的最后一名士兵,为此,他感到骄傲。

配音提示

此段配音,马小帅的语言感觉,前半部是有些腼腆、温和的。在说到"连长,你给主持过入连仪式后,连队就散了。"他还有点不好意思出口之感,语言稍含混,声音也下滑,因为他知道这是连长最难过的事。但在后半部,当他看到连长开车要走不带上他时,他知道这是老连长在给自己机会呢,但也意识到这是违规的,于是,此时钢七连精神的印记发挥了作用,让他发出了自己坚定的声音,制止了老连长。这时的配音语言应是刚毅、坚定的。马小帅也是军中骄子,他也在部队这所大学校里成长。

《袁朗讲评》

人物:袁朗、成才

地点:老A教室

许三多:记住,不抛弃,不放弃。嗯。

成　才:报告!

袁　朗:进来,坐下。

成　才:是!

袁　朗:在你与所有人失去联系之后,你判定行动失败,因此撤出战区。

成　才:对。

袁　朗:判定的依据是什么?

成　才:当战斗人员损失过半,可视为丧失战斗力。当时E组损伤人员比例,已经达到了四分之三。

袁　朗：这是常规战争中的常规部队逻辑。昨天的态势是常规战争吗？我们是常规部队吗？你意识到放弃行动的后果是什么吗？我们一切的训练是不是都预示着我们将在高压，甚至绝境下作战。

成　才：我怕了，我承认。但我同时可以保证这是第一次，也是最后一次。

袁　朗：我们都能理解，我们用一切的手段让你们害怕。

成　才：我错了。这次失误，我深刻地意识到自身的不足，以后要努力加强学习。但我同时可以向组织保证，我有这个自信，下一次我绝不会比任何人差。

袁　朗：成才，让你们把演习当成真实，需要花费比演习本身更多的精力，为什么这么做？

成　才：因为，想看到我们真实的表现。

袁　朗：错，你老把一切当成你的对立，总想征服一切。费了这么大的力，我们只想在你们没有战争的时候就经历第一场战争，战争中伤亡最重的总是新兵，因为没有心理经历，没有适应时间。我们制造这样的心理经历，只有一次，下次就不灵了。我是想说这样的经历在你成才的人生之中只有一次，可你放弃了。

成　才：对不起，我为自己的表现，表示遗憾。

袁　朗：我也很遗憾，我们肯定你的能力，但无法接受你成为我们的一员。我不怀疑，如果在战场上，你肯定奋勇杀敌，仅凭杀伤数目也能成为战斗英雄。可那真不是我们这支部队需要的，甚至不是现代部队需要的。

成　才：为什么？就为这一次，一次失误，理由？我需要一个理由。

袁　朗：理由，你太见外！任何个人和团体，很难在你的心里占到一席之地。你很活跃，也很有能力，但你很封闭，你总是在自己的世界里，想自己的，做自己的。成才，我们这伙人，不只是为了对抗，你的战友，甚至你的敌人，需要你去理解、融洽和经历。

成　才：你为什么这么说我，你觉得自己完全了解我吗？

袁　朗：做个小小的测试吧。

成　才：好！

袁　朗：给我们大家解释一下钢七连那六个字。

成　才：七连？

袁　朗：你的军龄才三年，不至于连待过两年的老部队都忘了吧？

成　才：当然不会忘，钢七连我一辈子都忘不了。可是我不明白你的意思，我不明白什么六个字。

袁　朗：好了，好了，我收回这个问题。我一直在想，你怎么会违背这六个字，是我们让你不安，还是你太过患得患失，现在我明白了，你在那里生活了两年，那六个字是那个地方为之自豪的根本，可那六个字根本没有进过你的心里，从来没有进过你的心里：不放弃，不抛弃。

（回忆）

连　　长：不放弃，也不抛弃！所以我们就叫"钢七连"！

伍六一：不放弃，不抛弃，你小子给我说话算话！

成　　才：不放弃，不抛弃，说得没错，可得分时候！

袁　　朗：成才，你经历的每个地方、每个人、每件事，都需要你付出时间和生命，可你从来没付出感情。你总是冷冰冰地把他们扔掉，那你的努力是为了什么？为一个结果虚耗人生？你该想的不是怎么成为一个特种兵，是善待自己，做好普通一兵。

成　　才："不放弃，不抛弃"，我当然记得这六个字，我一辈子都不会忘。只是，只是刚才你，你问我的时候我忘了，我不知道你说的是这六个字。

袁　　朗：你知道，可你心里没有。七连只是你的一个过路的地方，如果再有更好的去处，这儿也是你过路的地方，我们不敢跟这样的战友一起上战场。

成　　才：我不服，你凭什么这么说我？你觉得自己很了解我？在所有人里边我得分最高，排名最前，表现最好的！记不记得一个月前你说过什么？欢迎你成为老A的一员，是不是你说的！还有这儿，这儿，这是什么？这说明我已经是老A了。凭什么，凭什么你一句话能，能把一切都否定了！我不服。

袁　　朗：还记得二十七吗？

（回忆）

拓永刚：我找你，我就是找你！

袁　　朗：我给过他机会。

拓永刚：不收回，就是找你！如果你能用我手中这支枪射击，在一分钟内打出你们所谓的合格成绩，我弃权。

袁　　朗：你知道我能做到，你和我较量过，我希望你能阻止他，可你什么也没做。你们是同寝，一起经历过那样的艰难，你却认为他和你没有关系，你想的是他是你的一个竞争对手，你失去的只是一个竞争者，你却没想你失去的是一位战友。

（回忆）

成　　才：连长，我要去别的连队了，已经联系好了。（我还以为我就算没处下全连的人，也处下了半连的人。）

袁　　朗：我对你很失望。我一直在想，这么优秀的一个兵，为什么不能把我们当成他的战友。从那天起，我开始对你失望，你们是团队的核心，精神，唯一的财富，其他都是虚的，我无法只看你们的表现，我更看重的是人。成才，你想知道我觉得你唯一可取的地方是什么吗？

成　　才：当然，当然不是我的射击。

袁　　朗：是在你放弃之前，喊了你朋友的名字，我终于发现这世界上还有你在意的人，可这并不能说明你就学会了珍惜。回去吧，对自己、对别人仁慈点，好好做人。叫下一个。

背景介绍

1. 经过严格的筛选，"老A"留下了十几人，还给每人发了臂章、胸章，许三多和成才都在其中。他们继续接受着各种艰苦的训练。一天，他们被带到一个地方接受"一级战备"。电视上报道,本市有一群有组织的反社会分子在东郊第二化工原料加工厂的厂房各处安装了大量炸药,警方正与对方交涉,他们的手中有大量武器,到目前歹徒没提出任何条件,市民正在疏散、周边部队也已出动,紧急出发的部队是防化部队和装甲部队。歹徒声称有所行动,谈判结束,刚才的新闻播出前被取消了,怕引起社会混乱。即使没有炸药,燃烧原料也会使城市变为死城,毒气随风飘散,后果不堪设想。在"老A"出发的车上,吴哲看到了箱子上有NBC标志,是指核武器、生物武器、化学武器、大规模毁灭性杀伤武器。到了工厂,他们穿上防化装备来到了工厂,打开井盖出现一个冒着黄烟的井口,仪器测试:含"氢钾化合物"浓度致命,但还是要求他们下去。他们开始还能互相通话交流,后来就难以联系,最后上边要求各自决定如何行动。在这个过程中,成才放弃了。而许三多做着自己应该做的事,他找到井口爬上地面,进入厂房隐蔽。他勇敢地将放有化学原料着火箱子的卡车开出工厂的危险地带,并脱下衣服扑打火焰。其实,这是一次"季度演习",许三多的表现被认为:顽强、独立、有责任心、关心战友。

2. 此段戏,是演习结束后的首长讲评,吴哲、许三多都顺利通过了,成才一直担心自己的表现。许三多在他进去接受讲评之前还鼓励他:"不抛弃,不放弃"。讲评中成才承认了自己演习中的问题,但袁朗中校还是给了他否定的评价,并列举了相关事实,帮他分析了问题的要害,成才无言以对了,被退出"老A"。

配音提示

1. 此段配音,袁朗的语言有理、有据、有情,表述的方式却不温不火,深入人心。表达有精细的层次与逻辑,变化丰富,有艺术性、表现力和感染力。在为袁朗配音时应抓住现场的思维与感觉;语言外化的理性、感性兼备;表达自然、有范儿、身份感较强;用声很少扬起,大多是平缓地阐释、议论,偶有情感泛起。

2. 为成才配音,开始要表现出有些不满与不服,有自己的身份感与分寸感。之后,这种气势渐衰,直到无言以对,心服口服。

电视剧《特战荣耀》(片段)

剧情介绍

《特战荣耀》也是一部表现士兵成长历程的电视剧,很有军人气质,是展现部队现代化进程的优秀军旅剧。

燕破岳出生于军人家庭,在高考来临之际他参军到了武警部队。"猎豹突击队"是燕破岳父亲曾经战斗过的地方,也是燕破岳参军的目标。七岁那年,燕破岳第一次离开部队大院去地方上学,但被几个人抓走,而这些人是父亲打击过的贩毒分子,抓他是为了报复父亲。燕破岳被关在黑暗的地窖里,里面还关着其他孩子,大家都不敢反抗,否则会被打得更惨。终于有一天,燕破岳爬出地窖,可是没有人愿意跟他一起逃跑,那些孩子还拼命大喊,因为抓到逃跑的人就有食物。燕破岳拼命地跑,他终于跑到了有迷彩服的地方。以后,父亲开始对燕破岳进行军人的训练,想让他变得更强,有自我保护的能力。

在新兵集训时,燕破岳的训练成绩惊人,军人素质很高,却不被看好,一是他比较自负。如一次训练跑步,新兵"吕小天"体弱摔倒了,他向燕破岳招手,但燕破岳没去理他,认为他是拖累,他的好友"萧云杰"却扶起了吕小天。二是在新兵连训练中违纪。当时在进行"夜间地形考核",燕破岳、萧云杰和吕小天分在一组,他们出现了意外,错上了正要演习的"猛虎特勤连"的车并擅自参与了演习,端了演习指挥部,犯了错误被关了禁闭。但这也让团长、政委知道了他们,尤其是注意到燕破岳。之后猛虎特勤连要了他们,政委说要好好培养,但是燕破岳他们三人却被分配到了炊事班。到了这里燕破岳无奈,只得收敛心性投入工作,但他仍然坚持训练,特别是向炊事班的班长"老兵王"学习到很多实用的军事技术和厨艺,他们还经历了抓捕毒贩的实战考验。"猎豹突击队"扩编,由于表现突出,燕破岳和萧云杰被推荐参加选拔,经过艰苦的竞争他俩终于进入了猎豹突击队。燕破岳的确有勇有谋,但大队长"秦锋"却指出燕破岳一心想超越所有人,心里面只剩自己,而特战时常要面对绝境,唯一能够相信的就是身边的战友,心里边要有战友。秦锋希望大家明白,他们是最强的团队而不是最强的个人,猎豹的口号是"无所畏惧,并肩作战"。

严酷的环境、艰巨的任务,许多生与死、血与泪的经历,尤其是战友吕小天为了自己而牺牲的事实,让燕破岳认识到自己的不足,在父亲、战友的帮助下,他终于看到了自己的问题,认识到团队、战友的重要性和集体主义精神的真谛,也理解了首长们锤炼自己的良苦用心,曾经的兵王继续磨砺自己。在一次次严峻的考验中,燕破岳不断成长,终于成为一名优秀的武警特战队员。他还与几名共历生死的战友一起被送去"武警特战学院"培训,学习如何成为一名特战指挥员。在那里,他们不但加强了外语学习,还接触到许多先进的军事理念及先进的武器、战术、信息化战争的特点等内容,进一步打开了眼界,成为"新猎豹突击队"的财富。"第十二届勇士国际特种兵大赛",燕破岳担任了中国参赛小队的副队长,他不但和团队很好地完成了参赛任务,还因有勇有谋、表现突出,被授予了"勇士特别勋章"。成长起来的燕破岳,在他心中没有了最强的兵和个人英雄主义,只有祖国的利益和特战队员的责任。

《父亲教诲》

人物:父亲、燕破岳
地点:家里

父　亲:现在部队管得严了,除了平时休假、回家不能喝酒。在家没事喝点儿。

燕破岳:你咳嗽就少喝点儿。

父　亲:喝酒是为了说话。你要是把话全倒出来,不就剩了这酒了吗?秦锋都告诉我了。

燕破岳:(咳嗽)爸,你说要做最强的兵,我一直朝着这个目标去拼。可是现在,我觉得很迷茫,领导说我一直坚持的都是错的。我最好的战友,因为我牺牲了,他明明已经退伍可以回家了。这一个礼拜,我一直在看他的日记,就好像我们又重新认识了一场,他一直拿我当最好的朋友,可我呢,其实我没什么朋友,我想得最多的只有我自己。爸,你说我是不是不配有朋友？不配所有人都对我好！

父　　亲：很多事儿发生了，再难受也改变不了最后的结果。当年为了我，你被绑架，可我不能回家，虽然我很想，我特别想去，可我不能去救你，因为我在执行任务，我只能等，等部队给我一个结果。虽然最后给了我最好的结果，可是我再见到你的时候，我心里全是后怕，全是恐惧。一个孩子在他最需要自己父亲的时候，父亲在哪儿呢？他再见到自己的父亲，那父亲还有脸让孩子再尊敬自己吗？

燕破岳：我没想过这些。

父　　亲：我见到你的时候，真想把你抱起来说："儿子，对不起！"可我怎么做的，继续逃避。我为了不面对自己的失败，只希望你能强大起来，强大到不需要身边的人保护，也可以把自己保护好，可是结果呢，我更错了。你是强大了，更不需要任何人，意味着任何人也不需要你。等天亮了，我们两个去寻找一个答案。

地点：当年燕破岳被绑架的地方

父　　亲：还记得这里吗？敢不敢下去。（燕破岳跳下地窖，看完）来！感觉怎么样？

燕破岳：原来经常梦到这里，记忆中像个黑暗迷宫一样，怎么跑都跑不出去。没想到现在发现原来只有这么小，很轻易就能爬出来。

父　　亲：原先恐惧的，现在看来不值得一提。现在你难以承受的，未来终会过去，过不去的会陪伴你一生，你再难受再逃避，也终究要学会与它相处。所谓成熟，无非两个标志，喜欢的依旧喜欢，但可以不拥有。害怕的东西依旧害怕，但可以面对。

燕破岳：爸，谢谢您。

父　　亲：回去吧，我已经没什么再教你的了。

背景介绍

1. 我方打入贩毒集团卧底的人发出一条信息告知：城里的公共区域有炸弹。正巧燕破岳送已经退伍的吕小天来到车站，听到车站广播有嫌疑人在公共场所投放爆炸物的信息。燕破岳赶紧让吕小天找出炸弹放的位置，然后跟车站公安介绍了自己的身份，让他们先疏散群众，自己赶紧研究炸弹，准备拆弹。燕破岳屏住呼吸拆弹，终于成功了。正当二人庆幸时，谁知那枚定时炸弹又开始倒计时了，只有不到三十秒的时间了，气氛非常紧张。

一直以来都是燕破岳罩着自己，吕小天准备罩燕破岳一次，他没有丝毫犹豫，推开燕破岳，抢过炸弹冲了出去，炸弹爆炸了，吕小天牺牲了。燕破岳悲痛不已倒在地上，吕小天不仅是为了保护人民群众牺牲，更是保护自己啊！

吕小天的妈妈来部队领取吕小天的奖章和物品，燕破岳来见吕妈妈，他自责又悲痛。吕妈妈没责怪燕破岳，但请求部队一件事，她带来吕小天的笔记本，想让部队找人模仿吕小天的笔迹给他爸爸写信，就说推迟退伍。因吕爸在一年前就重病住院了，靠化疗维持生命，之所以能够撑到现在，就盼着儿子回去见上一面。大队长秦锋让燕破岳保管吕小天的笔记本，并让他模仿吕小天的笔迹给吕爸写信，这段时间就算燕破岳休假了，等信写完再出去走走。

燕破岳翻看着吕小天的日记，基本上是记录参军入伍遇到燕破岳和萧云杰以及在炊事班的事，燕破岳看了心里特别难过。

2. 此段戏，燕破岳的内心一直沉痛，一些事情他还想不明白。他回到家里，父亲已经知道了燕破岳的现状，他准备和儿子好好谈谈。在这次难得的父子见面中，以往强势的父亲，竟坦率地敞开了自己的心扉。第二天父亲还带燕破岳到了他小时被绑架的地方，借此机会，告诉了儿子一些理性思维和人生哲理。燕破岳心中的谜团消散了，他的心被父亲点亮了，他听了父亲的话，准备马上赶回部队。

配音提示

1. 此段配音，是父子之间的交流，有思维过程、有启迪、有结果，节奏较舒缓。配音语言不但要体现思维的运动，也要口型严格贴上。

2. 由于人物的镜头多为近景，最好还能体现出演员说话的特点，如父亲说话时嘴唇不太用力。燕破岳在交流中，不时有咳嗽声、喝酒的嘴声、抽鼻子声、出气声等零碎，也要自然贴合上，让人感到这是演员自己的表达。内外相合，这才是好的配音。

《母子交心》

人物：燕破岳、继母

地点：家里

继　母：小岳，家里自己做的这个腊肠跟牛肉酱，都是你打小就喜欢吃的，我都给你装好了，带着部队上去吃，不容易坏啊。来，我给你装上。来！

燕破岳：我自己装就行了。

继　母：哦，那个，这玻璃瓶得拿衣服裹着，我还给你包了馄饨。我这就给你煮去啊。

燕破岳：不了，时间来不及了。

继　母：那，那你装上，你带着路上吃啊。

燕破岳：哦，裴姨，您别忙乎了。

继　母：你看你呀，你好不容易才回趟家，这刚一回来吧又说要走。

燕破岳：我不在的时候，您把我爸和这个家都照顾得很好。

继　母：小岳，其实啊你爸他挺惦记你的，你没事的时候啊，多给他打打电话，啊。

燕破岳：知道了。我也会打给你的。当年的事，您怪我吗？

继　母：没有。小岳，我从来就没有怪过你，虽然你可能不太愿意接受我这个后妈。

燕破岳：我从小就没有妈妈，我爸带您来见我，您把我抱在怀里那一刻，我开心死了。我觉得我终于有自己的妈妈了。但是后来，因为我被绑架，您一时着急流产，再也不能有自己的孩子，我知道那个孩子，对你来说有多么的重要。我，我不知道该如何面对您。

继　母：你没有不喜欢我？

燕破岳：没有，从来没有。对不起！妈。

继　母：傻孩子，都过去了，这么多年我看着你长大，我早就把你当我的亲儿子了。

燕破岳：妈，以后有我在。

背景介绍

此段戏,燕破岳与父亲交流后,回到家准备马上赶回部队。继母"裴姨"热情地为他准备了腊肠、牛肉酱等他小时最爱吃的东西,让他带回部队去吃,对他刚回来马上又要走,还有些不舍。燕破岳很受感动,他也像父亲一样,对继母打开了心扉,告诉了对方他的真实想法,解除了误会,母子的手温情相握。

配音提示

此段配音,继母"裴姨"的语言是亲切、温情的,还有点不好意思。她的配音分为两部分,前边是积极、热情地忙于给燕破岳带食物上路。后边是听了燕破岳的话又惊又喜,终于知道了对方不是不接受自己,而是不知道怎么相处,对她还有些愧疚,所以她的语言充满了温情。燕破岳的语言也是温和、真诚的,他本来就是一个正直、善良的人。在这里,让我们看到了兵王燕破岳的另一面。

《智擒毒贩》

人物:燕破岳、束海、众村民

地点:束家村

燕破岳:吃了吗?

束　海:吃了。你呢?

燕破岳:我啊?我在山里待了一夜,喝了一晚上风,饱着呢。

束　海:侦查这么多次,不能就你一个人吧?来,把你那兄弟们都叫出来,咱一块聊嘛。

燕破岳:我一个人来喝茶就行了。自我介绍一下,我叫燕破岳,浪子燕青的燕,破坏王的破,岳飞的岳,叫我小燕就可以了。

束　海:别呀,怎么我也得叫您一声燕哥呀。

燕破岳:这个小姑娘,不会是你亲生的吧?

束　海:你觉得呢?

小姑娘:爸爸疼。

束　海:别他妈说话!

燕破岳:行了,肯定没有血缘关系。来!这个小熊送给你,喜欢吗?

村民甲:滚开!只要我们在,休想带走海哥!

燕破岳:各位,你们并没有像束海一样,抱着个可爱的小丫头当盾牌,你们犯的事,就算是逮进局子也不会被判斩立决。各位,我们希望事态不要扩大,请你们立刻离开,让我和束海先生自己解决。你们自己选择。(村民跑走)别怪他们,蝼蚁尚且惜命啊,更何况是人。再说啦,钱这玩意儿生不带来死不带去的,让他们为了钱做必死无疑的挣扎,谁肯干啊。

束　海:理解,不怪。贩毒十多年躲了十多年,还是遇见你们了,不躲了,也累了。可是,我不甘心哪,谁都想活着不是吗?你说呢,啊?燕破岳。这个认识吧?来,薇薇,给你燕哥哥把包打开。这也认识吧?放了我,我把她留下,你们来不就是缉毒的吗?

我保证我从这个村子走了,再也不碰毒品了,皆大欢喜。你完成任务,怎么样?

燕破岳:我们的任务不是缉毒,而是你。要么俘虏捕获,要么直接击毙。除此之外,没有别的选择。

束　海:你是死脑筋吧?哎,你给政府干一辈子能挣多少钱?我告诉你我贩毒这么多年,我挣了好多钱。哎,我还有一习惯,我有了钱我就买黄金,有钱我就买黄金,我们家现在搁着400多斤黄金,你放了我,我全给你。

燕破岳:400斤黄金?

束　海:啊。

燕破岳:你害了多少人,能赚那么多钱。

束　海:你别过来啊,你是认为我真不敢摁是吧。政府抓着我,我枪毙我也是死,我他妈摁了我也是死。来,要不要一起试试?

燕破岳:我的职业,就是面对死亡。

束　海:哈哈,你的燕哥哥不怕死,你怕死吗?你告诉你燕哥哥你怕死吗!你跟他说呀!你跟他说!(薇薇哭)

燕破岳:怎么,你也觉得炸弹吓唬不了人,只敢把火气往小女孩身上撒吧。你是个聪明人,你觉得我会平白无故地带只玩具熊出来任务吗?

束　海:什么意思啊?

燕破岳:你手中的遥控器,是这个市场上最常见的品种。它采用315AM无线模式,通信方式是调幅AM,工作频率是355兆赫和433兆赫,电流发射是2-10毫安。说了你也不懂。知道汽车遥控干扰器吧?这只玩具熊藏的屏蔽器跟它的功能一样。所以说,你的遥控器已经没用了。来,你看看。

(燕破岳用小熊内散棉扬向束海,将对方踹倒,拔出遥控器电池)(燕破岳问小姑娘)你叫薇薇?我带你回去找妈妈好不好?

小姑娘:好。

束　海:你走不出去你信吗?

燕破岳:和你聊天聊得很开心,闭上嘴吧啊。走吧。(押着束海,领着小姑娘走,村民赶来)各位,麻烦让让。

族　长:把阿海留下!你自己走可以。

燕破岳:你是……村长?族长?

族　长:算是吧。我知道你是吃公家饭的,拿贼天经地义。但是阿海是我从小看着他长大的,我不能眼睁睁地看着你把他扛去断头台吧!把人留下,你自己走,我保证没人会拦!

燕破岳:不可能。

族　长:那就从我们身上踩过去吧!

众村民:对,对,对!

燕破岳:谁敢?!你们还有没有良知啊?还分不分善恶?!我知道这里穷,庄稼不好种,连路都没修上几条,想赚钱让家里人吃好的、喝好的这没错。但是穷,就可以制毒贩毒?穷,就可以坑得别人妻离子散,家破人亡吗?!别动!大家都是有手有脚,两个肩膀上顶着颗脑袋,不管是外出打工,还是在家耕种,日子怎么就过不下去了?邻近的寨子,都一点一点建设起来了,只有你们束家寨因为这颗毒瘤,让年轻人不愿意赚辛苦钱,整天做着一夜暴富的美梦。这个束海,一边激发你们的贪念,一边又撒点小恩小惠,让你们无形中成了他继续犯罪的保命符!

族　长:年轻人,你说得容易呀,你不是我们这儿的人,你不了解情况。等你们转身走了,没有人会来帮我们!

众村民:是啊,是啊,谁来帮我们啊!放人!放人!

燕破岳:制毒贩毒,放在哪朝哪代,都是砍脑袋的死罪!我不知道你们中间多少人参与了这个肮脏的买卖,我就想问上你们一句,你们连死都不怕了,要是把这股狠劲用在正途上,还有什么是你们做不到和不能做的!

背景介绍

1.燕破岳回到部队,上级下达任务,要从"猎豹突击队"选人去参加"勇士国际特种兵大赛",这代表的是中国军人,只有拿到团体冠军才算胜利。能力最强的燕破岳却没在人选中,不少干部、战士都为燕破岳鸣不平,他却主动找到大队长秦锋,申请为参赛的备选人员做点什么,秦锋安排燕破岳去做后勤保障。燕破岳安心地去了,他用心为战友擦枪、擦鞋、洗衣服,还当陪练并懂得收敛,燕破岳变得平和了,他踏实肯干没有怨言。

秦锋承认燕破岳的个人能力很强,未来会是猎豹的一把利剑,但需要更加严格的淬炼。

秦锋来找燕破岳,告诉他最近为他鸣不平的人很多,问他有没有什么想法。燕破岳拿出自己整理的比赛地区的天气资料以及注意事项,秦锋疑惑:难道燕破岳心里真的没有一点情绪?燕破岳说自己是一个兵,就做好兵的本分。

2.此段戏,是这次勇士国际特种兵比赛成绩出来,中国参赛队的狙击单项成绩第一,但没有拿到团体冠军。秦锋找燕破岳看比赛地形图,燕破岳说出了他的方案,秦锋现在特别后悔当初没让燕破岳去参加比赛,燕破岳却挺谦虚。现在秦锋对燕破岳有了新的看法,觉得他变了,于是他带燕破岳跟七小队去滇南参加抓捕毒贩"束海"的任务。秦锋和燕破岳来到了"束家村",他们在寨子里四处走走,掌握了不少信息。束海的住所是栋别墅,守卫森严,别墅的门口停着一辆豪车,束海这是为了吸引寨子里的年轻人,表明自己就是一夜暴富的例子。寨子里的村民跟束海有着千丝万缕的关系,成了束海的保护伞。我方的抓捕行动有些困难,于是燕破岳主动请求自己一个人先去"智取"。面临危机,燕破岳有勇有谋,成功抓捕了束海,还解救下了被束海控制的小姑娘"薇薇"。

配音提示

1.此段配音,执行这次任务燕破岳是有备而来,他斗智斗勇、分化瓦解、有理有情、有法有据。所以他的语言充满了成熟与自信。

2.对待不同人、不同氛围、不同阶段,他的语言呈现不同的语态、色彩、力度和分量,起到很好的作用。

3. 在抓捕毒贩的过程中,燕破岳的语言分为前后两部分:前半部是他机智从容地与毒贩周旋,分化瓦解其手下人,最终将对方拿下。语言处理是稳重、轻松、平缓,还有点诙谐。后半部是他面对毒贩的众多乡人,不畏恐吓,据理力争,坚持职守,不退不让,最后取得了胜利。语言处理是诚恳、刚毅、有气势、有层次,用声起伏较大,节奏多变。

《汇报任务》

人物:燕破岳、秦锋、政委、丁局长

地点:村外

政　委:太冒险了吧?

秦　锋:哎呀,锻炼的机会很难得啊。

政　委:局面失控了怎么办?

秦　锋:我带着七小队冲进去,局面就不失控了?只有更乱。

丁局长:出来了。

燕破岳:报告大队长,完成任务!

秦　锋:辛苦啦!丁副局长,人交给你了。

丁局长:辛苦啦,感谢你们!小朋友,跟我走吧。

燕破岳:薇薇乖,警察叔叔会带你找到妈妈的。

丁局长:走吧,我带你找妈妈。

秦　锋:哎,真的没事啊?

燕破岳:没事,连点皮都没破。

政　委:燕破岳!

燕破岳:报告!

政　委:你是谈判专家吗?

燕破岳:报告!不是。

政　委:你可以徒手接子弹吗?

燕破岳:报告!没试过。

政　委:你能一个打两百个吗?

燕破岳:报告!不好说。

政　委:全村人挡在你面前,很可能还有束海团伙的核心成员混杂其中,只要有人稍加煽动,哪怕向你吐口口水,形势就会完全失控。你把自己的命丢了我不管,你怎么保护一个六岁大的小姑娘,让她在人群中不被踩死啊?

燕破岳:报告,我当时并不是赤手空拳。这是从束海手里缴获的炸弹,如果刚才形势有所失控,我就会立刻亮出炸弹,告诉所有人这是定时炸弹,倒计时装置已经启动,如果他们不怕炸弹在自家门口爆炸,尽管动手。

秦　锋:哎呀,我就说嘛,这小子有勇有谋。哈哈哈。

燕破岳:大队长,其实拦我的村民也不是坏人,他们这个地方太偏太穷了,年轻人都被鼓

动着做着一夜暴富的梦,对错于他们来说,就没那么重要了。

秦　锋:得到容易放下难,这是人性的弱点。很多人都会利用人性的弱点去钻空子,比如说来海,又比如说你。如果你只想着获取属于自己的胜利,我是不敢把你放在第九小队的。但是现在,我可以相信你了。对你的个人考核结束,明天开始归队训练!

背景介绍

此段戏,是政委一直担心刚才燕破岳的单独行动,他与燕破岳进行了严肃的对话,燕破岳都认真地回答了。大队长秦锋听了燕破岳的汇报很满意,他现在很信任这个非常有潜力的特种兵了。秦锋夸赞燕破岳有勇有谋,宣布对燕破岳的个人考核结束,明天可以归队训练了。

配音提示

1. 此段配音,政委很生气,怕燕破岳的这次单独行动,还是想实现个人的英雄主义,也怕刚才的局面难以控制出状况。所以他的语言是质疑的、短促、有力的。

2. 燕破岳的语言表现出士兵的气质,尊重上级,认真向领导汇报工作。语言平和、果断。

《参赛排险》

人物:燕破岳、裴踏燕、萧云杰、外军官兵等

地点:国际比赛营区

燕破岳:猎豹小队注意,猎豹小队注意!在休息区B区发现一枚脏弹,坐标B07,距离爆炸还有九分十五秒,爆炸范围不详。请尽快汇集拆弹专家!同时疏散营区全部人员!

萧云杰:哎,哎,哎,有炸弹!炸弹!兄弟,兄弟,有炸弹!基地有炸弹,快走!快走!快走快走!开走!哥们儿,这有炸弹,马上要爆炸了!走走!

外军警卫:走走走!

萧云杰:走走!

女军官:中国部队报告,在休整区发现一枚脏弹,请所有参赛人员立即撤离到安全范围。

官　员:情报确实了吗?

女军官:还在核实中。

燕破岳:快走,营区有脏弹!还有不到8分钟就要爆炸了!快走!

外士兵:别动!不许动!

燕破岳:嗨,快点撤离!营区有脏弹!还有不到8分钟就要爆炸了!快走!快走!快走!

中队长:燕破岳!情况属实吗?

外军官:这只是一场比赛,你要干什么?

燕破岳:战争。

外军官:战争?

外士兵：出去！

燕破岳：为了所有人的安全，对不起了。请您下令，所有人立即撤离！走！撤离！

外领导：所有人，立即撤离！

中队长：走！快快！

燕破岳：快走！快走！快走！走！我们走！

燕破岳：（路上）哎，走！走走！

萧云杰：燕子，我就知道你得回来。

燕破岳：你怎么没进去！

萧云杰：我插不上手哇！

谢尔盖：（外语争论）

杰　森：（外语争论）

裴踏燕：没时间了！

燕破岳：他们吵什么呢？

裴踏燕：现在还在争论。谢尔盖认出来脏弹是他们国家的核动力装置上面拆下来的设备，杰森认出来起爆器是他们国家的装置，所以还在争论，不知道从何下手。

燕破岳：你的意思呢？

裴踏燕：这是一个快速的引爆装置，上面有校准器压力触发装置，唯一的办法就是拆除触发器。可是一旦拆除触发器，压力就会被释放，炸弹就会爆炸。

燕破岳：从炸弹本身入手，还是从起爆器入手，都是无解的？

杰　森：撤离，来不及了！

燕破岳：不！不！不！杰森，听我说，听我说！

裴踏燕：冷静点好吗！还有一分钟，我们跑得再远，也逃不出脏弹的爆炸范围！我宁可碰碰运气！在不拆除起爆器的情况下，尝试让起爆器电路短路，也许能阻止引爆。好吗？……不拆除起爆器根本不可能。

杰　森：疯了你，你在干什么？！

燕破岳：现在起爆器被毁掉了。

背景介绍

1. "第十二届勇士国际特种兵大赛"在即，这是世界上最顶级的军事比赛。正在"特战学院"学习的猎豹队员暂时中断了艰苦的学习，与其他优秀学员组成了中国特种兵参赛小队，燕破岳被任命为副队长。他们在参赛中，勇闯难关，较好地完成了第一项"反劫机行动"的参赛任务。比赛是看哪个国家的参赛队用时最少拿下劫机者、人质伤亡少、本队受伤少，用这几个数字作为衡量标准来决定比赛成绩。中国参赛小队成绩不错，但大赛组委会宣称演习没有结束，只是开始，后面，各队要在一个小时之内找出恐怖分子的行动目的及引发的连锁效应，做出详细推导并制定出可行性计划。另外，在各队休息区有准备好的电脑和资料，大会将根据各队的表现给出最后成绩。组委会发下来一批各种文字、各种观点的资料，以供筛选。

2. 此段戏,中国特种兵小队也在紧张地工作着。政治、军事素质很高的燕破岳在思考:反劫机演习的机型通常会贴近常见机型,在这种国际大赛里选择老式的"安二六"飞机,不奇怪吗?忽然听到一个队员说:太奇怪了,这报纸多少年了有什么用啊!燕破岳却拿起这些报纸,快速地浏览,忽然他发现了一条消息:"W国在1992年到1997年向R国移交脏弹,准确消息,有五枚脏弹神秘失踪,有关专家认为,这些脏弹很可能已被国际军火商倒卖出去。"燕破岳敏锐地感到:这次反劫机演习可能是假的,反劫机演习中恐怖分子根本没有提出任何诉求,而且组委会仅以几个数字来评定演习成绩,让我们没有时间对机舱进行彻底检查。燕破岳推测:恐怖分子的劫机行为可能是个烟雾弹,他们劫持这架老式飞机,在演习结束后,由安保负责清理机舱,恐怖分子可能混进其中,将丢失的脏弹运出机舱,一个小时后,各国领队和队长在进行复盘会议时再引爆。但队长不太相信燕破岳的推理,还要继续他的数字推演分析工作,可他同意燕破岳有权指挥行动。于是兵分两路,燕破岳指挥几名队员分散寻找目标。很快他发现了目标,而且脏弹爆炸已倒计时,于是他采取了一系列大胆而有效的行动,疏散了人员、排除了险情,这第一项考核,中国队取得了第一。

配音提示

1. 此段戏燕破岳的配音,应当有十足的军人气质,语言要干脆果断,还要有霸气。

2. 此段配音,人杂、气氛紧张,还夹杂较多外语,比较难配。配音语速应较快,语气紧张,节奏是紧张加高亢。

3. 应将演员的外语台词都改成中文说出,所以要求配音者自己充当"口型校对员",将不同语言的台词自然、有机地填充进口型。

4. 有些地方的台词是叠加在一起的,大多口型不太清楚,但也要让语言有层次、合理、有效地表现出来。

印度电影《真真假假》(片段)

片中人物

拉姆·普拉沙德	男,21岁,员工
拉克希曼·普拉沙德	
帕瓦尼·肖格尔	男,50多岁,老板
乌尔米拉	女,19岁,老板之女
各丽妮	女,40多岁,老板之妹
勒德娜	女,20岁,拉姆之妹
布希芭	女,20岁,乌尔米之友

影片介绍

《真真假假》是一部带有喜剧色彩的印度电影。它讲的是这样一个故事:聪明、活泼的男青年"拉姆"父母双亡,他与正在读书的妹妹"勒德娜"一起生活。从学校毕业后,他为了找工作,听从舅舅的劝告,贴上了胡子,又从电影厂朋友那里借来一套老式衣裤去一家公司应聘。原来这个公司的老板"帕瓦尼·山格尔"与拉姆的舅舅是朋友,拉姆的舅舅了解他的旧观念,他认为不留胡子、穿着入时、爱好文体的青年,工作上必不可靠。于是,在考试时,拉姆装作除了本人的业务以外其他一概不知,老板对他很满意,他得到了这份工作。由于他工作努力又能干,老板还给他加了薪。

一次,他的朋友为了让他能看一场曲棍球比赛,出主意由朋友打电话给拉姆的老板谎称他母亲病了让他回家,得到了老板的应允,拉姆如愿看了这场曲棍球比赛。谁知事有凑巧,拉姆的老板那天也去看了这场比赛并看见了身着入时、没留胡子的拉姆。次日,当老板盘问拉姆时,他在毫无准备之下,只得急中生智谎称自己有个长相一样的双胞胎兄弟"拉克希曼",老板信以为真,并让他把这个游手好闲、风流倜傥的兄弟带到他家教他女儿"乌尔米拉"唱歌。当拉姆以拉克希曼的面目出现,成为老板女儿乌尔米拉的音乐教师之后,两人相爱了。

但老板发现后不喜欢这个事实,又要拉姆教他女儿学习文化课,想取代他"兄弟"将女儿嫁给他。于是,拉姆不得不在老板与他女儿之间无可奈何地来回变换着形象周旋着。后来,他实在受不了在乌尔米拉面前从拉姆变成拉克希曼来回奔波,就想了一个办法,想让拉克希曼"远走高飞"消失了。谁知乌尔米拉误会了他的苦心,她找到拉姆家任性地让拉姆明天马上与她去神庙结婚,她已经离家出走住到女友家了。

帕瓦尼老板以为是拉克希曼拐走了自己的女儿,非常生气。他无意中又发现了拉姆的胡子是假的,以为是拉克希曼杀死了自己的哥哥化装成拉姆,于是一场追斗开始了。片子的结尾,拉姆与乌尔米拉终于解开误会走到一起,帕瓦尼老板也了解了事实真相,并在亲朋好友的劝说下承认了这个现实,出现了大团圆的结局。

《考试》

人物:拉姆

地点:帕瓦尼办公室

拉　姆:您好,先生。

帕瓦尼:进来,进来,你叫什么名字?

拉　姆:拉姆·普拉沙德·夏尔玛。

帕瓦尼:请坐!

拉　姆:谢谢。

帕瓦尼:你对苏尼尔·高斯格尔怎么看?

拉　姆:苏尼尔·高斯格尔?

帕瓦尼:对,有名的板球运动员。

拉　姆:请原谅,先生,我对板球一点儿也不知道。

帕瓦尼:没关系,没关系。你对,对"黑珍珠"怎么看?

拉　姆:我根本不知道珍珠也会有黑颜色的,我一直以为珍珠都是白颜色的,先生。

帕瓦尼：我说的是贝利。

拉　姆：喔，他可是个伟人，是个伟大的人物。

帕瓦尼：嗯？

拉　姆：真的。

帕瓦尼：请谈谈他的伟大之处。

拉　姆：他写的《马哈拉什特拉邦落后部落的人均收入》一书，很值得一读，先生。

帕瓦尼：你说的是谁？

拉　姆：莱利，莱利教授，著名的经济学家。

帕瓦尼：不，不，我说的是贝利，世界闻名的球星贝利。

拉　姆：哦，前几天我倒是在报上看到过一条消息，说是加尔各答有三四万的疯子为了见他，竟然在半夜里就赶到机场去等候。哦，哦，哦我就知道这些，先生。

帕瓦尼：好。印度、巴基斯坦曲棍球赛就要举行了，谈谈你的看法？

拉　姆：请您允许我告辞，先生。

帕瓦尼：怎么，为什么？

拉　姆：因为我除了自己以外，其他方面的一概不知。我父亲常常训导我，要把青春贡献给事业，以后有的是时间去享乐。然而今天我才恍然大悟，有关体育方面的知识也是必不可少的，父亲的训导不足为言。

帕瓦尼：绝对不是！绝对不是！令尊大人的教导完全正确！快坐下，他还说些什么？

拉　姆：他常说，一个有理想的人……喔算了，先生，您会认为他神经不正常。

帕瓦尼：不，请说下去。

拉　姆：他常说：一个有理想的男人应该蓄起胡子，胡子是一个人心灵的镜子，胡子最能反映一个人的内心世界。

帕瓦尼：真是金玉良言哪，孩子。依我看，一个人没有胡子他就没有良心。哈哈哈，你确是受到了堪称典范的家教。你来看，看这份，看这份明细账。这是19……

拉　姆：嘘，嘘

帕瓦尼：嗯！

拉　姆：哎先生，这账是哪个缺心眼儿做的？这人准是个笨蛋。

帕瓦尼：是我亲自做的。

拉　姆：啊，请原谅，先生。不过这账确实是做错了。

帕瓦尼：这我知道，我不过是想考考你究竟懂多少。我很喜欢你，年轻人。我为你感到骄傲。好吧，从明天起就来上班，工资暂定为800卢比。

拉　姆：800卢比？

帕瓦尼：对，绝不能多于850卢比！你们这些年轻人哪，就只知道钱……

拉　姆：不，我不是这个意思，先生。我是个新手，我怎么能拿800卢比的工资，就是500卢比我也不配拿呀。

帕瓦尼：瞧，孩子，你究竟有没有才能，不必由你来告诉我，懂吗？去吧，明天就来上班。

等一下,你,你的褂子怎么这么短?

拉　　姆:啊先生,是这样的,我父亲常常对我说,衣服只是用来遮羞而已。全印度有三亿多的男人,假如让他们其中一亿人穿褂子,把每个褂子做短六英寸,这样呢就可以节省下许多的布,用这些布又可以解决多少人的穿衣问题呀。所以我父亲常说,穿长衣服是一种极为有害的时髦。他在世时很反对赶时髦。

帕瓦尼:在世时,这么说?

拉　　姆:是的,先生。他四年前就已经去世了。

帕瓦帕:啊?这真是太遗憾,太遗憾了!我,我再也没机会见到这位大贤人,真是一位大贤人哪!

拉　　姆:但他永远和我在一起,我时时刻刻都在怀念他老人家,他虽然已经去世,但他的思想和主张我将永存牢记,先生。

帕尼帕:说得好,年轻人,你一定会有出息的。不过我有个小小的请求,请你以后说话,不要带那么深奥的语句,听起来很费劲儿。呵呵,呵呵,

拉　　姆:再见!先生。

《演戏》

人物:乌尔米、各丽妮、帕瓦帕

地点:乌尔米房里

乌尔米:为了能和你结合,我得罪了天下的人,你倒说话呀!为什么不说?说呀!我错就错在和你秘密结了婚,没让人知道,没有迎亲队接我,那又怎么了?是的,没有吹吹打打,也没有唱歌跳舞,但是你曾对天盟誓和我结为夫妻的呀?你,你不能这样丢下我不管,我,我已经有了孩子,马上就要做母亲了。

地点:帕瓦尼家练身房

帕瓦尼:神啊,请睁开心灵的眼睛吧。神啊,请睁开心灵的眼睛吧……

各丽妮:你先睁开眼吧。你哪儿肯听我的一句话?你不是忙你自己的工作,就是折腾你的肚子。我跟你说过多少遍,对女儿不能宠得太厉害了。

帕瓦尼:今天怎么了?

各丽妮:哥哥,坏事了,乌尔米偷偷跟人结婚了!

帕瓦尼:谁跟你说的?

各丽妮:是我亲耳听到的。还有,那个小子要把她扔了,更糟糕的是,乌尔米,乌尔米……

帕瓦尼:怎么啦,快说!

各丽妮:乌尔米快要生孩子做母亲了!呜呜呜呜

帕瓦尼:她在哪儿?

各丽妮:在她自己房里!呜呜呜

地点：乌尔米房里

乌尔米：我瞒着父亲和你结了婚，我不就这点错吗？你为什么不说话？说呀！我这个样子，你要真是把我甩了，那我只有一条路可走，就是自杀！

帕瓦尼：啊！乌尔米！开门哪，乌尔米！乌尔米！开门！

乌尔米：怎么了，爸爸？

帕瓦尼：你问我？我还问你呢！

乌尔米：出什么事了，到底怎么啦，姑姑？

各丽妮：瞧你干的好事，孩子，你怎么搞得嘛？

乌尔米：我怎么了？

各丽妮：怎么了？你把我们家的脸都丢尽了，还在问怎么了？

帕瓦尼：那个坏蛋藏在哪了？我要枪崩了他。

各丽妮：你要是想结婚的话……

乌尔米：行了！行了！别说了！

乌尔米：你们看，这是眼药水！再瞧瞧这是剧本！告诉你们，我们学校要演戏，我正在练习台词呢，你们哪，真是！

帕瓦尼：练习，那头上抹什么朱砂？

乌尔米：我演的是已婚女子呀，不在头上抹朱砂，怎么出得来感情呢？爸爸，一个人练没意思，您坐下，我当着您面儿练。你也来，姑姑。我开始了，哎，嗯，姑姑，您就权当默亨德拉吧。

帕瓦尼：默亨德拉是谁？

乌尔米：默亨德拉？就是我跟他结婚的那个人。

帕瓦尼：啊，不行！

乌尔米：这是假的呀，是在演戏！听着："我爱你，默亨德拉。"

各丽妮：喔，孩子，可不能直呼丈夫的名字，应该这么说："喂，我说"

乌尔米：啊，上帝，姑姑，这是现代戏！

各丽妮：有必要演这种不吉利的戏吗！要演就演"神明保佑我"、"虔诚的信徒"什么的。对吧，哥哥？

帕瓦尼：有道理。

乌尔米：你们想听不想听啊？想听的话，就好好听着！嗯！"默亨德拉，我爱你。我，我马上就要成为孩子的母亲。"

帕瓦尼：噫嘘！

《求职》

人物：拉克希曼、乌尔米、帕瓦尼
地点：帕瓦尼家花园

拉克希曼：嗨，花匠。嘿！老家伙在家吗？

帕瓦尼：老家伙？

拉克希曼：啊，就是帕瓦尼·山格尔。

帕瓦尼：谁告诉你，帕瓦尼·山格尔是个老家伙？

拉克希曼：他取了帕瓦尼·山格尔这个名字，就说明他一生下来就是个小老头儿，对不对？

拉克希曼：快去叫啊，快去呀！

帕瓦尼：你等着，我去叫他。

拉克希曼：OK。

地点：帕瓦尼家客厅

帕瓦尼：请进，年轻人。早上好！

拉克希曼：啊早上好！怎么是您？

帕瓦尼：我是帕瓦尼·山格尔。

拉克希曼：啊，您就是帕瓦尼·山格尔，顺便问一下，您是不是有个孪生兄弟，他在这里当花匠？

帕瓦尼：没有，我这没什么花匠、木匠，这院子全是我自己收拾。

拉克希曼：哎呀呀呀，那我刚才实在是太唐突了，先生。

帕瓦尼：啊？

拉克希曼：您知道，我管您叫了您老家伙。

帕瓦尼：我本来就是老家伙嘛。

拉克希曼：当然，您是个老头儿。但是您知道，就像不应该当着盲人的面叫瞎子，当着跛脚的面叫瘸子一样，也不应该当着您老人的面叫什么老家伙。哈，您说是不是呀？

帕瓦尼：请坐。

拉克希曼：谢谢！谢谢您，先生。

帕瓦尼：你叫什么名字？

拉克希曼：拉基，拉基·夏尔玛。

帕瓦尼：拉基？！

拉克希曼：呵呵，我的名字是拉克希曼·夏尔玛，但朋友们都管我叫拉基，您也叫我拉基好了。

帕瓦尼：不，我还是叫你拉克希曼·普拉沙德。

拉克希曼：那随您的便，我不强求。啊哈，您也可以称呼我的全名：拉克希曼·普拉沙德·达希勒特·普拉沙德·夏尔玛。噢，对了，我想起来了，我哥哥说，您这里需要一名音乐教师，有没有这么回事呀？

帕瓦尼：有这回事，可有两个条件。

拉克希曼：条件？

帕瓦尼：啊！第一，您的工资定为每月200卢比，但这钱不交给您，交给您的哥哥拉姆·普拉沙德。

拉克希曼：这为什么？

帕瓦尼：我说过了，这是第一条！

拉克希曼：啊，好，好，好我同意。那第二条呢？

帕瓦尼：这第二条，你能否胜任音乐教师一职，这得由我女儿来定。

拉克希曼：奥，对不起先生，这条件我不能完全接受。您女儿有权决定我是否胜任音乐教师一职，像我这样的艺术家也同样应该有权决定您的女儿，呵呵，是否值得一教。您说对不对呀？

帕瓦尼：啊，这条件公平合理。

乌尔米：爸爸！

帕瓦尼：奥，乌尔米拉，这就是你的音乐教师。他叫拉克希曼·普拉沙德

乌尔米：叫什么？

帕瓦尼：拉克希曼·普拉沙德……

拉克希曼：奥等等，您叫我拉基就行了。

乌尔米：奥，太好了！我就叫您拉基先生吧。

拉克希曼：不必，不必，完全没有必要叫我先生，您叫我拉基就行了。我也不叫您乌尔米拉，叫您米丽。

帕瓦尼：不行！您就得叫她乌尔米拉小姐，而她必须称您为先生。

拉克希曼：啊，随您的便吧。

帕瓦尼：乌尔米拉，你试试他有没有本事教你唱歌。您也试试她有没有培养前途。

拉克希曼：那自然。

乌尔米：好，到音乐室去吧。

拉克希曼：好吧。有句话要说清楚，米丽，这个学歌可不是一件容易的事。

帕瓦尼：您说什么?!

拉克希曼：我是说乌尔米拉小姐，唱歌是门艺术，不是做买卖，也不是算算数，在这门艺术里，二加二不仅等于四，还可能等于五，等于三，甚至等于零。请吧！

乌尔米：请。

拉克希曼：再见！

帕瓦尼：少来这一套！

《拜访》

人物：勒德娜、乌尔米、拉姆

地点：拉姆家

乌尔米：您好！

勒德娜：您好！找谁？

乌尔米：拉基先生在吗？

勒德娜：我们这没有叫拉基先生的。

乌尔米：那，我是说拉克希曼先生？

勒德娜：哦，您打听的是我二哥呀，那你是乌尔米拉小姐了？

乌尔米：您怎么认识我？

勒德娜：快进来吧！我二哥整天提到您，谈关于您的事儿，所以听了几遍我也就记熟了。

乌尔米：他都说了些什么呢？

勒德娜：有一次他对我说：勒德娜，我的乌尔米拉不是寻常姑娘，简直是天仙！

乌尔米：我的乌尔米拉？

勒德娜：是呀，《罗摩衍那》故事中拉希曼的妻子就是乌尔米拉。

乌尔米：您把他叫来好吗？

勒德娜：他现在不在家。

乌尔米：哦，什么时候回来？

勒德娜：我说不好，他这人没准儿。

乌尔米：那请给我一张纸，我给他留个条子。

勒德娜：行。您请坐下写吧，我给您做杯热茶。

乌尔米：不了，我还要赶回去呢，改天再来喝茶吧。请您，请您请务必交给他本人。

勒德娜：写给他的，我当然只交给他了。

乌尔米：您有信封吗？

勒德娜：用不着信封，您折起来交给我就是，我一定给他本人，决不会偷看。

乌尔米：哦，不是这个意思，这是些私事。

勒德娜：乌尔米拉小姐，您可以完全放心，我当面交给他。

乌尔米：谢谢！

（拉姆回家）

拉　姆：勒德娜！勒德娜！

勒德娜：什么事呀，哥哥？

拉　姆：乌尔米拉来干什么？

勒德娜：找拉克希曼呀？

拉　姆：她说了些什么？

勒德娜：她给他留了一个字条儿。

拉　姆：快拿来我看看。

勒德娜：干嘛给你？这是给拉克希曼的。

拉　姆：快别拿人开心了！

勒德娜：谁拿你开心了，大哥，我说过这信除了二哥之外，谁也不让看。

拉　姆：好，好，你二哥回来了。

勒德娜：哈哈哈，这就对了，给你。

拉　　姆：糟糕！

勒德娜：怎么了？

拉　　姆：她约我明天六点三刻去会面。

勒德娜：那你就去呗！

拉　　姆：嗨！怎么个去法？五点半我得到她们家给她上课，一直到六点半才能够结束，她可以舒舒服服坐着小汽车去约会地点，而我呢，得从拉姆·普拉沙德变成拉克希曼·普拉沙德。怎么个去法？只有一个办法。

《误会》

人物：乌尔米、拉姆

地点：拉姆家

拉　　姆：谁呀？是你，乌米尔，怎么这么晚还来？

乌尔米：我要问个明白，你干嘛写那封信？

拉　　姆：我也是被逼得没有办法。既然你父亲喜欢我的哥哥。那……

乌尔米：管父亲喜欢谁呢！你说清楚，你喜欢谁？

拉　　姆：你要我说清楚我喜欢谁？好，但是你要知道，乌尔米，我哥哥他，我哥哥他喜欢你的程度并不亚于我。

乌尔米：但是我恨他，我恨他！我恨透他那个人了！

拉　　姆：你轻点，乌尔米！我哥哥会听见的！

乌尔米：让他听去吧，我谁也不怕！我已经离开家了，再也不回去！

拉　　姆：什么？

乌尔米：啊。现在我上布希芭家去，明天早上你到那接我，然后去神庙结婚！

拉　　姆：哎呀！你要和你父亲唱对台戏？

乌尔米：啊！

拉　　姆：啊，这下我的饭碗得砸了！

乌尔米：什么？

拉　　姆：噢，我是说我哥哥……

乌尔米：你哥哥的饭碗见鬼去吧！你明天若是不来，那我，那我就自杀！死给你看！凶手就是你！请你记住！

拉　　姆：乌尔米！哎，乌尔米！乌尔米！你听我说呀！乌尔米……

乌尔米：算啦！

拉　　姆：乌尔米，你听我说呀！乌尔米，你听我说！

《解误》

人物：拉姆、乌尔米、布希芭

地点：布希芭家

布希芭：怎么,是您?

拉　姆：是乌尔米叫我来的。

布希芭：哦,请进,跟我来,您请上楼。

拉　姆：乌尔米!你在吃什么?

乌尔米：毒药!与你何干。

拉　姆：乌尔米!

乌尔米：请别叫我乌尔米!

拉　姆：好,那就不叫,可是你听我说呀!

乌尔米：说什么?

拉　姆：乌尔米,靠耍小孩子脾气解决不了问题,现在需要的是冷静。

乌尔米：怎么,你敢碰我?

拉　姆：你听着。

乌尔米：你别往前走!你别靠近我!

拉　姆：你听我说好不好?

乌尔米：你别靠近我!别碰我!

拉　姆：你生你父亲的气,干嘛把气撒在我身上呢?

乌尔米：你给我滚出去!

拉　姆：可你要知道,我并没有拒绝和你结婚呀,乌尔米。

乌尔米：什么?

拉　姆：我就是为了说明这个才来的。

乌尔米：噢,你是为了这个呀。

拉　姆：是的。

乌尔米：你也不看看自己你什么模样!你给我滚出去!我不想跟你说话!你给我滚!你,你这个,流氓!伪君子!你这个伪君子,你给我滚!滚!

拉　姆：哎呀,你这是怎么啦?

乌尔米：你给我滚出去!滚!

拉　姆：啊,你恨我了是不是?

乌尔米：啊!

拉　姆：看也不想看一眼?

乌尔米：啊!

拉　姆：那好吧,乌尔米,请你回过头来,再最后的,最后看我一眼,请吧。我走了。

乌尔米：拉基!

拉　姆：我不是什么拉基,我是一个大傻瓜。

乌尔米：是傻瓜!是我的傻瓜。

配音提示

1. 把握兄弟两人的气质

在这部片子当中,男主人公的配音者要配出拉姆和拉克希曼两个性格、气质、语言迥然不同的人物形象,因而,要确定并把握男主人公(兄弟两人)的人物基调,区别人物气质和语言表达方式:要配出拉姆的老实忠厚、语言平缓;配出拉克希曼的轻佻外露、语言快浮。

2. 把握女主角的表现

在这部片子当中,女主人公乌尔米拉是老板的独生女,因而,她得到父亲和姑姑的宠爱,她单纯、任性,却也不失少女的温柔。所以,在配音中既要抓住她富家女特有的任性,也要兼顾其沉浸在爱河之中少女特有的温柔,二者兼而有之。例如,她第一次见到拉克希曼时和她到拉姆家见到其妹勒德娜时的害羞与温柔感觉;她深夜去拉姆家向对方摊牌自己已经离家出走,如不去神庙结婚就自杀的任性。在配音处理时,要从心理感觉到她的多侧面、不同感觉与表现方式。从配音语言的色彩、音色、语速、力度等各方面来体现这一女性的全貌。

3. 把握片子风格

这部片子是喜剧风格,因而,在人物语言处理上可适当夸张一些,语速可稍快些。

4. 把握人物关系

在这部片子的几个片段中,人物出现不同的身份感与对象感。如帕瓦尼老板面对拉姆与拉克希曼的不同;乌尔米拉面对拉姆与拉克希曼的不同;拉姆、拉克希曼面对帕瓦尼老板的不同等。这就要求配音者要随时把握并调整自己的身份感与对象感,产生准确的人物关系、人物感觉和语言处理。如老板对拉姆的喜爱,对拉克希曼的讨厌;乌尔米拉小姐对拉克希曼的喜爱,对拉姆的讨厌;拉姆对老板的毕恭毕敬,拉克希曼对老板言谈举止的轻浮等等。

5. 把握地域风情

这是一部印度电影,这一特定地区的民俗、语言习惯、体态语等都不同于欧美地区的人。又由于这部影片是喜剧风格,因而,片中人物的表情、手势、形体动作较多,表现较为夸张。配音时应让有声语言跟体态语的方式、幅度、力度等完全吻合,才是合格的配音。

美国电影《逃出堕落城》(片段)

片中人物

伊丹美	女,20岁,高丹尼的女友
高丹尼	男,30多岁,伊丹美的男友
基 斯	男,20多岁,高丹尼的同伙
野 猫	女,30多岁,女犯
玛 歌	女,50岁,女犯

影片介绍

《逃出堕落城》又名《少女精英》,是一部美国电影,故事情节是这样的:片中女主角伊丹美是一个清纯、漂亮、可爱的姑娘,她深爱着自己的男友,而她的男友高丹尼却是一个口是心非、贩卖毒品的家伙,对此,伊丹美却全然不知。一次,他们要去旅游滑雪,高丹尼竟与同伙将毒品藏在伊丹美随身携带的雪橇中,让伊丹美先走。在过海关时,伊丹美的雪橇被查出藏有毒品,于是她被判刑关进了监狱。高丹尼得知消息后,来到监狱看望伊丹美。他谎称要想办法营救伊丹美,实际上,他是怕对方供出自己,想用甜言蜜语哄骗对方,以替自己保守秘密。伊丹美没有看出这一点。

在以后的日子里,伊丹美看到了许多监狱中的黑暗:狱警与犯人串通贩毒、犯人之间的残杀、男狱警迫害女犯人等等。当高丹尼再次来探监时,伊丹美急切地想出去,但当她得知高丹尼仍没有给她带来好消息,她对高丹尼失望了,她也明白了什么。在以后的日子里,伊丹美变了,她苦练拳击想保护自己,但却又经历了很多灵与肉的折磨。后来,上级派来的女狱官米亚调查这个监狱中存在的问题,伊丹美在得知高丹尼的真正面目后,与米亚合作讲出了自己所知道的一切。因此,狱中胡作非为的女狱官被撤职,狱外仍在花天酒地、贩卖毒品的高丹尼也遭到逮捕,伊丹美从而获得了假释走出了这罪恶的堕落城。

《同伙藏毒》

人物:高丹尼、基斯

地点:基斯家

基　斯:谁?

高丹尼:我,高丹尼。

基　斯:到这来干嘛?你应该待在家里。

高丹尼:待在家里我放心不下。

基　斯:我能理解。怎么样?

高丹尼:要发财了!干得不错。

基　斯:呵呵。但是有个问题。

高丹尼:你说什么?

基　斯:会出麻烦的。

高丹尼:你什么意思?

基　斯:带这么多东西太危险了。

高丹尼:那这些东西我们怎么带出去呢?

基　斯:我们带这些太危险!

高丹尼:我有办法了,可以不用我们自己带。

基　斯:你是说让伊丹美带?

高丹尼:为什么不呢?没有人,没有人会怀疑一个漂亮的姑娘会带上这些白粉的,快点准备吧!

《狱中见面》

人物：伊丹美、高丹尼

地点：女子监狱

高丹尼：你好吗？宝贝,我想你。

伊丹美：不,你害了我。

高丹尼：等一等,那是搞错了,本来应该是我拿的可是你拿错了。

伊丹美：为什么？

高丹尼：为了钱！为了我们能结婚。

伊丹美：丹尼,我实在受不了！

高丹尼：你不要担心,亲爱的,不会让你待太久的。你没把我和基斯供出来吗？太好了,我爱你,亲爱的。

伊丹美：我也爱你。

高丹尼：听着,我们为你请了一个很好的律师,他会把你弄出来的,千万不要把我和基斯供出来,否则的话,我们要是坐了牢,就没有人会帮助你了,明白吗？

伊丹美：嗯,我相信。

高丹尼：你说什么？

伊丹美：我害怕！

高丹尼：我知道你害怕,可是你要坚持下去。很抱歉连累了你,我们很快会在一起的亲爱的,我爱你的。

画外音：你是伊丹美,你犯了携带毒品入境罪,触犯了加利福尼亚的法律,有携带毒品窝藏及准备出售毒品的罪行。根据法律判处你有期徒刑一到三年。服刑地点,在州立女子监狱。

《玛歌之死》

人物：伊丹美、野猫、玛歌、苔丝

地点：女子监狱工厂内

玛　歌：伊丹美吃饭了！

伊丹美：哎。我需要一些洗衣粉！

玛　歌：在后面屋里,自己去拿吧！

伊丹美：哎！

玛　歌：求求你野猫,求求你,求求你。

野　猫：玛歌

玛　歌：求求你,给我机会,我会找到钱的。

野　猫：你懂得规矩吗？你欠的债太多了,可惜新到一批货。

玛　歌：不行,求求你,我工作很辛苦啊！求求你！

野　猫：真可笑！没钱，就没货！

玛　歌：你，你一定，一定要救救我！

苔　丝：她不同意，求也没有用。

玛　歌：你一定要帮帮我！不然我就把你的事情说出去！

野　猫：真的吗？

玛　歌：野猫，你帮帮我，帮帮我！否则，我就把你做的事情都告发出去！

野　猫：好吧，苔丝给她来一针。

玛　歌：谢谢，谢谢，快点！谢谢！谢谢！来这儿，这儿这儿。我会找到钱的，来来来，谢谢！啊，怎么？针是空的！你们要干什么？干什么？！

野　猫：你得到的和你付出的一样多！苔丝，玛歌的脸色不好看。哈哈哈……走！

《再次探监》

人物：伊丹美、高丹尼

地点：女子监狱一角

伊丹美：丹尼，见到你我真高兴。

高丹尼：见到你我也很高兴。

伊丹美：我爱你。

高丹尼：事情太难办了，我带来的是个坏消息。

伊丹美：被否决了？

高丹尼：是的，我们尽了最大的努力，现在只有等待机会假释了。

伊丹美：我不能再等了，再留在这儿，我有危险。

高丹尼：你说什么？

伊丹美：说出来你也不会信。

高丹尼：你要坚守住我们的秘密！亲爱的，再忍耐一下。我爱你，亲爱的。

伊丹美：丹尼，我也爱你。

高丹尼：我能为你做点什么？

伊丹美：带我出去！

女看守：伊丹美，费查小姐现在要见你，快点。

配音提示

1. 抓住不同人物基调

为不同的人物配音，首先就要抓准不同人物的基调。如本片的伊丹美入狱前后的人物基调变化很大：前期是热情、甜美，后期是愤懑、冷硬，这一点从片中人物的痛苦经历、神态、眼神中可以看到；从伊丹美对待高丹尼两次探监态度的不尽相同可以感觉到。这种人物基调的变化，配音时要注意把握对比与层次。同时，对于片中其他人物的基调也应准确把握，如高丹尼的虚伪、野猫的阴冷、玛歌的落魄、苔丝的阴坏等不同的人物基调，这些直接体现于人物配音的语言处理。

2. 参考人物语言环境

配音语言的处理与片中人物所处环境的关系十分紧密。如本片开头,高丹尼与同伙基斯藏毒时的配音语言,因为是在做危险的事,所以配音语言要有隐秘性,声音不能大。伊丹美与高丹尼两次狱中见面的配音,虽然心情急切,却也不能放大声音,因为看守就在旁边。而野猫和苔丝害死玛歌那场戏的开头,场景是在监狱工厂内,干活有机器声,玛歌与伊丹美俩人的对话又有一定距离,因此她们的说话用声可以放出来,送出去,否则听不清楚。之后,玛歌与野猫的对话及野猫的狂笑声,因为是在下班吃午饭时间,看守和女犯们都走了,所以说话用声可以出来一些。但也要受监狱这一特定环境的制约。

3. 参考原片表演又不简单相合

本片高丹尼两次探监与伊丹美的对话,虽然他的表情没有明显倾向,但我们了解到他的为人与目的,配音语言就不能平淡,要有准确、鲜明的内涵和细腻、适度的处理。

4. 参考原片的地域及人文环境

为外国影视配音,必须参考原片的地域及人文环境,才能准确表达。如欧美与中东或亚洲的人文、风俗等有很大差别。由于此片是美国电影,所以应适当表现出欧美片子的人物语言特点与表现方式,如咂嘴声、耸肩感等,但不应配音带调。

5. 适当表现人物所处状态声

如本片狱中女犯们捂住玛歌的嘴发出的声音,配音时,可由为玛歌配音的演员自己捂住自己的嘴,发出嘴被捂还挣扎喊叫的状态声。

韩国电视剧《星梦奇缘》(片段)

剧中人物

江民　　　　　男,20多岁,涟漪的男友
李涟漪　　　　女,20多岁,江民的女友
宋女士　　　　女,50多岁,涟漪的养母
依华　　　　　女,20多岁,宋女士的女儿

剧情介绍

这是一部在中国很有影响的韩国电视剧。故事情节是这样的:"李涟漪"是一个善良、漂亮的女孩,她从小生活在孤儿院里,在她上高中时,一直资助孤儿院的安经理决定收养她。于是她就搬到安经理的家里开始了新的生活。安经理的夫人"宋女士"经营着一家服装店,安家还有两个孩子:哥哥"依凡"花心、无能,妹妹"依华"骄横、霸道,他们经常欺辱涟漪,宋女士也一直怀疑涟漪是丈夫的私生女而总想将她赶走。在这种逆境中,涟漪自尊、自强,考进了大学。

后来,安经理车祸身亡,但他到死也没说出自己是涟漪亲生父亲的事实。一天,涟漪去

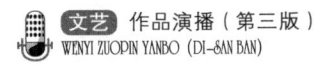

看望和自己同在孤儿院长大的好朋友"顺爱",在顺爱工作的夜总会里涟漪被流氓纠缠,但得到了正在这里的"江民"和"李俊立"两个年轻男子的相助。从此,涟漪与江民开始了一波三折的爱情。

江民是江大将军之子,但他生性自由,喜欢唱歌,因此,处处与严厉的父亲发生冲突,甚至遭到父亲的打骂。他为了自己所喜爱的音乐搬出了家,继续追求自己的梦想。他的好友李俊立是一个庞大家族的继承人,一家跨国大企业的经理。由于涟漪酷似离他而去的女友苏菲亚,所以,他对涟漪产生一种奇特的感情。

为了能让自己的女儿"依华"进入大公司担任设计师,宋女士偷窃了涟漪的服装设计稿给依华,使她能以第一名的成绩进入了 JS 服饰公司。这个公司的经理正是李俊立,他是从意大利回到韩国,刚接手家族公司。他认出依华的参赛设计稿是李涟漪的,因他之前回国考察时见到过。俊立努力说服涟漪加盟这家公司。涟漪的加入令宋女士和依华非常不满,加上依华早就爱着江民,却发现江民钟情于涟漪,因此,她们处处找碴针对涟漪。

江民经过自己的努力终于在音乐事业上有了成绩,出了光盘,成为歌迷追捧的歌手。为此,江父很生气,让人狠狠教训了他一顿。在感情方面,江民不顾依华的不断纠缠,依然深爱着涟漪。宋女士妒忌涟漪与江民的亲密关系,想让江民成为自己的女婿,因为他们两家是世家,孩子又从小就认识。于是,她怂恿江父加以阻挠,当涟漪看到以江民的名义送来的一笔钱作为分手费,她气愤难当,拿着钱去责问江民,正好碰见依华与江民在一起,这使涟漪相信了江民是在玩弄她感情的谎言,她打了江民一记耳光伤心地走了。后来,江民发现了涟漪扔下的分手费,这才知道自己错怪了涟漪,连忙去找涟漪,却得知涟漪已随李俊立去了意大利米兰出差,心中十分不安,他无法专心练歌。终于,下决心到米兰寻找涟漪,两人异地重逢,情感迸发,言归于好。临走前江民留下纸条:"我爱你,至死不渝"。回来后涟漪在种种压力之下提出与江民分手,江民一直努力挽留她,也发生了误会。在好友李俊立及其他朋友的帮助下,涟漪收到了江民演唱会的票及写在红纸上的又一个"我爱你,至死不渝",涟漪流泪了。她来到了江民的演唱会,江民发现了人群中的涟漪,他通过话筒告诉观众:"对我而言,在这个世界上最重要的一个人,她已经来到了现场,我要为我这生命中的唯一,献唱这一首歌。"接着江民边唱边走下台来,慢慢向涟漪走去,在观众热烈的掌声中,这对恋人热烈地拥抱在一起。

《涟漪发火》

人物: 李涟漪、江民、依华、宋女士、郑姐
地点: 宋公司内外

地点: 宋公司外

江　民: 你的车?
依　华: 嗯。

地点: 宋公司内

宋女士：哎呀，我的店员这样麻烦你，真是不好意思啊。
江　民：没关系。
宋女士：她这个人哪，生来就没什么教养，所以很没礼貌。你可要多多包涵哪！
涟　漪：你找我？
宋女士：涟漪，我这样教过你吗？
涟　漪：啊？
宋女士：怎么一点分寸都不懂，居然搭顾客的车子回来！
江　民：您不要误会了，不是您想的那样。
宋女士：不关你的事。快道歉，你……你这是什么意思啊？你竟敢瞪着我呀！啊！
江　民：算了，不要强迫她。
宋女士：不关你的事，你不用替她说情。你快点道歉啊你！
涟　漪：对不起。
宋女士：好了，去端茶过来。
涟　漪：是。
依　华：小民哥，我们开个退伍纪念派对，好不好？
宋女士：是啊，你跟我们依华好久没见面了，可以找个地方聊聊天，吃好吃的东西啊！
依　华：呵呵，对啊，好吧，小民哥，就这么办。
宋女士：派对的钱就由我出好啦。
依　华：真的？呵呵！
涟　漪：郑姐，茶准备好了吗？
郑　姐：嗯，要不要我去呀？
涟　漪：哦，不用了，我去就好了。
郑　姐：真是的！
宋女士：退伍之后你们好像就没有一起吃过饭了嘛啊。
依　华：妈，你答应我，也跟小民哥一起去对吧。
宋女士：我怎么能跟去呢？
依　华：有什么关系嘛。
宋女士：这样不太好吧，依华。轻一点。
江　民：几点下班？
宋女士：下班嘛，哎呀时间已经这么晚了。
依　华：小民哥，我现在就可以出去了！
江　民：下了班之后，她搭顾客的车，或者随便什么人的车，都跟你们没什么关系吧？

地点：宋公司外

涟　漪：啊，放手！放开我！你这是干什么！你到底为什么要这样对我？！我什么时候说过要你开车送我了？没有搭你的车子以前，我一样可以去任何地方！

江　民：我只是……

涟　漪：只有你们这些有钱人才有自尊吗？你以为像我们这种人就没有自尊心了吗？！你让我搭了一次便车，你以为这样就可以践踏别人的人格了吗？

江　民：对不起，其实我没有别的意思。

涟　漪：对你来说，这只是表现好意就可以了事的了，但对我而言，却关系我的人生！可是我不懂，为什么我的人生必须受你们这些人情感左右！像你这种大少爷，你有没有站在别人的立场，替别人想过！再见！

《江民送碟》

人物：江民、涟漪

地点：音像店、地铁

地点：音像店内

售货员：谢谢。

涟　漪：这个多少钱？

售货员：一万一。

江　民：下次我再买。

地点：音像店外

涟　漪：哎，你，你怎么会在这里？

江　民：我想问你，需不需要这个？

涟　漪：不需要，我只是……

江　民：那你刚才，为什么在里面要买这张CD？

涟　漪：我想送人的。

江　民：好啊，就拿这个送吧。

涟　漪：要送人的，应该我自己买才对嘛。

江　民：呵呵，你要送给什么人？

涟　漪：要送给我一位立志当歌手的朋友。

江　民：所以，你是不是要收下呢。

涟　漪：谢谢！

江　民：我们走。

涟　漪：哎，那随便在上面签个名好不好，我朋友一定会很高兴的！

江　民：呵，笔……

涟　漪：我有！

江　民：朋友叫什么名字？

涟　漪：顺爱。哎，你真的是歌手哇？

江　民：呵呵

地点：地铁车上

江　民：对不起，上次那件事，是我自己考虑不够周到。
涟　漪：没有哇，我也应该道歉。
江　民：那天，我走了之后，有没有发生什么其他的事？
涟　漪：没有。
江　民：那就好。
涟　漪：你是担心人家认出是你，才戴着墨镜？
江　民：不是呀。
涟　漪：那为什么在地铁里还戴着墨镜？
江　民：呵呵。
涟　漪：呵呵。你待会儿要去哪里？
江　民：我到市区去办点事。
涟　漪：那，车子放在哪里？
江　民：那部车有段伤心往事，我把它打入冷宫了。呵呵，上次，你在我车上说那首歌很好听。
涟　漪：我真是连做梦都想不到那首歌竟然是你唱的！
江　民：真的好听吗？
涟　漪：我猜会红哦。
江　民：哈哈哈，真的吗？那你现在就再听一次，看它是不是真的会红。我现在要下车了，下次再见啦。

《涟漪误会》

人物：江民、依华
地点：录音间

依　华：……啊！好烫哦，好烫啊！好烫嘛！怎么办嘛！我不管啦！小民哥，你要赔我，这怎么办嘛！
江　民：这怎么赔？
依　华：帮我擦一下啦！哼……我好像被烫到了嘛！不管啦，你要赔我！哼！……
江　民：真是，真受不了你。涟漪！你怎么来了？
依　华：小民哥！小民哥！

地点：外边

江　民：涟漪！涟漪，你怎么了？
涟　漪：放开我！

江　民：我不放！你怎么了？
涟　漪：没错！我是很穷，一生下来就只有自尊而已。但是请你不要这样玩弄人！
江　民：什么？到底我做了什么你这样说我？只因为我擦了依华身上的咖啡吗？真是的，这样就伤害了你的自尊哪！
涟　漪：你，够了，我已经没什么好说的了。
江　民：好，你走！
依　华：那死丫头来干嘛？她走了？
江　民：你滚！

《甜美交流》

人物：涟漪、江民、依华

地点：公司办公室

涟　漪：我知道。
江　民：很累吧。
涟　漪：不会。
江　民：啊，我要疯了。
涟　漪：为什么？
江　民：因为想你呀，我想要摸你，想要抱你，想要感觉你。现在过来不行吗？
涟　漪：待会儿我再过去。
江　民：那现在我去。
涟　漪：演唱会呢？
江　民：我看你一眼再回来嘛。
涟　漪：你忍耐一下嘛。
江　民：我忍不住了。
涟　漪：再忍耐一下下。
依　华：哎！你打私人电话讲太久了吧！
江　民：涟漪，涟漪？
涟　漪：我知道了，挂断了哦，待会儿见。
江　民：好，那我把入场券放在入口处，你不要迟到哦。
涟　漪：知道了。
江　民：涟漪！
涟　漪：嗯？
江　民：不要迟到哦。
涟　漪：好。
依　华：哎，哎！你真的很不要脸呐！哎！哎！——哼！

《依华嫉妒》

人物：涟漪、江民、依华
地点：公司内

依　华：喂，JS服饰公司。啊——小民哥！她还没有来上班，她天天迟到，不知道在忙什么。大概昨天跟经理喝到很晚才回家吧。小民哥你打来得正是时候，因为我正要打电话给你耶，我跟你说啊……

涟　漪：喂，麻烦你挂断好吗？

依　华：你动作还真快耶。小民哥，改天见了，拜拜！

涟　漪：喂，到底怎么回事？

江　民：见了面我再告诉你。

涟　漪：你现在人在哪里？

江　民：在录音室，我好想你。

涟　漪：我也是。

江　民：晚上，你可以到录音室来找我吗？

涟　漪：我不知道什么时候才能下班呢。

江　民：我等你。

涟　漪：知道了。

依　华：哎，你又去哪里啊？

涟　漪：去宋服装店。

配音提示

1. 为这部韩国电视剧中的人物配音，应提示自己不要拿腔拿调，即使有的演员表演较夸张，人物语言也要从内心出发。本剧中的宋女士和依华的表演就是如此。

2. 本剧只选择了江民与涟漪人物关系的片段。要把握准江民和涟漪男女主人公的性格与气质特点。江民的形象、气质很好，他生性善良、洒脱、充满人情味。江民虽然出身很高，但由于家庭的不幸和父亲的霸道，才使得他不同于一般的公子哥，他非常欣赏性格独立、自尊、自强的涟漪。但当涟漪对他态度不好、他们之间产生误会时，他也不会退让，因为他毕竟是将军的儿子。这就是他的性格与气质特点。江民的配音，语言既有力度，也有温情的一面。

3. 涟漪的性格独立，并且善良、聪颖、有活力。她的生活环境不好，但她自尊、自强，上了大学后她发奋学习，加之她的形象可人，从而得到江民的爱。她和江民一样，既有独立、自尊的一面，也有善良、温情的一面。涟漪的配音，自主意识强烈，也充满柔情。

4. 本剧中，依华霸道、嫉妒，又不失女性的热情。为了增强人物语言的造型能力，此剧配音，可让一个女生来配涟漪和依华这两个反差较大的女性人物，锻炼自己为性格、气质不同的女性配音的能力。

《文艺作品演播》三版说明

《文艺作品演播》是播音主持艺术专业的必修课，《文艺作品演播》一书问世多年，已成为不少设有播音主持艺术专业院校的课程教材。时代在发展，事业在进步，文艺作品演播的理论、实践、教学也在不断丰富完善。

岁月流逝，不断地学习、思考与实践，作者又获得了不少新的启示，看到了新的问题，于是第三次修改《文艺作品演播》这本书，以期更有针对性、实用性，使之更加完善。

本次修改：

1. 对全书进行了较大梳理，删减了一些不适用的内容，增加了新的理论思考。

2. 增加了"前言"，针对性地介绍、阐述了"《文艺作品演播》课的创建""《文艺作品演播》课的定位""文艺作品演播的真谛"等问题。

3. 增加了第三章《文艺作品演播提点》，涉及了演播的"深度与意境""沉浸式演播""文艺名家提点""文艺表达细腻"诸方面的问题。

4. 本次修改，增加了《小说剧的创新》一节，介绍、讲解了小说剧这个新的文艺表现形式及作品。涉及小说剧的认识、创作与演播几方面问题。

5. 在每一种文艺作品演播的理论讲解之后，增加了一定数量、新的训练教学材料，并对每一个训练作品都进行了较为详尽的背景介绍与演播提示。

以上修改，希望有利于学习文艺作品演播，望读者开卷有益。

作者

2023 年 2 月 5 日

后　记

　　《文艺作品演播》不同于舞台表演，也不同于影视表演，它是只用语言"表演"，只在话筒前工作的文艺创作。文艺作品演播具有独特的艺术魅力，也为广大文艺爱好者所喜爱。

　　上个世纪90年代，北京广播学院（中国传媒大学）播音主持艺术学院领导将《文艺作品演播》这个创新课题交给了留校任教的笔者。这可能是因笔者在走进北京广播学院（中国传媒大学）前后，有过各种文艺作品演播的较多实践，曾受到过中央戏剧学院和北京电影学院教师的辅导，从事过舞台朗诵、话剧演出、影视配音、广播剧演播和各种文学节目的录制（中央台、北京台），还向艺术大家学习。此外，笔者留校任教后，针对学生情况还尝试在教学中使用一些文艺作品演播的创作手段来训练学生，由于文艺作品演播需要理解、感受作品更具体、更细腻，表达方式、手段更丰富、更有表现力，因而教学收到较好效果，学生认为这种训练使他们真正触动了心灵，找到了表达的感觉。因此，训练文艺作品演播有助于学习播音主持。

　　与文艺作品演播相伴多年，完成这本书的创作艰辛、难忘！由于是首创，参考资料不是很多，因而笔者苦苦思考：属性、范畴、结构、种类、内容、特点、方式、手段、异同、范例、解析、方法……不停地修改，不断地补充。本书的写作，凝聚了笔者不少心血，耗费了很多时间与精力，值得高兴的是毕竟以自己的思考与实践、学习与借鉴，奠定了这本书的基础。又与时俱进几番修改，逐渐形成体系，使该书更加完善，为学习者奉献了自己有限的创造，值得欣慰。愿读者开卷有益。

　　笔者不会忘记那些给予自己实践机会和创作营养的艺术前辈！没有你们，就没有《文艺作品演播》这本书。

　　在此还要特别说明，本书中引用的一些文艺作品及节目片段，由于是从广播、电视播出节目或网上选取，故不详作者的具体信息，在此，一并向各位作者表示深深的谢意！

　　感谢你们为文艺作品演播教学所做的贡献！

2023年2月5日

作者

图书在版编目(CIP)数据

文艺作品演播／罗莉著. -- 3 版. -- 北京：中国传媒大学出版社，2024.6（2025.6 重印）
ISBN 978-7-5657-3642-1

Ⅰ．①文…　Ⅱ．①罗…　Ⅲ．①播音—语言艺术　Ⅳ．①G222.2

中国国家版本馆 CIP 数据核字（2024）第 097071 号

文艺作品演播（第三版）
WENYI ZUOPIN YANBO(DI-SAN BAN)

著　　者	罗　莉
责任编辑	黄松毅
特约编辑	李　婷
封面设计	拓美设计
责任印制	李志鹏

出版发行	中国传媒大学出版社			
社　　址	北京市朝阳区定福庄东街 1 号	**邮　　编**	100024	
电　　话	86-10-65450528　65450532	**传　　真**	65779405	
网　　址	http://cucp.cuc.edu.cn			
经　　销	全国新华书店			
印　　刷	北京中科印刷有限公司			
开　　本	787mm×1092mm　1/16			
印　　张	23.75			
字　　数	533 千字			
版　　次	2024 年 6 月第 3 版			
印　　次	2025 年 6 月第 2 次印刷			
书　　号	ISBN 978-7-5657-3642-1	**定　　价**	56.00 元	

本社法律顾问：北京嘉润律师事务所　郭建平